新编21世纪史学系列教材

世界上古史

第2版

A History of the Ancient World

晏绍祥 著

中国人民大学出版社
·北京·

内容简介

人类从哪里来？在哪些地区，通过什么样的途径，人类进入了文明时代？在文明最初数千年的发展中，人类取得了哪些重大成就，又经历了哪些痛苦和磨难？在世界文明发展过程中，从商周到秦汉时代的中国处在什么地位？本书用具体的资料，结合中外学者的研究成果，系统叙述了世界上人类的起源、文明的产生、早期文明的发展以及古典文明繁荣多样和复杂的历程。内附的史料、插图和地图，提供了古代文明直观生动的图景。每章末所列参考文献，为读者提供了进一步登堂入室的基本门径。

作者简介

晏绍祥，历史学博士，首都师范大学历史学院教授，博士生导师，教育部长江学者特聘教授（2016 年以来），兼中国世界古代中世纪史研究会会长。主要研究方向为世界古代史，出版专著《古代希腊民主政治》《古典民主与共和传统》《古典历史研究史》等，译著《罗马共和国政制》等多种，参与主编“马工程”教材《世界古代史》和教育部统编高中历史教材《中外历史纲要》（下），在专业学术刊物发表论文约百篇。论著获得学界广泛认可，先后获得教育部高等学校科学研究优秀成果奖（人文社会科学）、北京市哲学社会科学优秀成果奖和东北师范大学日知世界史奖。

前　言

一、世界上古史的时间与空间范围

1. 时间范围

世界上古史的时间范围大体上从人类的出现到公元 5—7 世纪，是人类历史分期中时间最长的时期，也是人类历史最为重要的时期。之所以一定要加上“大体上”，是因为这个时间范围只能是大概确定的，对于有些地区的某些族群或集团来说，肯定很不公正。首先是上限问题。根据现在的研究成果，完全形成的人大约出现于距今 250 万年前，现代人最初可能起源于非洲，在距今 10 万年到 4.5 万年左右逐渐散布到旧大陆。但这个时间也只是目前比较为学界接受的时间，其实存在一些争议。至于下限，争议同样不少。习惯上把西罗马帝国的灭亡视为上古世界的结束，可这个说法如今连西欧的学者似乎也不接受。在英美世界上古史学界影响颇大的《剑桥古代史》的第一版写到公元 3 世纪的危机，但新版的《剑桥古代史》增加了第 13 卷和第 14 卷，一直写到公元 7 世纪阿拉伯人的扩张。在中国学术界，随着西方中心论和奴隶制作为一种社会经济形态遭到越来越多的挑战，西罗马帝国灭亡作为下限好像也不再得到所有人的认同。吴于廑从世界历史发展的角度，指出在前资本主义阶级社会中划分出奴隶制和封建制阶段不太现实，因为“古代世界物质财富直接生产者被奴役、被剥削的方式，生产资料的占有制，包括残存的原始公社共有制，不同地区存在着明显的差别。完全丧失自由的奴隶、半自由的处于依附地位的劳动者以及自由劳动者在各自社会经济中所占的比重，各地也不一致。这种情况不仅在通常以公元 5 世纪为下限的古代世界是这样，公元 5 世纪之后，在中古时代封建制下的直接生产者被奴役、被剥削的方式，亦即依附农民与自由农民在经济中的各自比重，也是这样”。本书之所以把公元5—7世纪作为下限，是从亚欧大陆古代农业文明发展的角度考虑的，因为自公元3世纪后期开始，亚欧大陆从东到西出现了一次大规模的游牧世界对农耕世界的大冲击，并造成了相当巨大的政治、经济、社会与文化方面的影响。此后，西欧进入封建社会，中国进入了隋唐帝国的盛世，西亚、北非和南亚等地受到阿拉伯人扩张深刻的影响，成为一个广阔的新世界。

如此之长的历史时期，在本书中被划分为四个阶段。从距今约250万年前到约公元前4千纪是人类历史发展的第一阶段。约距今4万年以前，人类完成了从猿人向现代人的过渡，实现了体质的飞跃。从约公元前9千纪到公元前6千纪或公元前5千纪，发生了人类历史上的农业革命，培育出了直到今天我们仍在享用的主要农作物，驯化了今天人类使用和食用的大部分牲畜，使人类从食物采集者变成了食物生产者。农业、畜牧业、手工业和商业的兴起，把人类从对自然的完全依附中解放出来，为向文明时代的转变创造了物质条件。

第二阶段约从公元前4千纪到公元前2千纪末，这一文明时期统称为青铜时代。在该时期，人类创造出第一批文明，两河流域、尼罗河流域、印度河流域、黄河流域和爱琴海周围有了农耕文明，尽管它们犹如游牧世界包围中的小岛，却具有异乎寻常的生命力。大量的发明，如今天使用的文字、基本农业生产工具乃至城市生活和行政管理制度，都在此时萌芽和发展起来。为了进入文明时代，人类也付出了重大的代价，其中之一是人类从此进入阶级社会，人压迫人的制度成为主流。该时期后期，游牧部族的迁移彻底改变了亚欧大陆的政治版图。

第三阶段为古典时代，大体相当于公元前1千纪。这是人类有史以来创造力极为旺盛的时代，从希腊到中国，出现了一大批杰出的政治家、军事家、思想家、文学家和宗教改革家，因此被德国哲学家雅斯贝尔斯称为人类历史上的轴心时代。在此基础上，各大文明都建立了前所未有的大帝国，并使亚欧大陆的文明区连成一片。

第四阶段约从公元前1千纪末到公元5—7世纪，可以称为古代世界的转变时期。在亚欧大陆上，从东至西，先后出现了秦汉王朝、孔雀帝国、贵霜帝国、安息（帕提亚）帝国、罗马帝国等，将亚欧大陆的主要文明区连成一片，创造了农耕文明史上空前的全盛时代。但专制帝国的建立，也带来了诸如官僚体系庞大、对人民的勒索和剥削加重导致社会矛盾激化等一系列问题，因此从公元3世纪左右开始，亚欧大陆上的农耕文明区先后出现了政局动荡的情形。在该时期末叶，发生了游牧世界对农耕世界的第二次大冲击。这次冲击的结果，是西方的西罗马帝国的灭亡，阿拉伯世界的兴起，中亚和南亚的动荡以及中国南北朝分裂局面的出现。在中国等东方文明区，因为传统文明根深蒂固，而进入这些地区的游牧民族，在入主之前已经或多或少地接受了入主地区的文化，因此在这些地区，游牧民族先后被同化，并在此基础上形成新的民族大融合局面，于是在东亚出现了隋唐帝国；在西亚和中亚，阿拉伯世界逐渐兴起；在南亚，传统的婆罗门教经过改造，以印度教的面貌重新崛起，成为主流意识形态。但在西方，日耳曼人的入侵，不仅彻底摧毁了罗马帝国的官僚制度，而且几乎毁灭了古典文明，从而使西欧的历史在新的基础上重新起步，形成罗马残余、基督教和日耳曼人农村公社相结合的封建制度。

2. 地理范围

从上述可知，上古时期，历史的主要舞台是亚欧大陆，而且是亚欧大陆温带偏南的大河平原和山谷地区，大致包括东亚的黄河、长江流域，南亚的印度河、恒河流域，以及伊朗高原，两河流域，北非，东西地中海地区和西南欧。处在这一范围之外的地区，如撒哈拉以南的非洲，南北美洲和澳大利亚等地区，处在相对落后的地位。因此，当时的世界史的地域相对较小，主要是亚欧大陆的文明发展史。美洲的印第安人虽然也创造出辉煌的文明，并且在农业革命中发挥过重大作用，培育出马铃薯、番茄、南瓜、玉米等重要农作物，后来对人类历史产生过很大影响，但在上古时期影响较为有限。至于澳大利亚的土著居民，此时尚停留在原始社会时期，基本不会涉及。

二、古代社会的性质问题

1. 古代社会性质问题的由来

所谓古代社会，主要是指人类文明产生后到本书所涉及的时期之末的阶级社会，有些学者因其主要为农本经济而称之为农业社会或农本社会，以区别于近代的工业社会。早在古代，人们就已经认识到人类历史是逐步向前发展的。希腊诗人赫西奥德曾把人类划分为黄金时代、白银时代、青铜时代、英雄时代和铁器时代。只是在他看来，人类走的是下坡路，越来越堕落。罗马哲学家卢克莱修意识到人类历史发展过程中经历过石器时代、铜器时代和铁器时代，认识到人类使用的工具越来越进步。在中世纪的欧洲，历史的解释权被基督教把持，历史被视为上帝意志实现的过程。文艺复兴时期，人们崇拜古典时代，把中世纪看成一团漆黑，把历史划分成古代、中世纪和近代三个时期。中世纪于是成为古典时代和文艺复兴两个文化高潮之间的中间阶段，有时候又被称为黑暗时期。但法国大革命以及随之而来的拿破仑战争，把欧洲拖入了战争和暴力的深渊，同时也把民族主义变成了世界范围的潮流。人们纷纷寻找本民族的起源。可是，欧洲的大多数国家是从中世纪发展起来的，于是浪漫主义代兴，中世纪再度得到人们的肯定和青睐。

马克思主义产生后，历史学和革命联系在了一起，为了从史实上论证资本主义灭亡和社会主义胜利的必然性，马克思和恩格斯先后涉猎古代历史，进而论证私有制并不是万古长存的，它终将被公有制取代。十月革命后，列宁和斯大林先后肯定了五种生产方式理论，即人类社会经历了原始社会、奴隶社会、封建社会、资本主义社会而最终将过渡到共产主义社会，而且这五个社会发展阶段前后相继、一个高于一个，也就是说，资本主义只可能出现在封建社会之后，而封建社会也只能出现在奴隶社会之后，并认为这样一个公式放之四海而皆准。古代的希腊罗马世界成了奴隶社会，中世纪的西欧是封建社会，近代西欧成为资本主义的样板，十月革命后的苏联则成为社会主义的代表。苏联史学界将这一模式推广到世界各地各民族的历史中，声称世界各地都先后经历过奴隶社会、封建社会和资本主义萌芽。20 世纪 50 年代中国广泛开展马克思主义学习，由于历史条件的限制，实际上是学习苏联式的马克思主义，五种生产方式理论随之输入中国，成为中国史学研究的指导思想和主导模式。

随着历史研究的深入，人们发现事实可能比这样简单的公式更加复杂，并为此而进行了深入的研究，提出了许多有价值的观点。

2. 奴隶社会论

这是中国史学界的传统观点，自20世纪50年代以来一直在史学界占统治地位，其主要理论根据是马克思在《〈政治经济学批判〉序言》中所说的一段话："大体说来，亚细亚的、古希腊罗马的、封建的和现代资产阶级的生产方式可以看做是经济的社会形态演进的几个时代。"① 学者们通常把"亚细亚的"理解为原始社会，把"古希腊罗马的"理解为奴隶社会，接着而来的是封建社会和资本主义社会。随后，恩格斯在他的名作《家庭、私有制和国家的起源》中指出，"奴隶制是古希腊罗马时代世界所固有的第一个剥削形式；继之而来的是中世纪的农奴制和近代的雇佣劳动制。这就是文明时代的三大时期所特有的三大奴役形式"②。1919年，列宁在《论国家》中肯定奴隶制是整个文明世界所必须经历的社会发展阶段。③

20世纪80年代以来，这种观点逐渐受到挑战。首先，人们发现，马克思在说上面那段话的时候，并不是十分肯定，只是称"大体说来"。其次，马克思所提到的"古"，所用的词是antiquity，这个词在西文中通常是指希腊罗马的古代，并不包含其他民族和地区。中世纪一词一般公认是欧洲语境里的概念。也就是说，马克思所总结的，也许只是欧洲的情形，不具有普遍意义。同时，马克思本人在晚年也非常反对把他的研究结论视为放之四海而皆准的公式，说他关于资本主义产生的历史必然性的理论明确地限于西欧各国，古老国家的社会发展规律问题只能根据各自国家的历史特点做出判断。④ 再次，当时的世界上古史研究水平不足以让马克思和恩格斯做出那样的概括性结论。最后，也是最重要的，是这种模式与人类历史的实际差距较大，因为奴隶制始终存在于人类历史之中，甚至在现代世界的某些地区，还存在某种形式的债务奴隶制。在历史上，奴隶制真正得到广泛发展的地区并不多，只出现于古典时代的雅典、科林斯、厄吉那等城邦，罗马共和国末期、帝国初期的罗马与意大利。在其他地区，奴隶制并未得到广泛发展。

3. 广义的封建社会

这种观点的代表人物是胡钟达。他的主要根据：一是马克思和恩格斯并未明确肯定奴隶社会是人类历史发展的必经阶段，而认为奴隶制和封建制长期并存；列宁的话来自其讲演的速记稿，而列宁从来没有对他讲演的速记记录感到满意，所以很可能该论述并非他的原意。二是历史实际表明奴隶制和封建制曾长期并存，他以中国的秦汉时期为例，指出按照通常的估计，当时的奴婢约占总人口的10%，按照奴隶社会的标准，所占的比例不高，可是如果把它纳入封建社会的范畴，作为奴隶社会残余的奴隶倒不少。三是奴隶社会和封建社会在社会生产力的发展水平上没有明显的区别。所以，马克思所

---

① 马克思恩格斯选集．3版．第2卷．北京：人民出版社，2012：3.

② 马克思恩格斯选集．3版．第4卷．北京：人民出版社，2012：192.

③ 列宁选集．3版修订版．第4卷．北京：人民出版社，2012：28-29.

④ 中共中央马克思、恩格斯、列宁、斯大林著作编译局编译．马克思古代社会史笔记．北京：人民出版社，1996：说明2.

说的“亚细亚的”、“古希腊罗马的”和“封建的”社会，属于同一社会发展阶段的不同类型。罗荣渠虽未明确否定奴隶社会理论，但提出了一元多线发展观，指出应当以生产力的发展为标准，根据历史发展的实际，具体确定不同地区古代社会的性质。对于本书涉及的时期，他将其划分为原始农业文明和古典农业文明两大时期，而且将公元前500年—公元1500年视为同一历史阶段，这种理论强调了工业社会与农业社会之间的根本区别，同时注意到文明时代不同地区历史发展的差异性，曾经博得不少人的喝彩，但部分学者也有不同意见。

4. 西方社会和亚细亚生产方式

这种观点认为，马克思主义经典作家的论述主要涉及西欧，而亚洲社会有其独特之处，如农村公社的长期残存，专制主义的统治，资本主义萌芽及其发展的迟缓等，都使亚、非等古代文明与欧洲有差别。因此，就前资本主义时代的发展来说，东西方走的是不同的道路。在20世纪80年代的讨论中，不少学者强调东方社会的特殊性；但进入20世纪90年代后，部分学者主张，在前资本主义或前工业社会的发展中，以中国、印度等为代表的东方社会恰恰是正常的历史发展道路，从农业社会走向专制统治和大一统国家；西欧的发展道路表现了历史发展的中断性或者阶段性特征，乃历史发展中的例外。但无论是哪种看法，都以地理上的区分为基础，将前资本主义的阶级社会划分为东方和西方，并把欧洲作为基本的参照物。可是历史发展的复杂性，让这种看法也遭到了不少批评。

三、世界上古史的主要特点

1. 农耕世界和游牧世界的并立

吴于廑先生曾指出，农业革命和畜牧革命的发生，使亚欧大陆的古代世界形成了农耕世界与游牧世界并立的局面。二者之间的分界线，大体上东起西伯利亚，经中国东北、蒙古、中亚、里海之北，到高加索、南俄罗斯和欧洲中部，在这条线之南的地区，大体上属于农耕文明的范围。在此之北，则是游牧世界的天下。由于农耕世界和游牧世界各自具有的特点，两者之间不可避免地存在多种形式的交流，多为经济和文化上的来往。虽然和平是两个世界交流的主要形式，但更引人注目的是游牧世界利用自己的机动性对农耕世界发动的冲击。在世界上古史上，游牧世界先后向农耕世界发动了两次大的冲击，而且每一次的冲击都给农耕文明区的政治、经济和文化发展以巨大影响。第一次是公元前3千纪—前2千纪，其结果是青铜时代文明的灭亡、改造和古典时代的来临，第二次是公元3—6世纪游牧民族的大迁徙，其结果是古典文明被中古时代的封建文明取代，亚欧大陆上的古老帝国先后灭亡。这两次大规模的入袭都由游牧世界发动，游牧世界也一度在政治上取得统治地位，但最终被文化和技术先进的农耕世界同化，其结果是游牧世界入袭一次，游牧世界的范围便缩小一些，农耕世界随之扩大，使得亚欧大陆上的游牧世界大大缩小。所以，世界上古史实际上是农耕世界不断扩大和取得统治地位的历史。

2. 农业是社会经济的基础

在古代，由于制造业不够发达，人们只能从土地上获得收入。相应地，土地成为人们追求的主要社会财富。即使是工商业，也主要依赖农业的发展而存在。手工业者所使用的原料来自农业的剩余产品，许多手工业者本身就是农民，手工业活动只是他们谋取额外收入的一种手段。商人所贩运的，大多也都是各地的土特产，以满足人们的日常生活需要为主。在古代那种通讯和交通条件下，所谓的贸易主要是地区性的。至于长途贸易，大多经营的是丝绸、珠宝等高档奢侈品，而且采用的是类似接力的方式，总体来看仍然是地区性的。甚至古代那些号称工商业发展程度很高的地区如雅典、科林斯、罗马、腓尼基等地，人们主要的社会财富仍是土地，所推崇的生产活动也是农业。雅典公民的大多数是土地所有者，罗马共和国后期解决公民破产问题时，采用的是给退役老兵分配土地的方式。所谓的工商业，不过是他们维持生活的一种手段而已。从生产目的来说，人们的活动不是扩大再生产，而是维持最基本的生活和消费。

3. 君主专制政体是最主要的统治方式

农业和手工业相结合的经济形态，创造出来的是政治上的相对闭塞和隔绝，不利于人们的相互交往，不利于思想、文化水平的提高，不利于政治意识的进步。因此在古代，除了希腊等少数地区以外，政治制度以君主专制制度为主。甚至在号称古代民主摇篮的希腊，君主制也没有完全退出历史舞台，仍残存于马其顿等偏远地区，到古典时代后期再度发展起来，成为希腊化世界占主导地位的政治体制。虽然经过林志纯（笔名日知）先生等的努力，在古代东方文明区文明初期，例如苏美尔人的城市国家中、埃及的神话中，曾经具有的少许原始民主残存得到了充分的发掘；印度列国时代某些比较小的国家可能存在的共和国，也得到了较多的重视；甚至在先秦时代的中国，林志纯先生也找到了古代民主共和国的典型。但是不可否认，至少到古典时代，在这些地区占主导地位的是君主制。苏美尔人的城市国家到公元前3千纪后期已经被阿卡德统一，萨尔贡可以自豪地宣称，他使全国只有一张嘴；印度列国到公元前4世纪先后被摩揭陀或孔雀帝国消灭。当西方人开始撰写他们的历史时，这些共和国早已成为历史陈迹。只有在铁器时代的希腊和罗马，也许还有腓尼基的部分城市中，共和制度甚至民主制度在公元前1千纪获得某种程度的发展。雅典的民主政治、罗马的共和制度，都曾经引起无数人的向往。但必须注意的是，即使在古代希腊，也并不是所有城邦都实行民主制度，斯巴达、科林斯等所实行的一般是寡头政体。而罗马的早期是王政时代，共和国只是到公元前3世纪才最终完善，到公元前2世纪末就开始陷入危机。当屋大维击败所有对手成为罗马唯一统治者时，共和国也为帝国所取代。

4. 文化异彩纷呈

由于农耕文明的相对闭塞，古代世界的各大文明区之间，虽然存在一些相互影响，甚至是很显著的影响，但总体说来，各个古代文明独立发展，因此在文化上也表现出百花齐放、百家争鸣的特点。大体说来，印度人重视宗教，中国人重视伦理教化，希腊人追求理性，罗马人注重实用，埃及人讲求来世。当然，这些特点不是绝对的，有些是各文明所共有的，有些则相互渗透。如佛教曾传入中国、东南亚、日本和朝鲜，希腊人曾统治埃及和西亚，罗马人曾领有东地中海和高卢等地区，并给这些地区的历史发展以巨大影响。不过，所有这些对当地原有的文明来说，很难说具有决定性的意义。占统治地位的，仍然是当地原有的文化。

四、世界上古史的体系问题

如何编写世界上古史，学术界存在不同看法。从目前已经出版的多种教材看，大体上可以分为下述几种：

1. 分区叙述，注重地区性发展线索

周一良、吴于廑主编的《世界通史》、刘家和主编的《世界上古史》、崔连仲主编的《世界史·古代史》、周启迪主编的《世界上古史》以及最近出版的“马工程”教材《世界古代史》（上卷）等，属于这种体系。它的优点是简明扼要，注重描述地区性发展的线索，上古史部分通常划分为导言、原始社会、古代埃及、古代西亚、古代南亚、古代希腊、古代罗马等章。诚然，上古史基本是地区性的文明史，把一个地区的历史线索交代清楚，有可取之处，在教学上也比较容易操作，有利于不熟悉世界上古史的学生接受。可是我们不应忘记，世界上古史并不全是农耕文明的历史，即使是在古代文明发展的中心亚欧大陆，农耕世界也只占据了温带偏南的地区，更大的地区是游牧世界的范围。它不但对人类文明的发展做出过很大的贡献，对农耕世界的发展也有非常大的影响。作为一部世界上古史，忽略它的作用显然不够恰当。此外，如何体现古代世界不同地区文明之间的相互联系与影响，即通常所说的世界史的世界性，是另外一个需要考虑的问题。因为地区并列的体系，让我们了解的是一个个文明的孤立发展，而古代世界的许多现象，并不是局限于某一地区可以解决的。例如希克索斯人对埃及的入侵，公元前2千纪末所谓海上民族的入侵，特洛伊的毁灭，日耳曼人的迁移，如果放在世界历史上游牧世界与农耕世界的互动中来理解，可能会具有完全不同的意义。不同文明发展道路上的差异，只有放在相互比较的框架中，才会显得更加明显。

2. 全球史体系

作为对上述体系的恰当的反动，20世纪80年代初在国内出现了一种全球史体系。提到全球史，我们不能不提到美国学者斯塔夫里阿诺斯和他的《全球通史》。此书分上下两卷，上卷名为《全球通史——1500年以前的世界》，实际上就是我们所说的上古和中古史。作者公开声明，他的目的不是要写出以北京或伦敦或开罗为中心的世界史，他要把读者带到月球上去，让他们从月球上看世界，从而取得对世界历史发展总体趋势的把握。因此，在具体的章节安排上，他一方面强调古代文明发展的阶段性，另一方面注意游牧世界把分散的文明连接为一个整体时的作用，对游牧世界向农耕世界所发动的几次大冲击及其影响有浓墨重彩的描绘。他的理论和方法相对于传统的以西欧为中心的世界史体系来说，给人以耳目一新之感，得到不少中国学者的支持，迅速在国内流传开来。湖南人民出版社推出的《从分散到整体的世界史》，吴于廑和齐世荣总主编的世界史系列教材，虽然对《全球通史》的体系有所改造，但大体上还是想在分散发展的世界史中找出整体性，注意世界从分散走向整体的历程。美国学者杰里·本特利等在此基础上推出的《新全球史》，较之《全球通史》似乎更进了一步，特别重视古代世界作为一个整体的性质。在这部著作中，古代埃及的文明因为被置于非洲大陆和气候变迁的大背景中，加之被与埃及南方的文明发展联系了起来，获得了新的解释。但这种体系也有自己需要克服的弱点。一是它的传播论倾向，即认为古代世界的技术革新首先发生在某一个中心地区，具体地说是古代的西亚地区，然后由此传播到世界的其他地区，或者说其他地区主要是在它的影响下发展起来，从历史发展的实际来说，这样的解释存在不少问题。另外，《新全球史》强调相互影响或者作用，却对这种影响的代价，例如外族通过入侵将自己的统治强加给被征服地区的倾向，没有给予足够的重视，没有能够完全摆脱欧洲中心论的影响，西方的历史仍然占据着世界历史舞台的中心，这样的体系可能也不会得到所有人特别是第三世界人民的认同。同时，如何解释世界历史发展的动力，也需要进行更多更具体的思考。再者，这样的体系在教学中，尤其是对中国学生来说，存在一定的困难。

3. 城邦—帝国体系

这一理论的主要代表是日知先生。在他看来，城邦是古代国家发展的第一种形态。城邦时期，所有国家都是小国寡民，从经济上看，是公有和私有的双重形态；从政治上看，城邦都有或多或少的民主色彩；从地域上看，城邦的领土范围都很小，居民也不多。帝国是历史长期发展的产物，是阶级矛盾激化的结果。帝国都是广土众民的大国，政治上实行专制主义，经济上私有制占统治地位。在西方，历史经过城邦、帝国阶段后，从黑暗时代转入中世纪的封建主义。但在中国，在经历了城邦阶段后，直接进入帝制时期，后来从帝制时期进入新民主主义和社会主义时期，因此在中国不存在西欧那样的封建主义时期。这种体系注意到古代初期国家发展的特征以及原始民主的残存，从国家形态的更替及其与生产力发展的关系，以及国家形态变迁与阶级斗争的联系，来说明历史发展的动力，有助于打破传统的东方专制主义谬论，给世界上古史和中国古代史的研究以积极推动。但其过于强调古代中国与东方民主特征的做法，可能是对史料的过度解释，曾引起不少争议和讨论。

4. 文明史体系

文明史体系以德国学者斯宾格勒、英国学者汤因比为代表。这样一种体系认为，人类社会历史的发展并不具有全球性，有的只是一个个文明的历史。在他们看来，所有文明都是平等的，都要经历大致相同的发展过程，最后走向衰落和灭亡。斯宾格勒用春夏秋冬来形容文明的发展。由于古代世界文明发展的相对孤立和独特性，所以在他们划分的文明中，古代文明总是占多数。斯宾格勒写《西方的没落》的时候，正值第一次世界大战前夕及进行过程中，悲观和宿命论色彩浓厚，认为所有文明包括西方文明在内都会灭亡。汤因比改造了这种理论，提出挑战与应战说，认为一个文明在经历特定的发展阶段后并不一定必然灭亡。在面临外界挑战时，如果该文明应对正确，不仅可以继续存在和发展，而且会获得再生。随着第二次世界大战后西方资本主义新的发展，汤因比的理论逐渐得到不少人的推崇，而斯宾格勒几乎被人们遗忘。对打破欧洲中心论、恰当体现古代各文明对历史的贡献来说，这种理论具有相当大的积极意义，但它完全忽视了人类历史发展的阶段性，对古代、近代乃至现代等历史阶段不加区别，等量齐观，长此以往，会把历史研究引进历史宿命论的泥潭。

五、本书的设想

本书在编写过程中，首先注意反映世界史的世界性，吸收全球史的优点，给游牧民族的作用以一定的地位。但是，我们必须承认，从今天的立场来看，农耕世界毕竟代表了古代世界历史发展的基本趋势和方向，因此，我们仍将把重点放在农耕文明区的历史上。同时，考虑到教学的需要和学生对世界上古史以及世界地理知识的掌握程度，适当集中叙述。基于此，本书将划分为原始时代、青铜时代、古典时代和古代世界的转变四个部分，其中：原始时代介绍人类的起源及其向现代人的转变，即本书第一章；青铜时代部分概述古代西亚、埃及、印度河流域、夏商西周时代中国的文明和欧洲爱琴文明的初步发展，以及游牧世界对农耕世界的第一次大冲击，即第二章至第四章；古典时代部分篇幅较大，包括印度的分裂与统一、春秋战国时代的中国、西亚的亚述、波斯等国家，以及希腊城邦和罗马共和国，即第五章至第九章；古代世界的转变包括第十章至第十一章，第十章为帝国时代，即古代农业文明的全盛，第十一章为公元 3—6 世纪游牧世界的迁移及其对亚欧大陆农耕世界的影响。

同时，本书借鉴了西方学者的编写方法，在正文中插入一些关键史料，以文本框标出。它一方面是让读者直接接触原始文献，另一方面是交代史学家观点的来源与得出结论的方法。此外，书中附有部分插图，大多是一些重要的历史人物，足以传达某些重要的历史信息，并不只是为了增加可读性或者娱人耳目。历史地图是世界史学习的基本参考坐标，因为缺少了空间的概念，历史可能就无法为人们所理解了，为此，书中也适当配备了一些地图。

推荐阅读书目

除正文已经提到的通史教材外，读者还可以参考下述关于世界古代史和历史学的一般性论述：

北京师范大学历史系世界古代史教研室，编．世界古代及中古史资料选集．北京：北京师范大学出版社，1999

杜维运．史学方法论．北京：北京大学出版社，2006

顾准．顾准文集．贵阳：贵州人民出版社，1994

郭小凌．西方史学史．北京：北京师范大学出版社，1995

胡钟达．胡钟达史学论文集．呼和浩特：内蒙古大学出版社，1995

雷海宗．雷海宗世界史文集．天津：天津人民出版社，2014

雷海宗．历史·时势·人心．天津：天津人民出版社，2012

雷海宗．世界上古史讲义．北京：中华书局，2012

李剑鸣．历史学家的修养和技艺．上海：上海三联书店，2007

廖学盛．廖学盛文集．上海：上海辞书出版社，2005

林志纯，主编．世界通史资料选辑（上古部分）．北京：商务印书馆，1962

刘家和．古代中国与世界．北京：北京师范大学出版社，2010

刘家和．史苑学步：史学与理论探研．北京：北京大学出版社，2019

刘家和，廖学盛，主编．世界古代文明史研究导论．北京：高等教育出版社，2001

马克垚．困学苦思集：马克垚自选集．北京：首都师范大学出版社，2016

彭小瑜．社会的恶与善．北京：商务印书馆，2017

日知．日知文集：1-5卷．北京：高等教育出版社，2012

王敦书．贻书堂史集．北京：中华书局，2003

吴于廑．吴于廑学术论著自选集．北京：首都师范大学出版社，1995

严耕望．怎样学历史——严耕望的治史三书．沈阳：辽宁教育出版社，2006

［美］恩斯特·布赖萨赫．西方史学史：古代、中世纪和近代．北京：北京大学出版社，2019

［法］吕西安·费弗尔．大地与人类演进：地理学视野下的史学引论．上海：上海三联书店，2012

目　录

地图目录

插图目录

第一章

人类的史前时代

第一节 人类社会的形成

现代人类的起源，原始人类的生活与社会组织，引起了世人长期的关注。由于完全缺乏当时的文献记载，而考古资料稀少，有限的资料分布在跨度相当大的时间和空间中，根据现代人类学和民族学的研究成果对原始人类状况进行类推，风险甚至更大。虽然近年来基因研究成果给人类的起源问题提供了不少有益的资料，但这对复原原始人类的生产和生活，能提供的帮助实在有限。因此，对于人类的起源以及原始人的生存状态，目前的科学研究尚不足以做出特别令人信服的结论，很多结论还是尝试性的，有些还处在推测阶段。

一、人类的起源

1. 关于人类起源的理论

人类对自己的过去有着浓厚的兴趣，从很早的时候开始，人类还没有文字时，就开始思考自己从哪里来，会到哪里去。在长期的历史发展中，关于人类起源主要形成了两种理论：神创论和进化论。

神创论认为，人是由神创造的，否认人类的发展过程中有进化。它的起源相当古老，有关神创造人类的理论，大多保存在先民关于创造世界的神话中，是整个宇宙起源神话的一部分。神创论中影响较大者，有古希腊的神灵用泥土造人的神话，中国女娲用泥土造人的神话，基督教上帝造人的神话。

据希腊神话，神灵们最初创造了天地，鱼在水里嬉游，鸟在空中歌唱，动物拥挤在大地上。这时，神灵中一个最聪明的神——普罗米修斯，抓起一把泥土，用河水将其弄湿，捏成人形，又从各种动物的心灵里摄取善、恶等各种观念封闭在人的胸膛里。智慧之神雅典娜对普罗米修斯的创造感到惊奇，于是把灵魂和呼吸吹进了这只有一半生命的创造物之内，从而创造了人类。只是人类还缺少知识，不知道利用世界上的万物，普罗米修斯教他们观察日月星辰，驾驭牲畜，发明船只和各种工程机械，治疗疾病。因为普罗米修斯在代表人类分配劳动产品时欺骗了奥林匹斯山上的主神宙斯，所以宙斯拒绝将最重要的礼物——火——送给人类。但这也难不倒普罗米修斯，他从宙斯那里偷来火种，使人类能够吃上熟食。作为对人类的惩罚，宙斯命匠神赫菲斯托斯“把土和水掺和起来，在里面加进人类的语言和力气，创造了一位温柔可爱的少女，模样像永生女神。他吩咐雅典娜教她做针线活和编织各种不同的织物，吩咐金色的阿芙洛狄特在她头上倾洒优雅的风韵以及恼人的欲望和倦人的操心，吩咐神使、阿尔古斯的斩杀神赫尔墨斯给她一颗不知羞耻的心和欺诈的天性”。这个女人名叫潘多拉（Pandora，意思是“所有神灵的礼物”），因为奥林匹斯山上的每个神都送了她一份礼物，实际上是各种灾祸，装在她所携带的盒子中。人类并不知道这一点，很高兴地接受了她。她却为了满足自己的好奇心，打开了盒子，从此把疾病、嫉妒、谣言、战争、瘟疫等各种灾难散播到人间。①

基督教关于上帝创造人类的神话大体与此相似。《圣经·旧约全书》之《创世记》认为，最初，世界上混沌一片，上帝用五天时间创造了天地万物，到第六天按照自己的形象创造了一个人。这个人就是亚当，他生活在伊甸园中，并随自己的喜好给各种动植物命名，吃树上的果子为生。但上帝认为让亚当独居不好，于是又取了亚当的一根肋骨，创造了一个女人。这就是人类的始祖亚当和夏娃。二人生活在伊甸园中，逍遥自在。后来夏娃受蛇引诱，和亚当一起吃了智慧果，遭到上帝的惩罚，被赶出伊甸园，从此结束了自由自在的日子，被迫为生活劳碌。在经历了一次大洪水后，人类获得了再生。大家相约建造通天的巴别塔。工程进展迅速，引起上帝的忧虑，担心人类会认为自己无所不能，于是变乱了人们的语言，让人类相互之间不能直接交流，工程也因此流产。从此人类说着不同的语言，散布到世界各地。

从今天的观点来看，这两个神话都应当是到父系氏族社会才产生的，因为在这里，男人先于女人出现。在女人出现以前，人类过着无忧无虑的自在日子。只是由于女人的出现，这美好的世界才变得如此难以忍受，女人在这里成了灾难的代名词。这样的神话，只有在男人掌握了社会生产和生活中的主导权，并且取得对女性的胜利后，才可能被人接受。相对说来，中国关于女娲造人的传说，也许更为古老，因为在这里还有某些母系氏族社会的影子。而在关于殷人和周人祖先的传说中，也多少保留了一些母系氏族

① 这个故事的后半部分即普罗米修斯欺骗神灵、人类因此遭到惩罚的内容，出现在赫西奥德的《工作与时日》中，但前半部分的产生似乎晚些，赫西奥德只是说神灵创造了人类，并未点明是普罗米修斯创造的。

社会的痕迹。二者的祖先都是只知其母，不知其父。

阿那克西曼德关于人类进化的理论

生物是从太阳所蒸发的湿的原素里产生的。人是从另一种动物产生的，实际上就是从鱼产生的，人在最初的时候很像鱼。

阿那克西曼德说，人最初是从另一种动物产生的，他的理由是别的动物很快就能给自己寻找食物，而只有人需要很长的一段吃奶时期；如果人一起初就是像现在这个样子，那他是不会存留下来的。

——北京大学哲学系外国哲学史教研室，编．古希腊罗马哲学．北京：商务印书馆，1961：10.

第二种是进化论，最早可追溯到希腊哲学家阿那克西曼德人起源于鱼的高论，可惜我们今天已经无从知道他是如何得出自己的结论的，但从鱼类是世界上最早的物种之一来看，他的猜测并非完全没有道理。接着有罗马哲学家卢克莱修的进化学说。卢克莱修提出人类最早使用的是石器，后来才开始使用铜器和铁器。

真正开始用科学方法研究人类起源的是近代西欧的学者。瑞典学者林奈首创动物分类法，把动物按骨骼结构的类似分成若干类。稍后，法国学者拉马克发现人类和猿猴的身体结构有许多相似的地方，指出高等动物起源于低等动物，特别指出人类起源于类人猿。英国学者赫胥黎进一步论证人和类人猿有共同的祖先。在此基础上，达尔文在《物种起源》中提出了动植物不断变化发展的理论，指出它们都是从低级到高级、从简单到复杂而不断进化的。在《人类起源和性的选择》中，达尔文指出，人类起源于动物，和现在的类人猿有共同的祖先，是由一种已经灭绝的古猿进化而来的。可惜他没有对人类如何进化做出科学的说明，而只简单地将其归于动物进化的一般法则。所以恩格斯在批判达尔文的同时，恰当地提出劳动在从猿向人转变的过程中具有重要作用，认为正是劳动使人最终从动物界分离出来，有效地解决了人类源于动物而又与动物不同的问题，至此进化论理论初步完备，并逐渐得到绝大多数学者的承认。到19世纪末，用英国人类学家泰勒的话说，蒙昧状态在很大程度上跟人类的早期状态相符合，高级文化是从人类的初级文化逐渐发展而来的。“每一个人都同意，这一断言，其主要部分不只是真理，而且

卢克莱修关于人类武器进化的理论

人类古代的武器是手，
爪甲和牙齿，是石头和树枝，
从树林里树上折下来的树枝，
和火焰，当它一被发现的时候。
之后，铜和铁的力能被发现了；
而铜的使用是早于铁的使用，
因为它较为丰富，也较易对付。
人们用铜开始从事土地的耕作，
由它激起了战争的喧哗的浪潮，
…………
之后慢慢地铁的刀剑兴起了，
铜制的镰刀就转而受人鄙夷。
人们开始用铁去犁耕土地，
在结果难料的战争里面，
胜败的机会就变成相等。

——［古罗马］卢克莱修．物性论．北京：商务印书馆，1982：340-341.

甚至是妇孺皆知的真理。”今天几乎所有关于人类起源的著作，尽管在具体问题上存在这样那样的不同，但它们的理论基础几乎无一例外地都是进化论。

2. 人与猿的联系和区别

人与猿之间有很多联系。从外表看，猿类躯干与人相似，是半垂直的，下肢可以暂时站起来甚至行走，脸上没有或很少有毛，也没有尾巴。鼻子、眼睛、耳朵等器官的位置与人接近。手掌纹路相似，有32颗牙齿。和人一样，猿的面部可做出各种表情，会哭会笑，会表现喜怒哀乐，有相当强的记忆力，能发出并理解同类的多种声音。

从身体结构看，猿类骨盆结构与猴子相比，与人更相似，尾椎渐渐消失，锁骨发达，肋骨有12～13对。人的胎儿最初也有13对肋骨，后来最后一对消失，才成为12对。

生理特征上，母猿有月经，且一胎只生一只幼猿，胎儿发育期为八九个月，和人十分接近。刚出生的幼猿比成年的猿更像人。此外，猿类的寿命也超过一般动物，可以达到几十年。

生物化学证明，血缘相距很远的动物，其血液性质也不同，血液性质相近的动物，血缘相对也会比较近。而猿类的血液和人一样，血型相应地分成A、B、O、AB等血型。猿类染色体的位置和形态也与人相近，它们像人一样会得伤风感冒、霍乱、梅毒、伤寒等，症状也相似。在猿的消化道中，有时会有和人体内相似的寄生虫。

这些情况说明，猿类确实有不少和人类相接近的地方，如果二者不是起源于共同的祖先，很难解释二者之间的这种相似性。但是，猿类毕竟不是人类，在生物的进化层次上，它们比人类差了一个等级，二者之间还存在重大的差别：

其一，猿手和人手不同，猿基本上是臂行动物，生活在丛林中，依靠臂力在树丛间跳来跃去，因此上肢发达，比下肢长得多，与人正好相反。猿类大拇指很短，不能和其他四指对握。虽能靠手在树枝间灵活地来去，却不如人的手灵活，后者可以抓握各种东西，并且可以进行包括书写在内的各种复杂活动。

其二，猿类脚趾长，大脚趾可和其他四趾分开并拿东西。由于长期生活在树上，猿的脚主要不是用来支撑身体重量，脚底扁平，不能长时间直立。人类的脚则不同，大脚趾和其他四趾并排，有脚弓，以便于行走。

其三，人的下肢长而上肢短，腿几乎占了人体高度的三分之二，大腿肌肉发达，便于行走。猿类正好相反，下肢短而上肢长。行走时需用力摆动双臂以保持平衡，所以很难进行长距离的跋涉。人类的脊柱相对比较直，既可以减轻行路过程中对大脑的震动，而且有助于头部各种感觉器官的发展。

其四，语言。人的语言词汇非常丰富，句法结构复杂，可以表达各种抽象与具体的概念，是人类相互交流的基本工具。猿类则只能发出一些比较简单的声音，目的也主要是表达自己的情感。至于其他动物，交流方式就更加原始，主要依靠身体的动作或身体散发的气味。

其五，可能也是最重要的，是人脑和猿脑之间的差别。人脑比猿脑先进之处，不仅在于人的脑容量大大超过猿类，还在于人脑内部结构更加复杂，有高度发达的思考能力，可以对外界的刺激做出反应，进行加工，进而形成自己的思想。再通过语言，把自己的思想表达出来。人类还会根据自己的需要改造他们居住的世界，有进行选择的能力。白蚁固然会建造结构复杂的土丘，在其内部创造适合它们自己生存的环境，但它们的技能不过如此，它们不会也不可能拿着那堆泥土去做别的事情。人类则不同，可以用同样的泥土，做出五花八门的东西来。人类会为了秋天的收成，在春天播种；或为了来年的收成，在前一年的秋天劳动；甚至为了子孙的需要，栽下需要十几年才能取得收成的果树。不仅如此，对于同一块土地，人类可以根据环境和需要，在那里种植不同的农作物，或把那块土地用于建房之类的非生产性用途。此外，人类是所有现代生物中最具社会性的，更加合群，只能生活在社会或群体中。一方面，人，特别是现代人，除非像鲁滨逊那样落到荒岛上，否则几乎不可能实现完全的自给自足；另一方面，人只有在群体中才能获得成就感和满足感。猿类虽然也是群居动物，但如果它单独生活的话，没有人会认为它奇怪。如果离开了其他的猿，它同样可以维持生存。

3. 考古学的证据

可是，上述的论证，只是建立在推测的基础上。仅有这些推测显然不能充分说明问题。作为一名历史学家，最重要的当然是提出充分的证据。由于远古人类并没有给我们留下任何文献，人类发明用于书写的文字不过 5 000 多年，而且并非所有地区的人类都同时发明文字，因此我们必须依赖考古证据重构原始时代的历史或史前史。根据古地质学和古生物学的资料，现在大致可以肯定，地球形成于距今约 45 亿年前。最初，地球上没有生物。直到距今约 33 亿年，才出现了最原始的生物原核细胞菌类。在距今约 10 亿到 6 亿年前的元古代，出现了真核细胞的藻类，在元古代的后期出现了原始的腔肠动物、软体动物和节肢动物。在距今约 6 亿到 5 亿年即古生代最早的寒武纪，出现了三叶虫。到距今约 3.5 亿年的古生代泥盆纪，出现了鱼类。直到古生代晚期的石炭纪，地球上才出现了两栖类动物。距今约 2.25 亿年到 7 000 万年的中生代，是爬行动物的时代，让人闻之色变的恐龙就生活在这个时期，鸟类和哺乳动物也出现在此时。从距今约 7 000 万年前到 1 万年前，在古地质学上属于新生代。新生代分为第三纪和第四纪。第三纪为距今约 7 000 万年到 300 万年前，下面被分为古新世、始新世、渐新世、中新世和上新世；第四纪为距今约 300 万年前到 1 万年前，下面再分为更新世和全新世。在距今约 6 000 万年时，出现了最早的灵长类动物；到距今约 4 000 万年到 2 500 万年的渐新世，出现了猿类。在距今约 1 400 万年时，从猿到人的过渡生物腊玛古猿出现。再经过长期的进化，在距今约 250 万年前，出现了最早的人科人属的动物——完全形成的人，其标志是他们能制造工具。

上述资料表明，生物是从低级逐渐向高级发展的。人类的出现，是生物长期进化和发展的结果，并不是在一天或者一个时辰之内，由神灵或者上帝按照自己的形象创造出来的。与地球比较，人类的历史非常短暂。

4. 从猿人到现代人

从猿人到现代人的发展，经历了千万年的时间。目前发现的最早的猿类化石是埃及的原上猿。从化石推测，原上猿体形很小，身长似猫，生活在 3 000 万年前埃及北部的热带森林里。大约 200 万年后，出现了埃及猿。埃及猿也生活在埃及北部的热带森林中，属林栖臂行动物。二者的牙齿都为 32 颗。但在这之后，化石出现了断裂，直到距今约2 300万年时，才出现了森林古猿。虽然森林古猿和原上猿、埃及猿有不少相似的地方，但它们之间有500万年的断档。关于这个过渡时期，还没有发现足够的化石。尽管如此，学者们仍然能够推测，后来的人类正是从这些猿类中的一支发展起来的。

这些猿类的一支如何演化为正在形成中的人，我们也没有充足的资料。到距今约1 400万年，地球上出现了最早的从猿到人的过渡型生物——腊玛古猿。自19世纪中期以来，学者们先后在肯尼亚、巴基斯坦等地发现了有关化石。腊玛古猿的生存年代在距今1 400万年到800万年之间。与森林古猿相比，腊玛古猿脸部变短，犬齿较小，齿列成弧形，吻部后缩，与人类更加近似。最令人们感兴趣的是，学者们在发现腊玛古猿的地层中发现了使用工具的迹象，以及动物的骨骼，有些骨骼还被砸裂。虽然其所用的工具不过是些天然石块，但既然知道使用辅助手段，说明形成中的人类已经有了劳动意识。而劳动是人和一般动物之间的最大差别之一。由于劳动，人类的双手逐渐变得灵巧，大脑逐步发育和增大，变得日益复杂。所以称腊玛古猿为正在形成中的人，并不为过。

从正在形成中的人向完全形成的人的转变过程是漫长的，经历了1 000多万年。目前关于过渡期间人类的化石不多，而且这些猿类到底是哪一支转变成了人类，也还存在众多争议。根据目前掌握的资料，南方古猿可能是最早的人科动物。四五百万年前，在东非的埃塞俄比亚和肯尼亚，南方古猿的一支进化为最早的人科动物。它们的颅骨和面部的一些解剖特征与现代人类相似，能够两足直立行走。能够用两块石头相互碰撞以制造边缘锋利的工具的人，出现于距今约250万年至240万年，考古学上称为“能人”，即“巧手之人”。能人的头部较南方古猿更高更圆，脑容量达到600～700毫升，有一双强壮的善于抓握的手，拇指能与其他四指实现对握，可以制造比较复杂的工具。直立人可能要到距今约180万年到150万年才出现。此时人类应当已经开始走出非洲，扩散到欧、亚、非三洲，说明人类凭借制造工具的能力已经能在自然环境差异极大的不同地区生活，对自然的适应能力远远超过一般动物。直立人的代表有爪哇猿人、北京猿人等。从形态上看，直立人仍然保留着猿类的某些特征，如眉脊突出，前额向后倾斜，脑壳约比现代人厚一倍，没有下巴颏等。但与最早的人类相比，他们有了明显的变化。以北京猿人为例，他们的身高约为1.56米，脑容量达800～1 200毫升，为现代人脑容量的80%，明显高于早期人类；上肢的活动已经接近现代人，可以用两手劳动；下肢也已经具有现代人的形状，只是还有些弯曲；从脑容量推测，他们也许已经有了语言。他们还发明了取火的技术，并利用火来烧、煮食物，取暖和防御其他动物的侵犯。因为学会了用火的技术，人口开始膨胀，并向世界的其他地区迁移，于是我们看到，直立人的化石分布在了东半球的几乎所有温带地区。

距今约30万年到10万年，是考古学上的早期智人阶段。早期智人的化石分布在欧、亚、非三洲，其代表有欧洲的尼安德特人、圣沙贝尔人，伊拉克的沙尼达人，中国的马坝人、丁村人等。从体质形态看，他们还保留着猿人的某些特征，如眉脊骨粗壮并向前和两侧突出，几乎形成一条连续的横条；鼻骨宽阔，与现代人颇不相同。但是，早期智人颅顶的穹隆明显升高，骨壁厚度减少，前额高于直立人，眼眶不再平直，而约略呈弧形。这些都说明早期智人的脑容量有了明显的增大。测量结果表明，早期智人的平均脑容量达到1 350毫升，和现代人的平均脑容量1 400毫升相差无几。换句话说，早期智人已经站在现代人的门槛上了。但早期智人是否由直立人进化而来，尚有一定争议。有些学者认为，早期智人可能出现于距今 20 万年的东部非洲，起初与直立人并存，到距今约 10 万年取代直立人成为地球上的主要人种。早期智人能够取代直立人，是因为他们有更高的智商，可以更好地认识周围的环境，并能更有效地利用资源。所以，关于现代人类的起源，有两种不同的说法，一种认为早期智人由各地的直立人进化而来，另一种则认为，非洲的直立人进化为早期智人后，走出非洲并扩散到世界各地，取代了各地的古人类。

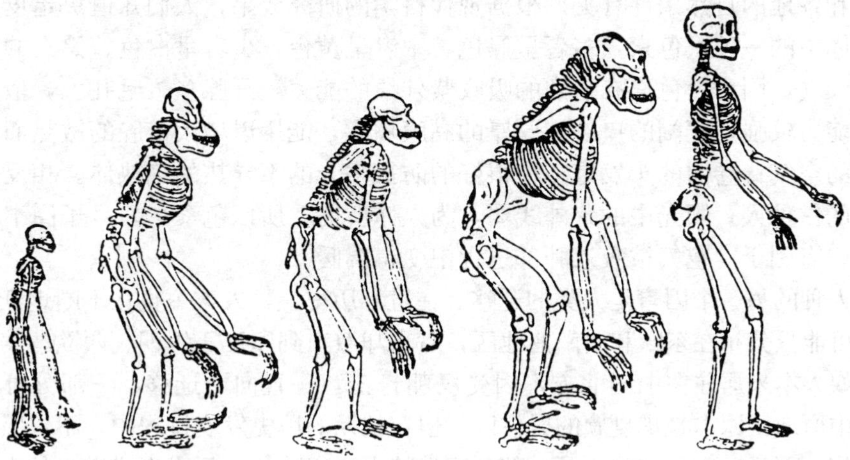

人类的进化

距今约 10 万年到 4 万年，为晚期智人阶段。根据学者们的研究，约 95 000 年前苏门答腊岛上多巴火山的一次喷发，导致含硫气体形成同温层阴霾，进而引发全球降温，其他地区人类大多灭绝，只有非洲东南部的人类在严酷的环境下幸存下来，并且形成了一些关键的技能，如学会分享食物和水源的信息。到约 70 000 年前，随着气温升高，这里的人口慢慢增加，并再度开始向外迁移。这第二批走出非洲的智人，才是现代人类真正的祖先。他们首先进入西南亚地区，在此后的 5 000 年里陆续散布到世界各地，到这个阶段或稍晚时期，人类进入澳大利亚和美洲，其中人类到达新大陆的时间可能晚至距今 15 000 年。晚期智人的代表性化石有欧洲的克罗马农人，中国的山顶洞人、柳江人，非洲南部的斯普灵布克人，加拿大的塔勃尔人，澳大利亚的塔尔盖人等。从体形看，他们和现代人没有明显差别，脑容量几乎一样，前额升高，颌部后缩，下巴颏明显。此时人类足迹遍布全球，并形成了人种。

二、人种和语系

1. 人种的形成和分布

划分人种的主要标准是五官和皮肤颜色等外在的特征。在现代世界上，通常认为有三大主要人种：蒙古人种、欧罗巴人种、尼格罗—澳大利亚人种。

蒙古人种形成于中亚和东亚干燥的半荒漠和草原地带，皮肤呈棕色或淡棕色，黑色直型发，体毛、胡须稀少，鼻宽度中等。现分布在北亚、中亚、东亚、东南亚和美洲，其中美洲的印第安人是大约5万年前通过白令海峡的大陆桥到达那里的。欧罗巴人种大约形成于南欧、北非和西南亚地区，皮肤呈白色或较白色，有的为棕色，波型发，发色金黄或黑褐，鼻窄而高，体毛、胡须浓稠。现分布在欧洲、美洲、北非、西亚和印度等地。尼格罗人种大约起源于非洲东北部，澳大利亚人种则可能出现在南亚地区，皮肤为深棕色，体毛、胡须少，卷曲型头发，窄头型，宽鼻。现分布在非洲的中南部、东部，大洋洲，亚洲的印度南部、斯里兰卡、马来西亚、印度尼西亚等地。

人种形成的原因十分复杂，很多问题在目前还都是一种科学推测，不能视为定论，但很可能和各地的自然条件有关。根据现代科学的研究成果，人们知道决定皮肤颜色的主要是人体中的一种黑色素，多者呈黑色，中者呈黄色，少者呈白色。黑人的皮肤更适应炎热的天气，因为黑色素有强烈的吸收紫外线的能力，汗腺多，毛孔大，散热快，调节体温的能力较强；宽阔的口裂和厚厚的黏膜嘴唇，能用以增大口腔的散热面，有利于冷却吸收的空气；卷曲的头发是一种很好的防御阳光的不导热的绝热体。相反，生活在北欧地区的白种人，阳光中的紫外线弱，为人体所需，所以色素少，鼻子高窄，鼻腔黏膜面积大，有利于冷空气被吸入肺部过程中变得温暖。

影响人种的另一个因素是人类的迁移。在世界历史上，人类一直在不断地迁移，如印欧人最初可能只分布在东欧和西南亚地区，后来却散布到印度、伊朗、西欧、美洲等广大地区。匈奴人本来居住在中国北方，因受汉朝打击，一直向西迁移，一部分可能到了欧洲。中国中原地区原本是华夏族的居住区，但在长期的历史发展过程中，不仅吸收了周边地区的部族，而且还融合和同化了一部分闪米特人和印欧人。至于当代世界的人种混杂和融合，其速度和规模都非古代世界可比。可以说，在今天的世界上，很难说有纯种人了。

2. 主要语系

与形成人种的同时，形成了主要的语言和语系。语言的丰富是人类区别于一般动物的主要标志之一，是人类相互合作和沟通的主要媒介。人类具备语言能力的时间，或许在距今30万年左右，那时人类进化出清晰的语言表达能力。在人类演化过程中，形成了众多不同语言。如今世界上有2 000多种语言，按照关系可分为若干语系，其中主要有塞姆—哈姆语系、印欧语系、阿尔泰语系和汉藏语系等。塞姆—哈姆语系主要分布在非洲、阿拉伯半岛和西亚一带，塞姆语是古代西亚的主要语言，哈姆语是古代东北非的主要语言。印欧语系下面又分为许多语支，如斯拉夫语支、罗马语支、日耳曼语支等，主要分布在西亚、南亚、欧洲等地，后来扩展到非洲、美洲和澳洲，并成为美洲和澳洲占主导地位的语言。阿尔泰语系分布在中国、蒙古、中亚、阿富汗、伊朗和土耳其等地。汉藏语系主要分布在中国、越南、南亚等地。

第二节　原始时代人类的生产与生活

一、生产活动与生产工具的革新

人类从形成的第一天起，就不得不为了生存而进行劳动和制造工具。考古学家根据工具的类型，将人类历史划分为石器时代和金属器时代，其中石器时代又划分为旧石器时代和新石器时代，旧石器时代时间最长，从人类的形成一直到距今约 1 万年。从公元前 9 千纪或公元前 8 千纪到约公元前 5 千纪为新石器时代。金属器时代又划分为金石并用时代、青铜时代和铁器时代。一般来说，金属的加工和使用标志着文明时代的来临。本章只讨论原始人类，因此只涉及石器时代。

1. 旧石器时代

人类最初使用的工具是天然的石块和棍棒。这些石块和棍棒肯定是随手捡来、没有经过任何加工的。距今约 180 万年的能人已经会用小石片从动物的尸体上切割肉片，还会携带某些合用的工具。后来，随着经验的积累，人类逐渐学会了制造工具。所谓制造，也就是把石头相碰撞后，在一头产生相对锋利的刃口，而另一头仍然是原来的样子，便于手握。这样的工具显然不精致，也不一定合用。但人类走出这一步，却用了几百万年甚至一千万年的时间。而这一步，也就彻底地把人类和普通动物区别开来，标志着人类的最终形成。

在旧石器时代，人类的经济生活和普通的动物也许差别不是太大。为搜寻食物、躲避猛兽的袭击，他们不得不四处游荡。他们的活动有一定范围的限制，例如在坦桑尼亚的奥杜威峡谷，人们发现了一处排列成一圈的石块，好像是人工建成的房基。人们在这里还发现了动物的骨骼，其中有些是被宰杀的，说明这些人已经会狩猎，其中大部分是容易追猎的小型动物。但是，狩猎毕竟并非易事，有些动物如野猪、老虎等又非常凶猛，原始人类应当不大敢招惹它们；一些比较温驯的动物如鹿、羚羊等，奔跑的速度又非常快，不是常人可以追得上的。所以，要进行狩猎活动，人类必须依靠集体的力量。例如，墨西哥北部的印第安人经常用持续追赶的方法猎鹿。他们先派几个有经验的猎人了解鹿群的活动情况，然后出动大队人马连续追赶，一般到第二天，就有一些鹿力竭而死。澳大利亚的土著会利用诱饵或陷阱来捕捉鸟类和其他动物，有时他们手里拿着一条鱼假装熟睡，直到鹰或者乌鸦来叼住诱饵不放，再把这些鸟捉住。非洲的布须曼人为捕捉河马或大象，也会设置陷阱。有些原始人类设置的陷阱还非常精巧，在下面挖出陷阱，

拉斯科洞窟岩画《牛头》

上覆木板，一旦动物踩上木板，木板自动翻动，动物就会落入陷阱，而木板仍然盖在陷阱之上。为了对付猛兽，人类更需要利用集体的力量。北美的印第安人为了猎到野牛，先由一群猎人持矛将其团团包围，连妇女小孩都参加呐喊；或在周围点起火把，将野牛赶入陷阱。有时，人类可能遇到猛兽留下的残渣，那时他们大概也不会嫌弃，会把剩下的肉一扫而空。在坦桑尼亚的奥杜威峡谷发现的早期动物的骨骼，有些上面有食肉动物留下的牙痕被人切割的迹象，或许就是人类食用食肉动物猎获物的例证。

正因为狩猎颇不容易，肉食难得一见，为了乞求狩猎成功，原始人常借助巫术。在西班牙的阿尔塔米拉石窟中，人们发现了原始人所画的姿态各异、颜色不同的野牛、野猪、野鹿等动物；在法国南部的拉斯科洞窟中，有大厅和隧道，洞壁和洞顶上也画满了各种颜色的鹿、牛和奔跑着的野马。值得注意的是，有些动物似乎身上中了箭。在这些洞窟中并没有发现生活的遗迹，所以它们很可能只是原始人做法事的场所。壁画上的重叠表明，它们并不是一次创作的。可能的情况是，当地的原始人每次狩猎前，都要到洞中做一次法事，而每次做法事的时候，都要画上一次，于是出现了画面重叠的现象。

鱼可能也是原始人一项重要的肉食来源。新中国成立以前，带有原始社会残余形态的云南永宁纳西族人几乎都会捕鱼。每年3月桃花盛开之际，泸沽湖里的鱼都会游往岸边产卵。这时，附近的人就用木棒打鱼，或用长约60厘米、宽约5厘米的木刀砍鱼。这种工具，人手一把，男女都会使用，而且每击必中，例无虚发。另外，纳西族人还制造了简单的渔叉、渔网等。

火的使用和人工取火技术的发明，对旧石器时代的人类具有重大影响。据推测，元谋人已经开始用火，北京人肯定已经会用火而且会保存火种了。欧洲猿人用火的历史也可以推到75万年前。旧石器时代后期，人类掌握了人工取火的方法。在欧洲的尼安德特人那里，人们发现了许多不大的篝火堆痕迹，说明当时他们已经能够比较方便地取火了。对于原始人的取火方法，近代民族学的材料可以给我们提供一些启示。大洋洲的美拉尼西亚人取火时，会用一根20厘米长的小尖棍在一块长约1米的木板上使劲摩擦，擦出小槽和木屑，生热引燃木屑。新中国成立以前，带有原始社会残余的海南黎族使用钻木取火，通过小木杆和木板上的小洞摩擦生热，引燃木屑，原理大体相同。火的使用，使人类开始熟食。由于熟食，食物的种类和范围扩大了，咀嚼和消化的时间缩短，更有利于营养的吸收。火的使用，给人类提供了一个重要的取暖手段，扩大了人类的活动范围，使寒冷对人类活动的限制大大减少。火还是人类保护自己、对付野兽的重要手段。最后，火还给人提供了锻造武器的可能，使人类制造工具的技术不断进步。

在旧石器时代，人类所使用的工具虽然经过一定程度的加工，但还十分简单。最主要的工具是石器。石器中有刮削器、砍砸器、尖状器等，有些大概是原始人用来狩猎、切割动物的肉和砸动物骨头用的，有些也许是采集时用来砍伐树木以便得到树上的果实。石器形制的不同，说明它们的用途也有差别。这就意味着，原始人已经知道，在从事不同的活动时，应使用不同的工具，表明他们已经有了一定的生活经验。到旧石器时代晚期，人类制造的石器变得更加轻便合用，刃口也得到不同程度的加工，复合工具开始出现。人们在石器上凿孔后装上手柄，从而大大提高了劳动效率。长矛、弓箭大概也在这时出现并在狩猎中发挥重要作用。

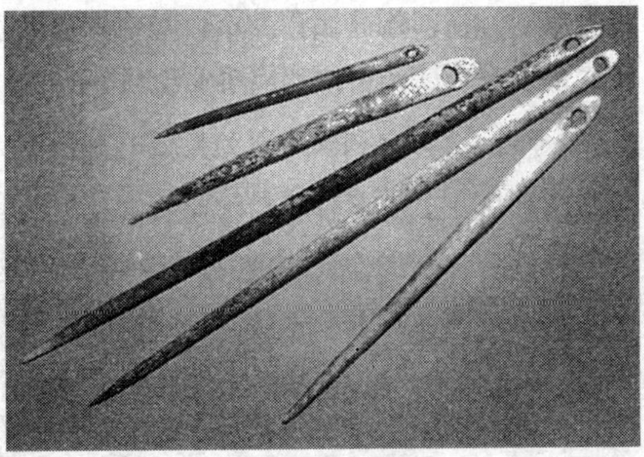

骨针

除石器外，人类还使用骨器以及木棒等。骨器多用牛、马等的腿骨制作。最受青睐的是鹿角，因为它轻便、坚硬、有韧性、角尖锐利，稍做修整就是很顺手的工具。不管是骨器还是角器，都模仿石器的形制。有些骨头被制成针，可能是用来缝制衣服之类，以便遮蔽身体。

2. 新石器时代

旧石器时代，人类大体还处在从猿人向现代人转变的阶段。经过长时间的磨炼，人类在完成自身体质结构转变的同时，生产技术也取得了很大进步。到距今1万年左右，人类进入了新石器时代。新石器时代延续了五六千年。虽然到公元前5千纪—前4千纪，人类开始使用金属工具，世界也开始进入金属器时代，但石器并未立刻退出历史舞台。在许多地区，石器仍然是十分重要的生产工具。直到近代工业革命完成后，石器才彻底从生产领域中消失。

与旧石器时代相比，新石器时代的石器变得更加小巧，更加合用，磨制石器大量增加。它有比较锐利的刃口，可以使用较长时间。最重要的进展是复合工具的大量增加。早在旧石器时代，人类已经发明了长矛和投矛器。按照一般人的臂力，矛可以投出30～40米，借助于投矛器，可以投出70～80米。因此，投矛器大大增加了人类狩猎的成功率。在此基础上，人类又发明了弓箭。弓箭箭头在旧石器时代可能已经出现，但目前发现的最早的弓属于公元前8800年前后。箭的射程比投矛器大得多，可以达到80～100米，有的强弓可以达到400～500米。在这样的距离内攻击野兽，人类不仅更为安全，而且成功率也会大大提高。除远距离攻击外，还可以实行突然袭击。因此，弓箭发明以后，狩猎就成了原始人基本的生产活动之一。

随着狩猎的发展，人类开始驯养动物。人类最初如何和为何开始饲养牲畜，学术界尚无定论。但可以肯定的是，驯养动物的历程是漫长的，最初驯养的都是些较温驯的小动物。它们或许是狩猎过程中无意留下来的，因为长期与人类一道生活，养成对人类的依赖性。人类则利用这种依赖性，限制动物的活动，规范它们的繁殖。考古资料证明，西亚地区是最早驯养动物的地区，在公元前1.2万年的伊拉克帕勒高拉遗址中，狗是唯一被驯养的动物，属于公元前8千纪的英国斯塔卡尔遗址也有驯养狗的迹象。驯养绵羊和山羊的时间，最早的证据是公元前9500年左右。猪的驯养可以追溯到公元前7千纪。最早的家养牛出现在土耳其的哈希拉尔，属公元前7千纪。至于马和骆驼，则是在公元前3千纪即人类的相当一部分进入文明时代以后，才在小亚细亚和中亚以及非洲的沙漠、草原上驯养成功。公元前2千纪进入西亚和南亚的印欧人已经大量使用马匹和马拉战车。

原始人放牧图

新石器时代生产技术上的另一大飞跃是农业的产生。农业如何产生，至今尚无定论。可能的情况是，从人类能够使用火以后，就逐渐出现了两性之间的分工。男人外出打猎，妇女就近采集植物的果实、根、块等。久而久之，她们发现某些植物特别高产或味道更好，同时也逐渐认识了它们的生长规律，便有意识地加以保护和培养，如拔掉这些植物周围的杂草，或将其围起来，以防止人或动物糟蹋。植物驯化的最后阶段才是人工种植。从现有的资料看，农业最早的发源地是西亚地区。在那里的坡地上，长有不少野生的大麦和小麦。人们对它们加以培植。公元前9千纪或更早的时候，西亚地区开始人工种植大麦，同时也培育出其他一些谷物以及果树，并驯养动物。为了生产的需要，装饰品和黑曜石贸易也开始发展起来。最初人们以为，农业在西亚产生以后，可能随着人类的移徙，逐步传到欧洲以及埃及等地。但今天这种看法已经遇到挑战，因为新的考古资料似乎证明，可能由于气候的变化，可供狩猎的动物灭绝或者迁移，人类不得不寻找新的方式养活自己。公元前9千纪—前8千纪在世界上的不同地区，西亚、非洲、印度、中国、中南美洲等地，同时出现了进行农业生产的迹象。居住在撒哈拉沙漠东南边缘地带的人们驯养了部分动物，西非的人们独立种植了甘薯等农作物；尼罗河周边地区的人，因为气候干旱，纷纷进入尼罗河谷地，早在公元前7000年，那里已经开始种植大麦和小麦，公元前6000年左右，尼罗河谷地已经出现农耕村落。印度、中国和中南美洲是另外几个独立的农业发源地，时间上或许不比西亚晚太多。印度人培育出了棉花、水稻等重要农作物；中国南方的水稻栽培可能在公元前9200—前7500年已经开始；至少在公元前7千纪，黄河流域已经出现定居的农业村落；美洲的印第安人公元前8000年左右开始种植食用植物如南瓜等，后陆续培育出马铃薯、玉米等。到公元前4500年左右，部分地区印第安人的食物90%以上来自栽培作物。新航路开辟后，美洲的农作物传到世界各地，今天成了许多地区人类的主食。

农业的产生，显然经历了一个很长的过程。澳大利亚的土著直到欧洲人到达时，还没有产生农业。墨西哥的特瓦坎山谷是最早的植物栽培中心之一，那里的原始农业从公元前7000年前后开始，但直到公元前1500年前后，由于玉米产量大大提高，玉米才变成了当地人的主食。而在此前，印第安人通过栽培获得的食物不过占其粮食消费总量的10%左右。对农业来说，最关键的当然是把原来野生的植物逐步驯化成人工栽培的农作物，并且要大力提高产量。一般来说，经过人工培育的农作物味道和产量都大大优于野生植物。如野生的马铃薯球根很小，又苦又硬。古代的印第安人经过细心培育，把它变得又大又甜。传到欧洲后，品种又经过进一步改良，才成为我们今天食用的土豆。再如桃，野生的桃核大肉少，而且味涩难以下咽。今天的桃虽然还保持了原来的样子，但其味道和产量与昔日实在不可同日而语。原始农业和现代农业相当不同，现代农业已经变成了精耕细作的产业，从耕地、播种、中耕到收获都有一套严格而复杂的程序。原始农业基本上是刀耕火种。人们在春天砍掉一片树林，让太阳把树枝晒上一段时间。待树枝干燥后，放火烧荒。然后就在地里点上种子，从此以后就基本不闻不问，到收割季节再去收割。这样的耕作方式，产量当然不会太高。由于不会施肥，土地在耕种几年后就会变得贫瘠，需要抛荒，过上若干年再耕种，有些时候就只好彻底放弃。人类也随着土地肥力的变化四处迁移。这可能是原始农业传播的原因之一。

在纯粹的采集经济时代，人类的食物难得出现剩余，绝大多数时候都是找到食物就吃掉，不会把它留到第二天。但随着农业的产生，人类从食物的单纯采集者变成了食物的生产者，食物也慢慢地出现了剩余。这样就产生了储存剩余食物的需要，要求人们能够提供相应的器皿。同时，人类栽培的不少植物也需要烹煮，烹煮食物同样需要器皿。所以，人类逐渐发明了陶器。由于煮饭之类的家务多由妇女承担，陶器可能是由妇女发明的。最初的陶器，也许不过是在煮东西的时候，在容器的外面涂上一层泥巴，以防止树皮之类制成的容器被烧坏。后来，泥巴里面的容器已经坏了或者掉出来了，外面的泥巴壳子仍然完好，可以继续使用。人类发现这一规律后，就有意识地把泥土制成各种不同的形状，再放到火里烧制。最早的陶器应当都是比较笨重的，后来逐步改进技术，陶器越做越薄，样式也越来越多，可以适应生活多方面的需要。考古学家们经常发现的锅碗瓢盆、坛坛罐罐，生动地展示了原始人的创造和想象能力。

3. 农牧业产生的意义

农牧业的产生，使人类有可能摆脱过去那种为寻找食物而四处奔波的日子，农业耕地的开垦，农作物的播种和收割，都需要人类较长时间地定居在一个特定的地区，因此农业的产生，意味着人类转变成定居的居民。为了定居，人类就必须修建房屋，建立比较稳定的社会组织，进行协作。农业的产生，还意味着男人逐步在生产中占据主导地位。无论是耕地还是收割，男人因为体力占优，在生产中发挥着最重要的作用，所以，农耕和畜牧的出现，势必引起男女社会地位的变化。最后，可能也是最重要的，乃是人类从食物的采集者变成了食物的生产者。它保证了人类基本的生存需要，使得人口迅速增长。据估计，农业产生之前，地球上的人口不过400万左右。到公元前5000年，达到500万，此后以加速度增长。公元前3000年，人口达到约1 400万；公元前2000年，约2 700万；公元前1000年，约5 000万；到公元前500年前后，约1亿。人口的增长和社会的复杂化，要求更精密的社会组织和管理系统。此外，人类所生产的粮食，除了供自己消费之外，还有可能出现剩余。这样，就使一部分人有可能从搜寻食物的劳动中摆脱出来，从事那些虽然是为人服务但不是和人类吃饭密切相关的工作，如生产装饰品、手工产品等，于是在基本的男女分工，农业和畜牧业的分工之外，还出现了农业和手工业，农业、手工业和商业等的分工。分工的发展，让一部分人脱离社会生产活动而从事专门的管理工作，为人类更大的进步和进入文明时代创造了基本条件。农业的产生，是人类社会生产发展最伟大的飞跃之一。

二、社会组织的变迁

在讨论生产工具和社会生产的发展时，虽然我们缺乏相关的资料，但考古学和古地质学仍然给我们提供了某些可供推测的信息。此外，也有一些近代原始民族的实例可供观察。但在社会组织领域，我们连这些可以观察和推测的资料都很少。因此，目前关于原始人类社会组织的情况，在很大程度上还停留在猜想甚至是玄想阶段。我们远古的祖先没有留下可靠的资料，仅有一些非常不可靠的传说。而这些传说，由于年代久远和口耳相传，还受到后世的改造，可能和历史实际相去甚远。尽管如此，凭借科学提供的强大武器，我们仍然能够就我们祖先社会组织的发展做出某些推测，并提出某些假说。

在原始社会，人类社会组织的形态，首先，和生产及婚姻的状态关系密切；其次，和人类体质的发展有联系；最后，和人类当时所处的自然环境有关。

1. 原始群和血缘家族

按照学术界比较通行的看法，人类在形成时期的社会组织大概是原始群。当时人类还处在从猿到人的过渡阶段，七分是猿，三分是人。他们三五成群，拿着木棒或赤手空拳地在无边的森林和原野上游荡，搜寻着食物。由于他们体格不够强壮，又没有锋利的牙齿，而剑齿虎、恐猫、鬣狗等各类大型掠食动物横行，为了生存，人类只能依靠集体的力量，过群居生活。当时，性关系是紊乱的，所以也无所谓家庭，孩子大多跟随母亲。有人在深入研究过黑猩猩之后，发现它们中的性关系完全是杂乱的，但母子之间的关系相当清楚，即使是成年的公猩猩，也不会和它们的母亲交配。人们还发现，为对付潜在的敌人，非洲的高等灵长类动物狒狒在迁移时，通常是母亲带着幼仔走在中间，强壮的雄性成员殿后。还处在早期阶段的人类，情形也许与此类似。在这个阶段，还说不上有真正的社会组织。

人类发展的下一阶段，大概是血缘家族。血缘家族上承原始群，下启氏族社会，其延续的时间可能有几百万年。在这一时期初期，人类可能已经禁止了原始群时代杂乱的性关系，只允许同辈之间发生性关系。在不少民族的古老传说里，都有兄弟姐妹互为夫妻的传说；在古希腊的史诗《奥德赛》中，诗人也提到奥德修斯在归途中曾经遇到过一个兄弟姐妹互为夫妻的家庭；古代希伯来人的《圣经》中，也有人类最初兄妹互为婚姻的痕迹。但是后来，人类禁止了同辈之间的性关系，实行族外群婚，即一个群体的男子和另一个群体的女子互为夫妻，而该群体的女子往往和另一个群体的男子互为夫妻，形成一个个的外婚制群体。于是，以母系为核心的氏族开始产生。由于生产条件和觅食范围的限制，这样的群体规模可能不是太大，也许就几十人，多的大概也就百人。比如北京周口店的猿人，据估计为 60 人左右。群体内部也许在生产活动上有所分工，比如男子狩猎，女子采集。更精细的分工，还有待于未来的发展。

2. 母系氏族社会

母系氏族社会从血缘家族发展而来。随着群体内部婚姻规例的增加，通婚的禁忌也越来越多，最后完全废止了母方所有亲属之间的婚姻关系，进而形成一个比较固定的、彼此不能通婚的女系血缘集团。这个集团又由于共同的宗教活动和社会习俗而日益巩固，并和周围的其他集团区别开来。由于仍然是群婚，所以人们能够确定的只有母亲，世系也只能按母系计算。常常一个集团就是一个母系氏族。

在母系氏族社会中，婚姻形态发生了重大变化。本氏族成员之间，婚姻关系被完全禁止。婚姻形态可能主要是走访婚。外氏族的男性成员夜间到女方的氏族过夜，本氏族的男性则在夜间出访其他氏族的女性。所生的子女，由于不能确定父亲，只能跟随母亲生活，成为女方氏族的成员。不过，人毕竟不同于动物，虽然是群婚制，但在女方众多的“丈夫”中，可能有一个是比较固定的“主夫”。而在男方的众多“妻子”中，大约也有一个是主要的。后来的对偶婚，应该就是从这种相对固定的婚姻关系中发展起来的。只是这种婚姻关系十分不稳定，只要有一方不满意，立刻可以解除。同时，在经济上，男方几乎不和女方的氏族发生关系，他只是女方氏族中的一个过客，双方最多偶有礼物赠送，他的生产和生活仍然以本人所在的氏族为中心。在各个民族的传说中，这样的事例并非绝无仅有。例如，传说殷的祖先契是他的母亲简狄在野外吞玄鸟蛋后怀孕所生，周的祖先稷是他的母亲姜嫄踩到巨人的脚印而受孕的。很显然，当时人们根本不知道自己的父亲是谁。后人为了掩饰，才创造出吞玄鸟蛋、履巨人脚印而怀孕的神话。连夏的祖先鲧，据当代学者考证，似乎也是一位女性。在当代世界，也有一些仍然保存着母系制的部落和民族。如在新中国成立以前，云南永宁的纳西族世系就按母系计算。有一家的女性家长因为一连生了几个男孩而焦虑不已，直到最后终于有了一个女孩，心里才一块石头落了地，因为它意味着这个氏族有了传承之人。在纳西族中，婚姻关系也和上面说的母系氏族社会的特点相吻合。外氏族的男子夜间走访女方，翌日早晨离去；而本氏族的男子夜间也纷纷离家去寻找自己的意中人。这样的关系当然不会稳定，有人调查过纳西族的阿肖婚，发现在一个村庄里过着阿肖生活的 21 名女性中，一生中有 2～4 个伴侣的为 11 人，5～9 个的为 5 人，10 个以上的为 5 人。18 名男性中，有 1～4 个伴侣的为 13 人，5～9 个的为 3 人，10 个以上的为 2 人。由于属于走访婚姻，在社会生产和生活中，所谓的丈夫们并不起作用。他们只是晚上走访女方，早晨就回到自己的氏族参加活动。不过人非草木，孰能无情，男方有时会送一些礼物给女方，而女方在很多情况下也有回赠。礼物大多限于生活日用品，远不足以影响氏族的经济生活。

随着氏族人口的增加，原来的氏族可能会因为人口太多而难以管理，于是出现氏族的分裂，一个氏族可能分为两个甚至更多个子氏族。这些子氏族在成为生产和生活的基本单位后，原来的氏族就变成了胞族。胞族有重要的社会和宗教职能：处理不同氏族间的杀人案件；在部落开会时，同一胞族的成员坐在一起；当酋长和军事首领发表演讲时，会向本胞族的成员呼吁；胞族还具有军事职能。但胞族并不是必然会出现的，有时，若干氏族直接组成部落；有时是若干胞族联合组成部落。部落可能是原始人类创造出来的最复杂的社会组织。由于它由不同的氏族组成，所以在部落内部可以互相通婚。组成同一部落的氏族，在语言、风俗等方面比较相似；而交通条件的限制，又决定了组成部落的各氏族在地域上必然接近。部落的人口规模也不应当太大。19世纪中叶欧洲殖民者入侵前，澳大利亚的土著分成几百个部落，小者仅百余人，大者不过几千人，中等的有几百人。每个部落都有自己特定的名称、方言、地域、习惯和传统，与相邻的部落之间有明显的界限。如果部落的领土受到侵犯，会引起部落之间的冲突。

由于在氏族和部落中，生产活动主要是采集和狩猎，妇女在生产中发挥着主导作用，所以妇女时常担任领导角色。虽然部落的酋长在很多时候是男子，组织狩猎的也是男子，但他们中的许多人是由妇女提名的；在部落开会时，妇女也能够出席，并发挥着举足轻重的作用；在处理部落之间的关系时，虽然男子是战场上的主力，但在缔结和约时，有时是妇女直接出面，有时则由妇女指定男子去执行。至于氏族的财产，当然也由妇女支配。

3. 父系氏族社会

父系氏族社会出现于农业和畜牧业产生之后，也就是说，父系氏族社会应当是新石器时代农业革命的产物。因为在农业、畜牧业和手工业出现后，妇女由于体力难以承担重荷和照顾孩子等原因，难以从事持续的、繁重的生产劳动；即使她们能够胜任的生产活动如纺织等，也由于生育和照顾孩子的原因，难以达到专业水准。她们原来所进行的采集活动，由于农业生产和畜牧业的出现，变成了一种可有可无的、次要的经济来源。此外，农业和畜牧业的出现也意味着剩余产品的产生。为了掠夺剩余产品，霸占更多的土地，战争成为一种经常性的活动。而战争几乎是身强力壮的男人的专利。所有这些都大大提升了男人在社会上的地位。因此，他们在部落和氏族内逐渐取得统治地位，成为社会的主导力量。男人地位的提升，在婚姻形态和世系的变化上得到了反映。

在母系氏族制度下，婚姻形态基本上是男子对女子的走访。在经济上，“丈夫”和女方的氏族没有实质联系，因为财产是由女性继承人继承的。后来虽然出现了相对稳定的对偶婚，有时双方甚至会脱离父母建立自己独立的小家庭，但这种婚姻极不稳定。更重要的是，财产仍然属于母方的氏族，小家庭几乎没有自己的产业，不足以独立。而到父系氏族社会后，以男性为中心的一夫一妻制家庭占据统治地位，因为男性在掌握了社会财富后，希望把财产传给自己的子女。此时，父亲就需要确定子女是自己的后代。在过去的群婚制下，这样的目标显然无法实现。于是男性要求女性和自己建立比较持久固定的婚姻关系。当女性仍然居住在自己的氏族、男性只是女方氏族的一个访问者时，这样的事情显然不易实现。所以，男性利用手中掌握的财富，逼迫女性离开自己的氏族嫁到男方的氏族来，以便控制女方。久而久之，过去母系氏族时代的从妻居变成了从夫居，财产也由女性继承转变为男性继承。也就是说，男性的财产如今可以留在自己的氏族内，由自己的子女继承。而女性，由于她们的母亲丧失了统治地位，被迫离开自己的氏族嫁入男方的氏族，也丢掉了财产继承权。至于世系，也陆续转化为父系。

社会组织的变化在考古学上也有所反映。例如在中国的仰韶文化时期，实行的是男女分开埋葬的制度，而且女性墓中随葬品的数量还比较多，反映了女性地位的崇高。但到大汶口文化和齐家文化时期，出现了男女合葬墓。在这些墓中，大多是男性仰面直肢，女性侧身屈肢，位于男性一侧。从随葬品的情况看，大多也都在男性一旁。女性一旁虽偶尔有一些随葬品，但多是些不值钱的劳动工具。有些学者推测，由于这些墓葬一般是一次葬，而男女年龄相当，可他们同时死亡的概率不高，很可能是在男性死后女性随之殉葬。果真如此，则可以肯定，女性的地位已经从原来的比较受尊重变成了男性的附属物。它表明到大汶口文化时期，中原大地上已经确立了男性的统治地位，父系社会已经牢固地确立。在古希腊史诗《奥德赛》中，当奥德修斯在家时，他是一家之主。当儿子特勒马科成年时，则由儿子做主。史诗的叙述暗示，如果奥德修斯真的死在外地，则特勒马科有权处置他母亲的婚姻问题，而他的母亲帕涅罗帕也愿意接受那样的安排。

社会组织的这种巨大变化，意味着女性从此丧失了在社会上的领导地位，可以说是女性具有世界历史意义的失败。当然，女性并不甘心放弃自己传统的领导地位，并为此进行了各种形式的斗争。而男性为了加强和巩固自己的地位，则想尽办法来对付女性。在中国古代的室韦等少数民族中，有盗婚和回娘家的习惯。男方将姑娘偷回家成亲后，女子便返回娘家，直到怀孕后才又回夫家。新中国成立以前，在中南和西南的一些带有原始社会形态残余的少数民族中，也有新娘在结婚后就返回娘家居住的。男方只是在节日和农忙期间可以把妻子接回家。但这些日子一过，女方仍回娘家居住，直到怀孕后才长住夫家。

对于女性的反抗，男性肯定不会退让，并且采取了各种反击措施，手段五花八门，这里只举几个比较极端的例子。一个是抢婚。如前述室韦就盛行抢婚。男子将自己心爱的姑娘抢回家成亲后，再将牛马送到女方家里作为聘礼。此时生米煮成熟饭，女方家里也只好承认。另一个是所谓产翁制。就是在妻子生孩子后，其丈夫裹着被子坐在床上，犹如坐月子一般，妻子则起来忙碌。世界上的很多地区都曾经存在这种风俗。男性之所以这样做，实际上是要向外人证明，刚生下来的孩子是他的，以确认父子关系。女性之所以愿意这样，是因为男性手中掌握了社会财富。离开了男性，她可能随之就会丧失生活来源，不得不承认现实。在这场旷日持久的战争中，男性终于取得了最后的胜利，将母系氏族社会改造成了父系氏族社会。

在父系氏族社会中，男娶女嫁成为通例，女性一般住在丈夫的氏族中，她们所生的子女，也同样留在丈夫所在的氏族中，成为他们的继承人，世系按父系计算。可是，由于男性掌握着社会财富，女性成为生儿育女的工具。所以，在父系制确立后，女性被剥夺了群婚的权利。而男性，一方面要求女性对他们忠诚，以保证其所生子女为自己的后代；另一方面却可以凭借特权地位继续寻花问柳，甚至公然另外娶妻，实行一夫多妻制。原来以妇女为中心、以群婚为特征的母系氏族，转变成以男性为核心的父系大家族。不过，对大多数人来说，由于社会生产发展水平的限制，一个人的剩余劳动不可能养活太多的人，所以，一夫一妻制成为婚姻的主流，个体家庭成为社会的基本细胞。在北美的印第安人中，多妻制固然为习惯所允许，但从未广泛流行过；在古代的日耳曼人中，大多数人以一个妻子为满足，只有极少数贵族例外；在荷马史诗中，一夫一妻制被当作天经地义，但特洛伊国王普里阿摩斯却有 50 个妻子和大群的子女，史诗中的其他英雄们也经常不是忠诚的丈夫，和被抓来的女俘同居非常流行。而他们的妻子，只能在家里翘首等待丈夫归来。

既然父系氏族制度的确立是父亲希望把财产传给子女的结果，那就意味着此时私有制已经出现。但是，就像父系制的确立是一个漫长的过程一样，原始社会长期形成的公有制传统，也不可能在一夜之间消失。首先成为私有财产的，应当是个人的生活日用品如农具、衣服之类。后来，房屋也随着个体家庭的建立和日趋稳定而逐步成为私人产业。土地大概是最后成为私有财产的。在很多地区，甚至在阶级社会初期，我们仍然可以看到土地公有的残迹。在古希腊的荷马时代，虽然当时已经进入阶级社会，但史诗中仍保留了某些关于重新分配土地的记载。在北美的印第安人中，土地一般属于父系大家族。如果一个家庭绝嗣，土地则被交还给氏族公社，由其领袖处理。至于父系家族内部，可能还是共同劳动，共同消费。

在母系氏族社会已经出现的氏族和部落组织，到这时也发生了显著的变化。一般来说，每个氏族有一个氏族长。他由氏族全体成年男性选举产生，负责处理氏族内部的事务，既无特权，也不一定是终身制。如果不称职，他可以被氏族会议罢免。氏族长可能来自氏族内势力最大的家族，除非特殊情况，被罢免的应当不太多。氏族内部各大家族的长老们，在决定氏族事务时，具有很大的影响力。在一个缺少文字和法律的时代，长老们的知识与经验无疑会得到尊重，即使是氏族长也不好违背他们的意志。由于女性已经在生产中丧失了主导地位，除特别的情形外，她们已经被排除在氏族事务之外。

若干父系氏族公社联合在一起组成部落。部落既可以由原来的氏族扩大而成，也可以由相互通婚的氏族联合而成，所以，氏族虽实行严格的外婚制，部落却可能实行内婚制。因为部落比较长期地联合在一起，所以一般有共同的地域、方言和习惯法。部落的管理制度接近于氏族，有全体成年男性选举的部落酋长、长老们组成的议事会等组织，主要任务是处理氏族之间的纠纷以及与相邻部落的关系，大事如宣战、媾和等原则上由部落大会决定。伴随部落之间联系的增强，有可能出现部落联盟。联盟的管理机构与原则和部落没有太大差别，主要是处理联盟内部各部落之间以及和联盟以外的部落的关系；对各部落的内部事务，联盟一般不会干预。

父系氏族社会时期，由于社会生产力的发展、私有制的产生，社会成员个体的独立性越来越强。一些人通过把持部落与氏族权力，侵吞公共财产，发动对外侵略战争，逐渐富裕起来。而大多数的氏族成员，或由于天灾人祸的打击，或由于家庭子女太多，日趋贫困化。氏族成员内部的分化，不可避免地削弱了血缘关系，特别是那些逐渐富裕起来的家族，对公有制的限制越来越不满，竭力要在氏族内部确立彻底的私有制，甚至公然利用氏族制度欺压弱者，最终导致了私有制占据统治地位，氏族制度瓦解，阶级社会产生。

三、私有制的出现和国家的产生

1. 私有财产的出现

大约公元前6千纪，人类开始使用金属作为生产工具。最初使用的只是天然的铜。后来，人们又学会了开采铜矿和冶炼矿石。到公元前5千纪，亚洲西南部的居民已经可以从矿石中提炼铜，能够将铜铸成不同形状的器物。公元前4千纪，人们开始冶炼青铜。青铜系在铜的冶炼中加入锡等金属炼成，较纯铜更加坚硬耐用，青铜的使用由此广泛流行开来，被用于制造武器和各种农业工具，包括犁上使用的金属犁铧。金属工具的使用，大大提高了人们的劳动效率，使社会生产力获得比较大的提高，粮食产量大增，并促进了社会分工。在石器时代，人们的分工一般局限于男女之间，男性打猎，女性采集。农业产生后，男性在生产中成为主力。但农业的发展，要求有更加合适、更加轻便的农具。在这种情况下，一部分人从农业中分离出来，成为专门的手工业者，于是出现了农业和手工业的分工。同时，在那些不太适合农业发展的地区，人们有可能发展畜牧业。这样，经济结构就变得比以前更加复杂，人们的生活也更加多样。最重要的是，社会分工的发展，进一步提高了劳动生产率，使得人们的劳动除了供自己消费外，尚有部分剩余。这些剩余的劳动成果最初归集体所有。与此同时，生产的组织形式也发生了变化。原来集体劳动的氏族，逐渐分化瓦解为一些个体家庭。与个体家庭一起出现的就是私有制。可见，私有制的产生是一个长期的过程。最初，人们也许只是把农具等放在自己家里，久而久之，它们就成了主人私有的物品。同时，氏族中的能人或氏族中的首领，由于聚集了相对多的财富，也希望把它们传给自己的子孙，往往率先破坏公有制，不再把自己的收入拿出来共享。但是，土地长期以来一直是氏族的公共财产。事实上，直到古希腊的古典时代，每逢城邦内发生革命的时候，重新分配土地之事还经常发生。马其顿的腓力征服希腊后，明确规定不得违法没收财产。在中国古代的《诗经》中，也有重新分配土地的记载。

随着私有制的产生，社会出现了贫富分化。氏族公社的首领，由于能力出众，又掌握着氏族的财富，成为第一批富人。可是，由于社会生产发展有限，单凭个人的劳动致富毕竟太慢，剥削本氏族的成员又受到各种限制，因此一些不甘贫困的人就聚集起来，通过参与对外战争和抢掠活动，迅速富裕起来。在希腊史诗《奥德赛》中，奥德修斯曾讲过一个克里特人的故事。故事的主人公是一个私生子，父亲去世后仅得到家产的一小部分。但他和一个富有的寡妇结了婚，更重要的是，他聚集了一帮追随者到外地打劫，很快就富裕起来。由于这种途径在当时的人看来既方便又道德，于是产生了这样一种思想：可以用武力得到的东西，就不用自己去劳动。荷马史诗中的希腊人，虽然早已进入了阶级社会，但抢掠致富的观念仍然十分流行。塔西佗时代的日耳曼人也有这种习俗。那里的年轻人聚集在首领的周围，平时在首领家吃喝，战时随首领出征。如果本地没有战事，他们会跑到那些有仗可打的地方去。战争的频繁，加快了财产的集中和社会的分化。那些被征服者，也就成了第一批受奴役的被剥削者。

2. 军事民主制

军事民主制出现于从原始社会向阶级社会过渡的阶段。之所以称其为军事民主制，是因为进行战争已经成为一种职业，战争的目的则是抢夺邻人的财富。不过，由于这一时期部落成员内部的分化尚不剧烈，针对人民大众的专政机构也还没有出现，军队仍然由部落的全体成年男性组成，所以，原来的部落组织如长老议事会、部落大会等，虽然由于内部的分化而四分五裂，但至少在习惯上仍具有重要影响，使这种制度又都带有或多或少的民主色彩。这样一种半原始、半国家的形态，在历史学上一般称为军事民主制。只是随着战争的发展和私人财富的增长，部落酋长和军事首领的权威日益膨胀。他们的权威构成了后世王权的基础。而那些代表民意的机构的权力，则随着军事首领权威的增长逐渐下降，最终让位于以国王为首的官僚机构。这时，具有阶级压迫性质的国家就取代了军事民主制。

塔西佗记载的日耳曼人的社会和政治风俗

日耳曼人中，小事由酋帅们商议；大事则由全部落议决。人民虽有最后决议之权，而事务仍然先由酋帅们彼此商讨。会议的日期是固定的，或在新月初上的时候，或在月盈的时候……但若有紧急事务则不在此例……在聚合了相当多的人以后，会议便开始，大家都带着武器就座。祭司们宣布肃静，在这时候，他们有维持秩序的权力。于是在国王或酋帅们之中，或以年龄、或以出身、或以战争中的声望、或以口才为标准，推选一个人出来讲话；人们倾听着他，倒并非因为他有命令的权力，而是因为他有说服的作用。如果人们不满意他的意见，就报之以啧啧的叹息声；如果大家很满意他的意见，就挥舞着他们的矛：这种用武器来表示同意的方式，乃是最尊敬的赞同方式。

……他们无论在办理公事或私事时，兵器总不离手。但是，只有在国家认可某人有使用兵器的资格以后，他才能持有兵器……他们是不以作侍从为耻的。侍从之中自有等级之别……一个酋帅如果能罗致为数很多而且孔武有力的侍从，那他不仅在本部落中，并且在邻近的部落中都会享有盛名……

在战场上，酋帅的勇敢不如他人，是他的耻辱；侍从们的勇敢不如酋帅，也是他们的耻辱。假使自己的酋帅战死，而自己却从战场上生还，这就是毕生的羞辱了……酋帅们为胜利而战斗；侍从们则为酋帅而战斗。如果他们的本土常年安静无事，那么很多高贵的青年就会自愿地去寻找那些正在发生战争的部落：一则因为他们的天性好动而恶静；再则因为他们在危难之中容易博得声誉；三则因为只有在干戈扰攘之中才能维持人数众多的侍从。侍从从慷慨的酋帅那儿可以得到战马和无比锋利的长矛。筵席饮宴是他们唯一的报酬，饮食虽然粗陋，但供设却甚为丰富。这些恩典的财源都是从战争和劫掠中得来的。要想劝他们像向敌人挑战和赢得创伤那样地去耕种土地和等待一年的收成，那是很困难的。而且他们还觉得：可以用流血的方式获取的东西，如果用流汗的方式得到，未免太文弱无能了。

——［古罗马］塔西佗. 阿古利可拉传·日耳曼尼亚志. 北京：商务印书馆，1985：60－63. 译文略有改动。

3. 国家产生的途径

在《家庭、私有制和国家的起源》中，恩格斯根据当时科学研究的状况，对国家产生的途径进行了归纳。他认为国家产生的途径有三种：雅典式、罗马式和日耳曼式。雅典式的国家是从氏族社会内部的阶级分化中直接产生的，没有或很少受到外来暴力的干涉，是最纯粹、最典型的形式。罗马式国家是由于贵族变成了一个闭关自守的集团，他们和处在集团之外的平民之间产生了激烈的斗争，平民的胜利摧毁了旧的氏族制度，并在它的废墟上建立了国家，贵族和平民都融合在新的国家之中。日耳曼式国家既不是从氏族社会内部发展起来的阶级对立中产生的，也不是贵族、平民斗争的产物，而是在征服了罗马帝国的广大领土后，和罗马帝国的残余结合而产生的。

但是，一百多年来国家起源史的研究，提出了许多新的问题。在恩格斯撰写《家庭、私有制和国家的起源》时，人们对古代埃及、两河流域、古印度和古代中国等文明起源的研究还十分薄弱，即使是对古希腊、古罗马、中世纪早期西欧历史的研究，也还留有很多空白。最近一百多年来，人们在希腊发现了克里特-迈锡尼文明，证明古希腊的文明远比荷马史诗古老。古希腊和古罗马国家的出现，也比恩格斯认为的要早得多。雅典国家可能形成于迈锡尼时期而非以克里斯提尼改革为标志，罗马国王塞尔维乌斯的改革及其创立的制度，则成为罗马国家的滥觞，平民与贵族的冲突，发生在罗马国家产生之后。在古代埃及，人们发现了前王朝；在两河流域文明研究中，学者们破解了楔形文字，把它的文明史推到了公元前 4 千纪；在印度河流域，人们发现了属于公元前 3 千纪的文明。现代历史学和人类学的研究成果表明，国家起源的时间肯定比恩格斯所断定的要早得多，形式也更加多样。所以，我们大可不必再拘泥于恩格斯的具体结论，而应根据科学研究的最新成果，对国家和文明的起源做出新的论证。但另一方面，恩格斯所指出的国家产生的几个基本条件如经济因素、战争、生产力水平，仍然是我们在研究国家起源时应该首先考虑的。在这一方面，《家庭、私有制和国家的起源》仍具有不可替代的价值。人类学的研究还表明，从部落到国家的过渡是一个长期的过程，有些地区可能出现过准国家的酋邦。那时的首领已经拥有相当权威，统治着相当广大的地区，甚至某些国家机构也已经形成，但缺少文字和制度化的安排，权力很大程度上限于个人，因此酋邦而非军事民主制可能是从原始部落向国家过渡阶段的主要组织形式。酋邦的进一步发展和制度的完善，意味着国家和文明的出现。人类最初的文明诞生于西亚和北非，随后是巴尔干南部、印度河流域和中国的黄河、长江流域。国家和文明的出现，也宣告了原始社会的终结。

第三节 原始社会的文化

原始人类在长期的生活和实践中，积累了丰富的知识，留下了独具一格的文化遗产。

1. 地理和自然知识

在长期的生产和生活中，人类首先要与自然打交道，从自然界获取食物，所以，人类比较熟悉自己周围的环境。澳大利亚的土著猎人对于居住区附近的每一条小河、每一条道路、每一座山峰都十分熟悉，不管他们走多远，都能够记住回家的路。有些时候，原始人还能画简单的地图，描绘出海岛、海路、潮汐和风向。法国小说家凡尔纳的《漂逝的半岛》描写的就是一批欧洲人在北极附近狩猎时，误将营地设在了一个冰原上。当地的因纽特人虽然了解这个情况，却没有说破，后来发生了一次地震，致使冰原和大陆分离，由此导致了小说主人公一次近乎绝望的冒险。事情当然出自虚构，但它至少表明，在对当地地理状况的了解方面，原始人也许并不逊于拥有先进科学装备的现代人。

长期的采集和狩猎，还让原始人了解到动植物生长的一些基本规律。中国古代的文献中已经知道动物是在春天交尾，冬天野兽的毛皮最好。在农业出现以后，人们又开始进行大规模的选种和育种，饲养猪、狗、牛、羊等家畜，知道把多余的公畜杀掉而只留下母畜和少量公畜保证繁殖。北美地区的印第安人积累了丰富的玉米种植知识，有10个不同的词用来指代玉米生长和成熟的不同阶段。有些地方的印第安人妇女知道除去木薯中的毒素，使其可供食用。

2. 天文与历算

原始人还拥有一些基本的天文和历法知识，开始把一年划分为长短不同的季节和月份。新中国成立以前，中国西南的一些少数民族虽还不曾发明文字，却已经有了一些简单的计算时间的方法。佤族把一年分为12个月，傈僳族则把一年划分为10个月。当然，其他民族还有不同的划分方法。

与天文历法紧密结合在一起的是数学和计算知识。原始人对数字的认识最初比较模糊。在农业、畜牧业产生，私有制出现后，为了统计财产，出现了更加复杂的计数法。一般来说，原始人很难记住10以上的数字。大多数民族和部落都只是用数手指头来计数。超过手指头总数的数字，他们就用很多来代替。澳大利亚中部的阿兰达部落只有两个数字，分别是1和2，3以上就用很多来表示。在马来半岛的塞芒人中，只有3个数字，他们用2和3表示5，超过10以上的，就只能说很多了。在这种情况下，很多人不知道自己的准确年龄。到后来，出现了刻痕记事和记数的办法，但也很少有人知道100以上的数字。

3. 医学知识

原始人在很长一段时间里茹毛饮血，病痛自然不少。即使后来会使用火，又发明了农业和畜牧业，生产和生活有很大改善，但住房仍然简陋，基本的生活仍缺乏保障，常常吃了上顿愁下顿，病痛也会光顾。在长期的生活中，他们熟悉了许多草药的功能。中国古代有神农尝百草的传说，近现代的一些原始民族也已经能够区分不同的病症，采取不同的治疗方法。如用冷敷法退烧，用热水浴治疗伤风，用放血治疗头疼和风湿。

原始人不但知道用药治病，更会用毒药狩猎。在中国古代，贵州和广西一带的少数民族会制造一种剧毒，并把这种毒涂在箭尖上，用来狩猎，据说见血封喉。海南岛的黎族将眼镜蛇及其他毒蛇的毒汁，混以癞蛤蟆的胆汁，与毒药一起制成药丸。如果不立即使用，他们可以把药丸保存起来，需要时就把药丸打开，和箭头一起放在锅中炒炼，直到药力渗透到箭尖上为止，据称这样的箭极有杀伤力。

原始人并不具有充分的科学知识，能够真正认识药理的只是少数。他们不大愿意让众人知道秘密，因此当他们治疗病人的时候，有时故弄玄虚，好像是神灵在治病一样。原始的医术很大程度上被巫术化。由于巫医的特殊才能，他们常常在氏族和部落中享有很高的威望。

4. 宗教与艺术

原始人的宗教是一种万物有灵论。一方面，由于社会生产不够发展，人们对很多自然现象还无法解释，神秘感和恐惧感油然而生。另一方面，人类在夜间睡眠时会做梦，在梦中会见到一些神奇的事情，甚至梦见已经死去的亲人。于是，人们以为，在肉体之外，还有灵魂存在。由此推而广之，不仅人类，就是其他的动物和植物也都有灵魂。这些灵魂可能对自己有利，但也可以成为祸害。对于这些人类无法控制和解释的事物，他们唯有顶礼膜拜，不敢有丝毫怠慢。所以在原始人的崇拜中，既有对祖先的崇拜，也有对大自然各种自然现象的崇拜。风、火、雷、电，山、川、树、木，在原始人看来，都有神灵在控制。

图腾崇拜可能与万物有灵的观念有关。图腾的原意是“他的亲族”，源自北美的印第安人，用来指与氏族名称有关的动物或植物。对这些动植物，人们通常禁止打杀或食用。图腾崇拜可能产生于母系氏族社会时期，其来源也许是原始人的社会生产活动，因为人们发现，居住在同一地区的不同氏族，所崇拜的图腾也不一样，所禁止杀害的动物或禁止采集的植物也有所不同，客观上有利于各氏族间互相调节，避免竞相猎杀，以避免某种动植物灭绝。

原始人的艺术作品多种多样，有绘画、雕刻、陶器等，但大多与生产或巫术有关。陶器是人类生活需要的产物。即使是那些看起来与生产距离比较远的作品如绘画，也和生产有一定联系，如在法国和西班牙发现的洞窟壁画，显然和原始人祈求狩猎成功的仪式有关。壁画上有大量的牛群，牛身上还画上了箭头，箭射中的部位又正是牛的要害所在，因此极可能是希望狩猎时能够顺利猎获牛等大型动物。

5. 文字

原始人没有文字。一般来说，文字出现是人类已进入文明时代的一个重要标志。但同样不可否认的是，原始人有他们独特的记事方法，最常见的是结绳记事。秘鲁的印第安人就盛行结绳记事，可以用不同的绳结表示部落的土地疆界、人口数量、宣战、刑法、媾和等各种抽象或具体的事情；新中国成立以前广西的瑶族也用绳结代表书信，甚至审判的判决也用它表示。两河流域的居民公元前 8000 年左右可能就开始用一些形状规范的泥版做记录，然后用绳子穿起来随身携带。到公元前 5000 年，由于生产和贸易的发展，记录也日益复杂，一些聪明的官员用线条来表示相似的物体。由结绳记事进一步发展，就出现了图画文字。不少古文字最初都用图画表示，两河流域的文字最初就是象形符号。由图画到象形，当然是一个很大的飞跃。而这个飞跃，大多是在文明时代初期完成的。

推荐阅读书目

《世界上古史纲》编写组．世界上古史纲：上册．北京：人民出版社，1979

陈淳．文明与早期国家探源——中外理论、方法与研究之比较．上海：上海书店出版社，2007

林惠祥．文化人类学．北京：商务印书馆，1991

林耀华，主编．原始社会史．北京：中华书局，1984

齐世荣，总主编．世界史：古代卷．北京：高等教育出版社，2006

严汝娴，宋兆麟．永宁纳西族的母系制．昆明：云南人民出版社，1983

易建平．部落联盟与酋邦——民主·专制·国家：起源问题比较研究．北京：社会科学文献出版社，2004

朱狄．信仰时代的文明．北京：中国青年出版社，1999

［美］史蒂夫·奥尔森．人类基因的历史地图．北京：生活·读书·新知三联书店，2006

［美］杰里·本特利，赫伯特·齐格勒．新全球史（第三版）：上．北京：北京大学出版社，2007

［英］戈登·柴尔德．历史发生了什么．上海：上海三联书店，2008

［英］戈登·柴尔德．欧洲文明的曙光．上海：上海三联书店，2008

［英］戈登·柴尔德．远古文化史．影印．上海：上海文艺出版社，1990

［英］约翰·邓巴．人类的演化．上海：上海文艺出版社，2016

［美］布赖恩·费根．世界史前史．北京：北京联合出版公司，2017

［德］罗曼·赫尔佐克．古代的国家：起源和统治形式．北京：北京大学出版社，1998

［美］E. 霍贝尔．原始人的法．贵阳：贵州人民出版社，1992

［英］A. R. 拉德克利夫-布朗．原始社会的结构与功能．北京：中国社会科学出版社，2009

［美］罗维．初民社会．南京：江苏教育出版社，2006

［英］马凌诺斯基．西太平洋的航海者．北京：华夏出版社，2002

［美］H. 摩尔根．古代社会．北京：商务印书馆，1987

［法］马塞尔·莫斯．礼物．上海：上海人民出版社，2002

［英］埃文斯-普里查德．努尔人——对尼罗河畔一个人群的生活方式和政治制度的描述．北京：华夏出版社，2002

［美］马歇尔·萨林斯．石器时代经济学．北京：生活·读书·新知三联书店，2009

［美］塞维斯．国家与文明的起源．上海：上海古籍出版社，2019

［英］爱德华·泰勒．人类学．桂林：广西师范大学出版社，2004

［英］爱德华·泰勒．原始文化．桂林：广西师范大学出版社，2005

第二章 西亚文明的产生和发展

第一节 苏美尔与阿卡德

一、历史始于苏美尔

1. 古代西亚的地理环境和居民

古代西亚又称古代近东或古代中东，近东或中东是西方学者经常使用的称呼，有欧洲中心论之嫌，但今天已经成为一个广泛使用的地理概念。中国学者倾向于使用相对中立的西亚来表述。它是一个比较宽泛的历史、地理称谓，泛指欧、亚、非三洲交界的地区，包括地中海东部沿岸、小亚细亚、幼发拉底河与底格里斯河流域及伊朗高原的广大地区（有时，西方人也把埃及和北非作为中东或近东的一部分)。这里是世界上最早的农业和畜牧业发源地，也是最早进入文明时代的地区之一。从气候和自然条件来说，这里的大部分地区对农业生产并不理想：常年降雨量很少，一般在300毫米以下，很多地区是沙漠。但是，发源于亚美尼亚高原上的两条大河——幼发拉底河和底格里斯河——以及它们所形成的冲积平原为农业提供了充足的水源和土地。两河中下游水流平缓，大量淤泥沉淀于此，常常造成河流雨季时的泛滥。至于古代西亚的其他地区，除了个别河谷地区外，从事农业生产都不是太有利。所以，无论古代西亚地区由谁来统治，两河流域都是必争之地。本章叙述的，也主要是两河流域的古代历史。

按照学术界的惯例，两河流域中下游地区被称为美索不达米亚（Mesopotamia）。此名来自希腊人，由“之间”（mesos）与“河流”（potamos）两个词构成，意思是“河间之地”。美索不达米亚北部称亚述，南部称巴比伦尼亚，两地的分界线在今伊拉克巴格达稍偏北。其中巴比伦尼亚又分成两部分，南部称苏美尔，为古代西亚文明发祥地，因创立这一文明的苏美尔人而得名；北部称阿卡德，古代阿卡德王国兴起于此。两河流域北部的亚述因幼发拉底河和底格里斯河中游的河谷形成东西两个重要的农耕地区。这里河流密布，冬季降雨量相对丰沛，年降水量可以达到300～650毫米，比较适合农业的发展，是古代西亚强国亚述的发祥地。

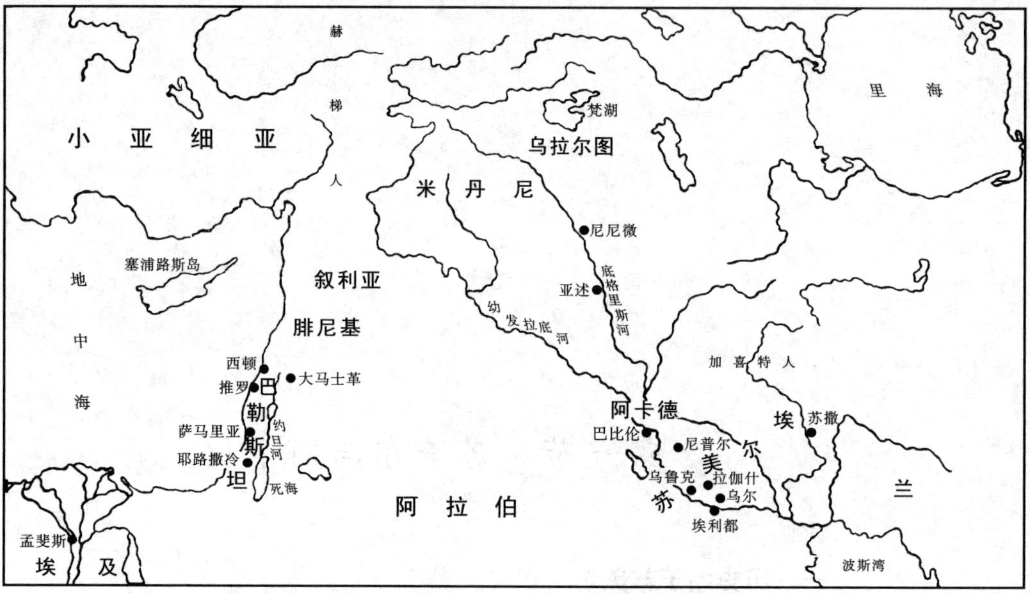

两河流域与地中海东岸的古文明

由于地处欧、亚、非三洲的交汇处，且靠近中亚、东欧等游牧部落的大本营，西亚经常遭到外族的入侵。最初创造西亚文明的苏美尔人来历不明。此后，阿卡德人、阿摩利人、亚述人、米底人、波斯人先后统治这一地区。他们中有的说塞姆语，有的属印欧人，好在他们使用的都是由苏美尔人创造的楔形文字，接受了苏美尔文明的成果并加以新的创造和发展，文明得以延续。但从公元前4世纪起，希腊人开始统治西亚，推行希腊化政策，本地的文字开始受到不同程度的冲击。公元前1世纪，罗马人征服西亚部分地区，继续执行希腊化和罗马化政策，而且统治了近千年（有些地区如小亚细亚被统治的时间超过1 000年），希腊语和拉丁语成为通用语言。西亚的不少建筑和埃及不同，大多用泥砖建造，天长日久，逐渐坍塌。后来者将原来的建筑推平，在地基上建起新的房屋，也使旧文明的遗迹不断消失。公元7世纪，阿拉伯人征服包括埃及和波斯在内的广大地区，推行阿拉伯化政策，阿拉伯语成为通用语言。于是，原有的文字和古代建筑遗迹一样，逐渐被人们遗忘，成为无人能识的死文字。而关于西亚文明的辉煌，除了在希伯来人的《圣经》，以及希腊人和罗马人的记载中有所反映外，在历史文献中没有留下多少痕迹。

近代对西亚文明的研究从考古发掘开始。人们首先发现的是那些留在地面上的铭刻。英国人罗林森、爱尔兰人欣克斯、法国语言学家奥佩尔等在解读楔形文字中发挥了重要作用。罗林森本是军官，正是他第一次拓印了波斯国王大流士（前 522—前 486）的贝希斯敦铭文，并解读了它，从而证明那些刻在泥版上的符号是一种古老的文字，用这种文字所记录的内容是十分珍贵的历史资料。1857 年，英国皇家亚洲学会将一份刚刚发掘出来的铭文分别送交罗林森、欣克斯、奥佩尔和塔尔博特四人译出，并对四人各自独立做出的译文进行了比较，发现其内容几乎完全一致，说明楔形文字确实被成功破解，1857 年因此被视为近代亚述学诞生之年。与此同时，英国、法国和德国的考古学者们在两河流域进行了大规模的发掘，不仅发现了大量泥版文书和文物，而且把西亚历史不断前推。19 世纪后期，苏美尔人的存在得到证实；1900 年，苏美尔语基本被破译；20 世纪以来，西亚地区史前的农村公社不断被发掘出来，人们对西亚文明的认识也越来越全面。如今，西亚文明研究已经成为古代文明史研究中的一个重要分支。

由上述可知，有关古代西亚文明的资料，主要是大量的泥版文书。这些文书分布在西方各大博物馆中，其中相当一部分已经被整理公布出来。此外，古代希腊人、罗马人的有关记述如希罗多德（约前 480—约前 425）、克泰西亚斯（前 5 世纪后期—?）和色诺芬（约前 431—约前 354）等关于波斯的记述，也具有重要价值。但因为他们大多生活在公元前 5 世纪或更晚的时期，所记载的也主要是当时的史实，对早期西亚的历史只有十分模糊的印象，所以在研究西亚文明的历史时，我们主要依赖泥版文书、铭文以及少量的其他文献。发掘出来的大量实物以及考古遗址，也是重要的参考资料。

2. 苏美尔文明的产生

西亚是最早发生农业革命的地区，也是最早的文明区之一。而文明最初出现的地区，就是两河流域下游的苏美尔，是公元前 3500 年—前 3100 年。

西亚文明的产生经历了长期的孕育过程。约公元前 9000 年甚至更早时候，西亚进入新石器时代，有些地区出现了比较大的定居点。约公元前 8000 年，死海北部绿洲上的耶利哥，人口可能已有两千之众。再过近千年，耶利哥的居民在自己的居住地周围建造起了坚固的围墙，挖掘了护城河。在今土耳其境内，卡塔尔·休于大体同时兴起。大量人口的集中，促成了社会分工的发展。公元前 6000 年前后，陶器被发明。公元前 6 千纪中期，西亚进入金石并用时代，社会生产迅速发展，彩色陶罐、地毯、木刻、金属工具的出现，反映了社会分工的进步。最早使用的金属是纯铜。它容易锻造，只要经过简单的锤打就可以将其制作成工具。但制造简单的工具，也同样容易受损。公元前 5 千纪，人们发明了高温炼铜的技术，并加入锡和铅等，使得铜能够更加经久耐用。两河流域本身并无铜矿，所以铜的冶炼，还意味着贸易的兴起和发展。同时，部分地区开始修建小规模的水利灌溉系统。金属工具的出现和水利灌溉系统的修建，让发展生产有了更大的空间，人口的增长也更加迅速。到公元前 6 千纪，卡塔尔·休于可能已有 5 000 人。

约公元前 4500 年，一股新的移民来到苏美尔地区。他们会制造陶器、石斧、网坠、陶镰等工具，并建造了规模宏大的神庙。这些事实意味着新来者是农业居民。他们继承了当地原有文明的成果，如建筑和神庙样式，从事灌溉农业，有相对发达的手工业。神庙周围的居民区有明显的贫富分化痕迹。最接近神庙的是富人和贵族的住宅，然后是手工业者和贫民的，最外围的是农民的。由于这个文化的中心是埃利都和欧贝德，因此被称为埃利都-欧贝德文化，或称欧贝德文化。更重要的是，埃利都已经出现了城市，其人口可能达到 5 000 人。在那里人们发现了一个手持权杖的男性形象，它也许表明父系家长的权威正向王权转化。欧贝德文化晚期，出现了代表私有财产的印章。所有这些事实都说明，两河流域南部已经看到了文明时代的曙光，迈入了文明时代的门槛。

公元前 3500 年左右产生的乌鲁克文化，标志着苏美尔地区已经处在国家形成时期。与前一时期相比，手工业的重点已经从陶器转向金、银、铜等金属器具的生产，原来比较简单的直戳印被滚筒印代替，庙宇变得更加复杂和豪华。乌鲁克文化初期，乌鲁克先后修建了数座神庙，其中一座为柱廊式建筑，每个柱子的直径有 2.6 米。另一座神庙占地 4 000 多平方米，中央有一大厅，周围围绕着侧室。与此同时，社会分化在加深。在乌鲁克发现的一个雪花石膏瓶上，有着网格长袍的祭司、裸体的贫民和着短裙的仆人。在另外一件文物上，出现了激烈的战斗场面、手持长矛的军官和被捆绑的俘虏。在捷姆迭特那色发现的一块石碑上，出现了明显是国家统治者的男性形象：他们蓄须、戴冠、穿长褶裙，一个在弯弓射箭，一个在投掷长矛。泥版文书也出现在这一时期，最初的文书主要用来记录交易和财产。文书的出现，表明国家行政管理已日趋复杂和精确。上述事实告诉我们，到乌鲁克文化时期，苏美尔地区已经出现了国家。公元前 4 千纪末，在苏美尔地区出现了一系列城市国家，其中比较著名的有埃利都、乌尔、乌鲁克、拉伽什、乌玛、苏路帕克、尼普尔、基什等。

3. 城市国家的政治和经济

苏美尔面积不过 3 万平方千米，上面却分布着大小几十个国家。从外在的特征看，这些国家都是以一个城市为中心、结合周围的乡村而形成，一般规模不大，居民人数不多，大国的成年男子也许不过万人，小国不过数千人甚至更少，属于小国寡民的城市国家，有些学者也称之为城邦。

苏美尔城市国家多以神庙为中心，居民一般居住在城市中。城市的最高首领称恩或恩西，恩西的意思是“率领人们从事建筑的祭司”，暗示他们最初并没有特别大的权力。他是国家主神神庙的最高祭司，可能从神庙祭司中产生。从苏美尔王表看，多数人是世袭继承，但也有选举产生的，说明当时世袭君主制还不太巩固。恩西的主要职责是管理神庙事务、领导城市进行公共工程建设，大概有控制城市经济生活的权力。鉴于苏美尔地区战争频繁，他们也许同时是军事统帅。如果进行战争，首领需要咨询长老或者由全体成年男性出席的大会，但首领的权威相当明显，被视为神或半神，死时其家人或臣仆要为之殉葬。殉葬者没有反抗迹象，可能是这些人认为他们将会跟着他们的神到达另一个世界，但也可能是由于死前服用了某种药物之故。

卢伽尔是对国家最高统治者的另一个称呼。它的产生较恩和恩西晚，意思是“大人”，引申为主人、君主等。单从字面意义看，它的地位就高于恩西。它最初指某些大国的首领或那些在苏美尔握有霸权的城市国家的首领。他拥有和恩西相同的职能，但影响和权威似乎都更大。据考古发掘，每一座乌尔王陵都有大规模的穹隆顶墓室，用石头或砖建造，墓壁以壁画装饰。殉葬的金银财宝不计其数，还有大臣或奴隶陪葬，他们的尸体或与墓主同葬于主墓室，或葬于与主墓室相连的侧室内。在这些陪葬者的身旁，通常还伴有陪葬的牛，有的墓室入口处还有头戴铜质头盔、手持长矛的士兵守护。这显然比一般的平民及贵族的墓葬都要奢华。它表明最高统治者已经和他的臣民区别开来，在国家中占有特殊地位。

不过，在苏美尔城市国家中，王似乎还不是唯一和绝对的统治者，在他的身边有长老会和人民大会。在有些城市国家，长老会的权力还比较大，可能有权选举首领，限制和监督首领的活动，掌握司法、审判和征税等权力。在人民大会开会时，这些人可能就在主席台上主持或操纵会议。人民大会当时似乎仍存在，而且在某些城市国家享有一定权力，对长老会形成一定制约。不过这可能是苏美尔初期的情况，因为有关人民大会传说的文献都比较古老。人们经常征引的，一个是创世神话，一个是史诗《吉尔伽美什与阿伽》。前者大意是：天神安努等决定消灭人类，但决定是在诸神大会上做出的。后者的大意是：当乌鲁克面临邻邦基什的入侵时，首领吉尔伽美什首先征求长老会的意见，长老们主张投降。吉尔伽美什不满意，又去征求人民大会的意见，人民大会决定抵抗。于是，吉尔伽美什出兵迎战。这些情况都说明，当时人民大会还起着一定的作用。另一个事实也有助于人民大会发挥作用。当时苏美尔各城市国家都没有常备军，军队由普通居民组成，所以，一个统治者还不能完全脱离他所统治的人民。在某些时候，为了与贵族限制王权的企图抗衡，他还不能不利用民众的力量。这样，就使得苏美尔城市国家的制度带有或多或少的民主色彩。但我们必须承认，人民大会的权力是微弱的。首先，民众的经济力量过于弱小，处在对国王或神庙的依附地位，不大可能采取独立的政治行动；其次，人民大会内部存在严重的分化，利益并不一致，在政治上难以采取有力行动；最后，随着征服战争的发展，王权日益强化，不断蚕食人民大会的权力。所以，人民大会的作用，我们一般只是在传说中见到。到文明时代，它就式微了。

吉尔伽美什与阿伽

恩米巴拉格西之子阿伽派遣使者
由基什往见在埃勒克（即乌鲁克）的吉尔伽美什。
首领吉尔伽美什在他的城市的长老之前
说出事由，觅取［他们的］答话：
“……我们不要向基什的家族投降，我们要用武器打它。”
那已经召开的他的城市的长老会议
答复吉尔伽美什：
“……我们要向基什的家族投降，我们不要用武器打他。”
库拉布（乌鲁克邻近的地区）的首领吉尔伽美什，
他正在为伊兰娜（苏美尔女神）干一番英雄事业，
并不把他的城市长老的话考虑在心。
第二次，库拉布的首领吉尔伽美什，
在他的城市的民众面前，说出事由，觅取他们的答话：

"……不要向基什的家族投降，我们要用武器打它。"
那已经召开的他的城市的民众会答复吉尔伽美什：
"……不要向基什的家族投降，我们要用武器打它……"
于是——吉尔伽美什，库拉布的首领——
听他的城市民众的话，他的衷心喜悦，他的精神兴奋；
他告诉他的仆人恩奇都：
"所以，为了猛烈的战斗，且把苏卡拉工具放在一边，
让战斗的武器回到你们的身旁……"

——林志纯，主编. 世界通史资料选辑：上古部分. 北京：商务印书馆，1997：31-34.

苏美尔战士

在经济上，苏美尔可能是人类最早取得技术突破的地区，当时最先进的技术，例如冶金术、车轮和战车的使用、灌溉技术的采用、犁的发明、对风能的利用等，可能都首先出现于这一地区。在苏美尔城市国家中，农业是最重要的经济成分，土地是最重要的财产。城市国家的一个重要特征是神庙经济强大。在早期苏美尔城市国家中，神庙拥有全国四分之一到三分之一的土地，并拥有城市内最雄伟的建筑。神庙的主导地位大概是在国家形成过程中逐步产生的，其主要职能是组织社会生产。这或许暗示，神庙土地最初是部落的公共财产，随着阶级分化的加剧、国家的产生，公共财产逐渐转变成神庙产业。不过，神庙祭司不可能自己亲自耕种所有土地。它的土地通常分成三个部分：一部分是所谓祭田，由神庙依附民耕种，收入供神庙消费；一部分是口粮田，由神庙分给它的管理人员或手工业者，产出作为他们为神庙服务的报酬；第

三部分是出租地，主要是出租给份地不足的神庙人员，地租用谷物或银子支付。神庙土地严禁买卖。到苏美尔后期，随着王权的强化，神庙土地和财产越来越多地被国王控制。

在神庙土地之外，农村公社仍占有大量土地。这些土地已经分配给各个家族使用，可以世袭和买卖，实际上相当于私有土地。领有土地的公社成员就是国家的“公民”。他们需要为国家承担义务，即必须服兵役、交纳赋税。这类土地一般规模不大，所以公社成员的经济地位很不稳定。苏美尔时期留存下来的大量买地文书中，相当一部分的买主是国王，而出卖的土地面积一般不大。在一份苏路帕克的买地文书中，有一份土地只有 0.7 公顷。正因如此，这样的人家即使在正常年景也只能勉强糊口，一旦遇上天灾人祸，可能就要破产。但是，苏美尔城市国家的基础恰恰就是这些小土地所有者。他们的大批破产，不能不引起上至统治者中的有识之士、下至普通劳动者的激烈反应。其中最明显的是拉伽什的乌鲁卡吉那改革。

乌鲁卡吉那改革之前，拉伽什处在卢伽尔安达的统治之下。卢伽尔安达横征暴敛，不仅向广大的平民征税，连祭司也不放过，结果天怒人怨，被乌鲁卡吉那推翻。乌鲁卡吉那改革的主要措施中，固然一部分是恢复祭司贵族特权，但不可否认，改革也有缓和社会矛盾的目的。例如，有关改革的铭文有下述内容：如果军官要买士兵的驴，必须支付数量相当的银子；如果军官要买士兵的房子，同样要支付银子；他制定的法律规定强者不得欺负孤儿寡母。即使是那些看起来对祭司比较有利的条款，如减少对祭司的征税等措施，也有利于普通民众，因为随着祭司税收的减轻，祭司向普通民众收取的费用也同样降低。不过，乌鲁卡吉那的改革并没有进行到底。他执政的第八年，乌玛征服了拉伽什，改革遂告失败。

4. 城市国家的混战与衰落

由上述可知，苏美尔各城市国家内部存在着深刻的矛盾。王权和祭司贵族之间、贵族和平民之间、神庙和依附劳动者之间，利益很难协调一致。同时，为了争夺土地、水源及霸权，不同城市国家之间也存在着错综复杂的矛盾。表现在文献中，便是所谓的王权在不同国家间的转换。据苏美尔王表，大洪水来临之前，王权先后由五个城市、八个国王执掌。大洪水之后，王权先后由基什、乌鲁克、乌尔、拉伽什、温玛等国的君主掌握。大洪水之后的前三个城市国家都被考古发掘证实。历史文献也显示，基什之王麦西里姆曾经调解拉伽什和温玛之间的冲突，并控制了乌尔。乌鲁克的国王吉尔伽美什是史诗《吉尔伽美什与阿伽》的主角。他力大无穷、俊美无比，曾为人类求长生不老药。虽事近荒诞，但作为历史人物应当可信。不过我们同样可以相信，王权的转移并不完全是以和平的方式实现的。后继者欲掌握该地区的霸权，势必用武力从前人手中抢夺。所以，苏美尔地区的城市国家早在文明初期就开始修筑高大的城墙，以加强防御。吉尔伽美什的主要功绩之一就是为乌鲁克修建了城墙。而人民抱怨吉尔伽美什的主要理由之一，也是修建城墙过于劳民伤财。

另一方面，城市国家之间相互征战的结果，往往是两败俱伤。战争使社会生产受到严重破坏，加剧了小农的破产，激化了阶级矛盾，严重破坏了城市国家的统治基础。当北方的阿卡德人强大起来时，苏美尔城市国家无力抵抗，先后被征服。

二、阿卡德王国与乌尔第三王朝

1. 阿卡德王国统一巴比伦尼亚

萨尔贡青铜像

阿卡德王国的创立者是萨尔贡（前 2371—前 2316）。从出土的青铜像看，萨尔贡是一位服饰华丽、威严无比的君王，但他实际出身并不高贵，据他的自传（实为公元前 7 世纪的一份文献）说："我那可怜的母亲，怀了我见不得人。好容易生下了我，却偷偷地把我藏在一只废木箱里。在封箱前，她用沥青涂满了箱盖。"然后，他就被丢到了河里，幸为基什国王的园丁所得，将他抚养成人。长大后，他成了基什国王乌尔扎巴巴的近臣。当乌尔扎巴巴战败、地位动摇时，他乘机推翻了国王，自称基什之王。在迁都阿卡德（意为"祖先之城"）、地位巩固之后，他立即四出扩张，降伏了东部的埃兰，击败乌鲁克、拉伽什、温马和马里等苏美尔城市，并拆除它们的城墙，将整个苏美尔和阿卡德地区统一起来，其势力可能南到波斯湾，西到地中海，建立了一个空前强大的国家。

萨尔贡崛起于公元前 24 世纪中后期，当时苏美尔城市国家因连年厮杀已严重衰落。城市国家中残存的原始民主，也因君权的强化而日趋没落。依靠武力统一两河流域下游的萨尔贡实行中央集权制度。他或许并非苏美尔地区第一个设立常备军的君主。在所谓的乌尔军旗上，出现了装备有相对统一的金属盔甲、驴、战车及武器的军队，而战车的出现、装备的统一，很可能是常备军出现的标志，因为驾驶战车并且在战车上作战，需要一定的训练和技巧。不过由于那时城市国家人口很少，即使有常备军，人数也不会太多。萨尔贡的常备军人数达 5 400 人，"每天在萨尔贡宫廷中吃饭的士兵有 5 400 人"。这个数字在今人看来当然不大，但当时西亚地区其他国家也许鲜有常备军，其士兵多由农民充当，战争时期才临时征召，难以抵抗萨尔贡训练有素的职业军队。他可能还是第一个实行专制统治的君主，“他使全国只有一张嘴”，意思是法律和政令只能由他发布。各地的军政官员都由阿卡德贵族充任。常备军、官僚体系和政令的统一，标志着西亚地区专制主义大国开始兴起。

阿卡德的萨尔贡

萨尔贡，阿卡德之王，伊斯塔尔之监督，基什之王，安努神的涂油祭司，全国之王，恩利尔的伟大恩西，他打败了乌鲁克，并拆毁了他的城墙；在同乌鲁克居民的战斗中，他是胜利者。在这次战斗中，他俘虏了乌鲁克之王卢加尔扎吉西，他将他套在一个（狗）圈里带回到恩利尔的大门前。萨尔贡，阿卡德之王，在同乌尔居民的战斗中他是胜利者，他打败了他们的城镇，并拆毁了它的城墙。他打败了艾-宁马尔（城）并摧毁了它的城墙，还打败了从拉伽什以至于海的它的整个地区。而后他洗他的武器于海。在同温马居民的战斗中他是胜利者，他打败了他（们的）城镇并拆毁了它的城墙。

恩利尔不许任何人反对全国之王萨尔贡。恩利尔把（从）上海（到）下海的（地区）给了他。自下海以往，阿卡德的土著担当起地方长官的职务。马里和埃兰正顺从地站在全国之王萨尔贡面前。萨尔贡，全国之王，恢复了基什，他命令他们（重新）占有他（们的）城市。

——北京师范大学历史系世界古代史教研室，编．世界古代及中古史资料选集．第 2 版．北京：北京师范大学出版社，1999：57.

不过，萨尔贡毕竟只是第一个统一巴比伦尼亚的君主，地方贵族的势力特别是苏美尔城市国家的贵族势力仍然强大，只要有机会，他们总免不了暴动。萨尔贡晚年，阿卡德发生了一次全国范围的骚动。由于军队的忠诚，暴动被镇压。其子里木什（前 2315—前 2307）时，暴动再次发生。此后，阿卡德势力再度扩张，纳拉姆辛（前 2291—前 2255）在位 36 年，先后征讨过胡里特人以及周边的部落，阿卡德王国势力达于极盛。他不再满足于阿卡德之王的称号，而自称“四方之王”和“天下之王”。但在他之后，阿卡德的势力急剧衰落。公元前 2191 年，来自东部山区的古提人侵入两河流域，阿卡德王国灭亡。

2. 乌尔第三王朝

古提人是游牧部落，他们侵入两河流域的目的是抢掠财富，并无长久定居和实行统治的打算，统治机器也比较原始，对各地的控制反而比阿卡德时期有所减弱。苏美尔各城市乘机发展自己的势力，先是乌鲁克王乌图赫伽尔（约前 2120—前 2114）赶走了古提人，接着乌尔之王乌尔纳姆（前 2113—前 2096）战胜乌鲁克，统一两河流域南部，建立乌尔第三王朝。

乌尔第三王朝的中央集权制度较阿卡德时期有所加强。首先，国王逐渐被神化，乌尔纳姆自称，神从众人之中选定他为国王。其子舒尔吉（前 2095—前 2048）更进一步，称自己为神。其次，地方贵族的势力受到严重打击，苏美尔城市国家都变成了地方行政单位，城市国家的首领恩西也变成可以由国王任免的地方官员。再次，常备军大概已经成为国王军队的主力。最后，王室经济地位空前加强，赋税制度开始形成，恩西们需要向国家交纳贡赋。王室直接经营的农场、牧场和手工作坊遍布全国。王室经济组织严密，享有规模优势，又使用着最先进的生产工具，其经济实力是任何贵族都难以望其项背的。

可是，乌尔第三王朝的统治并不稳固。一方面，国内矛盾尖锐，自由民与贵族之间、自由民与依附劳动者之间、贵族与国王之间都存在深刻矛盾。另一方面，两河流域周围地区的游牧部落时刻梦想进入富饶的河谷地区。公元前3千纪末，东部的埃兰人和西部的阿摩利人同时进攻两河流域，乌尔第三王朝灭亡。此后，苏美尔人逐渐与说塞姆语的居民同化，苏美尔语也逐渐消失，最终被人们遗忘。近代以来，由于发现了苏美尔语与阿卡德语对照的文书，人们才重新破译了苏美尔语。

第二节　地区性大国的兴起

自公元前3千纪后期阿卡德王国建立以来，西亚地区出现了走向统一的趋向，古巴比伦、赫梯、古亚述等强国先后崛起。与它们的先驱者比较，这些国家不仅能够统一两河流域，甚至把自己的势力伸展到更广大的地区，成为地区性的霸主。

一、古巴比伦王国

1. 古巴比伦王国的统一

汉谟拉比像

灭掉乌尔第三王朝后，埃兰人就返回家乡，但阿摩利人在两河流域定居下来，并且迅速接受了苏美尔人和阿卡德人的文化，先后建立了一些国家，比较强大的有伊新、拉尔萨、埃什嫩那和巴比伦。四国之中，巴比伦立国的时间可能最晚，据传说是公元前1894年。它地处幼发拉底河中游，地名的意思是“神之门户”，地势险要，控制着南北交通。最初，它的势力并不强大，并曾向强大的拉尔萨等称臣。第六代国王汉谟拉比（又译汉穆拉比，前1792—前1750）时，对内颁布法典，稳定统治，发展生产；对外采取远交近攻，先与拉尔萨结盟，协助拉尔萨消灭伊新。鉴于拉尔萨和东方的埃兰实力强大，汉谟拉比与马里结为同盟，首先击败了埃兰，迫其退出两河流域。随后，汉谟拉比兵指拉尔萨。他首先剪灭了拉尔萨周围的盟国，最后才进攻拉尔萨城。在六个月的围攻中，汉谟拉比利用了当时能够使用的几乎所有攻城技术，迫使拉尔萨粮尽而降。在平定两河流域南部后，汉谟拉比转头北上，逼迫马里投降。两年后，马里国王举兵反叛，但被汉谟拉比镇压，其辉煌的宫殿被付之一炬，城市被夷为平地。埃什嫩那和亚述可能也分别被击败，成为巴比伦的藩属。至此，两河流域地区获得了前所未有的统一。为了与公元前6世纪的巴比伦王国相区别，学术界称汉谟拉比建立的国家为古巴比伦王国。

2. 汉谟拉比法典及其所反映的社会

汉谟拉比法典石柱的浮雕

古代两河流域地区历来有颁布法典、在国内“树立正义”即颁布法律的传统。乌鲁卡吉那改革时，就颁布了改革诏书。后来，乌尔第三王朝的乌尔纳姆也颁布了自己的法典。阿摩利人建立的伊新、两河流域北部的埃什嫩那，也都颁布过法典。遗憾的是，这些法典无一完整流传至今。汉谟拉比上台后，也相当重视制定法典，先后颁布了一系列法律条令。大概在统一两河流域之后，他将所有条文勒石公布，颁行全国。法典原刻于一块黑色玄武岩石柱上，上部是太阳神沙马什授予汉谟拉比王权的浮雕，表示汉谟拉比的王权得自神授，下部为法典。法典本身分为序言、正文和结语三部分，其中正文282条，涉及诉讼与审判、盗窃处理、租佃与雇佣、商业与高利贷、婚姻与家庭、遗产继承与转让、伤害与处罚等方面。刻有该法典的石柱曾被埃兰王作为战利品掳往苏撒，部分条文被磨损。现代学者结合发现的泥版文书对法典条文进行考证，使其绝大部分内容得以为今人所知。这是世界上第一部比较完整地保存至今的法典，较为全面地反映了古巴比伦王国的状况。

汉谟拉比法典有关奴隶的部分条文

第十五条 自由民将宫廷之奴或婢，或穆什钦努之奴或婢，带出城门外者，应处死。

第十六条 自由民藏匿宫廷所有或穆什钦努所有之逃奴于其家，而不依传令者之命令将其交出者，此家家主应处死。

第十七条 自由民于原野捕到逃亡之奴婢而交还其主人者，奴主应以银二舍克勒酬之。

第十九条 倘藏匿此奴隶于其家而后来奴隶被破获，则此自由民应处死。

第一一七条 倘自由民因负有债务，将其妻、其子或其女出卖，或交出以为债奴，则他们在其买者或债权者之家服役应为三年；至第四年应恢复其自由。

第一七〇条 倘自由民之配偶为之生有子女，其女奴亦为之生有子女，而父在之日，称女奴所生之子女为“我之子女”，视之与配偶之子女同列，则父死之后，配偶之子女与女奴之子女应均分父之家产；当分产时，配偶之子得优先选取其应得之份。

第一七六条 倘宫廷之奴隶或穆什钦努之奴隶娶自由民之女，当他娶她时，她曾由其父家带来嫁妆以入于宫廷奴隶或穆什钦努奴隶之家，后来他们同居之后，既成家，且有［动］产，而后宫廷之奴隶或穆什钦努之奴隶死亡，则自由民之女应得自己之嫁妆，而所有从同居后由其夫及她自己所得之物，应分为两份，奴隶之主人得其半，自由民之女为其子女亦得其半。倘自由民之女未得嫁妆，则所有自同居后由其夫及她自己所得之物，应分为两份，奴隶之主人得其半，自由民之女为其子女亦得其半。

第二二六条 倘理发师未告知奴隶之主人而剃去非其奴隶的奴隶标识者，则此理发师应断指。

第二八〇条 倘自由民在敌国买到自由民之奴婢，回国之时，奴婢为其原主所辨识，如此奴婢为本国子女，则应无偿而予以解放。

——林志纯，主编. 世界通史资料选辑：上古部分. 北京：商务印书馆，1997：64-90.

从法典内容看，两河流域的君主专制制度达到了前所未有的高峰。在法典序言中，汉谟拉比宣称，他的权力来自大神恩利尔的授予，他本人犹如太阳神，光耀大地。由于他的统治，天地交泰，大神马都克感到喜悦。似乎世界上的一切，都因为他而存活和繁荣。他自称为臣民的牧者，享有绝对的权威。在结语中，他不仅要求臣民们遵守法令，而且反对后人修改他的法律，因为它们是遵照神的意志制定的。修改他的法律，等于违背神意，将遭到神灵的严厉惩罚。现今所发现的材料表明，汉谟拉比不仅建立了庞大的官僚机构，亲自任命大小官员，而且对军队、赋税和经济都进行严密的控制，以保证王权的巩固和强大。

法典所反映的社会结构和近代颇不相同。当时社会上似乎明显分成不同的等级。地位最高者是阿维鲁。他们也许是巴比伦的全权自由民。但很难说他们就是一个统一的阶级，其中既有富可敌国的大财主，也有普通的劳动者如农民、手工业者和中小商人。他们不仅要服兵役，可能还要向国家交租纳税。穆什根努（法典中译文为“穆什钦努”）的地位不太明确。他们可以领有王室份地，要承担租税，其土地不得买卖，但可由其子世袭继承。从这些情况推测，他们也许是依附于王室的自由民。和阿维鲁一样，穆什根努的实际社会地位差别相当大，富者可以拥有奴隶，贫者难以为生。地位最低的是奴隶，他们和奴隶主的其他财产一样，可以被转让、买卖。法典对奴隶主权利的保护十分细致，如规定理发师未经许可，私自剃掉了奴隶头上的标志，要受到严厉的惩罚。奴隶如果和自由民发生冲突，法律明显偏向自由民一边，对奴隶的处罚要严厉得多。但奴隶的地位并不完全一致。女奴隶与主人所生的子女可获得合法的继承人身份并继承主人的部分财产，自由民之女可与奴隶同居或结婚。作为一种剥削形式，奴隶制从产生之时起，就表现为一种非常复杂的社会、经济和法律现象。

汉谟拉比在扩张过程中，将大量土地变成王室地产，以增强王室的经济实力。但王室无力亲自经营大片土地，因此将土地分成份地，交给不同阶级的人耕种。在耕种王室土地的人中，既有大商人、手工业者和国家公职人员，也有士兵。所不同者，前一部分人的土地可以买卖，但买主必须接替以前的主人为国王服务，或向王室交租纳税；士兵的土地不准买卖，但如果士兵退役，儿子可以继承，并接替父亲服役。法典对士兵份地的继承做了十分细致的规定。

从法典中还可以看出，当时土地私有制已经相当发达。法典的许多条文涉及土地的转让、继承、出卖和租赁，尤其注意保护土地出租者的利益。如法典规定，如果一个人租种的土地遭遇水灾，但其邻居的土地没有遇到类似的灾害，则承租人必须按照邻居土地的收成交纳地租；如果承租人因故没有耕种土地，他也得比照邻居土地的收成交租。另外，古巴比伦王国时期高利贷十分盛行。贷谷的年利率为33%，贷银的年利率为20%。借债和还贷时，都必须有证人在场，否则后果自负。

法典的某些内容还保留了原始的同态复仇原则。如建筑师盖的房子倒塌，则建筑师除赔偿因房屋倒塌造成的财产损失外，还要自己出资为雇主重新修建房屋；但如果倒塌的房屋砸死了房主的儿子，则建筑师的儿子也得被处死。医生为自由民治疗疾病，如果病未治好且造成严重后果，则医生的手指会被砍掉；如果治疗奴隶无效致其死亡，则只需赔偿一个奴隶即可。此外，在法典中从来没有出现过监狱，对同一罪行程度不等的犯罪，区分相当粗略。所有的惩罚，不是罚款，就是处死。在遇到无法确定原告、被告的陈述是否属实之时，采用神判法。虽然法典所列都是非常具体的罪名，缺少对一般法律原则的阐述，法官判决时，也未必完全依据法典的条款，但这些情况说明，当时的国家机器尚不够完善，法典中还夹杂着阿摩利人某些原始传统的残余。

3. 古巴比伦王国的衰亡

汉谟拉比建立强大国家，符合西亚地区从分裂走向统一的基本趋势。两河流域的基本统一，给社会生产尤其是水利事业的发展，创造了良好的条件。从汉谟拉比的诏令看，国家对水利相当重视。他在位的第七、八、二十三、三十二年都曾开凿河渠，开凿了从基什到波斯湾的运河，不仅给尼普尔、埃利都、拉尔萨、乌鲁克、乌尔、伊新提供了水源，使大片荒地变成良田，而且使苏美尔南部的许多城市避免了底格里斯河造成的水灾。法典序言也提到给乌鲁克提供充足水源、给米斯兰充足的饮水、扩大第尔巴特的耕地等与生产直接相关的事情。考古发掘也证明，古巴比伦王国时期，两河流域已经进入青铜时代盛期，社会生产有较大发展。但是，专制王权的加强、官僚机构的庞大，又不断吞噬着劳动者创造的社会财富。当君主比较贤明时，轻徭薄赋，劳动者在交租纳税之外，日子还勉强过得去。一旦遇上昏君和暴君，全国人民都不免坠入苦难的深渊，而且没有任何人能够合法地制止君主的施暴行为，由此常导致全国范围的阶级矛盾激化。汉谟拉比的后继者，无论在政治上，还是在军事上，似乎都不如他本人。而那些被征服的苏美尔城市，也时刻梦想着独立。在汉谟拉比之子统治时期，南方的乌尔、拉尔萨等地发生过暴动。暴动虽然被镇压，但古巴比伦王国的统治者从此再也不能高枕无忧，因为这样的事情以后又反复发生。这些暴动虽不足以动摇古巴比伦王国的根基，但严重消耗了统治阶级的力量，给周围的蛮族入侵提供了契机。

古巴比伦王国时期，在两河流域周围居住的，有东部山区的加喜特人，北部的赫梯人和亚述人。古巴比伦王国后期，南部出现了海国王朝。他们早就垂涎巴比伦的富足，当巴比伦衰落时，纷纷入侵。加喜特人最初只是试探性地入侵和抢掠，亚述人和赫梯人也趁火打劫，古巴比伦王国迅速衰落。与此同时，古巴比伦王国内部的叛乱也变本加厉。内外交困的古巴比伦王国疆土日益缩小。公元前1595年，赫梯人攻占巴比伦，将大批财宝包括巴比伦保护神马都克的金像都掳往小亚细亚。赫梯人退出后，加喜特人侵占了巴比伦，古巴比伦王国灭亡。

古巴比伦王国灭亡后，两河流域南部经历了一段历史模糊的时期。西亚历史的中心转移到北部的亚述和赫梯。

二、公元前2千纪的亚述

1. 古亚述

亚述地处两河流域北部，耕地稀少，但战略地位重要，是底格里斯河南北交通的枢纽，北可通小亚细亚，东可达叙利亚和巴勒斯坦，南靠近巴比伦尼亚，为西亚游牧部族东来西往、南下北上最便捷的通道。从伊朗高原经两河流域到达小亚细亚和叙利亚的商路也都经过这里。亚述最早的居民为胡里特人，他们的来源至今仍不太清楚，其语言与高加索语言有相似之处。后来，一些讲塞姆语的部落迁入。两者的融合，形成了历史上的亚述人。

公元前3千纪，亚述深受巴比伦尼亚的影响，它的历史发展与巴比伦尼亚呈相反的趋向，巴比伦尼亚强大时，亚述一般处于衰落状态；但当巴比伦尼亚衰落时，亚述则会强大起来。苏美尔文明时期，亚述可能不过是苏美尔人的商业据点。阿卡德王国和乌尔第三王朝时，亚述处于依附地位。公元前3千纪末，乌尔第三王朝灭亡，亚述乘机取得独立。亚述最高统治者称“伊沙库”，另有一名年官称“里模”，还有贵族会议之类的机构。对于它们有多大权力，我们并不清楚。里模地位重要，可能主持城市的财库，并以他的名字纪年。伊沙库有权召集长老会议，并就某些重要问题做出决定。此时的亚述也许还有类似人民大会的机构存在，其决定在形式上具有最高权威，但实际权力掌握在里模、伊沙库和长老手中，因此它更像一个贵族共和国。

约公元前1815年，来自巴比伦尼亚的阿摩利人首领沙马什阿达德（约前1815—前1783）用暴力夺取了亚述政权，并大举向外扩张，一度统一亚述，强国马里也落入他的手里，势力伸展到地中海东岸。亚述国家的疆土东到扎格罗斯山，西到地中海。他自称“众王之王”，将亚述城等地作为统治中心，同时分封自己的儿子分别统治东部和西部征服地，成为两河流域最强大的国家。然而好景不长，汉谟拉比崛起后，首先支持马里摆脱了亚述的统治，随后其他地区也逐渐脱离亚述的控制。沙马什阿达德的儿子已经难以有效统治亚述地区，其后继者统治时期，亚述陷入分裂，各地区先后落入胡里特人建立的米丹尼王国[①]的统治之下。亚述的王统虽然在延续，但关于这些所谓的国王，除了名字之外，几乎没有任何事迹可言。

2. 中亚述

尽管如此，亚述并未完全沉沦。从公元前14世纪中期起，亚述进入学界所称的中亚述时期。当时，小亚细亚的赫梯十分强大，米丹尼人的势力盛极一时，埃及新王国正大举向叙利亚和巴勒斯坦扩张，是一个列强争霸的乱世。亚述因为战略地位重要，经常成为战场。但是，亚述的势力并没有被彻底消灭，它在积极地积蓄力量，力图东山再起。

公元前14世纪后期，米丹尼因遭赫梯打击而衰落，亚述乘机扩张。亚述王首先出兵东部山区，击败那里的游牧部落；接着攻击巴比伦，将自己的代理人扶上王位。在解决巴比伦问题的同时，亚述和米丹尼展开大决战，于公元前13世纪初灭了米丹尼。提格拉特帕拉沙尔一世（前1115—前1077）时，亚述势力达到极盛。在北方，亚述打败了入侵的游牧部落木什吉人，将边界向北推进；在西方，亚述遏止了阿拉美亚人的入侵浪潮，攻入黎巴嫩；在西南方向，埃及人主动与亚述修好。但是，这位雄才大略的君主去世后，亚述内部发生争夺王位的战争，被征服地区乘机摆脱亚述统治，阿拉美亚人步步进逼，亚述再度衰落，其势力范围仅限于从亚述城到尼尼微的核心地带。

三、赫梯

1. 铁列平（约前1525—前1500）改革

赫梯位于小亚细亚东部，在今克泽尔河中上游一带。这里四面多山，降雨稀少，不太适合发展农业，但矿藏丰富。当地最初的居民是哈梯人。公元前2千纪初，大批讲涅

---

① 米丹尼人可能属于胡里特人的一支，公元前2千纪中期曾在两河流域北部地区建立国家，一度统治亚述，公元前15世纪后衰落。

西特语的部落迁来，原来的居民逐渐被同化，形成了赫梯人。

公元前19世纪中期，赫梯逐渐进入阶级社会，约自公元前18世纪起，开始了部落之间的合并和对外扩张。据后来铁列平称，最初的赫梯国小人少，但历代赫梯国王通过扩张不断获得新领土。赫梯扩张的主要方向是两河流域和叙利亚。公元前16世纪初，赫梯曾攻占巴比伦，大掠而归。此外，赫梯人多次攻击叙利亚，与埃及争夺对该地区的控制权。对于被征服地区，赫梯国王似乎将一些大城市置于自己统治之下，其他地区则由王子统治。后来在赫梯作乱的，可能正是这些王子。他们为争夺王位，不断发动阴谋，或暗杀在位的国王，或相互仇杀，导致赫梯局势动荡。公元前16世纪后期，在一场血腥的流血冲突后，国王铁列平实行改革，主要目的是对统治阶级内部的权力分配确定规则。改革措施规定：王位一般由长子继承；如果长子死亡，则依次由其他王子继承；如无王子，则由长女选中的丈夫继承；国王不得滥杀兄弟；如王子犯罪，只罪及本人，不得株连族人。用铁列平自己的话说："假如王子犯罪，则仅让他以自己的头来负责。但是不应使他的家［以及］他的子女遭难。王子因某人而死，而王子们的家、他们的田地、他们的葡萄园、他们的牧场（?）、他们的奴隶、他们的有角家畜和他们的绵羊和那人却不发生关系（?）。"如果国王不遵守法令，则由"彭库斯"和"图里亚斯"会议审判他。二者可能是军事民主制时代的遗存，但也可能只是王室法庭之类的机构。在赫梯国家，女王地位特殊。如果新王年幼，她会成为摄政。她还掌握国家以及王室的财产。当时的赫梯还存在其他官职，宫廷和地方都有级别不同的官员，出现在铁列平改革铭文中的就有宫廷子弟、米舍基、持金盾者（?）、持杯者、司膳者、厨师、持券标者、［战地的］千夫长等。可惜关于这些人的具体身份和享有什么权力，我们缺少准确的知识。从名称看，这些人似乎都是国王身边的人，因为与国王的关系而获得了某种权力。

铁列平的改革，暂时缓和了统治阶级内部的矛盾，加强了王权，使赫梯在公元前15世纪—前13世纪达于极盛时期，并在和埃及争夺叙利亚、巴勒斯坦的斗争中取得优势。

2.《赫梯法典》与赫梯社会

在所发现的赫梯文献中，《赫梯法典》具有重要价值。法典铭文约属公元前15世纪—前14世纪，共三表，其中第三表为对第一表的改编，实际只有两表，共两百条。从法典看，赫梯社会似乎还相对原始，法律规定虽然细致，对不同的罪行规定了不同的惩罚，但坐牢的现象相当少见，流放好像不存在。一般的犯罪，都用罚款解决。例如第八条规定："假如任何人使男奴或女奴失明或敲落他的牙齿，则他应交付十玻鲁舍克勒银子，同时用自己的房屋担保。"对自由人的伤害也不例外，只是赔款数额更高。第十一条规定："假如任何人折坏自由人的手足，则他应给他二十玻鲁舍克勒银子，同时用自己的房屋担保。"第十三条规定："假如任何人咬坏自由人的鼻子，则他应交付一明那的银子，同时用自己的房屋担保。"在赫梯社会，不仅存在着自由民和奴隶的区别，而且在自由民中，一般自由民和商人的身价也有区别。奴隶如果被打死，犯罪者需要对奴隶进行安葬，并交付一定数量财产且用自己的房屋担保；但假如打死自由人，则需要交付双倍于打死奴隶的财产且用房屋担保。对赫梯奴隶的处境，法典也有所透露。第十四条规定："假如任何人割去男奴或女奴的鼻子，则他应交付三玻鲁舍克勒银子，同时用自己的房屋担保。”第三十一条规定：“假如自由的男人与女奴情意（?）相投，他娶她为妻而他们建立家庭，有了子女，以后他们发生纠纷并同意离异，则他们应平分其家；男人可以获得子女，而女人可以获得一个儿子。”这样看来，女奴享有和自由女性一样的权利，女奴可以与自由男性通婚，男奴同样可以与自由女性结合。随后的几条规定证实了这一点：“假如男奴娶自由的女人为妻，则他们的诉讼案件也是同样的。”“假如男奴娶女奴为妻，则他们诉讼的案件也是同样的。”“假如男奴为女人交付聘礼并要娶她为妻，则任何人不应出卖她。”这样的奴隶显然与古典奴隶存在明显区别，甚至与古巴比伦王国的奴隶也有一定区别。

法典还表明，一般犯罪的惩处并不算沉重，如果自由人受到伤害甚至死亡，首要的任务是安葬死者，并提供奴隶作为赔偿。如果打死的是奴隶，则赔偿相应数量的奴隶。对于商人，则规定了赔款。第五条规定：“假如任何人杀死哈吐什的商人，则他应交付一又二分之一明那银子，并用自己的房屋担保。假如这是发生于卢维或帕里，则他应交付［一又二分之一明那］银子并赔偿他的财物。”最后这笔赔偿不过是四个奴隶的身价，只比咬坏自由人的鼻子的赔偿高50%。至于一般的伤害，惩罚更为轻微。如前引第十一条规定，折坏自由人的手足，赔偿20玻鲁舍克勒银子，不过是一个男人月工资的1.67倍。但对于那些胆敢向国王法令挑战的人，惩罚就不一样了。第一百七十三条规定：“假如任何人破坏国王法庭的判决，则他的房屋应予毁坏。假如任何人破坏大臣的法庭判决，则应砍掉他的头。”至于敢于反抗主人的奴隶，下场更惨，“假如奴隶反抗自己的主人，则奴隶应被投入水中”。之所以有这样的规定，也许是为了维护国王与奴隶主的权威。

在法典的规定中，有关使用、租借、偷盗和伤害牲畜的规定占了相当比例，说明当时的赫梯社会中，畜牧业仍占比较重要的地位。有关耕种土地、收割庄稼、打制器皿的规定，反映在赫梯人那里，农业和手工业已经具有了重要意义。有关购买土地以及破坏田界的规定，说明土地已经在一定程度上变成私有，或许还出现了丧失土地的人，因为在法典里，多次出现了雇工。

公元前13世纪末，因遭海上民族入侵，赫梯陷入分裂。公元前8世纪，其残存势力也为亚述攻灭。赫梯人的活动，仅仅在《圣经·旧约全书》中留下一些零星的记载，只是由于20世纪初在小亚细亚的波伽兹科伊发现了大量文书，我们才对它有了更多的了解。

第三节 古代西亚文化

1. 文字与文学

古代西亚的文字出现于公元前4千纪末，由苏美尔人创造。苏美尔地处两河流域下游的冲积平原，芦苇和黏土是最方便的书写材料。苏美尔人用削尖的芦苇秆或者木棒在湿泥版上压出一个个笔画，几个笔画组成一个符号。由于这些笔画看起来像木楔，故称楔形文字。遗憾的是，虽然我们如今已经破解了这种文字，却不知道它属于何种语系，也不知道创造楔形文字的苏美尔人属于哪一个族群。尽管苏美尔人后来被说塞姆语的阿卡德人所征服，他们也逐渐被阿卡德人同化并在历史上消失了，但他们创造的书写方法和符号被继承下来，并一直使用到帕提亚帝国时期。公元1世纪，楔形文字消亡，被阿拉美亚的字母文字取代。

古代两河流域在文学上卓有建树。虽然没有创造出像印度古代史诗《摩诃婆罗多》那样的鸿篇巨制，但也有优美的神话和史诗。保存在希伯来人《圣经》中关于天地万物、人类的创造以及洪水传说等，绝大部分来自苏美尔人的神话。最著名的史诗是《吉尔伽美什与阿伽》。这部史诗应当出现于苏美尔时期，原有3 000多行，现存2 000行左右，具有民间口传史诗的特点，是目前已知的人类最早的史诗。它描写的是乌鲁克统治者吉尔伽美什的经历。由于楔形文字的失传，该史诗长期湮没，直到19世纪后期才在泥版文书中发现，1891年全文出版。史诗的主要内容是，吉尔伽美什要求乌鲁克人民修建城墙，人民苦不堪言，向天神祈祷。天神派恩吉都下凡与之对抗，不想二人一番搏斗之后，惺惺相惜，成为朋友。两人首先打败了看守红松林的树妖洪巴巴，解救出女神伊什塔尔。因吉尔伽美什拒绝了女神的爱情，女神派神牛到乌鲁克报复。但神牛又被吉尔伽美什和恩吉都联手杀死。为挽回神灵的面子，诸神让恩吉都得了一种怪病后死去。吉尔伽美什为好友之死伤心不已，决定寻访人类始祖乌特纳庇什廷。但在吉尔伽美什历经苦难到达乌特纳庇什廷那里时，后者明确宣布人类已无永生的可能，但如取得某种仙草，或许还有指望。吉尔伽美什经过战斗取得了仙草，本想带回乌鲁克与臣民共享，但途中仙草为蛇吞食，终告失败。最后是吉尔伽美什与恩吉都的灵魂对话，讨论人类死后的生活，色彩灰暗而悲观。但总体上看，它表达了人类对伟大事业以及美好生活的追求。

2. 科学

古代西亚对世界科学的发展有独特的贡献。在数学方面，他们创造出了十进制和六十进制两种体系。一般而言，叙利亚、亚述使用十进制，苏美尔和巴比伦使用六十进制。六十进制后来经阿拉伯人传入欧洲，成为我们今天计算时间和圆周的基本单位。与埃及人不同的是，西亚人知道数字的位值，即一个数字的值取决于它在数中的位置。比如47和74中的7代表的就是不同的值，前者只是表示7，而后者表示70。他们会计算长方形、三角形等图形的面积，知道求平方根、立方根的方法，会使用二元一次甚至一元三次方程式。

在天文学方面，西亚人很早就开始观测天象，积累了大量资料，确定了行星的运行轨道，画出了黄道十二宫的图形。他们根据月亮的运行周期，将一年分为12个月，6个月30天，另外6个月为29天，全年共354天。为与太阳年吻合，苏美尔人采用置闰的办法。最初置闰仅凭经验，有时一年一闰，有时一年两闰，甚至一年三闰。后来有了比较固定的周期，一般每隔几年增加一个闰月，和中国的阴历类似。西亚人还根据月相变化，将一个月分成四周，每周七天，正好与他们眼中的七个行星（巴比伦人错误地把太阳也算作行星）相对应，其中每个星神主管一天，具体分工是太阳神管星期日，月神星期一，其他几天分别分给火、水、木、金、土星的神灵。这就是我们今天使用的七天一星期的来历。所谓星期，就是星的日期之意。

3. 建筑与艺术

动物的宴会

两河流域的早期建筑因多以生泥砖砌成，不能长久保存。目前所知道的最伟大的早期建筑是乌尔寺塔。它高 21 米，由上中下三层组成。底层为黑色，象征地府；中层为红色，代表人世；上层青白色，代表天堂。塔基长 65 米，宽 43 米，大约建于公元前 22 世纪。塔的主要功能是敬神。当时人们认为，神庙是神灵的住所，神灵会从天上下来，与敬神的人会晤。建筑的装饰中使用土钉，即把泥土制成长四英寸、直径约半英寸的钉子，晒干后按照一定图形钉入墙内，涂以不同颜色，形成色彩斑斓的装饰图案。

两河流域的雕刻也有自己的特色。早期的恩西像古朴有趣，男性形象似乎一律有长长的胡须，上身赤裸，下身穿长裙，裙褶鲜明生动。萨尔贡和纳拉姆辛的青铜像手法简练，形象地体现了国王的权威。在乌尔纳姆石碑残片上，国王乌尔纳姆正向乌尔城的保护神南纳奉献祭品，意在体现国王的虔诚。古巴比伦王国国王汉谟拉比的法典柱上，有一幅汉谟拉比从太阳神沙马什手中接过王权的浮雕，象征王权神授。一般平民的雕像更加和善。一块用石膏雕刻的夫妇像中，丈夫一手搭在妻子肩上，左手自胸前横过，很自然地、轻柔地握住妻子的右手，活脱脱一对恩爱夫妻。苏美尔人的想象力也异常丰富。在乌尔王陵出土的竖琴嵌版上，有动物正在举行宴会的场景。其中有一个生着蝎子尾巴的人物，狮子和狼居然承担了侍者的角色，为宴会送菜和酒；驴和狼好像正在奏乐；鹿双手持杯。将如此不同的动物组合进一场宴会中，在古代世界的其他文明中，实不多见。

推荐阅读书目

拱玉书．西亚考古史（1842—1939）．北京：文物出版社，2002

吉尔伽美什．南京：译林出版社，1999

李海峰．古巴比伦时期不动产经济活动研究．北京：社会科学文献出版社，2011

李政．赫梯文明研究．北京：昆仑出版社，2018

林志纯，主编．世界通史资料选辑：上古部分．北京：商务印书馆，1974

刘家和，廖学盛，主编．世界古代文明史研究导论．北京：高等教育出版社，2001

刘文鹏，主编．古代西亚北非文明．北京：中国社会科学出版社，1999

日知．中西古典学引论．长春：东北师范大学出版社，1999

施治生，徐建新，主编．古代国家的等级制度．北京：中国社会科学出版社，2003

吴宇虹．古代两河流域楔形文字举要．哈尔滨：黑龙江人民出版社，2006

徐建新，等．古代国家的起源和早期发展．南昌：江西人民出版社，2012

于殿利．巴比伦与亚述文明．北京：北京师范大学出版社，2013

于殿利，郑殿华．巴比伦古文化探研．南昌：江西人民出版社，1998

［美］斯蒂芬·伯特曼．探寻美索不达米亚文明．北京：商务印书馆，2009

［美］戴尔·布朗，主编．苏美尔．北京：华夏出版社；桂林：广西人民出版社，2001

［美］威尔·杜兰．东方的遗产．北京：东方出版社，2003

［美］亨利·富兰克弗特．王权与神祇．上海：上海三联书店，2007

［英］哈里特·克劳福德．神秘的苏美尔人．杭州：浙江人民出版社，2000

［英］彼得·詹姆斯，尼克·索普．世界古代发明．北京：世界知识出版社，1999

第三章 青铜时代的埃及

第一节 埃及文明的产生与初步发展

一、埃及文明的产生与统一国家的形成

1. 地理环境与居民

埃及地处东北非洲，北濒地中海，东邻红海，西为撒哈拉沙漠，南邻埃塞俄比亚，东北隔西奈半岛与亚洲相望，从地理上看相对隔绝。由于高山阻隔，印度洋的季风影响不到埃及，因此全境干旱少雨，仅尼罗河三角洲北部因地中海影响有少量降雨。但是，尼罗河从南向北流经埃及，为埃及带来了充足的水源。更重要的是，尼罗河每年的定期泛滥，给其周围的塘堰储满了水，使耕作有了水的保证，而且带来了大量上游的泥沙。这些泥沙来自非洲的热带草原，富含庄稼生长所需要的各种养料，等于每年给尼罗河下游两岸的土地普遍施了一次肥。此外，尼罗河中的大量鱼类、鸟类，成为埃及人重要的食物来源。因此，古代埃及极少发生饥荒，甚至当西亚广大地区发生饥荒时，埃及仍有粮食出售。尼罗河还成为埃及南北联通的重要水道，有利于埃及较早形成统一国家。公元前 5 世纪访问过埃及的希罗多德宣称，埃及是尼罗河的赠礼。

尼罗河流域很早就有人类居住，目前所发现的最早的人类活动遗迹大约属于 175 万年前，此后不曾间断。约公元前 9000 年，苏丹东部地区开

始驯养牛；约公元前7500年，那里开始建立永久的定居点并种植甜高粱。约公元前6000—前5000年，随着非洲的气候日益干燥，人们向尼罗河河谷集中，苏丹一些以种植和放牧为生的人迁居埃及，非洲的农牧业产品葫芦、西瓜、牛、驴等随之进入埃及。埃及新石器和铜石并用时代晚期的代表性遗址在北方是法尤姆、麦里姆达和奥马里，南方是塔萨。法尤姆已经出现陶器，种植了大麦和小麦。麦里姆达修建了椭圆形房屋、固定的炉灶和储藏室，而且有牛、山羊和猪等家畜，甚至有纺车；该遗址面积约18万平方米，部分学者估计有16 000人居住，这个数字显然偏高，但它应当是一个非常大的定居点。

约公元前4500年，埃及进入铜石并用时代，其代表为巴达里文化。巴达里文化的主要工具是石器，但铜器开始出现，主要是一些铜的念珠和小型工具；居民种植大麦、小麦和亚麻等农作物，饲养牛、绵羊和山羊等家畜，居住地可能已经固定。约公元前4000年左右的涅伽达文化第一期，埃及完成了从母系氏族社会向父系氏族社会的转变，私有制开始产生；虽然当时主要的工具仍是石器，但石器的制作更加精致，用燧石制成了双面刃的大刀；金属工具尽管少见，但可能已出现后来象征权力的权标头之类的器物，甚至有俘虏或奴隶，说明社会已经开始分化。公元前3500年，埃及进入涅伽达文化第二期。此时金属工具的使用较前一时期有较大发展，发明了陶轮；水利工程兴起；墓葬的规模和随葬品表明，贫富分化已经出现，并有规模不等的城市。代表性遗址希拉康波里的人口可能达到5 000人左右，人们还在那里发现了后来埃及王权的象征红冠、白冠、权标头等。无论是灌溉工程的兴修，还是大型墓葬的修建，都需要集中和组织相当数量的人力和物力。这些事实表明，到涅伽达文化第二期，埃及国家已经产生。那时的国家也许都是以城市或设防的城镇为中心，结合周围的乡村形成的小国。

那么，什么人创造了埃及早期文化？他们又来自何处？到目前为止，这个问题还没有统一的答案。很可能的是，埃及最早的居民是讲哈姆语的北非土著。后来，西亚讲塞姆语的居民进入埃及，和土著逐渐融合，形成后世埃及的主要居民以及独特的塞姆—哈姆语。从古代埃及留下来的大量雕刻和绘画看，古代埃及人在体形和外貌上都与古代西亚地区的其他人如亚细亚人、努比亚人、利比亚人不同，他们身材较高、皮肤较黑、体魄健壮，也许是民族融合的结果。

2. 埃及学的发展和埃及史的主要史料

埃及历史悠久，但古代埃及人没有留下系统的历史著作。埃及人所使用的象形文字，只有很少受过严格训练的祭司和书吏会使用。从公元前2千纪末开始，埃及文明进入衰落时期，外族先后入主埃及，埃及象形文字逐渐被遗忘；埃及过去辉煌的历史也随之湮没无闻。近代以后，西欧人在接触埃及的过程中，对埃及古老的历史发生了兴趣，并开始了对埃及象形文字的研究。1799年发现的罗塞达石碑为解读这种古老的文字提供了契机，因为该碑是用希腊文、埃及象形文字、世俗体文字刻写的，而且从希腊语的内容看，三种文字的内容应该一样，人们可以通过比较，猜出其他两种文字。虽然如此，此项工作仍不容易完成。法国、英国和瑞典的众多学者参与了对石碑的研究，但最终取得成功的是法国学者商波良。1822年9月29日，商波良在法国科学院宣读了《关于象形文字语言的字母给 M. 达西尔的信》，宣布他成功地解读了象形文字。象形文字的成功解读，意味着人们可以利用埃及人留给后世的大量碑文、莎草纸文书去研究古代埃及的历史、文化和宗教，复原古代埃及的历史面貌，因此，象形文字的成功解读，通常被视为近代埃及学诞生的标志。

象形文字被解读后，西欧对埃及兴趣大增。在 19 世纪埃及学的发展中，法国学者马里埃特、马斯佩罗，德国学者列普修斯，英国学者皮特里等发挥了重大作用。正是在他们的努力下，金字塔和王陵被发掘；被埋在地下的斯芬克斯重见天日；埃及博物馆建立起来。到 20 世纪，埃及学成为一门国际性的显学，除英、法、德等西欧国家外，俄（苏）、美国等都积极参加了埃及的考古发掘和研究工作。20 世纪 60 年代对拉美西斯二世神庙的迁移，更是在联合国主持下完成的一项国际性大工程。与此同时，埃及人也利用他们得天独厚的条件，开始了对埃及史的研究，并已取得显著成就。中国的埃及史研究起步较晚，改革开放以来虽然也取得了不小的成就，但仍然需要大力拓展。

3. 诺姆

公元前 3 世纪的埃及史家马涅托曾经把埃及统一后的历史划分为 30 个王朝。近代的历史学家在此基础上，结合考古资料，把古代埃及史分为 9 个时期，它们分别是：前王朝（前 4500—前 3100）、早王朝（前 3100—前 2686）、古王国（前 2686—前 2181）、第一中间期（前 2181—前 2040）、中王国（前 2040—前 1786）、第二中间期（前 1786—前 1567）、新王国（前 1567—前 1085）、后期埃及（前 1085—前 332）、希腊和罗马统治时期（前 332—642）。由于年代久远，又缺少足够的历史文献，因此除希腊罗马统治时期外，括号中的历史年代都只是大致年代，有些年代可能相差 20 年甚至更长时间。

埃及最早的国家被希腊人称为诺姆，意思是放牧的地方或行省。埃及人称其为“斯帕特”，意思是区划。从象形文字原意看，它是一个由河渠所划分的地段。古王国时期，诺姆成为地方一级行政单位，上埃及有 22 个，下埃及有 14 个；新王国时期，上埃及的诺姆数量没有发生变化，下埃及则有 20 个。这可能是在埃及历史发展过程中，中央政府为加强对地方统治不断进行调整的结果。在统一国家形成之前，到底有多少个诺姆，没有准确的数字，但它们大多是独立国家。它们面积都不大，是一个个正在兴起的中心城市结合周围的乡村形成的。所谓的城市，此时只是一个以神庙和王公的堡垒为中心的居住地，不大可能有很多的工商业活动，所以并不是现代意义上的城市，称之为城堡或许更合适。可以想象，各个诺姆之间的地位最初是平等的，有自己的旗帜和保护神。诺姆之间为了争夺土地、水源或劳动力，经常发生战争，并在战争过程中形成了一些联盟。战争中失败的一方，或被屠杀，或成为胜利者的俘虏。随着战争的演进，一些诺姆逐渐强大起来，在诺姆联盟中执掌霸权。希拉康波里可能是上埃及的霸主之一。在那里发现的权标头、王室墓地和文物都表明，它的地位比较特殊。不过，此时霸权也许还不稳定，会在不同的诺姆之间转移。

关于诺姆国家内部的阶级结构，考古发掘给我们提供了一些可供推测的材料。首先可以比较肯定地说，此时埃及王权已经产生，因为我们发现了王徽、王衔的标志，还有

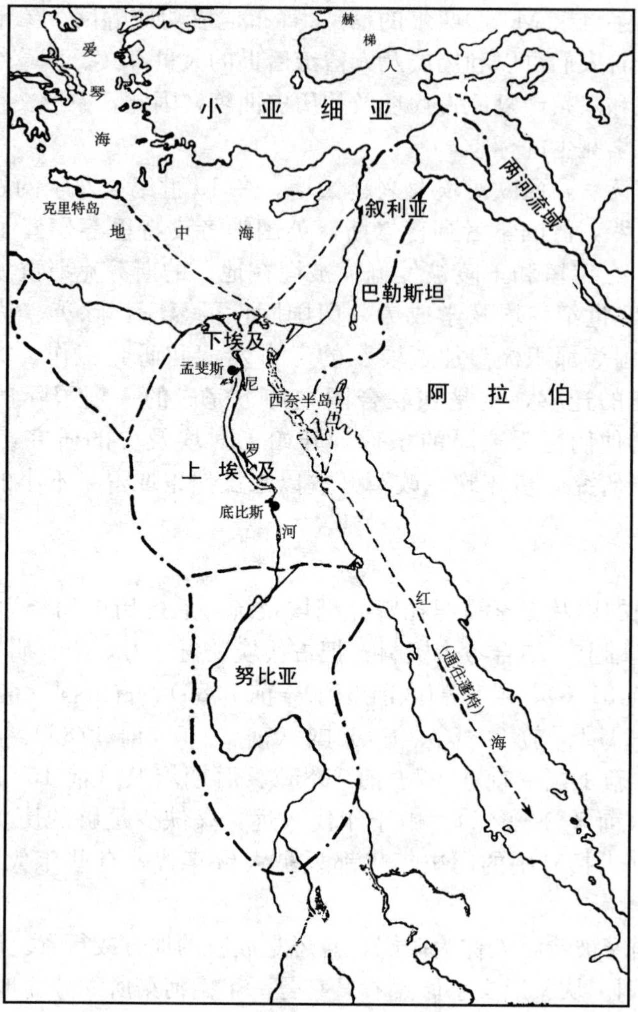

新王国时期的埃及

国王使用的权标头。在希拉康波里墓地的壁画上，其左上角是一个十分高大的人物，大得超过普通人像的三倍左右。他正高举着一个类似权标的东西击打敌人。而在埃及后来的文物中，为表现君主的威严和特殊，国王的形象也比周围的人要大。因此，壁画上的人物，极可能是国王，至少其地位与国王相当。国王之下，应当有贵族。在埃及格柏林出土的一段亚麻织品上，我们可以看到贵族存在的证据。布上面画有两条船，均有桨手划桨，只有一位留胡子的男性坐着，表明他的社会地位与这些桨手不同。而在古王国时期，只有贵族才留胡子，由此推测，此人应是贵族。而那些划桨的，可能是他的奴隶或依附民，也有可能是平民。

贵族之下是平民。关于他们的地位和状况，我们缺少可供推测的资料。不过从当时战争频繁的情况看，他们应当是军队中的主力。也许他们还要交租纳税，供养以国王为首的统治阶级。那些被征服地区的居民，一部分成了国王等的奴隶，大部分则可能仍留在原来的土地上从事耕作，成为受剥削的劳动者。

4. 统一国家的形成

那尔迈调色板

在诺姆争霸过程中，埃及逐渐形成了上下两个统治中心，其中以上埃及的希拉康波里势力较为强大。该国的蝎子王可能已经统一上埃及，并远征尼罗河三角洲，在完成国家统一的道路上迈出了重要的一步。蝎子王的后继者可能是那尔迈，不少人把他和传说中统一埃及的美尼斯等同为一个人。希罗多德称，美尼斯是埃及的第一个国王。马涅托说他进行了对外征服，把军队开到埃及境外，获得了很大声望。在那尔迈调色板上，他分别戴着后来象征上埃及的白冠和下埃及的红冠①，意味着他成功地征服了上下埃及，成为统一国家的君主。当然，由于埃及长期的分裂传统，这样的统一最初应当是不巩固的，那尔迈之后经常出现的两个统治中心并立、国王为加强统一不断出征的事实都说明，地方分裂势力仍然相当强大。尽管如此，到那尔迈时期，埃及统一国家应已基本形成。

二、古王国时期的埃及

1. 君主专制制度的形成

埃及君主制度的历史源远流长。早在诺姆时代，我们已经看到君主的形象远远高于一般的贵族和平民。在统一国家形成过程中，君主的权威不断加强，逐步掌握了军权、税收和行政权，建立了官僚机构。王权被认为来自神，神圣不可侵犯。在中央，最高权力机构被称为“王之屋”，由国王亲自控制。另外还有一批被称为“同伴”的人物，大概从事秘书工作，近似埃及后来的书吏。地位最重要的是财政大臣，职责是管理国家的

① 红冠和白冠最初都出现于上埃及，红冠见于涅伽达，白冠见于希拉康波里，但在更晚的时期，红冠常与下埃及有关，成为下埃及的代表。

税收，征收、分配各种储藏品，清查国家资财。地方上，原来独立的诺姆被变成地方行政区划，其官员的头衔似乎因地区不同有所区别，有的称“涅亨的管理人”，有的称“帕的管理人”。从国王在中央和地方的权威看，埃及的君主专制制度已基本形成。

古王国时期，埃及的君主专制制度达到登峰造极的程度。国家最高统治者法老自称是太阳神拉之子，具有各种神灵的属性，为权威、智慧和真理的化身，用埃及人自己的话说，是“权威、知识和真理在你一边”。作为神灵的后代和神的化身，他享有比所有臣民都要高的权威。首先，他拥有立法和司法权，国王的敕令和口谕就是法律。在法律实践中，国王可以根据自己的好恶修订前人的法律。在司法实践中，法老是最高法官，拥有对案件的最终裁决权。通常的案件由维西尔和法官们审理，但国王可以干预。有时候，国王还会自己指定法官，组成特殊的法庭审理特定的案件。死刑案件大概由国王最后定夺，相应的，赦免罪犯的权力也在法老的手中。其次，法老掌握最高行政权。国家的高级官吏如维西尔由国王任命。地方一级的官员，也在国王控制之下。为了加强以法老为首的中央机构的权力，国王常任命王子为维西尔，以防止权力落入外人手中。大臣就像国王的奴仆一样受国王差遣，终身期望的也是国王的恩宠。第五王朝的大臣普塔赫舍普舍斯死后，还在自己的铭文中特别写明：他“作为国王陛下希望做的每件工作的私人顾问，［萨胡拉的侍从，受国王荣宠多于］任何臣仆；当陛下因为一件事而赞扬他时，陛下允许他吻他的脚，陛下不允许他吻地”。如果某人得到国王亲自写来的信件，会被视为莫大的荣耀，值得在自己的自传中炫耀。再次，法老是军队的最高统帅。所有军队的组织和调遣，都由国王决定。最后，国王掌握着全国的土地和财产。古王国时期不断进行的土地和财产清查，既是国王企图加强其经济地位的表现，也是国王拥有最高经济权力的明证。作为全国土地的最高所有者，他也有权向全体国民征税；同理，他有权处理自己的土地。所以，我们经常看到国王为了笼络大臣和家人，把部分土地赏赐给他们而不给土地的主人任何补偿。也正因为他是全国土地和财产的最终所有者，他才能不惜工本，强迫全埃及的人为他修建公共工程和规模宏大的陵墓。如果说兴修水利是为发展生产，那么修建金字塔那样豪华的陵墓，则完全是为了显示国王的与众不同，表现国王作为专制君主的权威。

作为国王专制统治基础的，是埃及统一国家形成中逐步建立的官僚机构。法老之下最重要的官员为维西尔。他被称为“全国的总管”“国王全部命令的顾问”，同时又是全国档案的保管人。他直接从法老那里接受命令，并将其颁发给其他机构执行。受法老委托，他可以直接处理一些具体事务，如掌管税收、调动国王的卫兵、进行水利建设、保卫边境等。他还拥有司法职能，古王国时期的不少维西尔同时又是大法官。由于责任重大，国王有时会任命两个甚至三个维西尔协助法老处理事务。

维西尔之下，最重要的是财政、农业、档案和司法等部门。财政部门有时也会划分为两个，分管上下埃及事务。它的主要职能是征收税金、清查财产、掌理国库，有时还会过问司法。农业部门既管家畜，又管水利的兴修和土地的耕种。档案部门保存着国王的敕令、契约、遗嘱和法令，在古代那种缺少成文法、识字率很低的情况下，它的地位可想而知。司法部门执掌审判。但在古代埃及，很难说是否存在一个专门的法官阶层。在很多情况下，行政官员如维西尔、财政大臣等，都具有司法职能。但是可以肯定，类似法庭一类的司法机构是存在的。

诺姆的长官可能由中央任命，大臣伊比本是国王的随从（束带的青年），后来成了诺姆的长官和要塞的司令，在其铭文中，他这样宣称，“我主上下埃及之王、麦利勒陛下，永生的……［命令我］为大公，唯一的朋友，以及塞拉斯提山诺姆的长官”。“我主上下埃及之王［涅菲里尔刻勒（培比二世）］（第六王朝国王）陛下任命我为南方的统治者。”这样看来，诺姆的长官由君主直接任命，也可能被君主调离。作为地方长官，一要有能力，二要有爱心，即爱惜自己的臣民。同样是伊比，在铭文中自夸：“我是一个卓越的、有素养的人，我知道各种魔法和宫廷的秘密。”“我［把面包］给予了［饥民］，把衣服给予了赤身裸体的人。”地方长官可能还能统率军队，不少诺姆的长官宣称他们同时是要塞司令。这种军政合一的体制，可能与埃及当时交通不便有关，毕竟君主不可能对一个往返需要数日之久的省份的大小事务，事无巨细亲自过问，只能把它们下放给地方官员。

2. 古王国时期的社会经济状况

像古代世界的其他地区一样，古代埃及最重要的生产部门是农业。从社会生产力的发展水平来说，埃及虽已进入金属器时代，但生产工具和技术并不特别先进。相当一部分农具仍然是石制的，其中包括斧头、镰刀、钻孔器等。但是，尼罗河的定期泛滥所带来的大量肥沃泥土及水源，使农业生产变得相对较为容易。从种植的作物来说，有大麦、小麦及各种蔬菜等。谷物中以大麦为主，蔬菜中有萝卜、葱、蒜、黄瓜等。葡萄园也已经出现。农作物品种的增多，说明农业在古王国时期有所发展。

埃及人的耕作

农业的发展离不开畜牧业。农业需要一定数量的牲畜承担耕地、搬运的工作。事实上，古王国每两年一次的财产清查中，其中重要的一项就是牲畜清查，可见畜牧业在当时占有重要地位。在埃及法老留下的大量关于征战的铭文中，常常可以见到掳掠到多少牲畜的记载；在法老送给神庙的财产中，牲畜也是重要组成部分。在贵族家庭中，还有人专门负责放牧牲畜。在某些场合，牲畜的数量是一个人财富多少的标志。

尼罗河不仅为埃及农业生产提供基本的条件，还为埃及人提供了打鱼的场所。在尼罗河中有大量的鱼类，因此捕鱼在埃及人的生活中有重要意义。在贵族陵墓的壁画中，也常见到贵族乘船捕鱼的场面。

手工业生产方面，古王国时期埃及已经开始发展冶金业，知道加工铜、铅、金、银等各种金属，大概还能加工某些铁制品。虽然埃及已经开采矿山，但因技术的限制，金属用于制作武器和祭器的比较多，部分还用于装饰，真正用在生产领域的较少。具有重要意义的是日常生活品如陶器、木器加工，以及粮食加工业和纺织业。埃及人纺织的主要原料是亚麻，他们把亚麻加工成布匹、帆、绳子、卧具等。在王室和私人领地上，都有专门的纺织作坊，并有专门的人员负责。

农业和手工业的发展带动了商品交换。在埃及境内，商业大概限于日常生活用品的交换。对外贸易基本为国家掌握。埃及国王为了建造神庙、船舶等，需要购买外地的木料，因此，埃及的商船常常出现在今巴勒斯坦和黎巴嫩等盛产木材的地方。从埃及输出的，大概有粮食等农产品；从国外带回的，有木材和各种奢侈品。埃及本质上是一个自给自足的农业国，对发展商业的兴趣并不大，在经济生活中，商业不具有决定意义。

就社会基本构成来说，从最高统治者到最底层的劳动者，就像埃及的金字塔一样，是上小下大的结构。居于塔顶的是国王，他是统治阶级的最高代表，全国土地和财产法律上的所有者。除了拥有大片王室领地外，他的主要收入来自全国人民所交纳的赋税及承担的劳役。在历史文献中，我们经常看到国王把某些地区的土地赏赐给神庙和有功之臣，说明无论是王室领地，还是其他人的土地，都处在国王的支配之下。因此，国王无疑是埃及最大的土地所有者。在他之下，有从中央到地方的各级官僚，还有神庙的僧侣。他们虽然数量不多，但占有的土地面积十分广阔。高级官僚、贵族及神庙所拥有的土地，除了一部分来自继承外，相当大一部分来自国王的赏赐和自己购买。对于那些有功之臣，国王常常给予土地作为奖赏。古王国时期的贵族们大多在自己的墓室铭文中留有自传，而这些自传对于他们从国王那里得到的赏赐又津津乐道，所以我们看到不少这方面的例证。梅腾墓的铭文提到了他得自国王的地产；伊比声称国王给了他 203 斯塔特土地；尼考尼克把国王赏给他的土地转赠给僧侣。与这些土地连在一起的，可能还有土地上的劳动者。对于神庙，国王恩宠有加，经常送给它们大片耕地和荒地。第五王朝的乌塞尔卡夫王有一次送给拉神 1704 斯塔特土地。此外，贵族们对神庙也十分慷慨，常把自己的土地送给神庙。高级官僚大地产的另一个来源是购买。虽然当时埃及还没有金属钱币，但并不影响土地的转让和买卖。前述的梅腾在自传中就扬扬自得地说，在国王赏赐的和自己继承的地产之外，他还购买了 200 斯塔特的土地；另一个大臣也购买了不少土地。这些事实说明，埃及的土地早在古王国时期就已可转让和买卖。

在官僚和贵族之下，是广大的劳动者。他们无疑是埃及人数最多的阶层，但其地位千差万别。有些人可能拥有比较多的地产，并剥削他人的部分劳动。有些人只是拥有生产工具，耕种属于自己的一小块土地，是自食其力的普通劳动者。还有些人也许没有任何生产资料，只能依靠当雇工或他人的施舍过活。既然贵族官僚能够购买土地，则说明一部分人会丧失土地。贵族铭文中不断出现的他们救助无衣无食者的夸耀性言语，证明埃及当时确实存在着无地的人群。另外一些人可能丧失了人身自由，沦为他人的附庸，地位和奴隶没有多大差别。但不管他们的地位差别有多大，他们都有一个共同特征：必须自己劳动，并且向国家或贵族承担一定义务。作为国王的臣民，他们需要向宫廷交租纳税，服劳役和兵役。此外，地方政府也有权征调他们。在人为的负担之外，他们还要经受天灾人祸的打击。他们中破产、沦为债务奴隶的人经常出现。但另一方面，也不断地有更下层的劳动者如地位上升的奴隶或贵族中的沦落者来补充他们的队伍。他们创造了埃及绝大部分社会财富，是埃及文明的基础。当这个阶层完全陷入破产、无以为继时，埃及统治者的末日也就来到了。

埃及父亲给儿子的规劝（公元前3千纪，可能属古王国时期）

学习写字要用心，学会了什么重活都可以甩得远远的，还能当名气很大的官。书吏是不用干体力活的，却能指挥别人。……你不是有书吏写字用的玩意儿吗？就是那玩意儿，能把你和划桨摇橹的区分开来。

我亲眼见过在炉子口干活的金属制造工，十个手指就像鳄鱼爪子，身上的臭味比鱼卵还难闻。……石匠的活儿是对付各种坚硬的石头，干完活时胳膊都累得抬不起来，晚上睡觉时还酸痛，只好整夜蜷缩着身子睡，太阳一出来，又得干活。他的膝盖和脊柱骨都快碎了。……理发匠从早到晚给人剃头修面，除了吃饭，连坐的功夫也没有。他匆匆地从这家转到那家，兜揽活儿。就像蜜蜂吃自己酿的蜜那样，他累断了双臂只是为了填饱肚子。……种田的一年四季只有一套衣服，嗓子粗哑得像老鸦叫，十个手指从来不得闲，两条胳膊叫风吹得干瘦如柴。他休息的地方——如果他真能休息的话，是烂泥地。他不生病时，和牲畜一起分享他的健康；得病了，就在牲畜中挤块地皮躺下。

——［美］斯塔夫里阿诺斯．全球通史：1500年以前的世界．上海：上海社会科学院出版社，1988：143．

三、从分裂到统一

1．古王国的衰落和第一中间期

古王国的衰落在第四王朝时已露端倪，第五王朝时已相当明显。金字塔本是古王国强盛的象征，现在则成了衰败的表现。胡夫的大金字塔高耸入云，外面有大理石外罩；哈佛拉的金字塔就小多了，外表只贴上了一层花岗岩；到孟考拉时，金字塔不仅变得又矮又小，而且异常难看，其外表只是一层红砖。造成埃及衰落的原因，首先是统治阶级的穷奢极欲。建筑金字塔需要大量的人力物力，而当时埃及有限的生产力，承受不了如此巨大的负荷。据希罗多德说，修建最大金字塔的胡夫，由于财政困难，关闭了所有的神庙，甚至逼自己的女儿卖淫。事情本身应当是子虚乌有，但反映了金字塔修建给埃及人造成的沉重负担。国王给高官贵族以及神庙的赏赐、转赠，不仅削弱了王室的经济实力，而且增强了贵族和神庙的力量，导致中央集权的逐渐瓦解。原来为加强王权，维西尔照例由王子出任，现在则由贵族和僧侣担任。原来由国王任命的地方官，现在在不少地方成了世袭职位。中央集权的衰落，一方面削弱了埃及对被征服的周边地区的统治，使这些地区有可能举行暴动，同时加强了地方官僚的势力，造成尾大不掉。为了镇压反抗，国王只得出兵，却又加剧了财政危机。有时，国王还需要请求地方官僚的帮助，并给他们必要的特权，结果造成了更加严重的地方割据。古王国末期，国王控制的仅是首都周围的一小片地区，中央集权体系实际上瓦解。

造成埃及衰落的另一个原因，则是公元前3千纪末出现了一次前所未有的干旱，尼罗河的水位非常低，连续多年没有泛滥，大大影响了埃及的农业生产，以致出现了全国范围的饥荒。当时的文献记载："全部上埃及是垂死的饥饿，以致每个人开始去吃他的孩子。""所有的人民都渴望喝水。""大地像沙漠。""埃及的河流干了，人（可以）徒步涉过。人们找不到能行船的水。河床变成了沙滩。沙滩上没有水，河床上也没有水……一切好的东西都不见了，这个地方枯竭了。"虽然一些贵族出于某种目的救助了一部分人，但因饥荒太严重，延续时间又太长，能得到救助的只是极少数人。绝大多数人不是饿死，就是奄奄一息。社会矛盾急剧激化，人民骚动此起彼伏。到古王国末期，终于演变成为全国范围的人民大起义。据说当时"人们拿起了武器，大地变得混乱"。"没有武器的人变成了武器占有者。"穷人分得了财富，富人受到压制，大人物被消灭。与人民起义同时，埃及边境上也战事不断。来自亚洲的游牧民族可能攻入了埃及，"敌人从东方兴起，亚洲人来到了埃及"。在内忧外患的双重打击之下，垂死的埃及统一政权再也难以支撑，陷入了全国性的分裂。

2. 中王国的统一

在第一中间期长期的分裂和混战之后，埃及又逐步走向统一，形成南北两个统治中心。北部以赫拉克列奥波里、南部以底比斯为统治中心，分别建立了第十王朝和第十一王朝。在喜乌特州的支持下，赫拉克列奥波里和底比斯进行了近一个世纪的争夺。约公元前2040年，底比斯占领了赫拉克列奥波里，把上下埃及重新统一起来。不过，地方贵族的割据势力并没有马上被消灭。克努姆荷太普二世的铭文表明，他的祖父就是美内特-胡夫的大公，母亲是奥里克斯诺姆世袭的统治者的女儿，对于他的父亲，我们不太了解，估计也是个重要的地方官员，而他本人也担任过美内特-胡夫的大公，其长子为查卡尔的王公，次子从宫廷也获得了封赏。这样的王公世家，对于法老的忠诚当然不是没有疑问的。

第十一王朝的法老们为加强中央集权进行了不懈的努力。他们派出钦差大臣式的人物坐镇各诺姆进行直接统治，设置下埃及总督，以加强对北方的控制。在中央，维西尔一职一般不从地方选任，而是任用首都底比斯的人士。一般的职员则尽量不从地方贵族中选任，而是从中产阶级受过教育的人中选任，并培养出一支专业的书吏队伍。地方贵族当然不会轻易放弃他们的特权。公元前1991年，代表地方贵族势力的维西尔发动政变，建立第十二王朝。该王朝统治初期，地方贵族的权力一度有所加强。他们竞相炫耀自己的权力和财富，修建富丽堂皇的住所和陵墓，甚至为扩大自己的地盘私自发动战争。塞索斯特里斯三世（前1878—前1843）再度采取措施加强中央集权。他将埃及划分为三个大区，每个大区由国王的"报告者"及其属员统治，并将他们置于维西尔的监督之下。虽然我们并不清楚这些改革措施的效果，但从地方贵族豪华陵墓的消失来看，应当取得了一定的成效。

长期的混战，使埃及的军事组织日趋发达。古王国时期军队的主力是各诺姆临时征召的民兵，其战斗力和纪律都有欠缺。古王国末期战争的频繁，使组建常备军成为必需。中王国时期，法老的军队可能就以常备军为主。雇佣军的出现，是常备军出现的佐证。中央集权的加强和常备军的出现，为埃及的对外扩张创造了条件。其扩张的目标，南为努比亚，东北为巴勒斯坦，东为蓬特。这些远征大多带有掠夺性质，目的主要是抢劫财富，有些或多或少带有商业动机。

第十二王朝《阿蒙内海特说教文》中法老关于自己功绩的叙述

我的功绩举世无双。我远征到达亚达布，然后挥师到达三角洲，我站在边界了解国内的情况，我依靠我的力量和武艺加强了边界上的堡垒。我让埃及的粮食有余……没有人在我的国土上挨饿，也没有人忍受干渴。民众托我的福安居乐业并为我唱赞歌，我在整个国家确立了秩序。我驯服了狮子，猎获了鳄鱼，我征服了努比亚，俘获了麦加伊人，我让西亚人像狗一样驯服。

——李红燕，等. 古代近东教谕文学：下卷. 北京：昆仑出版社，2018：556.

中王国时期社会经济发展最明显的表现是法尤姆的开发。法尤姆位于孟斐斯西南约 80 千米处，是一片面积很大的沼泽地。第十二王朝的法老们有的用堤坝控制水流，有的直接组织开发，从而为埃及增加了大约 17 000 英亩耕地。此外，手工业和商业也获得了一定程度的发展，并带动了城市的繁荣。首都底比斯被称为百门之城。在法尤姆，出现了新兴城市卡呼恩。

3. 希克索斯人入侵

第十二王朝末年，埃及再度出现混乱局面，中央集权随之瓦解，社会矛盾尖锐，最终又导致了一次全国范围的大起义。起义者似乎废黜了国王，赶走了国王任命的官吏，瓜分了富人的财产。此后，埃及陷入分裂状态。正在这时，发生了希克索斯人的入侵。

希克索斯人的基本成分是说塞姆语的部落，原来大概分布在叙利亚草原一带。他们大量使用青铜兵器，用马拉战车作战，并建有用高大土墙围起来的大片营地。约公元前 18 世纪后期，他们以叙利亚的哈尔帕城为中心组成了一个庞大的联盟，控制了包括巴勒斯坦在内的广大地区。由于寻求牧场的需要，他们闯入埃及。最初，他们也许是和平渗透。埃及无力阻止，只好让他们定居在尼罗河三角洲一带。有些地方的统治者可能还利用他们为自己服务。但到后来，希克索斯人发动了大规模武装入侵，并自己当家做主，在埃及建立了第十五、第十六王朝，首都为阿瓦利斯，统治中心在尼罗河三角洲地区，但势力可能达到埃及南部。

进入埃及之时，希克索斯人的文化发展程度较低。在社会生产方面，仍以游牧为主。他们没有自己的文字，对埃及人征收重税。但是，希克索斯人也给埃及带去不少新技术。马和马拉战车，鳞片式铠甲，复合式的弓，新式的匕首、刀、剑等，都促进了埃及青铜器和兵器制造技术的变革。马和马拉战车的使用，增强了军队的机动性和长途奔袭能力，使战争的规模和残酷性增加；作为一种交通工具，也加强了国内不同地区间的联系，有利于商品经济的发展。这些新技术的传入和采用，为埃及的重新统一与扩张奠定了基础。

第二节　新王国时期的埃及

一、埃及的扩张与埃及帝国的形成

1. 底比斯的崛起

希克索斯人统治的中心在尼罗河三角洲，对埃及南部鞭长莫及，只是偶尔干预。从公元前17世纪中期起，南方的底比斯逐渐崛起了埃及人的第十七王朝。最初，底比斯把主要精力用于统一南方，和北方的希克索斯人保持良好关系，甚至可能称臣纳贡。在大体完成对南方的统一后，底比斯决定向希克索斯人宣战。北方的希克索斯人大概也对底比斯的崛起感到担心，派使者到底比斯面见法老塞肯内拉，声称底比斯圣庙池塘中河马的刺耳鼾声，使远在约700千米外的希克索斯王难以安眠，要求他制止河马的吼叫。这显然是一种试探和借口。如果塞肯内拉屈服的话，那无疑是承认了希克索斯人的权威和宗主地位。塞肯内拉勇敢地接受了挑战，率军北上，拉开了驱逐希克索斯人之战的序幕。遗憾的是战争并不顺利，塞肯内拉本人阵亡。从发现的木乃伊看，他的头盖骨受伤，肋骨和脊椎被击碎，显然是因重伤而死。

塞肯内拉死后，其子卡莫斯继承了王位。他决心继续驱逐希克索斯人之战，但在卡莫斯召开的一次会议上，与会的王公大臣反对进行这样的冒险。卡莫斯不为所动，他利用了希克索斯人带来的战车和马匹，并组建了船队。他自夸曾截获希克索斯人派往库施的信使，攻占了阿瓦利斯，夺得了大量战利品。但从他的后继者雅赫莫斯一世（前1570—前1546）的军事行动看，卡莫斯并没有完全取得驱逐希克索斯人之战的胜利，他对北方的征服至少是不巩固的。所以，雅赫莫斯一世即位后，继续进行驱逐希克索斯人之战，最终大约在公元前1567年[①]将入侵者全部赶出埃及。

涅西石碑铭文有关驱逐希克索斯人之战的部分记载

（1）卡美斯（即卡莫斯）致希克索斯国王书

有关你的城里情况恶化的消息。你同自己的军队相分离。你想将我变成一个官吏，但你的口过于狭窄，因为你——（只是）有求于你的那些人的统治者。

你将要被送上断头台（?），你将要退却。对追踪着你的我的军队来说你将是不

① 有的外国学者认为雅赫莫斯一世在位的年代是公元前1552年—前1527年或公元前1550年—前1525年。

走运的。阿瓦利斯的妇女将不会妊娠。她们的心将不会在她们的胸中跳动，（因为）她们听到了我的军队的战斗吼声。

（2）进攻阿瓦利斯

我靠近了别尔捷德肯，心中充满了喜悦……我到达南方的伊尼特，我因它们（恶毒的计谋）而过了河，以便报复他们。我将船只彼此联在一起。我将我的前卫队犹如苍鹰一般沿河疾驰。我的金制的大船出现在他们前面，而我像［神鹰一样］站在他们前头。我……在阿瓦利斯登了陆。我看见了他（希克索斯王）那在家中阁楼上的妻子们，她们正从他家中的窗户往外看。……

看啊，我来到了！我亲手成功地实现了我的事业……看啊，我喝着你园中的葡萄酒，这是亚细亚人因我夺取了园子而为我酿制的。我捣毁你的住处，我砍去了你的树木。而后我把你的妻子们抓进了船舱。我捕获了你的战车部队。我连一片小劈柴也没留下，而后用300艘幼雪松制作的“巴舞”船装载了无数黄金、天蓝石、白银、蓝宝石、铜斧，还不算橄榄油、神香、油、蜂蜜、伊特利树、舍舍吉树和舍普尼树，以及所有他们珍贵的树木。列腾努各种极好的贡赋——我夺走了（?）它的一切。由于它的恶毒（?）我什么也没给阿瓦利斯留下……我说：“我就是统治者，从赫尔摩波里到‘哈托尔之家’没有别的任何人。”因为（?）阿瓦利斯变成了一条河。由于他们在埃及作出的伤害，将阿瓦利斯置于（某种坏的境地中了），那里没有人了，我摧毁了他们的城市，我烧毁了他们的住处，使其永远变为废墟。

——北京师范大学历史系世界古代史教研室，编．世界古代及中古史资料选集．北京：北京师范大学出版社，1999：23-25.

2．对外扩张与埃及帝国的形成

由于地理条件的限制，埃及的扩张基本局限在两个方向：东北出西奈半岛进攻巴勒斯坦和叙利亚一带，偶尔进入两河流域。向南主要是进攻努比亚。在巴勒斯坦地区，埃及面临着西亚大国的威胁。而在南方，尼罗河河谷交通不便，运输十分困难。只有在埃及强大时，对外扩张才有可能变成现实。

埃及对巴勒斯坦和叙利亚的入侵，可能在驱逐希克索斯人之战后期就已经开始了。被赶出埃及后，希克索斯人又回到了老家叙利亚草原。埃及人穷追猛打，一直深入到巴勒斯坦和叙利亚。图特摩斯一世（前1526—前1512）把埃及的势力扩大到叙利亚北部，兵临幼发拉底河。图特摩斯二世（前1512—前1504）和他的妻子哈特舍普苏特（前1503—前1482）统治时期，把主要精力用在巩固对被征服地区的统治上，没有进行大规模的对外战争。图特摩斯三世（前1504—前1450）时，埃及对外扩张活动达到顶峰。他一生中十七次出征，主要方向是巴勒斯坦和叙利亚。他打败了以卡叠什为首的叙利亚人的联军，巩固了在那里的统治。两河流域北部的强国米丹尼多次失败后，只得撤退到幼发拉底河以北，并和埃及结成同盟。埃及的胜利极大地震撼了西亚各国，它们纷纷与埃及修好，有的甚至把公主送给图特摩斯三世为妻。至此，埃及在西亚的影响达到顶峰。

在向叙利亚等地扩张的同时，埃及也没有放过其南方邻国努比亚。希克索斯人统治埃及时，努比亚可能保持着独立。雅赫莫斯一世曾经对努比亚用兵，其继承人阿蒙霍特普一世（前1546—前1526）将势力推进到尼罗河第三瀑布。图特摩斯三世可能也多次对努比亚用兵，完成了对那里的征服，将势力推进到尼罗河第四瀑布。

经过连续几代人的扩张，到公元前15世纪中期，埃及成为一个地跨亚、非两洲的大帝国。它的北疆达到小亚细亚南部，东北达幼发拉底河，西接利比亚，南达尼罗河第四瀑布，成为西亚北非地区最强大的国家。

二、王权与神权的斗争

1. 阿蒙神庙势力的扩张

新王国时期，埃及的社会经济在前一时期的基础上有所发展。农耕中出现了新的灌溉工具沙杜夫，使埃及人不仅可以继续利用池塘蓄水灌溉，而且可以直接利用尼罗河水，增强了抗旱能力，粮食收成更有保障。对外战争的成功，给埃及统治阶级的各个阶层如军队、官僚、地主等都带来了不同程度的好处。埃及的僧侣阶层，特别是底比斯的阿蒙神庙，从扩张中也获得了大笔收益。

阿蒙神最初只是创世神中的“神秘之神”，最早见于第五、第六王朝的金字塔铭文中，地位并不重要。从第十二王朝开始，由于底比斯的强大，阿蒙神庙势力逐步上升。新王国时期，阿蒙神成为王室的保护神，影响迅速扩大。国王们为了论证王权的合法性，宣布自己是阿蒙神的儿子。女王哈特舍普苏特为了证明自己僭取王权的合法性，还特别把自己的出生和阿蒙神联系起来。图特摩斯三世能够推翻哈特舍普苏特，夺得埃及王位，可能也得益于阿蒙神庙祭司的支持。阿蒙神庙宣称：阿蒙神庙的神圣方舟在绕庙宇游行时，曾经三次停在图特摩斯三世面前，所以，他理当成为埃及国王。继图特摩斯三世为王的阿蒙霍特普二世（前1450—前1425）也把自己的出生和阿蒙神联系起来，而且刻在神庙的墙上。历代国王每逢战争胜利，都归功于阿蒙神的保佑，并给神庙大量的捐赠，包括土地、贵金属和奴隶。有时国王自己出资，为阿蒙神庙修建规模宏大的庙宇。可能属于图特摩斯三世的铭文称：“朕给它（即阿蒙）上列腾努的三个城市：努格什是一个城市的名字，耶洛阿门是另一个城市的名字，赫伦克努是又一个城市的名字。”国王和贵族的捐赠，导致神庙势力急剧膨胀。它们占有几十万英亩上佳的耕地，大批劳动力为其生产和生活服务，拥有大量的贡品和牲畜，成为埃及最大的地主。

阿蒙神庙祭司经济上的强大，为他们参与政治创造了条件。女王哈特舍普苏特时，阿蒙神庙高僧哈普塞尼布担任了维西尔；图特摩斯三世时，财政大臣兼国库总管以及维西尔似乎都曾由阿蒙神庙祭司担任。他们还把势力向国家机关的其他部门扩展，直接威胁到国王的利益。国王们当然不甘心，也采取措施抑制神庙势力。他们的办法主要是：在婚姻关系上做文章，尽可能选择平民出身的女子或外国公主为妻，以摆脱神庙祭司的影响；不再把胜利归功于阿蒙神的保佑，而是归功于别的神灵，这样，战利品也就不再献给阿蒙神庙。图特摩斯四世（前1425—前1417）和阿蒙霍特普三世（前1417—前1379）都曾推广阿吞崇拜，把战争的胜利归功于阿吞神的保佑。阿蒙霍特普四世（前1379—前1362）最为激烈，他彻底与阿蒙神庙祭司集团决裂。

2. 埃赫那吞的宗教改革

阿蒙神庙祭司势力的扩张，也引起了埃及军队的反感，因为对外征战中起决定作用的是军队，而不是阿蒙神庙祭司。由于国王把大量战利品送给神庙，军队所得份额受到影响。同时，神庙占有大量土地和劳动力，也意味着有一部分世俗人士，特别是官僚贵族集团的利益受到不同程度的冲击，他们也希望削弱阿蒙神庙的地位，增强自己的力量。

国王用来对抗阿蒙神的并不是世俗力量，而是另一个神灵——阿吞。作为一个受到崇拜的神灵，阿吞神大概出现于中王国时期。图特摩斯三世和阿蒙霍特普二世时，阿吞神被正式接纳进埃及的万神殿，其形象是一个有翼的太阳圆盘。阿蒙霍特普三世时，阿吞崇拜得到鼓励和发展。

阿蒙霍特普四世即位后，继续推广阿吞崇拜，发动了一场旨在加强王权的宗教改革运动。大约在他统治的第五年或第六年，他废止了阿蒙崇拜，宣布阿吞为全国唯一被崇拜的神。阿蒙神庙被关闭，所有与阿蒙神有关的，不管是名字，还是图像，一律毁弃。国王本人也放弃了原来的名字，改名为埃赫那吞（意思是“阿吞的服侍者”）。为防止出现新的与王权对抗的神庙势力，国王自任阿吞神的最高祭司。在有关阿吞的颂歌中，阿吞不仅被描绘成天地万物的造物主，连人类的繁衍、万物的生长、尼罗河的泛滥，总之，所有世界上存在的事物以及与它们有关的活动，都是阿吞神预先决定的。

埃赫那吞和他的王后（请注意他们是处在阿吞神的光辉下）

为了摆脱阿蒙神庙祭司的影响，埃赫那吞将都城从底比斯迁到今阿马尔纳。所有的国家机关，也都随着法老迁到新都。同时，为加强专制王权，埃赫那吞有意识地起用新人。维西尔、首都的市长、军队的指挥官等，都由新人担任。这些新人往往出身于中小地主阶层，缺少世家大族的根基，对国王会更加忠诚。大臣麻伊的铭文宣称：“我——按父母双方来说都是涅木虎。君主玉成了我，他使我成为……而（先前）我是一个没有财产的人。他使我得到（很多的）人。他提拔我的兄弟们，他使所有我的人们关心（?）我。当我成为一村之长时，他下命令，使我兼任大臣之（职）和‘王友’，而（先前）

我（要过）面包。”这些新人的地位和财富完全源于法老赐予和鼓励新神崇拜，对宗教改革也积极支持。

为鼓励新神崇拜，埃赫那吞似乎暂时放弃了对思想和意识形态的僵化控制，从而给埃及的文学和艺术创作开辟了一个新时代。颂扬阿吞神的颂歌，可能是古代埃及文学史上最长最美的诗篇，诗人把阿吞想象为世界的一切，是光明和正义的代表。一旦阿吞离开，世界就会陷入黑暗和罪恶。同时，在艺术上，埃赫那吞鼓励现实主义创作，放弃了埃及一直实行的有关统治者雕像的清规戒律，因此阿马尔纳时期也是埃及艺术史上最为辉煌的时期之一。

阿吞颂诗

当东方天际泛起朱霞，我们便知道您已到来。
啊，伟大的阿吞，一切生命的源头，
东方，由于您的升起，显得光芒万丈。
世界，经您略加装点，立刻容光焕发。
在宇宙间，您就是美丽，您就是光辉，您就是伟大。
您，光明的化身，大地的情人，万物的创造者，
用您的力，扶持着软弱的；用您的爱，凝结着涣散的。
…………
神啊，当您没入西边天际，大地即陷入黑暗与死寂。
…………
但当您从东方升起，世界又重见光明。
黑暗见您而远遁，罪恶见您而匿迹。

——［美］威尔·杜兰．东方的遗产．北京：东方出版社，2003：107．译文略有改动。

可是，随着新信仰的确立，埃赫那吞逐渐疏于政事，整天在宫内，或忙于崇拜阿吞，或与自己的妻儿嬉戏。而当时的国际形势对埃及不利。在西亚，赫梯正向南扩张，将势力伸展到叙利亚、巴勒斯坦和两河流域。这些地区亲埃及的统治者纷纷向阿马尔纳求救，但所有的请求似乎都没有得到积极的回应。忠于埃及的米丹尼王被杀，登基的王子成了赫梯人的女婿，实际上成为赫梯人的附庸；在巴勒斯坦和叙利亚，埃及的无所作为导致了严重的骚乱，对那里的控制大大削弱。

对外政策的失败严重损害了进行改革的社会基础，因为支持改革最坚决的是军队和新官僚，但由于埃及在西亚地区无所作为，军队长期得不到所期待的战利品，支持改革的热情大大降低。在国内，虽然阿蒙神庙被封闭，但阿蒙祭司长期形成的势力不可能马上被消灭，那些与阿蒙祭司有关的世家大族也并未从根本上转向。相反，他们利用一切机会，煽动对国王和新信仰的不满。而埃赫那吞营建新都、分封新的军事贵族，又加重了人民的负担。用政治手段强推宗教崇拜，而且还是与过去的崇拜相当不同的新崇拜，在民间也遇到了强大阻力。阿马尔纳所发现的铭文表明，普通人继续向阿蒙祈祷求助，

他们崇拜猿猴神托特、鳄鱼神索贝克，以及普塔、荷鲁斯等传统神灵。到埃赫那吞晚年，埃及国内的形势已经非常危急，王室内部或许埃赫那吞本人都意识到了危机的存在，曾经采取一些措施，但收效不大。吐坦哈蒙（前1361—前1352）即位后，改革的反对派取得了优势。吐坦哈蒙登基时只有10岁，权力被军队将领霍连姆赫布和马倌阿伊掌握。约公元前1358年，他们借法老之名发布诏书，宣布恢复阿蒙崇拜。接着，新都阿马尔纳被废弃，国王迁都孟斐斯，阿吞神的信徒遭到残酷报复，不少人被处死，一些人被送到采石场，为修建被损毁的阿蒙神庙服劳役。公元前1352年，吐坦哈蒙突然死亡，阿伊（前1352—前1348）成了法老。阿伊继续推广阿蒙崇拜，但仅在位四年便去世。霍连姆赫布（前1348—前1320）夺取了政权。他上台后，一方面大力推行阿蒙崇拜，为阿蒙神修建新神庙；另一方面，捣毁所有与阿吞崇拜有关的标志。至此，埃赫那吞宗教改革的最后一点痕迹也被消灭，改革彻底失败。不过，霍连姆赫布上台之后，整顿吏治，惩治贪污，并出兵西亚，以恢复和稳定埃及在那里的统治，得到了军队和阿蒙神庙祭司集团的一致支持，埃及得以中兴，并在西亚和赫梯展开了争霸战争。

三、埃及的衰落

1. 埃及与赫梯的争霸

公元前1320年，霍连姆赫布死去，军队统帅兼维西尔普拉美斯被指定为继承人，即后来的拉美西斯一世（前1320—前1318），开创了埃及史上的第十九王朝。当时埃及内外交困，国内阶级矛盾依然尖锐，在国外，利比亚人、赫梯人虎视眈眈，因此，第十九王朝的法老们把主要精力放在对外政策上，集中力量稳定边境，并与赫梯争霸，力图重振埃及帝国昔日的雄风。

拉美西斯一世在位仅一年多便去世，他的儿子谢提一世（前1318—前1304）继位后，先是击败了利比亚人，大体上稳定了西部的边境；然后出兵叙利亚和巴勒斯坦，企图恢复图特摩斯三世时的地盘，但并没有取得最后胜利，因此拉美西斯二世（前1304—前1237）不得不再度出兵。为了进行战争，拉美西斯二世在尼罗河三角洲营建新都培尔拉美西斯，以便于指挥战斗。他组建了四个军团，分别以阿蒙、拉、普塔赫、塞特命名，核心是职业的战车兵。在战略上，拉美西斯二世决定模仿埃及历代国王的一般做法：先占领叙利亚和巴勒斯坦的沿海地带，建立海上交通线，使自己可以通过海陆两线与本土保持联系。虽然计划相当周密，但当时赫梯国王穆瓦塔鲁（约前1320—约前1294）也是一个足智多谋、久历沙场的战将，他调集了大约两万名士兵，将军队埋伏在叙利亚北部的卡叠什周围，并派出细作给埃及人提供假情报，以诱使埃及人上当。

赫梯人

约公元前1300年，拉美西斯二世亲自指挥阿蒙军团穿过黎巴嫩来到奥伦特河畔。此时他本应等待后面的三个军团赶来，再渡河进攻卡叠什要塞。但他相信了赫梯细作的假情报，以为赫梯大军还远在北方，迫不及待地渡河北进，直逼卡叠什城下，结果中了赫梯人的埋伏。拉美西斯二世陷入重围，紧随其后的拉军团也被赫梯人打败。幸而赫梯人没有乘胜追击，而是忙于抢劫埃及人留下的财物。正当赫梯人一片混乱时，普塔赫军团和拉军团的部分士兵赶到战场，打退了赫梯人，拉美西斯二世得以突围。虽然赫梯人尚有大量军队未投入战斗，但埃及的主力军也都赶到了战场，穆瓦塔鲁的计策已经破产，只好同意休战。拉美西斯二世经此打击，惊魂未定，在与赫梯人签订停战协定后，立刻南撤，将大马士革以北的广大地区让给了赫梯人，那些地区的王公们纷纷改弦易辙，效忠赫梯。

战役结束后，埃及和赫梯都宣称自己是胜利者，尤其是拉美西斯二世，在卡尔那克神庙、阿卑多斯及阿布西贝尔等地的纪念建筑上，留下了大量铭文和雕刻，把自己描绘成伟大的胜利者。但从战后的实际情况看，赫梯人巩固了他们在叙利亚北部的统治，而埃及人在此后的十六年中，不得不多次出兵叙利亚，但效果并不明显。公元前1284年，埃及和赫梯签订和平条约。条约规定双方互不侵犯，如遇第三国入侵，双方互相帮助。埃及在叙利亚的领土稍微向北推进，但赫梯人在叙利亚北部的统治也得到承认。为巩固联盟，拉美西斯二世娶了赫梯国王哈吐西里三世（约前1275—约前1245）的女儿为妻。

2. 埃及的衰落

埃及和赫梯之间长期的争霸战争，导致埃及国内阶级矛盾更加尖锐，国力日趋衰落。不堪忍受的人民不断发动规模不等的起义；边境的利比亚人步步进逼；公元前2千纪末，海上民族多次骚扰埃及；叙利亚、巴勒斯坦等地的埃及附庸不断反叛。恰在此时，埃及宫廷内部又连续发生王位之争，宫廷阴谋层出不穷，大大消耗了统治阶级的力量。第二十王朝时，埃及完全丧失它在海外的属地，本土也遭到周边民族的入侵。公元前7世纪，亚述征服埃及；公元前6世纪，波斯征服埃及；公元前4世纪末，马其顿亚历山大成为埃及的统治者。古老的埃及文明，此时除了老祖宗留给他们的纪念性建筑外，似乎丧失了任何创造力，连象形文字也逐渐湮没无闻，被科普特文字取代。

第三节　古代埃及文化

1. 文字与文学

古代埃及最初使用的是一种图画文字。约公元前3000年，埃及人创造出独特的象形文字。它由表意、表音和限定符号三个部分组成，表意符号是用图形代表所画之物或与此物密切相关的一些含义。表音符号在外形上与表意符号一致，但有发音功能。限定符号是在词尾加上一个纯属表意的图形符号，以确定该词属于哪个范畴，从而引导读者掌握词汇的正确含义，本身并不发音。三者合一，使象形文字具备了作为文字需要的形、音、义三要素，使它成为一种比较规范、系统的文字体系。

象形文字形成后，仍有发展变化，总的趋势是日益简化。第五王朝时，从象形文字中简化出一种祭司体文字。它最初与象形文字十分相似，主要写在莎草纸上。从公元前2000年起，它形成自己独特的风格，用于一切非宗教性的文书书写。公元前1000年后，才逐渐用来书写宗教文献。世俗体文字从祭司体文字发展而来，是一种比祭司体更潦草的字体，书写起来比较简捷，在希腊人统治埃及时十分流行。科普特文字出现最晚，是公元 3 世纪埃及人用希腊的 24 个字母，再补充了 7 个特殊字母后创造出来的。但从公元 7 世纪起，埃及被阿拉伯人征服，阿拉伯语成为官方语言，科普特语也逐渐消亡。

埃及的文学遗产丰富多彩，最早的文学作品是神话传说，主要意图是解释天地万物的产生及基本规律。在埃及人看来，世界最初是一片原始混沌的水，太阳神拉从原始的蛋中破壳而出后，创造了空气神舒和水气神特芙努特。舒与特芙努特结合生育了地神盖博和天神努特。盖博和努特的结合产生了奥西里斯和伊西丝、塞特和涅菲提斯两对神灵。与很多民族的神话不同的是，埃及的天神是女性，而地神是男性，中间是空气神。空气神把天神高高举起，但并不能把天地完全分开，天神的手指和脚趾仍然和地神连接在一起。

在埃及的神话中，最动人的是关于奥西里斯的传说。根据这个传说，奥西里斯继承了其父盖博的王位，教人民种植谷物、根治水患，深受人民爱戴。他的弟弟塞特对他十分嫉恨，设计杀死了他，并将他的尸体肢解后抛撒到埃及各处。他的妻子伊西丝十分伤心，四处寻找，终于将碎尸收集起来，但缺少了生殖器。伊西丝化为鸟，停于尸上，感而受孕，生子荷鲁斯。荷鲁斯成长过程中，多次遭遇危险，但因伊西丝细心呵护和诸神帮助，每次都转危为安。荷鲁斯长大后，为争夺王位，与塞特展开大战，却不分胜负。伊西丝设计让塞特做出了对荷鲁斯有利的判决，并在诸神大会上得到确认，使荷鲁斯成为上下埃及之王，奥西里斯也得以复活，成为阴间的主宰，主持对死者灵魂的审判。这个传说一方面表达了埃及人的来世观念，另一方面又给后来埃及的丧葬习俗以很大影响。埃及人死后，害怕通不过奥西里斯的审判，纷纷编写符咒，撰写自传，以宣扬自己生前的功德，因此，产生了埃及所谓的亡灵文学。无论是在金字塔里，还是在新王国诸王的陵墓里，都有大量这类的文书。贵族和普通百姓也纷纷效仿，在棺材上刻上或在随葬品里附上这些文书。幸好有了这些亡灵文书，我们今天才能知道哪个陵墓埋葬的是什么人，他生前遇到过一些什么大事，并从中揭示埃及人的行为与思想，它们是我们研究埃及史最珍贵的资料。

埃及文学的第二类是寓言故事，最著名的也许是《樵夫与狮子》。狮子本来强大无比，但在与樵夫的斗争中，却屡次败北，先是受骗被樵夫绑在了树上，后在樵夫家被开水烫得遍体鳞伤，最后好不容易得到了报复机会，却功亏一篑，被樵夫吓得落入巨坑无法脱逃，只好哀求樵夫搭救，从此乖乖地服从人的命令。它固然表现了人的狡猾，但也显示了埃及人对智慧的推崇。

第三类是教谕文学，主要内容是劝人向善，告诉人们处世之道，树立道德规范，著名的有《对卡姆盖尼之教谕》《普塔荷太普之教谕》等。但最有说服力的，应当是那篇把书吏和其他职业进行对比、以显示书吏职业优越性的文章。

第四类是爱情诗。通过这些诗篇，我们会发现，古代埃及人虽然在时间上离我们好几千年，而且在空间上的距离又是如此之远，但人性却是如此地相近。如有一篇描写爱情力量的诗篇这样写道：

对岸有着我爱，尽管鳄鱼成群。

尽管波涛汹涌，我仍浮水而行。
勇气高过波涛，渡河如履平地。
我爱令我坚强，我爱令我沉醉。
爱人向我走来，使我心花怒放。
张臂拥着我爱，仿佛如登仙界。
轻吻我爱朱唇，我爱醉我香津。
从此不饮啤酒，香津比酒还醇。
我爱家有小奴，惯常随伺身侧。
但愿化作小奴，朝暮得亲芳泽。

埃及人的婚姻中，姐弟通婚或兄妹通婚相当常见，因此男女相恋时，多以姐弟或兄妹相称。其中一首诗这样写道：

弟是姐的花圃，姐是弟的园丁。
种满鲜花香草，引来泉水淙淙。
弟爱泉水明洁，姐爱北风清凉。
姐弟相携入园，共赏园内风光。
欢然共叙心曲，使姐毕生难忘。
但愿月圆花好，不饮不食无妨。

2. 建筑与艺术

埃及人在建筑与艺术领域的成就十分突出。古王国时期，埃及人就修建了规模宏大的金字塔。金字塔的修建与埃及人的宗教观念有密切的联系，因为在埃及人看来，人是有灵魂的；人死后，灵魂继续存在，而且像人活着时一样需要生活，所以，埃及人对来世特别重视。为了保存尸体，他们发明了制作木乃伊的技术。为了保证死后国王继续享受生前的奢华，他们修建了特别豪华的陵墓——金字塔，并在陵墓中随葬了大量的金银珠宝，在壁画上画上大量随从，以供国王的灵魂差遣。为了供国王的灵魂出入，金字塔上还留有一个小孔。从建筑技术看，金字塔的形式有一个发展过程，其中最早的是马斯塔巴墓，后来出现过阶梯金字塔和弯曲金字塔，但规模最大、技术最精湛的是胡夫金字塔。它台基边长230米，高146.6米，占地5万平方米，用了230万块巨石，平均每块重2.5吨，最重的达30吨。内部结构复杂，墓室、通道建筑精美。据希罗多德说，它是由30万人，每10万人为一批，在30年的时间里完成的。胡夫的儿子哈佛拉的金字塔虽然稍小，但他有自己的创见，在金字塔前面建造了一座狮身人面像。它身长57米，宽20米，被太阳神的祭司们奉为冥府大门的守护神。金字塔只是整个陵墓建筑的一部分，在它的周围，还有祭庙等重要设施。

新王国时期，国王的陵墓都选在底比斯西部的山谷里，但前面的祭庙仍然十分奢华。古王国时期的祭庙一般包括存放供品的享堂、每年举行祭奠用的祭堂以及河谷庙堂。新王国时期的祭庙一般取长方形轴对称布局，面朝尼罗河，结构因为融入了祭祀神灵的功能变得更加复杂。除了祭祀墓主的庙堂外，还有阿蒙神的神殿、祭祀祖先的房间以及回廊、金库、储藏室等。

除了国王的陵墓以及祭庙外，埃及还有十分辉煌的神庙建筑，其中最著名的是卡尔那克神庙和卢克索神庙。两者都位于底比斯附近的尼罗河东岸，且相距不远。卢克索神庙是一个长方形的建筑群，长约 190 米，宽约 55 米，主要建筑完成于第十八王朝和第十九王朝。整个布局讲究对称，所有建筑均坐落在一条中轴线上，它的柱廊和列柱大厅十分有名，全庙共有 151 根粗大的石柱，柱头都雕成绽开的莎草花状。卡尔那克神庙最早的建筑可能开始于古王国时期，一直延续到托勒密王朝，前后达 2 000 余年，但大规模的工程完成于新王国时期。它占地面积 35 000 多平方米，是一个宏大的建筑群，其中最杰出的建筑是由谢提一世开始建造、拉美西斯二世完成的圆柱殿。殿长 84 米，宽 54 米，共有石柱 134 根，分成 16 行排列。两旁的柱子直径约 3.5 米，柱头呈莎草花蕾形。中央的石柱高 19.25 米，柱头呈莎草花状，上面可站立 100 人。中央的石柱比两边的稍高，是为了留出空隙，以便采光和通风。

埃及的艺术有雕塑、浮雕、绘画等。由于埃及艺术主要服务于宗教或政治目的，因此，艺术家们的创作不免受到限制，所有艺术作品几乎都遵守同样的法则。首先是散视法，即按表现对象的重要性，有选择地从若干视点出发进行刻画的创作理念。一般来说，在同一个平面上，主要形象总是采用大比例表现，在浮雕中，国王和他的战车占据画面的一半甚至更多，剩下的空白则分配给渺小的士兵和被打败的敌人。其次，在造型上，要尽可能地将所要表现的对象全面地展示出来。例如，人像一般处在静止状态，或直立，或端坐。站立时常左腿微微迈出，两臂直直垂下，目光直视前方，面部表情肃穆凝重。在绘画中表现人物侧面形象时，一般情况下，面部在侧面，双肩和胸部在正面，从腋下开始又逐渐转向侧面。这样做的目的，是为了让人可以清楚地看到人物的面部和胸部，以及他们的服饰、项链等细节。这样，经过正面、侧面几个转折，把人物姿态变得很不自然。遗憾的是，除了在阿马尔纳时期对这些规则有所突破外，在埃及历史上的绝大部分时间里，艺术家们都必须遵守这些死板的规定。因此，阿马尔纳的现实主义艺术格外受到埃及艺术史家的青睐。

3. 科学

古代埃及人对科学也做出了多方面的贡献。据希罗多德说，埃及医学特别发达，医生分成许多不同的专业，每个医生专治一种病。波斯帝国时，御医多由埃及人担任。埃及人制造的木乃伊堪称举世无双。他们不但制作人体木乃伊，而且把他们喜爱和尊崇的动物如猫、狗等也制成木乃伊保存下来。在今天的不列颠博物馆及一些世界著名的博物馆中，还保存有大量此类木乃伊。

天文学方面，埃及人根据对星象的观察和尼罗河水泛滥的周期，制定了世界上最早的太阳历。他们把一年分成 3 季，每季 4 个月，每月 30 天，年末加上 5 天节日，正好 365 天。可是标准的太阳年为 365.25 天，这样每 4 年就会比太阳年少一天，日积月累，到公元前 13 世纪，几乎差了 4 个月。公元前 238 年，托勒密颁布诏书，下令每 4 年增加一天，但没有被埃及人接受。直到罗马人征服埃及后，才采用了新的历法。

除太阳历之外，埃及人还创造了一种近似中国阴历的历法，它根据月亮的圆缺决定一月的长短，同样是每年 12 个月，一年 354.36 天，为了与太阳历吻合，每 3 年增加一个闰月。这种历法主要用于确定宗教节日。

数学方面，埃及人颇有造诣。他们有一套象形文字的数学符号，采用十进制，但没有位值的概念。算术主要通过加法完成，乘法化成叠加步骤来做。他们有表示分数的符号，会解一元一次方程和简单的一元二次方程，还能计算圆形、矩形、梯形、三角形等图形的面积。

推荐阅读书目

郭丹彤．埃及与东地中海世界的交往．北京：社会科学文献出版社，2011

金寿福．法老：戴王冠的人间之神．上海：上海辞书出版社，2003

金寿福，译注．古埃及《亡灵书》．北京：商务印书馆，2016

李模．诸神的仆人们：古代埃及祭司研究．太原：书海出版社，2001

李晓东，译注．埃及历史铭文举要．北京：商务印书馆，2007

李红燕，等．古代近东教谕文学（上下卷）．北京：昆仑出版社，2018

刘文鹏．埃及学文集．呼和浩特：内蒙古大学出版社，1996

刘文鹏．古代埃及史．北京：商务印书馆，2000

刘文鹏．埃及考古学．北京：生活·读书·新知三联书店，2008

施治生，刘欣如，主编．古代王权与专制主义．北京：中国社会科学出版社，1993

周启迪．古代埃及史．北京：北京师范大学出版社，1994

王海利．法老与学者——埃及学的历史．北京：北京师范大学出版社，2010

王海利．尼罗河畔的古埃及妇女．北京：中国青年出版社，2007

王海利．吐坦哈蒙 3000 年．济南：山东画报出版社，2010

［法］吉耶梅特·昂德赫．金字塔时代的埃及．济南：山东画报出版社，2005

［美］苏珊·鲍尔：古代世界史．北京：北京大学出版社，2011

［美］亨利·富兰克弗特．古代埃及宗教．上海：上海三联书店，2005

［美］亨利·富兰克弗特．王权与神祇．上海：上海三联书店，2007

［美］亨利·富兰克弗特．近东文明的起源．上海：格致出版社，2009

［英］罗莎莉·戴维．探寻古埃及文明．北京：商务印书馆，2007

［英］J. R. 哈里斯，主编．埃及的遗产．上海：上海人民出版社，2006

［德］汉尼希，朱威烈．人类早期文明的“木乃伊”：古埃及文化求实．杭州：浙江人民出版社，1988

［俄］维克多·V. 瑞布里克．世界古代文明史．上海：上海人民出版社，2010

第四章

青铜时代的亚欧大陆与早期游牧、农耕世界

在公元前3千纪—前2千纪的亚欧大陆上，除前已论及的西亚和埃及文明外，还有中国的夏、商、周文明，南亚的印度河流域文明和以克里特-迈锡尼文明为代表的爱琴文明，它们犹如几颗最耀眼的明珠，从东到西分布在青铜时代的亚欧大陆上，对农耕文明的发展做出了自己独特的贡献。但农耕文明不过分布在当时亚欧大陆上部分的大河河谷地区，更广大的地区则是游牧部族的天下。农耕文明的发展和扩张，让农耕、游牧世界的并立、交流与冲突变得更加引人注目。公元前2千纪末游牧世界的迁移，基本改变了亚欧大陆的政治格局。

第一节　青铜时代的中国

一、中国文明的起源

1. 地理环境和居民

中国位于亚欧大陆东端，其西界为帕米尔高原和青藏高原，北界为蒙古戈壁沙漠，西北为阿尔泰山，东北为兴安岭，东和东南为大海，是一个相对独立的地理单元。如此广大的地区，内部大体上划分为4个不同的自然区域，分别是长城以北的塞北，长城到淮河—秦岭一线的华北，秦岭—淮河一线到南岭山脉的华中以及岭南的华南地区。无论是地理位置还是气候，这些地区之间都存在相当大的差异。如果我们把最南和最北的两个地

区进行比较，则塞北的年平均温度不过10℃，年降雨量只有400毫米甚至更少；华南的年平均气温会达到22℃，年降水量约1 500～2 000毫米。论耕作条件，华北平原上的黄土土质疏松，耕作相对容易，且具有良好的保水和供水性能，那里很早就进入了文明时代；长江流域和珠江流域因植物生长周期长、雨水丰沛、植被茂盛，虽然很早就种植稻谷，但只有在铁器得到广泛使用、生产工具普遍金属化以后，才得到大规模开垦，成为主要的粮食产区。

根据目前掌握的资料，古代中国最早的人类化石约出现于距今180万年前，其代表是西侯度文化和元谋人及其文化。现有的资料表明，中国境内的人骨化石都属于原始蒙古人种，而现代中国人基本上都属于蒙古人种，因此中国的智人也许就是从本土的直立人发展而来。

2. 中国文明的起源

约公元前7千纪，中国进入新石器时代，农业开始出现。在中国，农业分别在华北和长江流域大约同时出现。华北地区的主要农作物为黍、稷等，长江流域的主要农作物是水稻。在饲养的动物中，狗、猪、牛等占有重要地位。耕作之时，人们使用的主要工具是石器、木器、骨器等。磨制石器是当时最先进的工具。与这些农作物一起发现的，还有储藏粮食的窖穴和各种陶器。有些遗址的粮食储藏已达到相当大的规模。河姆渡遗址第四层约4 000平方米的居住区内发现了大量稻谷、谷壳等的堆积，厚约0.2～0.5米，最厚的地方超过1米，估计稻谷总量应在120吨以上。

约公元前3500年—前2000年，是中国历史上的铜石并用时期。该时期划分为前后两期，前期以仰韶文化、大汶口文化等为代表（约前3500—前2600），后期以龙山文化（约前2600—前2000）为代表。该时期的显著特征，是农业生产进一步发展，制陶等手工业发展较快，出现了金属加工。主要生产工具虽然还没有金属化，但磨制和精细加工过的石器显著增多，农业进一步取代采集成为最重要的产业。随着人口的增长，出现了较大的聚落，居民内部出现了财产分化，其典型表现是墓葬的变化。在仰韶文化遗址中，大墓墓室可达13～17平方米，小者仅可容身。大汶口文化遗址中，墓葬的随葬器物有显著不同，大墓之中，除陶器和木器外，出现了玉器和武器，有些墓葬的陪葬品达100～200件；但小墓中的陪葬品很少甚至根本没有。有些墓葬中还出现了人殉，殉葬者多是少年或少女，被与猪、狗一同处置，说明他们的身份较低，有可能是战俘或被抓来的。

龙山文化时期，中国社会的发展更加迅速。生产工具在继续革新，犁铧、破土器、耘田器之类的工具被发明出来，石刀、石镰、石铲等或新近被发明，或得到比较广泛的使用。在龙山文化遗址中，发现了不少狗、兔、马、猪、獐、羊、牛等动物的骨骼，其中猪、狗的骨骼最多，说明养猪在中国家畜养殖中的主导地位已初步确立。手工业上，出现了轮制陶器。武器中出现了石镞、石矛和石钺，也许反映了战争的增多和战争激烈程度的加剧。玉器加工进步最大，出现了玉钺、玉琮、玉璧等。建筑上，最突出的现象是城堡的大量出现。从内蒙古经河南到湖北、湖南的广大地区，都发现了该时期的城堡。平粮台遗址的城堡为正方形，城内面积约34 000平方米，城墙相当坚固，墙基宽约13米，顶部宽8～10米，规划整齐，防卫设施严密，有公共下水道等设施，有比较高级的房屋建筑和宗教活动遗迹，已经具备了城市的一些基本特征。据推算，如果复原平粮台遗址的城墙，仅土方就有约4万立方米，显然动用了相当多的社会资源。也就是说，当时的社会中，已经出现了某些能够集中一定人力物力修建社会工程的人物。龙山文化的墓葬也与前一时期有别。在陶寺墓葬中，大墓比例仅占1.3%，其长度达3米上下，宽度达2米多，随葬品有100多件，且有玉器等；中等墓占11.4%，无论是宽度和长度，都与大墓有别；占墓葬总数87.3%的小墓，绝大多数没有任何葬具和随葬品。这些表明，到龙山文化时期，社会已经出现了明显的阶级分化，等级制度初露端倪。文字的出现，强化了人们的这种印象。

二、青铜时代中国文明的发展

1. 夏朝

从今天中国的版图来衡量，中国文明初兴之时，必然是多中心的。且不说周边的东北、西北和西南地区有自己独立的传统，就是在文明的中心区域黄河和长江流域，大概也划分为不同的部落联盟。在后来的传说中，黄帝、炎帝、蚩尤、三苗部落联盟之间有过规模不等的战争，有些被吞并，有些被驱逐，更多的在长期交往中逐渐融合，形成后世的华夏族。

在有关中国远古历史的传说中，一个重要内容是从禅让到世袭的转变。尧被举为领袖，退位时传位于舜而不是自己的儿子丹朱；舜遵循尧的做法，传位于禹而非自己的儿子商均。据说舜常亲自耕种土地，制作陶器和捕鱼；禹治水时，三过家门而不入，亲自参加生产劳动，“禹之王天下也，身执耒臿以为民先，股无胈，胫不生毛：虽臣虏之劳，不苦于此矣”。这里反映的，可能是原始人群的领袖尚未完全脱离民众和劳动的情形。但古代的另一类传说将禅让演绎为逼宫。“尧之末年，德衰，为舜所囚。”舜的命运似乎也不太好，被迫让位于禹。禹执政期间培育儿子启的势力，却不给舜的儿子益创造条件，导致益根基不稳。当益试图夺取领袖地位时，被启及其追随者杀死。有扈氏不服，起兵反抗，同样被启攻灭。启成为中国历史上第一个父死子继的国君，夏朝成为中国历史上第一个世袭王朝。

尧、舜、禹的时代，华夏大地上存在着众多的部落和部落联盟，各个地区可能都存在独立的政权或统治。禹在涂山会诸侯之时，据说是“万国来朝”。万国当然是夸张，诸侯恐怕也并非后世的诸侯，而是大体独立的统治者，不过它形象地说明了当时华夏大地上群邦并立的状态。夏朝建立后，这些邦大都维持着相对独立的地位，对比较边远的地区，夏朝也许根本无力控制。但在中国的文献中，只有夏有前后相继的王统。在司马迁（前145—?）等人笔下，夏代前后共有17个国君，至末代君主夏桀时被商灭亡，历时471年。时间约为公元前21世纪—前17世纪。夏开始设立官职，据说禹把中国划分为九州，并以皋陶、益和后稷等为助手，建立了初步的统治体系。启攻有扈氏时，据说已经有六卿，且公然威胁下属：“用命，赏于祖；不用命，僇于社”，颇像后世有生杀大权的皇帝。太康之时，夏王曾因失德被逐，出自东夷的羿利用夏民的支持掌握了权力。少康复国，夏一度中兴，但末代国王夏桀“不务德而武伤百姓，百姓弗堪”。汤趁机崛起，灭夏而代之，建立商朝。

夏朝的历史到底有多大的可信性，目前仍有不少争议。从文献记载看，司马迁有关夏朝历代国王的记载，除禹和启有若干具体内容外，其他不过仅有世系而已，缺少具体的史实。即使是太康、孔甲和夏桀等昏君和暴君，也鲜有具体内容，不过是些好田猎、事鬼神等不关痛痒的说法。先秦诸子的零星记载，也大多语焉不详，难以完全作为信史。最重要的是，夏的存在至今尚未得到考古资料的充分证实。因此，关于夏代的历史，目前更多的是基于文献和部分考古资料的推测，尚难视为充分的信史。

2. 商文明

与夏朝不同，关于商朝的文献和考古资料要丰富得多。先秦诸子和司马迁等有关商朝的记载，考古发现的甲骨文以及大量的实物，特别是甲骨文中商代国王的名字与继位顺序，大致与司马迁的记载相吻合，让商朝的历史得以建立在相当牢固的基础上。

商原为夏的方国之一，其始祖契据说是他母亲吞玄鸟蛋而生，他与大禹同时，曾助大禹治水。从契至商王朝的创立者汤前后有九王，居然八次迁移，说明商人最初并未定居。成汤时，商人定居于亳，灭夏后建立中国历史上的商朝，大约是公元前17世纪，与欧洲迈锡尼文明的兴起大体同时。

商朝仍不过是中原大地上众多的统治政权之一，史书常说汤时中原尚有三千诸侯。但商可能是其中势力最大的，其统治中心为黄河中下游地区。但在此之外的某些地区，例如湖北、湖南、安徽等地，或许有商朝的某些据点。在这种情况下，商朝是否能维持自己的霸权，取决于商王朝自身的实力大小以及其他诸侯的发展情形。商王朝早期的都城不太固定，从汤到盘庚居然五次迁都，商的霸权也时兴时衰。直到盘庚迁殷后，商的统治才大体巩固。

商朝已经建立了相对完善的统治体系。王权世袭制度基本确立，前期主要是兄终弟及，后期多父死子继。但无论是哪种继承方式，都表明王权已经成为王室的私有物。国王常自称“一人”或“余一人”，表明了国王独一无二的地位。《尚书·盘庚篇》表明，国王个人对国家的兴衰负责，他有权对贵族和平民施行他认为适当的惩罚。与神灵沟通也成为统治阶级的专利，神权、巫术和王权紧密结合，成为商朝政治的一个重要特征。但国王是否已经成为专制君主，尚有讨论余地。至少盘庚迁都之时，他还要召集商的贵族与平民开会，详细阐述自己迁都的意图，以取得他们的支持。

盘庚迁都

帝盘庚之时，殷已都河北，盘庚渡河南，复居成汤之故居，乃五迁，无定处。殷民咨胥皆怨，不欲徙。盘庚乃告谕诸侯大臣曰：“昔高后成汤与尔之先祖俱定天下，法则可修。舍而弗勉，何以成德！”乃遂涉河南，治亳，行汤之政，然后百姓由宁，殷道复兴。诸侯来朝，以其遵成汤之德也。

——司马迁. 史记：殷本纪.

国王之下，可能有文职、武职和史官三种官员。文官称尹、多尹、臣、小臣等，武官称马、多马、亚、射等，史官有卜、多卜等。刑罚已经出现，史称“商有乱政，而作《汤刑》”，到商朝后期，文献中出现了断手、炮格、醢、脯、刖等刑罚，部分犯人可能还要在监狱中服刑。军队有相对专业的战车兵，可能由贵族充任，一般平民充当步兵。征兵 3 000～5 000 人比较常见，也曾出现 1 万人以上的军队。考古发现的商朝宫殿建筑，以及国王和其他统治者豪华墓葬中随葬的大量青铜器、人殉，也表明商朝确实已经出现了相对完善的国家机器。

商朝的社会经济基础是农业，种植的谷物主要有黍、稷、稻、麦等，并栽桑养蚕，已经知道给庄稼施肥。畜牧仍占一定地位，主要牲畜有马、牛、羊、猪等。手工业中，最引人注意的是青铜冶炼。它很可能由官府垄断，主要生产的是兵器和礼器。考古发现的大量青铜器，显示了青铜生产在商朝手工业中的重要地位。生产工具仍较原始，主要是石器、骨器和木器，金属工具少见。国王及其官僚的收入主要来源于一般劳动者耕种的土地以及官府垄断的手工业。

商朝已经有了比较完善的书写文字系统。流传到今天的，主要是刻在龟甲或兽骨上的占卜文字，故称甲骨文。甲骨文已经具有了后世汉字所具有的象形、指示、会意、假借、形声和转注六种构造形式，单字 5 000 余个，是一种有严密规律的文字系统。除此之外，商朝可能还有书写在其他材料上的文字与作品，可惜考古中尚未发现。现存《尚书》的《盘庚篇》等，可能属商朝作品。但能够掌握这种文字的，只能是统治阶级中巫史一类的少数人。就文字的用途来说，主要供统治阶级占卜问神，民间能够掌握这种复杂的文字的人，恐怕少之又少。正因如此，巫凭借对文字的垄断，具有了重大的政治影

甲骨文

响。有人认为，商代不少著名的大臣，如太戊时的巫咸、武丁时的傅说等，可能都是巫。

商朝统治的基础是强大的实力。但商朝后期，商统治者沉湎酒色，荒淫无度，而且滥施刑罚，据说其末代国王纣"好酒淫乐"，建酒池肉林，做长夜之饮。当人民表示不满时，纣则加重刑罚，罢商容，杀比干，以致众叛亲离，为周武王所灭。

3. 西周的兴衰

周原本是商的一个方国或诸侯国，起初居住在泾水和渭水流域，其始祖后稷在《诗经》中是个教人民从事农业的人，他名字中的稷指的就是小米，说明周应当以从事农业生产为主。可能由于受到西北游牧民族的挤压，早期的周人不断迁移，到达岐山之下的周原后，在那里开荒从事农业，营建房屋和宫室，设置官职，逐渐强大起来。周人一面与西北游牧民族斗争，一面向东发展，与当时的商王朝发生了联系。文王时期广纳贤才，任用诸如散宜生、闳夭、姜尚等名人贤士，继续扩张，先后击败西北游牧民族和商的部分盟国。武王大举进攻商朝，而此时的商朝因各种内部矛盾激化，士兵无意战斗，据说周军到达牧野时，商军"倒兵以战"，于是，商朝灭亡，周成为霸主。

周灭商时，中原仍然是多国并立，武王为伐商观兵于盟津时，诸侯有八百之众。更重要的是，商的势力并未受到决定性打击。武王灭商后，把纣王的儿子武庚封在商旧都及其王畿，以统治殷遗民，并以管叔、蔡叔和霍叔为监督。武王死后，周王室内部在周公摄政问题上产生分歧，武庚在管叔等支持下叛乱。周王室历经三年的艰苦战争，才最终平定叛乱。为强化统治，周王室营建东都洛邑，将殷之部分遗民迁往洛邑附近居住。同时大量分封自己的亲属、功臣和族属到被征服地区充当统治者。据说当时共封了71国，比较重要的有卫、鲁、齐、宋、晋、燕等。分封目的有二，一是监督被征服地区；一是在王室需要时提供帮助，尤其是提供军队实施征伐。由此确立起来的关系，是王室与属国的关系。通过分封，周王室以小邦周控制了中原相当广大的区域，开创了一统天下的新局面。

周朝中央政权的力量，相对于商朝又有强化。周王为天下共主，号为"天子"，意思是周王的权力来自天的授予，而天又是周人的至上神，意味着周王的权力来自神授。在周人的宗法系统中，天子因出自嫡长子，因此一直是大宗。两者合一，表明了周王独一无二的地位。在实际生活中，周王有统军出征、发布政令、分封诸侯的权力，周王之下，有卿事寮和太史寮两大官吏系统具体操办各类事务。卿事寮的首脑初为太师和太保，后以太师为主，下辖三有司，分别是司马、司土（徒）和司工（空），分掌军队，土地，手工业与工程等，另有掌管刑罚的司寇。太史寮的主官是太史，主管册命、祭祀、文书等。周代实行世卿世禄制度，不少官职实行世袭。这些世族世卿相对于国王，也许有一定的独立性。至于地方的诸侯国，除诸侯由中央册命外，诸侯国的大臣卿有时也由中央任命。周天子通过朝聘、巡狩，以及有关祭祀方式等的规定，对诸侯进行控制。相对于商朝，周朝中央政权对地方的统治更加有效。诸侯和国王的关系，用王国维的话说，不再是从前的盟主和盟友的关系，而是君与臣的关系。

周朝的武装力量主要由周六师和成周八师组成。周六师是周原有的军队，成周八师很可能是平定叛乱、营建成周后组建的。军队的主力是战车兵，车上三人为甲士，大概由贵族充任，车下七人，应当是一般自由民。除正规军队外，可能战时还需要临时征集军队。诸侯国也有自己的军队，不过规模比周王的小得多。大国可能为三师，小国更少，因此保证了周王对诸侯国的优势。

西周的强大，有赖于周王室对当时农业生产相对发达地区的控制。周人的中心在今陕西、山西、河南和河北一带的黄河中下游地区。这里的黄土层比较有利于生产工具较原始时的农业生产。所种植的谷物仍为黍、稷、稻、麦之类；所使用的工具，也主要是耒、耜、铚等，木、石工具至少仍发挥着相当重要的作用。土地可能由中央政权以及周的贵族控制一部分，即所谓的公田。公田由农民耕种，但收成归贵族和周王支配。其余土地分给农民耕种。由于土地位置和肥沃程度不同，分配时又很难保证完全公平，于是就有了三年一轮换的制度。因此在这样的制度下，至少不存在现代意义上的私有土地。手工业也许仍由官府经营，主要是制造供统治阶级使用的礼器和兵器，青铜铸造业相当发达，可能还有制陶、农具制造、纺织等产业。民间手工业虽然存在，但无论是规模还是技术，都无法与官府匹敌，主要可能是农具制造与纺织业。商业也有发展，初期的从业者可能主要是殷商的遗民，因此被称为商人。交换方式最初是以物易物，西周晚期也许有类似货币的等价物。因官府垄断手工业，交换大约主要也为官府控制，民间商业影响有限。

周朝体制的维持，一方面取决于周王与诸侯之间实力的对比，另一方面取决于周与周边其他少数民族之间实力的对比。周初诸侯得益于分封，需要周王室的支持，王室也需要诸侯的帮助，因此两者之间的关系相对稳定。但随着诸侯的实力日渐增长，对周王室的依赖减少。与此同时，周王室实力下降，难以对诸侯形成有效控制。王室和诸侯之间实力对比的转化，不可能不影响到他们之间的关系。诸侯逐渐变成了独立自为的国家，对周天子也不再那么尊重。此外，周的核心区域靠近猃狁、鬼方等西北游牧民族，东南方的少数民族也不总是顺从的。与他们做斗争，一直是周王室的重要任务。周朝末年，随着周王室实力下降，周边部族逐渐进逼。周昭王征楚失败，命丧汉水；周穆王喜好巡游，东征西讨，反而加剧了周的衰落。之后的周厉王（？—前 841）、周幽王（前 780—前 771）等，又加重对国人阶层的剥削，与诸侯的关系也日趋紧张，还遭到地震等自然灾害的袭击，致使周加速衰落。周厉王被国人赶走，周宣王（前 827—前 781）多次败于外敌，周幽王被犬戎等攻杀。继位的周平王（前 770—前 720）被迫东迁洛邑，西周变成东周，中国从此进入诸侯并立的春秋时代。

第二节　印度河流域文明

一、印度河流域文明的产生

1. 地理环境与居民

古代南亚包括今天的巴基斯坦、印度和孟加拉国等，是一个地理概念。它北靠喜马拉雅山，东为孟加拉湾，西为阿拉伯海，中央为印度半岛，颇像一个硕大的牛的乳头。

从地形上看，北部为喜马拉雅山麓，地势险峻，森林密布。西北部与喜马拉雅山连接的有一些东北到西南走向的山脉，包括喀喇昆仑山和兴都库什山，把印度和中亚地区分割开来。这些高耸的山脉给南亚以巨大影响。它一方面挡住了来自北方的冷空气，使南亚即使在冬天也不会太寒冷，让裸体苦修成为可能；同时阻挡了印度洋暖湿气流的北进，把雨水几乎尽撒在次大陆上，不少地区的年降水量超过1 000毫米，个别地区甚至可达3 060毫米。此外，喜马拉雅山及其相邻山脉上厚厚的积雪和冰川，成为众多大河的水源。南亚的主要河流，如印度河、恒河和布拉马普特拉河，都发源于这些高山。丰沛的年降雨量，使这些河流始终水量充足，河谷地区因此成为印度最为重要的农业区域。气候的湿润也有利于植被的生长，让印度成为森林最为茂密的国家之一。森林不但成为食物和建筑材料的来源，也为古代印度人的苦修提供了场所。

但是，这些高山并不足以完全阻止人类的穿越，尤其是兴都库什山横亘在印度和阿富汗之间，是古代游牧民南来北往、东西迁移的必经之地，而这些山脉都有一些可以穿越的山口，例如白沙瓦附近的开伯尔山口，入侵者常通过这些山口冲入南亚次大陆。就南亚内部地形来说，它划分为几个明显不同的区域。印度河和恒河流域的部分地区属热带和亚热带干旱气候，年降雨量300毫米上下，植被也较稀少，利用最原始的工具就可以开垦，是南亚最早的文明——印度河流域文明——的发祥地。恒河中下游平原和布拉马普特拉河流域年降雨量多超过1 000毫米，植被丰富，只有用非常耐用和锋利的铁器才能开垦，到铁器时代即公元前1千纪左右，这里才得到比较充分的开发。印度半岛南部的德干高原气候和植被又有所不同，与印度洋的联系比与内陆的联系更为密切，而古代南亚的历史中心多在恒河流域，对这里可以说鞭长莫及，因此中央政权只能在非常有限的时间内和偶然的条件下，才能对德干高原及以南地区行使充分的统治权。

古代南亚最早的居民也许是尼格罗人，在今天印度的某些地区还能看到他们的后代。随后到来的可能是原始澳大利亚人，也称达罗毗荼人，印度河流域的早期文明可能就是达罗毗荼人创造的。后来，雅利安人、波斯人、希腊人、阿拉伯人、突厥人、蒙古人先后入主印度。随着这些种族的入侵和统治，新的文化和宗教也不断传入，使印度自古以来就成为一个多种族、多宗教的国家，种族矛盾和宗教矛盾也表现得错综复杂。恰当地处理种族矛盾和宗教矛盾，也成为历代统治者的基本任务。

2. 印度河流域文明的发现

19世纪以前，学者们普遍认为，古代印度的历史只能从吠陀时代开始。1875年，有人在今巴基斯坦境内一个叫哈拉巴的地方挖掘废弃的砖块时，发现了一些刻着动物图案的印章，这些印章上的图案和文字与吠陀时代以后印度人的文字不属于同一个系统。47年后，印度考古学家拉·巴涅尔吉和英国考古学家马歇尔在哈拉巴西南600～700千米的摩亨佐·达罗发掘佛塔废墟时，又发现了刻有动物图案和图画文字的印章。经过系统深入的发掘，马歇尔于1924年向世界宣布，这是一种久远的、尚不为人知的古老文明。此后，系统的发掘和研究工作全面展开。因这一文明最早发现于哈拉巴，又称哈拉巴文化。它分布在北起喜马拉雅山，南到阿拉伯海，东至德里，西到今巴基斯坦与伊朗交界处，总面积约130万平方千米的地区，其文化遗址有250多处。

二、城市文明

1. 城市文明

哈拉巴文化是一种典型的城市文化，这并不是说哈拉巴文化所有的居民都住在城市中。事实上，在大约 130 万平方千米的土地上，只分布着哈拉巴、摩亨佐·达罗和甘瓦里瓦拉三座大城市，每座城市的人口可能都在 3.5 万人以上。其他还有一些小城镇和村落，不过这些城镇的规模要小得多，如卡利班甘只有 0.22 平方千米，人口可能只有几百人。村落的面积更小，人口也更少。在边远地区，例如那些不便于从事农业的沙漠和森林地带，可能还以游牧经济甚至采集经济为主。但在大城市中，可以明显地看出该地经过精心规划。城市布局一般分为东西两部分，西部为城堡区，大体呈平行四边形，周围有高厚的城墙，城墙每隔一定距离有棱堡和塔楼，城外有护城河。城市的行政与宗教中心可能就在这里，宫殿、谷仓、浴室、寺庙等公共设施都位于此处，有些设施的建造技术非常先进，如谷仓各个仓房的面积相等，有良好的通风以及防霉变和鼠害的设施。东城是居民区，商店、手工业作坊、饭馆、旅社等都在这里。城市内交通便利，大街均呈直角交叉，宽达 9 米。大街之外，还有小巷，小巷只有 2～3 米宽。为便于马车等行进，街道两边的房屋不能侵占大街。在十字路口附近修建的房屋，墙角都砌成圆形，并设置木桩保护，以防止车辆急转弯时撞坏房屋。大街每隔一定距离还设有路灯，显然是供晚上照明用的。

摩亨佐·达罗遗址

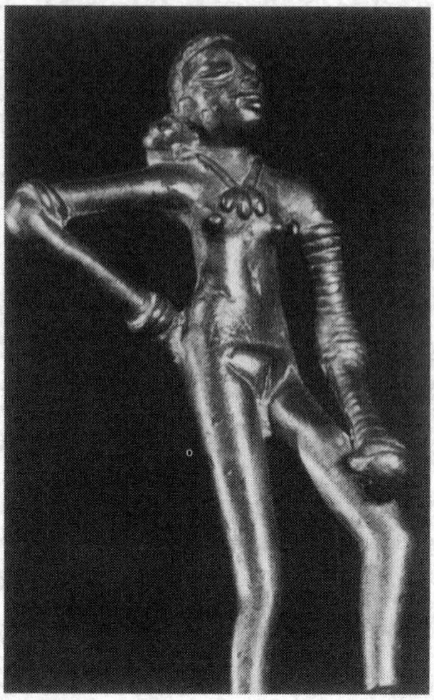

青铜舞女

城市设施的完善还表现在供水和排水系统的建设上。城市中有几口大水井，每条巷道有公用水井，每家有自用水井。排水用阴沟，大街下的阴沟深30～60厘米，宽22～45厘米，每户有支沟与主沟相通。住在楼上的居民通过下水管道将脏水排到支沟。为防止堵塞，支沟通主沟处有污水坑，主沟每隔一定距离也有污水坑，以便疏通。

印度河流域文明大约兴起于公元前3千纪，公元前2千纪初已开始衰落。在当时的世界上，类似哈拉巴这样设计周密、管理严格的城市非常少见。它清楚地表明，当时存在强大的中央政权，而卫城区的谷仓、寺庙也表明，当时已经有了征收赋税的机关，一部分人已经脱离生产劳动，成为从事管理的专职人员。居民区的房屋也差别很大，有的庭院宽敞、设施完善，有的十分矮小、拥挤不堪。在装饰品和随葬品中，有做工精巧的金玉珠宝，也有粗劣的泥土和贝壳制品。在出土的人物雕像中，既有身着长袍、系着镶有宝石的束发佩带的祭司，也有戴着表现卑贱屈辱的项圈的男人，还有供人娱乐的舞女。尽管这尊青铜舞女像姿势做作，神情傲慢，懒洋洋地站着，但并不能掩盖她是舞女的事实。在印章中，可能还有主人拷打仆人的情景。所有这些都说明，当时的社会是一个层次分明的阶级社会。

印度河流域文明的对外贸易相当发达，贸易的主要对象可能是两河流域。这样长距离的大宗商品交换不大可能由私人进行，极可能由国家组织。受国家委托的商人先把货物运到一个中立地区与对方交易。哈拉巴的商人大概将商品运到波斯湾的巴哈兰岛（楔形文字文书称第尔蒙）等地，在那里与来自两河流域的商人交易。

2. 印度河流域文明的衰落

可是，印度河流域文明的创造者是谁，它是怎样衰落的，到今天仍然是一个谜。自古以来印度河流域的居民成分就相当复杂，它的主体也许是达罗毗荼人，也可能是蒙古人。有人猜测印度河流域文明是外来移民创造的，不过印度自新石器时代以来已经出现了比较大的定居点。公元前 4 千纪末，已经出现了某些原始的设防城市。哈拉巴等青铜时代的大城市，很可能就是新石器时代城市的继续发展。至于它的衰落，如今同样众说纷纭。哈拉巴文化的衰落从中心地区开始，时间是公元前 18 世纪—前 17 世纪，最明显的表现是城市被废弃，城市遗址上有焚烧、屠杀痕迹。但在边缘地区，文明却继续发展，有些城市一度相当繁荣。但到公元前 1000 年左右，它们也衰落了。最可能的解释是，当时整个社会的生产力水平还相当低下，农民主要的生产工具还是石器，耕种的也只是河边的洪泛地，几乎没有修建水利设施。因此，当气候变化、逐渐干旱时，整个生产难以维持。到这种时候，庞大的城市人口难以得到充足的粮食供应，只好放弃与城市生活有关的手工业与贸易等，转向耕作。另外一些人可能干脆离开了原来的居住地迁移到新的地区。中心地区衰落而边缘地区继续发展的现象，正应以此来解释。公元前 2 千纪中后期，属印欧语系的雅利安人侵入南亚次大陆，彻底毁灭了哈拉巴文化。不过，哈拉巴文化留下的各种农作物、手工业技术以及他们的某些宗教习俗，仍然给入侵者以重要影响。

第三节　爱琴文明

一、爱琴文明的发现

1. 荷马与特洛伊

古希腊人创作了两部十分有名的史诗《伊利亚特》和《奥德赛》。前者分 24 卷，共 15 693 行，主要内容是：特洛伊王子帕里斯在美神阿弗洛狄特的帮助下，拐走了希腊最漂亮的女人海伦。海伦的丈夫、斯巴达王麦涅拉俄斯和他的哥哥阿伽门农组织希腊联军，讨伐特洛伊。战争延续 10 年，《伊利亚特》所描写的，就是战争最后一年 50 天左右的事情，最后以特洛伊方面的主将赫克托尔被杀、特洛伊老国王普里阿摩斯前往希腊将领阿克琉斯营地赎取赫克托尔尸体、特洛伊人为赫克托尔举行葬礼结束。《奥德赛》也是 24 卷，共 12 110 行，讲的是特洛伊战争结束后 10 年中，奥德修斯漂流海外，最后终于返回家乡并诛杀了那些向他妻子求婚的贵族，最终全家大团圆，中间还插入一段交代特洛伊战争以及英雄们的最后结局。

在《伊利亚特》和《奥德赛》中，都有神灵参与人类的活动，很多事情的结局如特洛伊的陷落和奥德修斯的回归就是由神灵们决定的。因此近代以来的学者们大多对史诗的记载持怀疑态度。但是，德国商人谢里曼深信：荷马描写的一切都是真实的。他自己出资，在今小亚细亚西北角的希萨里克山丘进行发掘。经过三年的努力，他发现了大量价值连城的文物。谢里曼宣称，他发现了荷马所描写的特洛伊。虽然后来的事实证明，他所发现的文明比荷马史诗所说的要古老得多，但他的发现引起了进一步的发掘和研究。19 世纪末，谢里曼在希腊大陆先后发掘出包括迈锡尼、太林斯在内的大批遗址；1900 年，英国考古学家伊文斯在克里特发现希腊传说中的迷宫；1939 年，美国考古学家布列根在美塞尼亚西南海岸找到了传说中由希腊老英雄涅斯托尔统治的派罗斯王宫；1953年，英国年轻的建筑工程师文特里斯成功地解读了线形文字B，证明它是一种古老的希腊语，并初步释读了部分泥版文书。经过这一系列的努力，古代希腊的文明史被提前了约2 000年。荷马史诗所描写的终于不再是虚无缥缈的神话世界，而是以一定的历史真实做基础的准历史。只是人们关注的，已经不仅仅是荷马所描写的特洛伊和伊萨卡，而是在荷马之前曾经兴旺、繁荣的整个青铜时代的希腊文明。这一古老文明，因其最著名的遗址而被称为克里特-迈锡尼文明，又称爱琴文明。

2. 古代希腊的自然环境和居民

古希腊的地理范围比今天的希腊要大得多。古典时代的希腊人曾生活在东起叙利亚、西到西班牙、北及南俄草原、南至埃及和北非的地中海和黑海沿岸广大地区，或许正如柏拉图（约前429—前347）所说，希腊人就像一群蚂蚁和青蛙，生活在地中海这个大池塘的边上。但他们的活动中心，始终在巴尔干半岛南部。那些居住在海外的希腊人，也总是把巴尔干作为他们的家乡。所以，我们关于希腊地理的介绍，也以巴尔干半岛为主。

巴尔干地处东南欧，是欧洲大陆伸出来的一个半岛。它境内多山，只是在山间的谷地里，偶尔有一些小的冲积平原。在这些平原上，人们种植谷物、橄榄和葡萄等农作物。由于东南欧以地中海式气候为主，降雨集中在冬季，而农作物生长旺盛的夏季，恰恰干燥少雨，大多数小河都在这时断流，对农业灌溉不利。但是，半岛的地形也带来了一些好处。与意大利、西班牙等不同的是，巴尔干半岛的海岸线十分曲折，形成了许多大大小小的港湾。爱琴海中岛屿星罗棋布，船只刚刚从这个港口起航，就可以看到下一个岛屿。在古代造船、航海技术都相当落后的时候，它有利于希腊人从事航海活动。此外，大海提供了大量的鱼类，成为希腊人取得蛋白质的一个重要来源。同时，巴尔干位于欧洲和亚洲之间，与北非也相距不远，各地之间的物产差别也十分明显，所以，东西之间的物产交流，大多通过希腊，给希腊人发展工商业提供了有利条件。

希腊有相当发达的新石器时代文化，希腊北部的塞斯克陆、狄米里等，都曾经拥有发达的设防城市和相当数量的人口。狄米里的卫城至少有六道城墙，城墙内的面积达8 000余平方米。克里特的新石器时代文化也有相当悠久的历史，克诺索斯的遗址可以追溯到公元前6100年以前。到公元前3000年左右，雕刻印章和制造宝石的行业已经相当繁荣。根据考古发掘的资料以及人类学家的复原，证明古代的克里特人和今天的克里特人差别不大，他们长头、黑发、褐眼、中等身材，近似地中海人种。由于克里特地处欧、亚、非三洲之间，岛上常有新移民到来，居民很可能属于混合人种。至于希腊大陆上后来成为巴尔干主流民族的希腊人，大约公元前2千纪初才迁入。他们征服当地居民，创造了迈锡尼文明。公元前2千纪末，希腊可能又出现过一次民族迁移浪潮，多里安人入主伯罗奔尼撒、克里特以及爱琴海中的部分岛屿，部分埃奥利亚人、伊奥尼亚人和多里安人则移居小亚细亚北部海岸，并在中北希腊成为主流民族。

二、克里特文明与迈锡尼文明

1. 克里特文明

克里特位于爱琴海南端，东西长260千米，南北最宽处约55千米，最窄处仅12千米，地势南高北低，南部海岸陡峭，缺少良港；北部沿海地区为平原，土地肥沃，有利于农业生产。早在公元前 7 千纪，这里就有了居民。公元前 3 千纪，它进入文明时代，其中心在克诺索斯。公元前 2000 年前后，这里出现了规模宏大的宫殿建筑，标志着国家已经产生。随后，在克里特岛其他地区如马里亚和法埃斯特等地也先后出现了宫殿，有些宫殿的规模还相当大，意味着这些地区或落入了克诺索斯统治之下，或出现了独立国家。

克里特的国家和古代西亚的国家属于同一类型。规模宏大的宫殿既是它的政治中心，也是经济和宗教中心，设施完善。宫殿西部是 15 座又长又窄的仓库；东北部可能是储藏室；东部则是卧室。整个建筑有完善的排水系统，下水道以石头砌成，用灰浆弥缝，还有类似抽水马桶之类的设施。宫殿中所出现的大陶缸，显然是用来储存从农村中征收来的各种实物如谷物、橄榄油的。宫殿内豪华的陈设、精美的壁画，是其控制大量居民生产的重要标志。除宫殿外，克里特还有不少两到三层平顶、开有窗户的房屋。这些房屋可能是宫廷的官僚们或者有产者居住的。它们说明，这个社会已经出现了一定程度的分化，应属阶级社会无疑。

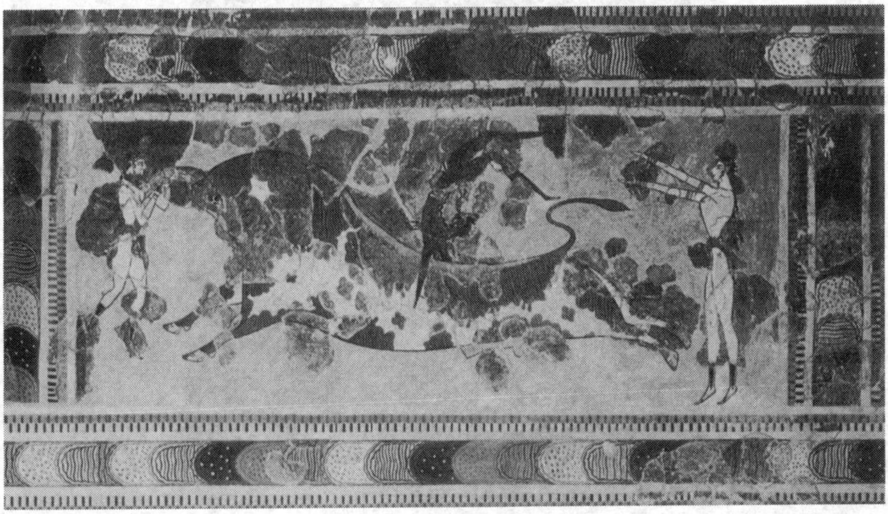

克里特斗牛图

由于克里特人使用的线形文字 A 还没有被成功解读，对于克里特文明时期政治组织的详情，只能是一些不可靠的推测。宫殿最高的统治者也许是一个国王，他可能既是最高的行政首脑和军事首领，又掌握着神权。经济上，克里特对外贸易比较发达。修昔底德称，克里特国王米诺斯曾经在爱琴海上广泛建立殖民地，组建了希腊第一支海军，镇压了海盗，成为第一个海上霸主。一个传说称，米诺斯修建迷宫，征服希腊大陆。而米诺斯因追踪代达罗斯到达西西里，被那里的居民设计烫死。可见，在希腊人的印象中，克里特的海上势力相当强大。而所有克里特的宫殿都是不设防的，似乎也说明克里特人不惧怕或担忧任何外来进攻。从克里特的壁画看，至少贵族的生活比较惬意，妇女们穿着时髦，可能正准备去观看斗牛表演；男性表演着斗牛戏；儿童正忙于练习拳击；农夫们在忙完自己的活计后，脸上似乎洋溢着喜悦的笑容。公元前 1450 年前后，大陆上的希腊人攻占迷宫，克里特文明被迈锡尼文明取代。

2. 迈锡尼文明

迈锡尼文明由大陆上的希腊人创造。约兴起于公元前2千纪初，衰落于公元前2千纪末，最强盛时期为公元前1600年—前1200年。本来在希腊人来临之前，希腊大陆的青铜时代文化已经有所发展，太林斯、欧特里西斯、勒尔纳等地，已经出现了某些宫殿性质的建筑。希腊人来到后，一度导致当地的青铜时代文化衰落，直到公元前2千纪中期才重新崛起。当迈锡尼文明强大时，希腊大陆处在它的影响之下。除迈锡尼之外，太林斯、派罗斯、科林斯、雅典、底比斯等地都发现了迈锡尼文明的遗迹。在基克拉底斯群岛上，也有迈锡尼文明的遗迹发现。

迈锡尼的狮子门

据荷马史诗，迈锡尼是希腊联军统帅阿伽门农统治的地方，荷马经常用“多金的迈锡尼”来称呼它。它的国王阿伽门农也常常被称为“人间之王”，足以说明它的强大和地位之高。考古发现的迈锡尼遗址也确实不同凡响。谢里曼在迈锡尼城内曾经发现规模宏大、随葬品丰富的墓地，其中一具男尸的面部果真覆盖着金面罩，尽管这个金面罩较谢里曼认为的要早数百年。巨大的圆顶墓结构复杂，其墓顶呈圆锥形，用大石块砌成。著名的“阿特里乌斯宝库”有一条长36米、宽6米的墓道，墓门高5.4米、宽2.7米。墓室直径有14.5米，墓顶由33排巨石砌成。迈锡尼的狮子门也不能不让人对它刮目相看，门上是欧洲最古老的巨型石雕。两头狮子相向而立，形成一个三角形，有效地减轻了门楣的压力。与狮子门同时的是卫城内的宫殿，在面向西院的长方形大厅内，有一座高于地面的圣灶；地板是令人感到凉爽的颜色；墙壁上布满以战士、马匹、战车和妇女为题材的壁画。

在迈锡尼东南8英里处，是迈锡尼时代的另一重要城市太林斯，也是保存比较完好的一座迈锡尼遗址，它的城墙规模甚至超过迈锡尼，设防也更加科学。上了坡道后，在东门边突然右转，接着突然左转，沿一条狭窄的通道到达另一个城门，通道两边是高耸的城墙。在穿过一道城门后，才能进入前庭。在从坡道到前庭的过程中，右边即古代战士没有防卫的一边，完全暴露在城墙上守军的直接攻击之下。太林斯宫殿众多的房间中，有装饰豪华的长方形大厅。厅内有国王的宝座，墙上有色彩艳丽的壁画，壁画的题材多种多样，既有战车比赛，也有猎捕野猪的情景，给人的印象是，太林斯人对军事活动十分青睐。希腊人有关迈锡尼时代的传说中，相当一部分内容是关于远征和战斗活动的。

修昔底德（约前460—约前400）关于迈锡尼国王阿伽门农的记载

依我看来，阿伽门农一定是当时最有权势的统治者；正因为这个缘故，他才能够召集舰队，进攻特洛伊，而不是因为那些向海伦求婚者对廷达瑞斯宣了誓的缘故。根据伯罗奔尼撒最可靠的传说，彼罗普斯是由亚细亚来到伯罗奔尼撒的。他随身携带很多财富，定居在一个贫瘠的地区时，获得这样大的势力，以致他虽是一个异乡人，但是整个地区因他而命名。他的子孙们更加兴旺了……阿伽门农正是继承了这个帝国，同时他有比其他统治者更强的海军；因此，照我看来，他之所以能够募集远征军进攻特洛伊的原因，不是由于同盟者对他的忠顺，而是由于同盟者对他的畏惧。如果我们能够相信荷马史诗上的证据的话，阿伽门农自己指挥的船只似乎比其他任何人要多些，同时他又帮助阿卡狄亚人装备了一个舰队。

——［古希腊］修昔底德．伯罗奔尼撒战争史．北京：商务印书馆，2004：7-8．译文略有改动。

由于线形文字B已被成功解读，我们能够对迈锡尼时代的国家和社会结构有所了解。它的最高首脑被称为瓦那克斯，很可能是个集政权与军权于一身的人物。在他之下，有一个叫拉瓦格塔斯的官员。它字面的含义是“人民领袖”，估计有统率军队的职能。地方大概实行行省制，行省有总督和副总督之类的官员。在省以下，可能还有进一步的行政区划，那里由巴赛列斯之类的官员统治。由于巴赛列斯之类的小官有随从，因此总督也应当有自己的随从。农村公社似乎还有某些权利，有些问题还需要事先征求公社成员的意见。

迈锡尼时代的经济处在宫廷的控制之下。社会的主要财富是土地，而国王是最大的地主。在一份向神灵捐献物品的清单中，国王捐献的物品数倍于高级官员拉瓦格塔斯。行省总督、巴赛列斯等，也都占有自己的土地。手工业和商业好像完全处在宫廷控制之下。宫廷直接开办手工作坊，经营兵器制造、纺织等行业。民间手工业者的原料主要来自宫廷，其产品也要上缴给宫廷。由于原料和产品都掌握在宫廷手中，富余的农产品也归入宫廷，所以商业只能是官营。

3．迈锡尼文明的衰落

从以上的描述不难看出，迈锡尼文明和后世的希腊城邦相比是种迥然不同的文明，和西亚、埃及的文明有更多的相似之处。有些人甚至推测，克里特文明和迈锡尼文明都是西亚或埃及移民建立的。线形文字B的解读和考古发掘都证明这种观点缺乏根据。但它那强大的君主制度、官僚机器、国家对经济严密的控制以及浓厚的军事色彩，加上高而厚的城墙，壁画上不断出现的战车和战争场面，确实把它与古典时代的希腊城邦区别开来。约公元前13世纪，迈锡尼诸国发动特洛伊远征，据说战争持续了10年。虽然迈锡尼诸国取得了最后胜利，但自身也师老兵疲，引起了国内矛盾的总爆发。修昔底德说："经过很久之后，希腊军队才从特洛伊回来。这一事实本身就引起许多变化。几乎所有的城市都有党派斗争；那些被放逐而流亡的人建立了新的城市。"希腊人的内乱削弱了他们抵抗外敌的力量。原来住在希腊北部的多里安人乘机入侵南希腊，毁灭了迈锡尼文明。这次入侵的毁灭是如此彻底，以致希腊人只留下了关于克里特文明和迈锡尼文明十分模糊而歪曲的记忆，连迈锡尼时代使用的线形文字也被他们遗忘。不过，这也给希腊文明提供了一个全新的起点，使他们不必再背负迈锡尼君主官僚制度的包袱，从而创造出一种新的文明。

第四节　游牧世界对农耕世界的第一次冲击

一、农耕、游牧世界的形成

农业的兴起，使人类从食物的采集者变成了食物的生产者。最初，农耕世界主要集中在中国的黄河、长江流域，南亚的印度河流域，西亚地区的两河流域，埃及的尼罗河流域等大河河谷和冲积平原地区，并在这些地区发展起农耕文明。到公元前4千纪，东南欧、小亚细亚、北非、伊朗高原，一直延伸到中国的广大地区，都断续点缀着农耕文明区。这一地区基本上地处亚欧大陆温带偏南。而在这一线偏北的地区，由于气候及地理方面的原因，逐步变成以游牧为主的地区。如果勉强划分界线的话，从东到西大致是兴安岭、燕山、阴山、祁连山、昆仑山、兴都库什山、扎格罗斯山、高加索山、喀尔巴阡山。这当然只能是一条大略的界线，在某些地区，农耕世界的势力可能稍微北伸；而在某些地区，游牧世界的势力也有可能南侵。在阿拉伯半岛和德干高原一带，实际上还存在一些游牧部落。农耕世界中有不少人会养牲畜，而在游牧世界内部，可能也有少部分人兼营农业。

相对来说，农耕世界的生产力水平和劳动生产率比较高，创造的社会财富相对较多，从而可以使越来越多的人脱离农业生产而从事诸如手工业和商业活动。手工业的发展，为农业提供了更先进的工具，进一步提高了农业劳动生产率。同时，手工业的发展，还生产出许多和农业生产不一定有关但可以提高人们生活质量的产品如家具、首饰等。商业的发展，一方面使人们可以出售多余的农产品，另一方面可以让不同的人、不同的地区之间互通有无，刺激需求的发展。所以，在农耕文明区比较早地出现了贫富分化和国家，产生了一批专门从事管理而不事生产的人士。他们掌握着国家机器，并利用手中的权力强迫生产者向他们交租纳税，如果生产者拒绝，他们会动用强制手段。因此，相对来说，农耕世界的社会矛盾比较尖锐，生产者不堪忍受统治者横征暴敛起而反抗的情况，也时有发生。到这种时候，农耕世界的对外防御能力就大为降低。

由于农业生产涉及很多工序，需要的生产工具较多，农作物的生长周期又比较长，多余的粮食也需要储存起来。因此，凡是农业生产比较发达的地方，其居民一般定居。这也就意味着农民不能像逐水草而居的牧民那样，随时可以搬家。遇到外敌入侵时，他们除了组织抵抗外，就是忍受蹂躏。农民的安土重迁，使他们丧失了游牧民族所具有的机动性。

对游牧民族来说，他们的主要财富是牲畜，家当十分简单，多为一顶帐篷，加上很少的加工食物的用具。如果需要，随时可以把家当搬上车，随着放牧草场的变化而迁移。所以，游牧民族最大的优势是他们的机动性。另外，在一些关键的技术如兵器制造、马和马拉战车的使用上，游牧世界不仅不比农耕世界落后，常常还处于领先地位。

农耕世界和游牧世界形成之后，由于经济上的互补性，两者之间的经济和文化交往，特别是在农耕世界与游牧世界接壤的地方，变得相当频繁。不过，农耕世界的经济一般具有自给自足的性质，除了少数特殊的商品如马、毛皮、金属外，很少需要游牧世界的产品。而游牧世界对农耕世界的需求相对较多。他们期望得到农耕世界的纺织品、粮食等，其上层人士还希望能得到农耕世界所创造的奢侈品如丝绸、高档手工业品等，与农耕世界通商的愿望更加强烈。当愿望得不到满足时，他们就发动武装袭击，骚扰农耕世界。此外，每当游牧世界遇到干旱、草场不足时，他们也会向水草比较充足的农耕世界迁移。这样的迁移如果只是小规模的，农耕世界还可以吸纳。但如规模太大，便会遭到反击。到这种时候，双方的冲突便不可避免。与此同时，当农耕世界势力强大时，也会主动向游牧世界扩张。在世界上古史上，游牧世界先后向农耕世界发动过两次大规模的冲击，每一次冲击都给农耕世界乃至世界历史的发展造成巨大影响。

二、游牧世界对农耕世界的第一次冲击

公元前 2 千纪—前 1 千纪初，游牧世界对农耕世界发动了第一次冲击，涉及亚欧大陆主要的农耕文明区，几乎完全改变了亚欧大陆的政治格局。

1. 印欧人进入西亚和欧洲

印欧人是对操印欧语系的各部族的总称，关于他们的发源地，至今仍不能肯定，但大体不出黑海、里海以北的俄罗斯南部和东欧草原地带。

约公元前 3 千纪，印欧人进入铜器和青铜时代，有发达的畜牧业，驯养马、牛、猪、羊等。当苏美尔等农耕文明区仍在使用牛或驴拉车时，这些游牧民已会使用马和马拉战车。这种车双轮，车轮有辐。每车载两人，一人驾车，一人射箭。目前所知最早使用马和马拉战车的是赫梯人。他们在公元前 2 千纪初进入小亚细亚。在他们的法典中，多次提到马、马勒、马具和马车。此外，公元前 2 千纪中期进入埃及的希克索斯人也大量使用马和马拉战车；因避荒进入埃及的希伯来人大概也有马。马和马拉战车的使用，使这些游牧部落拥有较大机动性。公元前 2 千纪初，印欧人一批批地离开了他们原来的居住地，进入两河流域和欧洲。进入西亚地区的有赫梯人、米丹尼人、加喜特人、卢维

人。波斯人和米底人进入了伊朗高原。这些部落都先后在西亚建立了自己的国家，成为主宰西亚的势力。而原来的部落和国家如古提人、巴比伦、阿卡德等，则先后被同化和消灭，西亚的政治格局因此发生了根本变化。

约公元前2千纪，希腊人进入欧洲。其中的一支即荷马描写的阿凯亚人，征服了希腊新石器时代和青铜时代早期的居民，创造了迈锡尼文明。但希腊人的另一支多里安人公元前2千纪末进入希腊，又消灭了迈锡尼文明，征服了克里特，成为古典时代希腊一个十分重要的族群。在西方，公元前2千纪初，原活动于东欧草原一带的一批印欧人沿多瑙河西迁，越过阿尔卑斯山进入意大利，其中的一支就是后来征服意大利、统一地中海世界的拉丁人。那些迁到西欧和北欧的印欧人后来发展为欧洲历史上的凯尔特人和日耳曼人。至于这些地区原来的居民，先后被印欧人同化。

2. 雅利安人进入南亚

雅利安人也是印欧人的一支。他们可能来自高加索以北地区，进入印度河流域的时间相当早，大概在公元前2千纪初。而他们和印度河流域文明发生联系的时间，可能还要早于公元前2000年。他们自称阿利雅人或雅利安人，一般不崇拜偶像。在他们的神话中，女神的地位一般低于男神。他们并不是一个单一的部落，内部分成不同的集团，其中最强大的是婆罗多族和耶都族，二者之间为争夺财物和牲畜经常发生冲突。与此同时，他们与当地的土著达萨之间也展开了你死我活的决战。最后，雅利安人取得胜利。公元前2千纪末—前1千纪初，雅利安人终于成了南亚次大陆的主人，并将势力范围伸展到恒河流域。

经过公元前2千纪游牧民族的冲击，埃及进入分裂时期，西亚有些大国灭亡。在中国，游牧民族的入侵是西周衰落的重要原因之一。希腊和南亚受到游牧民族冲击的影响最大。在希腊，迈锡尼文明灭亡了，堡垒、宫殿、复杂的政治组织，连同他们创造的线形文字一道，被埋葬在历史的废墟之中，整个希腊重新进入一个没有文字、缺少复杂政治组织、农业生产衰退的时期。而在南亚，本已日薄西山的印度河流域文明彻底灭亡，以游牧为主的雅利安人成为南亚的主宰。

从表面看，游牧民族的入侵，造成了农耕文明的全面衰退，对历史的进步不利。但从长远的历史观点看，问题远不是那么简单。公元前3千纪，农耕文明区只不过是游牧世界包围中的几个小岛，它们包括埃及的尼罗河流域、西亚的两河流域、南亚的印度河流域和中国的黄河流域以及欧洲巴尔干半岛的部分地区。但是，农耕世界的生产力终归比较发达，在与游牧世界军事上的斗争中虽然遭到了暂时失败，但是，经过冲突和融合，那些冲进农耕文明区的游牧民族不约而同地转向农耕文明。到公元前1千纪，农耕世界的范围不但没有缩小，反而扩大了。在埃及，它逐步扩展到北非其他地区；在西亚，它扩展到伊朗、小亚细亚和中亚的部分地区；在欧洲，希腊和意大利先后被纳入农耕文明区；在南亚，它从印度河流域进一步发展到恒河中下游以及孟加拉；在中国，它从黄河流域伸展到长江流域。从东到西，农耕文明区几乎连成一片。正是农耕世界的扩大和发展，为古典文明的发展创造了物质条件。公元前1千纪人们应用的新的畜力和工具如马、马拉战车、铁器等，可能都是游牧民族带来的。而游牧民族对各地旧制度的冲击，也使进行新的政治实验成为可能。

推荐阅读书目

白寿彝，总主编. 中国通史：第2卷，第3卷. 上海：上海人民出版社，1994

胡厚宣. 甲骨学商史论丛初集（外一种）. 石家庄：河北教育出版社，2002

胡钟达. 胡钟达史学论文集. 呼和浩特：内蒙古大学出版社，1997

黄洋. 古代希腊土地制度研究. 上海：复旦大学出版社，1995

黄洋. 古代希腊政治与社会初探. 北京：北京大学出版社，2014

李学勤，主编. 中国古代文明与国家形成研究. 昆明：云南人民出版社，1997

刘欣如. 印度古代社会史. 北京：中国社会科学出版社，1990

王国维. 观堂集林（外二种）. 石家庄：河北教育出版社，2001

王以欣. 神话与历史：古希腊英雄故事的历史和文化内涵. 北京：商务印书馆，2006

王以欣. 寻找迷宫：神话、考古与米诺文明. 天津：天津人民出版社，2000

王玉哲. 中华远古史. 上海：上海人民出版社，2000

王震中. 中国古代国家的起源与王权的形成. 北京：中国社会科学出版社，2013

王震中. 中国文明起源的比较研究（增订本）. 北京：中国社会科学出版社，2013

吴于廑. 吴于廑学术论著自选集. 北京：首都师范大学出版社，1995

谢维扬. 中国早期国家. 杭州：浙江人民出版社，1995

晏绍祥. 荷马社会研究. 上海：上海三联书店，2006

杨宽. 西周史. 上海：上海人民出版社，1999

赵伯雄. 周代国家形态研究. 长沙：湖南教育出版社，1990

［澳］A. L. 巴沙姆，主编. 印度文化史. 北京：商务印书馆，1997

［美］杰里·本特利，赫伯特·齐格勒. 新全球史（第三版）：上册. 北京：北京大学出版社，2007

［印度］D. D. 高善必. 印度古代文化与文明史纲. 北京：商务印书馆，1998

［英］N. G. L. 哈蒙德. 希腊史. 北京：商务印书馆，2016

［印度］R. C. 马宗达，等编. 高级印度史：上册. 北京：商务印书馆，1986

［美］保罗·麦克金德里克. 会说话的希腊石头. 杭州：浙江人民出版社，2000

［匈］格雷戈里·纳吉. 荷马诸问题. 桂林：广西师范大学出版社，2008

第五章

公元前 1 千纪中前期的西亚和北非

进入公元前 1 千纪后，西亚和埃及文明依靠青铜时代深厚的积淀，继续在传统的道路上前进。所不同者，到公元前 1 千纪后，埃及文明似乎丧失了它一贯具有的活力，成为西亚地区大国的征服对象。而西亚文明在顶住了游牧世界的压力后，成功地同化了迁入该地区的游牧部族，先后建立了亚述、新巴比伦和波斯等大帝国，并给东地中海世界和南亚的历史以重大影响。

第一节　亚述帝国

一、亚述帝国的崛起

1. 亚述崛起前西亚的形势

青铜时代末期到铁器时代初期的西亚局势一片混乱。如果从北向南巡视一遍，我们会发现，在小亚细亚，特洛伊第七期第二层为传说中来自希腊的阿凯亚人攻灭，从此陷入衰落状态。新来者的落后，从其陶器的简陋程度可见一斑。强大的赫梯遭到海上民族入侵，公元前 1200 年前后从西亚的地图上消失。利凡特地区的城市如乌加里特等，被毁灭后再无人居住。在两河流域，盛极一时的中亚述没落，收缩到以亚述城为中心的小块区域。曾经非常强大的埃及在公元前 13 世纪—前 12 世纪数度遭到所谓海上民族和利比亚人的入侵。入侵虽被击退，但本来就尖锐的国内矛盾因此恶化，可能发生了人民起义。约公元前12世纪，埃及丧失了对叙利亚和巴勒斯坦的控制权。到公元前2千纪末，埃及终于抵挡不住外来入侵的浪潮，利比亚人、努比亚人先后进入埃及。公元前1085年，埃及再度陷入分裂。此后，利比亚人和努比亚人先后统治埃及，古老的埃及丧失了政治独立。对于西亚和北非衰落与混乱的原因，历来众说纷纭。埃及和巴勒斯坦的动荡似乎与公元前2千纪末的所谓海上民族入侵有关。时至今日，我们仍无法对海上民族的来历和迁移路线做出准确的说明，只知道其中的一支后来定居于巴勒斯坦。另外一个因素是阿拉美亚人。中亚述的衰落与阿拉美亚人的迁移有直接关系。但像海上民族一样，阿拉美亚人并非一个统一的部落联盟，他们的得名，是因为他们所使用的阿拉美亚语。公元前11世纪，阿拉美亚人似乎还处在迁移状态，公元前10世纪，他们好像定居在从底格里斯河到叙利亚的地区。随着这些游牧部族的定居，西亚和北非地区再度安定下来。

亚述帝国

2．亚述的扩张

公元前10世纪后期，亚述再度崛起，以更大的力量、更快的速度向外扩张。当时国内和国际的形势对亚述的扩张都非常有利。在国内，因为铁器的使用，更多的耕地得到开垦，马拉战车和骑兵得到了更广泛的推广和使用，大大增强了军队的机动性，为对外扩张提供了雄厚的物质基础。国际上，当时埃及已经衰落，赫梯的统一帝国瓦解，巴比伦软弱无力；叙利亚和巴勒斯坦一带的小国如腓尼基人城市和以色列—犹太等不足以阻止亚述的扩张。亚述历代国王充分利用了国际和国内的有利环境，大举向外扩张，他们最初的目标主要指向北方和西方。在北方，亚述的主要对手是乌拉尔图王国。乌拉尔图居民可能主要是胡里特人或其后代，公元前9世纪崛起，其领土包括今亚美尼亚、伊朗西北部和土耳其东部。在西方，亚述的主要目标是针对阿拉美亚人。在东方，它的对手主要是扎格罗斯山区的游牧部落。初期的军事行动中，亚述人似乎并没有创建大帝国的打算，对被征服的地区一番抢掠之后，多保留原来的统治者或扶植自己的傀儡上台统治，尚无设置官员进行治理的迹象。在某些地区，亚述国王会安置殖民者在那里定居。

从公元前9世纪起，亚述国王改变政策，着手创建帝国。亚述那西尔帕统治时期（前883—前859），亚述人曾攻掠美索不达米亚和叙利亚，打败阿拉美亚人，兵临腓尼基；在北方，亚述沉重打击了劲敌乌拉尔图。在东方，亚述人击败了宿敌埃兰。在被征服地区，亚述那西尔帕或设置要塞、驻扎军队，或建立城市、安置殖民者，做长久统治的打算。沙尔玛纳萨尔三世（前858—前824）继位后，与两河流域最强大的巴比伦保持和平，集中力量攻击叙利亚、巴勒斯坦和小亚细亚等地区的小国。他击溃了叙利亚诸部落的抵抗，占领大马士革，迫使腓尼基诸城市和以色列称臣纳贡。但是，亚述的残暴统治激起了被征服地区猛烈的反抗，亚述内部也爆发了叛乱。在巴比伦帮助之下，他的儿子沙马什-阿达德五世（前823—前811）经过四年战争击败对手，保住了自己的王位。阿达德-尼拉里三世（前810—前783）继位之时，其统治再度受到挑战。由于亚述统治阶级的内讧，对外扩张步伐一度放缓，有些被征服地区可能还脱离了亚述的控制。

提格拉特帕拉萨尔三世（前745—前727）即位后，亚述的扩张以更加有力的方式展开。在北方，劲敌乌拉尔图多次遭到入侵，其都城一度被占领；在叙利亚，亚述人将包括大马士革在内的叙利亚广大地区置于自己的控制之下。巴比伦的王位被亚述人掌握。在东方，美索不达米亚北部通向伊朗高原的道路，都处在亚述的控制之下。萨尔贡二世（前721—前705）继续了扩张政策，他在位期间，亚述几乎从未停止过对外征服活动。在北方，亚述继续与乌拉尔图争夺，巩固了提格拉特帕拉萨尔的征服；在南方，亚述王最大的成绩是控制了巴比伦。公元前705年，萨尔贡二世在与辛麦利人的战争中战死。此后的三代国王辛那赫里布（前704—前681）、阿萨尔哈东（前680—前669）和亚述巴尼拔（前668—约前630）的主要工作，是在巩固已有征服成果的基础上进一步扩张。辛那赫里布最大的“功劳”是毁灭了巴比伦，用他自己的话说，“他们的居民，无论老幼，一个都不留。我要用他们的尸体填平城市的街道。……将城中的房屋烧个一干二净。”巴勒斯坦和叙利亚的抵抗，被辛那赫里布摧毁，以色列从地图上消失，犹太成为附庸国。公元前671年，阿萨尔哈东打败埃及，占领埃及首都孟斐斯。虽然自公元前1千纪初以来，埃及一直处于衰落状态，常受外族统治，但埃及文明毕竟历史悠久，而且国土广大，对于亚述来说，埃及实在距离太远且面积太大，并不能对其进行有效统治，公元前669年，阿萨尔哈东不得不再度入侵埃及，死于进军途中。亚述巴尼拔继承了父亲的埃及政策，继续出征，占领了底比斯。但公元前656年，埃及再度独立，普萨美提科斯（前664—前610）建立了第二十六王朝，恢复了埃及本地人的统治。不过在东方，亚述巴尼拔取得了一次伟大胜利——打败了劲敌埃兰，占领埃兰首都苏撒。

经过公元前10世纪以来约300年的扩张，亚述成功征服了包括两河流域、叙利亚、伊朗高原西部和小亚细亚南部在内的广大地区（一度包括埃及在内），建立起西亚历史上空前辽阔的帝国。

亚述国王辛那赫里布关于其战争的铭文

（我是）辛那赫里布，伟大的王、威武之王、世界之王、亚述城之王、四方之王，睿智的牧羊人，大神们的喜爱者，酷爱公正者，行善之人，贫民的同情者，德政的追随者，完美之年轻人，英雄的男子，所有王公中的第一人，驾驭桀骜不驯者之缰绳，用雷电轰击敌顽之人，大神阿淑尔授予我无敌的王权，并使我的武器比所有的王位占据者更强大。从太阳落下的上海（地中海）到太阳升起的下海（波斯湾），他使所有的黔首臣服于我的脚下，顽抗的君主畏惧我的战争，他们放弃了他们的领土，如同山洞之鸟蝙蝠一样独自地飞往无人能及之地……我高兴地进入了巴比伦城内的他的宫殿并打开了他的宝库，我把金子、银子、金银器皿、各种各样的宝石，无数物资、贵重的贡品，以及后宫妇女、朝臣、侍卫、奴仆、男女优伶、所有的工匠、全部的他的在公众服务的奴仆带出来，并把他们算作战利品……在我返回的途中，我一个接一个地征服了从未屈服过的阿拉美亚人……我把208 000人民，男女老少，和无数的马匹、骡子、驴群、骆驼、牛群、羊群作为大量战利品运到了亚述的国土中……我用武器杀戮了邪恶的敌人黑瑞美城的战士们，没有留下一个人。我把他们的尸体挂在柱子上并使其绕城一周（示众）。

——吴宇虹．古代两河流域楔形文字经典举要．哈尔滨：黑龙江人民出版社，2006：344－345．译文略有改动。

二、亚述帝国的统治

1．亚述的国家结构

亚述王无疑是整个政治体系的核心，是整个制度顺利运转的关键。用亚述国王辛那赫里布的话说，他是牧羊人，其臣民是被牧放的对象，当然只能听从牧人的指挥。像所有专制统治者一样，亚述国王的权威在理论上是绝对的，不容任何挑战。亚述巴尼拔继位时发布的命令称："他将让强大者卑贱，让卑贱者高升，处死那些应处死之人，饶恕那些值得饶恕之人。尔等应听从他所说之言，执行他之命令。尔等不可寻求其他任何人为王，或让任何其他主人反对他。"这样看来，行政、立法、司法、宗教权力，可能都在他的手中。亚述人的理想国王是：所有人都可向国王申诉，国王也会听取所有人的申诉，并做出公正判决，也说明国王权力的绝对权威性质。不过任何国王都不可能靠一己之力进行彻底的专制统治。在国王之下，是一个世袭贵族集团，他们仍拥有某种程度的权威，古亚述时代的里模职务在新亚述时代一直存在，王后一般也出自亚述最有权势的家族。此外，在国王的宫廷中，可能还有守门人、持杯者、信使、王友之类的人物。太监有可能发挥着重要作用。国王也经常与一些宗教或世俗人士保持通信，听取他们的意见。

地方实行行省制。全国被划分为若干行省，都城尼尼微也不例外。行省一般根据该省的主要城市命名，由总督统治，个别行省内可能还保留有当地的小王朝的统治者。行省总督的主要职责是利用驻扎在该省的军队维持秩序，防止被征服地区居民起义；养护道路；征收捐税；如果国王及其军队过境，行省要提供必要的给养；向中央政府提供军队。为防止被征服地区起义，也为了保证亚述的人力和物力供给，亚述统治者自公元前9世纪以后，逐渐改变了那种一味屠杀和掠夺的政策，将被征服地区的居民有组织地迁离原来的地区，分散安置到新的定居地，使他们处在不同族类、不同语言的陌生环境中，以防止他们联合起来反叛。迁居者耕种土地，向亚述人缴租纳税，或充当士兵。有些部落集团逐渐与当地人融合，丧失了自己的特性，例如以色列的10个部落，就从历史中消失了。

为加强统治，提格拉特帕拉萨尔以来进行了军事和行政改革。亚述实行募兵制，组建常备军，建立包括战车兵、骑兵、重装步兵、轻装步兵、工兵、攻城兵和辎重队在内的军队，以适应长期进行战争的需要；改善武器装备，配备了攻城用的冲城锥和云梯以及渡河用的充气羊皮浮囊等；实行多兵种协同作战，如先用战车兵冲击敌人，再以步兵打击被冲乱的敌人，最后以骑兵追击逃敌等。修建道路和驿站，加快信息的传递，以便帝国可以迅速调集军队。

2. 亚述的灭亡

尽管亚述帝国非常强大，历代统治者也努力创建适应帝国的制度，但是帝国的统治并不稳固。首先，征服者和被征服者之间存在着深刻的矛盾。被征服者因为受到残酷压迫，不断起义。埃及被征服后仅两年就大规模地起义。亚述军队虽然再度打败了埃及人，但四年后埃及人又一次起义。亚述人尽管又一次获胜，并攻下了埃及首都孟斐斯，可是10年后，埃及还是摆脱了亚述的统治。其他地区如叙利亚、巴比伦等地，类似的起义也接连不断。为了镇压起义，亚述人疲于奔命。其次，亚述统治阶级内部矛盾重重，宫廷阴谋层出不穷，不少国王死于非命，国王因此要分出相当大的精力应付内部危机，不能专心于国事。一些国王为摆脱前朝的影响，往往在登基后营建新都，加重了人民的负担。最后，要维持这样庞大的国家，交通和通信是一个难以克服的障碍。亚述人虽然采取了许多措施，但是仍不能摆脱历史条件加给他们的限制，难以有效地掌握被征服地区的情况，被征服者仍有可能起义。所以，当长期的战争将亚述的人力物力消耗殆尽时，被征服地区纷纷暴动，逐渐摆脱亚述的统治。埃及首先脱离了亚述的羁绊，接着巴比伦也独立，最后，米底人崛起于扎格罗斯山东部。公元前614年，千年古都亚述城被攻陷；两年后，尼尼微失守，亚述国王放火自焚，其残余退往卡尔赫美什。公元前605年，卡尔赫美什被新巴比伦王国占领，亚述彻底灭亡。

3. 亚述文化

亚述历代统治者穷兵黩武，从西亚各地掠夺了大量财物和文物，用以满足亚述统治者的穷奢极欲。亚述国王有一习惯——营建自己的都城。古亚述的国王沙马什阿达德一世并没有选择亚述城作为都城，而在舒巴特-恩利勒建立了新都。新都距亚述城约150英里，20世纪70年代以来的发掘表明，那是一座占地面积达千余亩的大城市，内有宫殿和神庙。中亚述时期，亚述城受到特殊青睐，修建了不少建筑。新亚述的国王则继承了沙马什阿达德的传统，更愿意修建自己的新都。新都几乎无一例外地都规模宏大，有宫殿和神庙。宫殿中间为大院，四周配以一系列的厅堂，有些是楼房，高者达到三层。亚述那西尔帕的都城在尼姆鲁德，约64平方千米，由卫城、神庙和皇家宅邸构成，王宫周围种植了各种奇花异草，宫内储藏着他从各地掠夺来的珍宝。沙尔玛纳萨尔三世没有营建新都，但他在尼姆鲁德的宫殿占地约5公顷。宫殿设防严密，犹如一座军营，供应奢侈生活的设施也一应俱全。萨尔贡二世的都城在霍尔萨巴德，其最具特色的是人首飞牛雕刻。辛那赫里布的都城在尼尼微，其宫殿规模虽不大，但使用的材料包括“洁白夺目的石灰石、奇异芬芳的木材、精雕细琢的象牙，以及做装饰用的贵重金属”。宫内有浴室，地板上铺有防水沥青。

亚述王宫门口的守护神

亚述的雕刻和手工技艺非常发达。所有亚述王宫几乎都有精美的雕刻装饰，雕刻的主题，或与亚述国王的狩猎活动有关，表现国王在狩猎中的英勇；或与亚述的军队有关。亚述那西尔帕的宫殿雕刻手法简练有力，其中一幅浮雕上的国王正驾驶着战车猎捕狮子，一只狮子已经中箭倒地，另一只已经身中数箭，正在狂吼，似乎绝不甘心自己的失败。但国王好像已经把它交给了身后的两名随从，自己则驾驶战车疾驰，似乎正奔向新的目标。亚述宫殿门口常常置有镇门兽。它们的长相多少有点怪异，经常是人首、牛身、带翅膀，大约是希望将所有动物的优点集中于镇门兽上，让它们确保亚述国王的安全。亚述的黄金雕刻工艺因近年的考古发现大放异彩。1989年发现的亚述数位王后的墓葬中，陪葬品有大量的精美金饰品，包括王冠、手镯、微型瓶、敞口金碗等，其数量之大、工艺之精美，远远超过希腊所谓的阿特里乌斯宝藏。其中一条项链上悬挂着28个垂饰，上镶宝石，项链的结合处是两个相互缠绕的动物的头构成的扣；一顶金冠上面镶嵌着三排金玫瑰；金手镯上镶有绿松石、孔雀石和天青石；微型瓶瓶身有精巧的凹槽，并以金链装饰。一位考古学家这样评价，它“做工精美绝伦”，其工艺“在今天都是难以达到的”。

第二节　腓尼基和巴勒斯坦

一、腓尼基

1. 历史概况

腓尼基地处地中海东岸，大致相当于今黎巴嫩和叙利亚西部的沿海地带。它东倚黎巴嫩山，北接小亚细亚，南邻巴勒斯坦。山地盛产木材，谷地和平原适合于农业。它与邻近的两河流域、埃及以及欧洲的交通十分方便，有利于发展工商业。塞姆语文献称此地为迦南，希腊人则称之为腓尼基，意思是“紫红之国”，因为这里盛产紫红染料。

腓尼基最初的居民为胡里特人。公元前3千纪，说塞姆语的迦南人迁入，成为占统治地位的族群。公元前3千纪末—前2千纪初，在腓尼基出现了一系列城市国家，比较著名的有乌加里特、比布罗斯、推罗、西顿等。由于这里战略地位重要，而诸城市国家之间又经常发生战争，时常遭到外敌入侵。新王国时期的埃及、古巴比伦、赫梯、亚述等先后入侵过这里，成为统治者。直到公元前2千纪末—前1千纪初，由于西亚地区和埃及等大国在海上民族入侵的打击下先后衰落，腓尼基地区的城市国家才获得一个比较长期的和平发展阶段。

有关腓尼基城市国家的政治制度的资料非常稀少。在推罗，从公元前19世纪到公元前4世纪，那里好像一直有一个君主。他似乎享有某些重要的权力。公元前7世纪，推罗王曾代表国家与亚述王签订过商业条约。在西顿、比布罗斯等城市的考古中，也发现了若干规模比较大的王陵。在国王的周围，有一个由长老或富商组成的议事会。希腊人和希伯来人的资料表明，这个议事会公元前7世纪—前3世纪一直在发挥作用，有关宗教和税收的问题可能由它决定。此外，在这些国家中可能还存在若干由数人组成的委员会，管理具体事务。如果迦太基的资料可以被应用到腓尼基本土的话，那在腓尼基人城市国家中，也应存在某种形式的人民大会。从亚里士多德等提供的资料看，人民大会的作用不大。这样看来，腓尼基城市国家一方面继承了东方文明中的君主制，同时也有若干共和制度的特征。

腓尼基的农业以精耕细作的园艺业著名，盛产葡萄和橄榄。手工业和商业比较发达，手工业中除腓尼基特产的紫色染料及其布匹外，还有象牙加工等奢侈品制造业。为便于经商，从公元前2千纪开始，腓尼基人在小亚细亚、塞浦路斯、爱琴海等地建立商业据点；公元前1千纪，腓尼基人进一步把势力伸向西部地中海，先后在北非、西西里、西班牙等地建立殖民地和商业据点，有些据点如迦太基后来发展成为十分强大的国家。他们除了把本地生产的农业和手工业产品贩运到外地外，还辗转贩运埃及、两河流域、小亚细亚、塞浦路斯等地的金属及手工业品，在地中海的贸易活动中发挥着十分重要的作用。腓尼基人以善于经商和航海闻名，希罗多德称，公元前7世纪，他们曾奉埃及法老之命环绕非洲航行。这可能是人类历史上第一次环绕非洲航行。

《圣经·旧约全书》之《以西结书》有关腓尼基人城市推罗商业活动的记载

他施人因你多有各类的财物，就作你的客商，拿银、铁、锡、铅兑换你的货物。雅完人、士巴人、米设人都与你交易；他们用人口和铜器兑换你的货物。陀迦玛族用马和战马并骡子兑换你的货物。底但人与你交易，许多海岛作你的码头；他们拿象牙、乌木与你兑换。亚兰人因你的工作很多，就作你的客商；他们用绿宝石、紫色布绣货、细麻布、珊瑚、红宝石兑换你的货物。犹大和以色列地的人都与你交易；他们用米匿的麦子、饼、蜜、油、乳香兑换你的货物。大马士革人因你的工作很多，又因你多有各类的财物，就拿黑本酒和白羊毛与你交易。威但人和雅完人拿纺成的线、亮铁、桂皮、菖蒲兑换你的货物。底但人用高贵的毯子、鞍、屉与你交易。阿拉伯人和基达的一切首领都作你的客商，用羊羔、公绵羊、公山羊与你交易。示巴和拉玛的商人与你交易，他们用各类上好的香料、各类的宝石和黄金兑换你的货物。哈兰人、干尼人、伊甸人、示巴的商人，和亚述人、基抹人与你交易。这些商人以美好的货物包在绣花蓝色包袱内，又有华丽的衣服装在香柏木的箱子里，用绳捆着与你交易。他施的船只接连成帮为你运货，你便在海中丰富极其荣华。

——中国基督教协会. 圣经. 新标点和合本. 1303-1304.

2. 腓尼基字母

腓尼基人对世界文明最大的贡献是他们创造的一套字母系统。大概是在世界各地经商往来的过程中，他们熟悉了埃及的象形文字和西亚的楔形文字。但众所周知，这些文字书写复杂。作为一个商业民族，他们需要简捷的书写和记账体系。约公元前2千纪，腓尼基人创造出字母文字。最初字母文字不止一种，甚至同一个城市中都会有不同的字母书写方式，因为这些东西原本是商人用来书写账目的，只要自己方便又可以认识就行。后来逐渐形成公认的规范，形成几套比较流行的字母系统。最后，最具优势的比布罗斯字母取得胜利，成为腓尼基地区通行的文字。这种文字有22个字母，书写简单，每个字母都有自己的读音和意思（A表示牛头，B表示房屋，D表示门等），而且排列顺序固定，便于记忆。书写方式是自右向左。它只有辅音，没有元音。目前所能见到的最早的字母文字铭文，可能是公元前13世纪或前11世纪的。虽然在当时的东部地中海世界可能还存在其他字母文字，但腓尼基字母文字被创造出来之后，它的简便易学使它立刻广泛地传播开来。公元前8世纪，希腊人借用腓尼基字母，创造了希腊字母。希腊人在这些字母之外创造了元音，使它更加完善。罗马人借用希腊字母创造出拉丁字母。今天欧洲的主要字母，不是来自希腊字母，就是来自拉丁字母。在东方，从腓尼基字母发展出阿拉美亚字母，从阿拉美亚字母中，又发展出希伯来、古波斯、安息、阿拉伯、亚美尼亚、印度和维吾尔等字母。因此，腓尼基字母文字堪称东西方绝大多数字母文字的始祖。

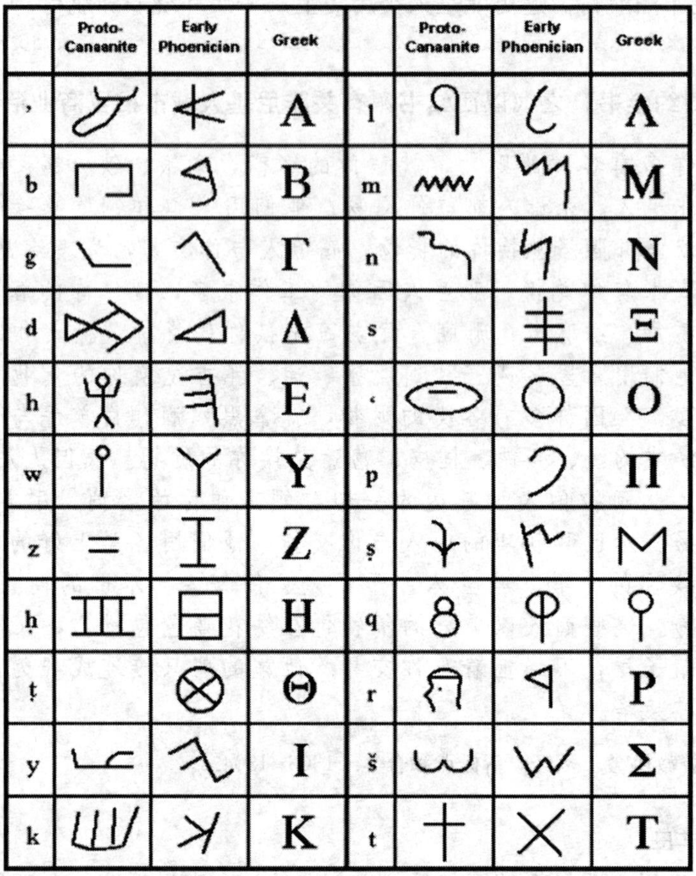

从腓尼基字母到希腊字母（从左到右分别是原始迦南字母、腓尼基字母和希腊字母）

腓尼基人虽然成功地创造了字母文字，却没能建立统一的国家，只能在西亚和埃及等强国的夹缝中周旋。公元前8世纪，亚述征服了腓尼基。公元前6世纪，这里成为波斯帝国的一部分。公元前4世纪中期，波斯人摧毁了西顿。公元前4世纪后期，马其顿亚历山大成为它的主人，为切断波斯海军与波斯帝国的联系，消灭了推罗。腓尼基从此衰落，当地的居民逐渐与后来的居民融合，丧失了自己的特点。因此，我们后来很难再见到他们的活动了。

二、古代希伯来人

1. 希伯来人的历史

巴勒斯坦地处亚非两洲之间，大致是一个南北长、东西窄的狭长地带，战略地位十分重要，历来是兵家必争之地。无论是埃及，还是两河流域的大国，一旦强大起来向外扩张，通常都会进攻巴勒斯坦。如今这里降雨稀少，一些国家之间为了水源常发生纠纷。但在古代，这里似乎湿润多雨，《圣经·旧约全书》称这里是流蜜与奶之地，公元1世纪的犹太作家约瑟福斯（37/38—94/95）说：“这是一个优美的所在，空气潮湿，适于农耕。春天，有花有树。秋天，更有吃不尽的果品。……巴勒斯坦，无河流足资灌溉，但以雨量丰富、空气潮湿，颇宜于农作物生长。”平地盛产葡萄，坡地适合橄榄、枣和无花果等生长，山地可以放牧。早在旧石器时代初期，这里就有了居民，并且是世界上最早的农业发祥地之一。公元前 3 千纪，这里居住的是说塞姆语的人。公元前 2 千纪初，阿摩利人的一支来到这里，和当地居民融合，形成迦南人。约公元前 2 千纪中期，希伯来人从两河流域迁居到此。新王国时期，这里是埃及的属地。公元前 2 千纪末，埃及等大国先后衰落，海上民族横扫东地中海，巴勒斯坦才得以独立发展。当时这里居民复杂，有迦南人、赫梯人、腓力斯丁人等，从埃及归来的希伯来人不过是众多部落集团中的一个。在与当地居民斗争的过程中，希伯来人逐步取得优势，成为这里的主人，形成以色列和犹太两个部落联盟。为与腓力斯丁人斗争，希伯来人选举了国王。大卫（约前 1000—约前 962）为王时，南北两个部落联盟最终被统一起来，建立以色列—犹太国家。

大卫和所罗门（约前 962—？）在位时，是希伯来人历史上的黄金时代。希伯来人利用巴勒斯坦有利的地理位置，积极发展对外贸易。在国内，虽然阶级分化已经相当严重，统治阶级和普通人民大众之间矛盾越来越尖锐，王权日益强化，但由于长老会议、祭司等的权力没有被完全剥夺，不同利益集团的声音还能有所表达，所以政局基本稳定。所罗门死后，由于南北两大联盟之间的矛盾难以调和，统一的国家陷入分裂。为了争夺土地和财产，双方常常刀兵相见，两国王室内部也多次发生内乱，严重削弱了抵御外敌的力量。公元前 8 世纪末，亚述消灭了以色列，犹太沦为附属国；公元前 586 年，新巴比伦为与埃及争夺巴勒斯坦，出兵犹太，攻陷耶路撒冷，将大批工匠和犹太贵族掳到巴比伦，史称“巴比伦之囚”。这些流亡在外的希伯来人开始被称为犹太人，意为犹太国家的亡国遗民，初为贬义，后逐渐被接受并流传开来。公元前 539 年，波斯占领巴比伦。为利用犹太人，乃允许他们返回巴勒斯坦，重建耶路撒冷和圣殿，以波斯人的附属国存在。公元前 4 世纪末，马其顿征服巴勒斯坦。亚历山大帝国分裂后，巴勒斯坦先归托勒密埃及统治，大体上享有自治权。但在落入塞琉古王国统治之下后，统治者推行的希腊化政策引起犹太人反感。公元前 2 世纪，犹太人进行反抗，在罗马支持下取得独立。可是犹太人也许没有意识到，罗马人是更可怕的对手。公元前 1 世纪中期，巴勒斯坦被罗马吞并。罗马人在巴勒斯坦厉行罗马化政策。公元 66 年—70 年，犹太人发动了第一次大规模的反抗罗马的起义。但面对罗马强大的武力，尽管犹太人奋勇抵抗，仍遭失败。公元 132 年—135 年，犹太人再度发动反抗罗马的起义，遭到罗马毫不留情的镇压，耶路撒冷被彻底摧毁，犹太人先后离开巴勒斯坦，散居到世界各地。

2. 犹太教与《圣经》

与古代多数民族的宗教信仰不同的是，希伯来人信奉的犹太教是一神教。在希伯来人看来，天地万物，鸟兽虫鱼，包括人类自身，都是上帝耶和华（又称雅赫维）创造的。这个世界上，除了耶和华以外，没有别的任何神灵。当然，这种一神教并不是一蹴而就的，而是经历了一个长期的发展过程，大卫和所罗门时代，希伯来人仍信奉多神，先知们不断抨击希伯来人多神信仰的言论，恰恰反映了一神信仰确立过程中的冲突。直到“巴比伦之囚”后，一神信仰才最终定型。至于其经典《圣经》，也是从公元前 6 世纪开始编纂，到公元前后才成为我们今天看到的版本。

犹太教的基本教义，首要的是信奉耶和华为宇宙间唯一神灵，认为耶和华从混沌中创造了这个世界，因此天地万物都是耶和华的创造物，都体现了耶和华的意志，但耶和华并不体现为任何具体的形象，他无所不在。其次，犹太人坚信上帝从世界万民中选定犹太人为上帝的选民。耶和华与犹太人订有圣约，当犹太人遵守圣约时，上帝就保佑他们，反之则惩罚他们。但这个选民概念是排他性的，即只有犹太人才是上帝的选民。异族如果希望信奉犹太教或与犹太人通婚，男性必须先接受割礼。由于犹太人在历史上屡次遭受外族侵略和奴役，而他们本身力量又十分弱小，难以对抗强大的侵略者，乃寄希望于上帝给他们派来救世主，于是有了弥赛亚观念。犹太人相信，上帝终将给他们派来救世主，将他们救出苦海。犹太人之所以在亡国后流落到世界各地却仍能保持他们的民族特点，与犹太教独特的教义不无关系。

犹太教的基本经典是《圣经》，即基督教《圣经》的《旧约全书》部分。该书共39卷，汇集了古代西亚地区和希伯来人的神话、历史和文学作品，大体划分为律法书（或《摩西五经》）、历史书、先知书和智慧书几个部分。《摩西五经》因古代希伯来人的先知摩西而得名，进入《圣经》的时间最早，包括《创世记》《出埃及记》《利未记》《民数记》《申命记》。《创世记》记载天地万物的创造，亚当、夏娃的故事，人类的流散等。《出埃及记》记述希伯来人在埃及的生活及离开埃及的历程。《利未记》实际上是犹太教的祭司法典，载有有关仪式和禁忌的规定。《民数记》列举了希伯来人离开埃及时的人数，但说当时希伯来人有60万之众，显然有夸大。《申命记》记述了公元前7世纪犹太国王的宗教改革，强调一神信仰。历史书包括《撒母耳记》《列王纪》《历代志》等，记录了古代希伯来人的历史。先知书包括《阿摩司书》《耶利米哀歌》等，反映了公元前7世纪犹太王国社会矛盾的严重。智慧书包括《雅歌》等，不仅是古代希伯来人的文学经典，也多少反映了当时希伯来人对外国的态度。

除《旧约全书》外，希伯来人还有其他一系列经典，包括所谓的《次经》《伪经》等。在形成希伯来和犹太文化传统中，它们都发挥着至关重要的作用，而且对世界文学的发展产生过重大影响。

第三节　米底、新巴比伦王国与波斯帝国

一、米底和新巴比伦王国

1. 米底

米底人原是印欧人的一支，最初可能居住在中亚。大约公元前2千纪末，他们迁移到里海西南、伊朗高原西北部地区（今伊朗之哈马丹），成为这里的主要居民。关于米底的记载不多，他们自己没有留下多少文献，主要记载来自对手或后人。亚述人只是把他们作为当地的众多部落之一。希罗多德曾经对米底王权的兴起及其灭亡有所记载，但他的记载更像一个神谕必须应验、统治者因自己的残暴必将得到报应的故事，除最后两位国王的名字在巴比伦的编年史中得到证实外，其他部分实在难以尽信。

亚述帝国强大时，曾经多次攻击米底，一直深入到埃克巴坦那以北地区，抢掠财物和牲畜，一度在那里驻军和进行统治。公元前7世纪后期，米底人发动反抗亚述的起义，各部落逐渐走向统一。公元前624年，米底国王库阿克撒列斯（约前625—前584）击败入侵的西徐亚人，统一米底各部，进行军事改革，以正规军取代以前的部落民兵，将军队按照兵器种类重新组织。接着，米底乘亚述衰落之机，和新巴比伦联手进攻亚述，米底军队攻占古都亚述城，两年后占领尼尼微。此后，米底向伊朗东部和南部扩张，将波斯人变成自己的臣民。公元前585年，米底出兵小亚细亚，和吕底亚激战，后因日食休战。至此，米底成为西亚大国，其疆域东达卡拉姆库沙漠，北抵亚美尼亚，西界小亚细亚，南到波斯湾。

米底虽然在短期内征服了广大的地区，但是统治并不巩固。首先，米底兴起之时，其内部居民的分化也许并不十分激烈，但随着征服战争的胜利，贵族掠得大量财富，普通平民获利不多，米底内部的贫富分化加剧，激化了内部矛盾。其次，米底的所谓统一，也许不过是把贵族们联合在一个霸主的领导之下。在其各自的居住区，贵族仍行使着自己的统治权，考古发现米底境内有众多城堡，也许就反映了这一点。由于贵族势力强大，国王和贵族之间的关系也并不协调。最后，米底人和被征服者之间也存在深刻的矛盾。当米底末代国王试图削弱贵族力量以加强王权时，一部分贵族便勾结波斯，借波斯之手推翻了国王的统治，但米底也从此落入波斯统治之下，成为波斯的一个行省。

2. 新巴比伦王国

新巴比伦王国由迦勒底人建立。迦勒底人本是塞姆人的一支，约公元前1千纪初迁移到两河流域南部，住在波斯湾附近。亚述人征服美索不达米亚后，迦勒底人多次起义反抗。公元前626年，那波帕拉萨尔（前626—前605）乘亚述发生内乱，发动反抗亚述的起义，自立为巴比伦王，并和米底联手消灭亚述，夺得亚述帝国的地盘，成为西亚一大势力。为与阿摩利人建立的巴比伦王国相区别，史学界称迦勒底人的国家为新巴比伦王国。

尼布甲尼撒二世（前604—前562）统治时期，新巴比伦王国进入极盛时代。为与埃及争夺巴勒斯坦和叙利亚，尼布甲尼撒二世数度出兵巴勒斯坦，先后打败了埃及人在那里组织的反巴比伦同盟。公元前586年，犹太人的都城耶路撒冷被攻克，国王被挖去双眼后送往巴比伦，大批工匠和贵族也被掳往巴比伦，在那里生活了大约半个世纪。叙利亚和腓尼基的许多小国见势不妙，纷纷向新巴比伦王国表示忠心和前来归附，埃及势力终于被赶出巴勒斯坦。新巴比伦王国可能在那里指定自己的官员进行统治，并征收贡赋。

巴比伦编年史关于攻占耶路撒冷的记载

第七年（公元前598/597年）的基斯利福月（11/12月）：阿卡德国王聚集起军队向哈图（叙利亚）进军。他在犹太城外扎营，于阿达月的第二天（公元前597年3月16日）占领了该城，俘虏了（它的）国王。他指定自己的人任该城国王，（并）把从那里获得的大量贡品带到了巴比伦。

——Amelie Kuhrt. The Ancient Near East：Vol. Ⅱ. London：Routledge，1995：591.

《圣经》关于耶路撒冷陷落的记载

巴比伦王将耶和华殿和王宫里的宝物都拿去了，将以色列王所罗门所造耶和华殿里的金器都毁坏了，正如耶和华所说的；又将耶路撒冷的众民和众首领，并所有大能的勇士，共10 000人，连一切木匠、铁匠都掳了去；除了国中极贫穷的人以外，没有剩下的；并将约雅斤和王母、后妃、太监，与国中的大官，都从耶路撒冷掳到巴比伦去了；又将一切勇士7 000人和木匠、铁匠1 000人，都是能上阵的勇士，全掳到巴比伦去了。巴比伦王立约雅斤的叔叔玛探雅代替他作王，给玛探雅改名叫西底家。

——中国基督教协会. 圣经：列王纪（下）. 新标点和合本. 602-603.

新巴比伦时期，巴比伦城进入了最繁荣的时期。城墙内的面积约达36平方千米，城墙高23米，厚8.7米，其伊什塔尔门高大雄伟，装饰华丽。巴比伦城之大，令希腊人称奇，据说波斯人攻占巴比伦之时，外城已陷，内城的人浑然不知，仍在寻欢作乐。新巴比伦王国时期修建的七级大寺塔高91米，底层为正方形，每边长91米。有趣的是，它每一层的颜色也不一样。不过它象征的不是天堂、人世和地府，而是七大行星。庙内供奉着马都克的金像和金制家具，有女尼住在庙中。人们相信，马都克神经常来此过夜。巴比伦城的空中花园据说是国王尼布甲尼撒二世为取悦王后专门修建的，位列古代世界七大奇迹，为一方形建筑物，是一层又一层的阳台式建筑，每层阳台都由下面的若干砖砌巨柱支撑。每层在直接受到砖柱支撑的部位排列着一排每块4.8米长、1.2米宽的石板，石板上铺芦苇和沥青，再铺上熟砖，熟砖上为铅板，铅板上堆泥土，然后再种植花草树木。水源则通过一根空心柱子从河中汲取，不用人工挑水。这样的工程，在当时的世界上绝对少见。

可是，新巴比伦王国的好景不长。国王与贵族、国王与神庙祭司之间的矛盾尤其尖锐。地方总督对国王的忠诚，很大程度上依靠地方官员向国王本人的宣誓。违背誓言者本人将被处死，其财产会被没收。但誓言能否得到遵守，要依靠国王个人的能力和实力。尼布甲尼撒二世的儿子仅执政两年就被谋杀，他的继承者执政时间稍微长些，但没有留下什么值得一提的记录。随后即位的可能是个孩子，仅执政几个月又被谋杀，最后是那波尼达（前555—前539）继位。他企图加强王权，遭到贵族和祭司的反对。公元前546年，巴比伦驻埃兰总督投降波斯。公元前539年，波斯国王居鲁士（前558—前530）进军巴比伦，击溃了巴比伦的军队，新巴比伦王国灭亡，两河流域的历史也从此掀开新的一页。

二、波斯帝国

1. 波斯的崛起

与米底人一样，波斯人也是印欧人的一支，大约在公元前2千纪迁入伊朗高原，后因受亚述压迫，逐渐向伊朗西南地区迁徙，征服了埃兰和帕塞波里斯之间的法尔斯河谷地区，此地后来即因法尔斯而取名为波斯（Fars与古波斯语Parsa为一音之转）。公元前7世纪末—前6世纪初，波斯处在米底的统治之下。据希罗多德，当时波斯一共分为十个部落，六个务农，四个游牧，最有势力的是阿契美尼德氏族。公元前553年，该氏族的居鲁士在波斯称王，领导波斯各部落反抗米底的统治。公元前550年，米底被灭。公元前546年，小亚细亚的吕底亚被征服，小亚细亚西岸的希腊人也大多成为波斯的臣民。公元前545年—前539年，波斯征服中亚南部，接着向西攻占巴比伦，灭新巴比伦王国，叙利亚、腓尼基和巴勒斯坦望风而降。公元前525年，居鲁士的儿子冈比西斯（前530—前522）征服埃及。大流士在位时，又征服了印度河流域的一部分和巴尔干半岛北部。在大约半个世纪的时间里，波斯迅速征服了西亚和北非以及爱琴海北部的广大地区，建立起一个地跨欧、亚、非三洲的大帝国。

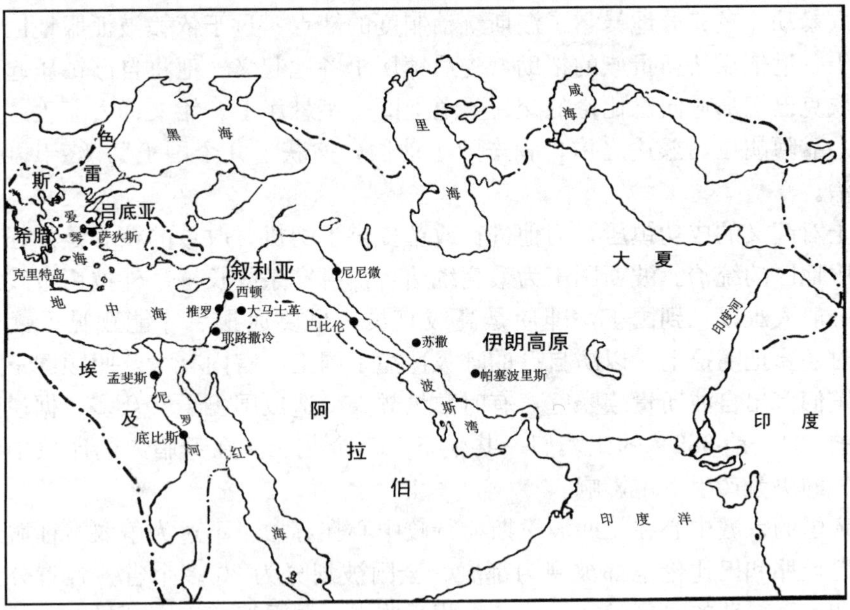

波斯帝国

波斯扩张的成功，与当时西亚北非的形势有关。当时这里经历数千年发展，相互之间早已联系起来，因此波斯的统一有许多前例可资借鉴。当波斯崛起之时，西亚和北非地区存在三个最强大的势力，一是米底，一是新巴比伦，一是埃及。这些地区内部矛盾比较尖锐，加上相互之间为了霸权征战不已，实力遭到严重削弱。新巴比伦王国的国王与祭司之间矛盾尖锐；埃及统治阶级内部也产生了不和，有人逃到波斯请求入侵；米底国王强化王权的企图遭遇贵族抵抗。在遭到外部力量攻击时，内部往往出现叛变，相互之间也未能联合对敌，被波斯人各个击破。反观波斯人，他们崛起之时，还处在阶级社会初期，内部矛盾相对缓和，能够一致对外，由部落成年男子组成的军队，也保留了较多英雄时代的勇武精神。此外，波斯领袖的政治和军事才能也起了一定的作用。不可否认的是，在波斯早期的扩张中，他们的领袖发挥了重要作用。据希罗多德记载，正是在居鲁士的煽动之下，波斯人才起兵反抗米底；也正是在居鲁士的指挥之下，波斯人成功攻占了吕底亚都城萨狄斯；同样是通过居鲁士的策划，波斯人首先击破了巴比伦周围的城市，形成对巴比伦的合围，迫使巴比伦不战而降。此外，波斯人注意尊重被征服地区的宗教习俗，积极修缮各地的神庙，从而争取到祭司贵族和部分社会上层的支持。居鲁士自巴比伦放返被囚希伯来人的行动，让他不仅赢得了希伯来人的赞誉，而且为他争取到了叙利亚和巴勒斯坦地区众多部落和国家的支持。波斯扩张之初，就积极汲取邻邦的军事政治成果，改革军事，建立新的行政体系，迅速完成了从部落向大帝国统治的转变。

2. 大流士（前522—前486）改革

由于扩张速度太快，波斯人还没来得及充分消化征服得来的成果，就不得不应对被征服者的反抗。由于征服者是外族，被征服者对波斯人多有不满。冈比西斯死后，波斯帝国曾发生一次全国范围的大起义。巴比伦、波斯本部、米底、中亚等地区，都爆发了起义。这次暴动比较充分地暴露了波斯统治制度的缺点：过于依赖被征服地区的上层阶级。大流士一世依靠波斯贵族的帮助，先后镇压了各地起义。他将自己镇压起义的过程刻写在从埃克巴坦那通向巴比伦的交通要道上的一座悬崖上。铭文称大流士“进行了十九次战争。靠阿胡拉马兹达之佑，我击败了他们，擒获了九个国王”。终于再度稳固了波斯的统治。

大流士对起义的成功镇压，为他进行改革提供了契机。改革的核心是加强王权，巩固对被征服地区的统治。波斯国王为最高统治者，身穿条纹长袍，外披用金线刺绣的紫色斗篷。一般人难以见到国王，即使是高级官员，也要通报后才能觐见。觐见时要鞠躬，鞠躬时还要把嘴捂上，以防自己的呼吸冲撞了国王。宫内有太监照顾国王和妃嫔的生活。妃嫔们多出自波斯贵族家庭，有时数量颇大，造成国王子女众多，据说阿塔薛西斯二世（前404—前359）的妃嫔们一共生了115个儿子。在希腊人的印象中，这些妃嫔会对国王的决策产生一定影响。

波斯帝国的宗教中心在帕塞波里斯，行政中心在苏撒，不过为争取被征服地区的支持，埃克巴坦那和巴比伦也都被视为都城。全国被划分为20多个省，各省分设主管民事的总督和主管军队的军事长官，让二人相互监视，并派遣“王之耳目”监督各地军政官员的活动。在军事上，建立一支以波斯人为核心的常备军，具体人数无法确知。在埃及的埃列芳提那驻扎的军队中，主要是犹太人，但也有波斯人、米底人、巴比伦人、花剌子模人等，其中犹太人最多。也许是为了统治的需要，波斯有意不让士兵驻扎在自己出生的省份。不死队为国王的近卫军，员额为步兵10 000人，骑兵1 000人，归国王调遣。为适应地中海海上作战的需要，又利用腓尼基人组建海军。波斯常备军的数量可能不是特别大，一旦发动大规模战争，需临时征集军队。按照希罗多德的说法，波斯国王大流士为报复马拉松战役的失败，大规模征调军队，小亚细亚因此骚乱了三年。财政方面，废除先前不太确定的贡赋制度，明确规定各地应当交纳的税额。统一币制，规定中央发行金币，流通全国，地方只能发行银币或铜币。最后，为加强对各地的控制，修筑驿道。驿道沿途设有驿站，站内备有马匹，以供使者随时使用。紧急文书采用接力形式快速传递。其中道路最长者，为从小亚细亚的以弗所到苏撒的驿道，全长2 400余千米。如果正常行走，需要三个月，但通过驿站的快马，紧急情报则一个月左右就能送达。驿道的修建，固然主要是为了传递消息和强化统治，但客观上也有利于商品的流通。

大流士的改革，大大加强了波斯中央政权对各地的统治，建立了一套比较完整的中央集权的行政、军事和财政体系。它成为波斯帝国的基本制度，一直沿用到公元前4世纪末。大流士因此得以自称："我是大流士、伟大的王、众王之王、万民之王、此大地之王"，波斯帝国由此进入鼎盛时期。

3. 波斯帝国的社会

波斯帝国幅员广阔，从西方的巴尔干半岛北部一直延伸到印度河流域，从北方的高加索到埃及的南部，纵横数千千米。如此广阔的地区，政治结构、经济生活和宗教信仰都颇为不同。其中比较发达的地区，如两河流域、埃及、小亚细亚等地，已经有几千年的文明史，社会生产比较发达，城市也有相当的发展，以国王为首的官僚体系大体形成。但在巴尔干半岛北部的色雷斯、伊朗高原的部分地区以及中亚等地，当地居民可能还处在部落时代与游牧状态。在宗教上，波斯帝国的统治者信仰琐罗亚斯德教；埃及人可能仍信奉他们的阿蒙神，犹太人信奉犹太教；其他居民可能都在某种程度上保存着自己的信仰。波斯帝国也许更像一块民族和文化的马赛克，因波斯帝国的征服与统治而被联合在一起。为加强统一，波斯曾经在帝国范围内推广使用阿拉美亚语言。不过这样的措施有多大成效，恐怕连波斯国王大流士本人都没有把握，否则他也不用把宣扬自己取得胜利和声威的贝希斯敦铭文用波斯、埃兰和巴比伦三种文字刻写了，也不用在发布诏令后，将阿拉美亚语言译成当地的语言，并且由当地官吏执行了。

在波斯帝国治下，波斯人可能享有特权。宫廷最重要的官职、各地最重要的官员、军队的统帅，多由波斯人担任。与波斯人同族的米底人、一些被征服地区的上层分子，偶尔也有资格担任一些重要职务，但大多限于与他们所在族群有关的事务。如征服小亚细亚希腊人的波斯军队统帅是米底人；犹太人以斯拉和尼希米曾主持耶路撒冷神殿与城墙的修建工作。其他部族可能继续保有内部自治，当地上层分子把持权力，一般民众照旧耕种自己的土地，但需要向波斯政府交租纳税，承担劳役。在帕塞波里斯的铭文中，就发现有希腊人在那里从事建筑。公元前500年小亚细亚希腊人的起义，与波斯劳役和赋税的加重大概不无关系。在修建都城苏撒时，大流士动用了帝国各地的人力和物力。

波斯时代可能存在某种形式的户籍制度，据说埃及居民因为无力纳税逃入城市，却被当地官员强制遣送回原籍。处在社会最底层的可能是奴隶。由于波斯帝国发展的不平衡，奴隶制在不同地区的发展程度显然也有区别，两河流域和小亚细亚的希腊人中奴隶相对较多，埃及和其他地区可能仍沿着自己过去的道路前进，古代波斯的经典文献《阿维斯塔》很少提到奴隶。奴隶可能享有一定的自由和财产，有些还有自己的家庭。有些奴隶甚至担任了官员，能够与巴比伦总督那样的高级官员交往。优卑亚岛上的希腊城邦埃里特利亚的人民被掳往波斯后，波斯国王就给了他们一块土地，让他们在那里生活，但不曾提到任何其他监管措施和负担。这些情况都说明，波斯帝国的奴隶处境差别较大，有些人是否真能视为奴隶，都有疑问。

4. 波斯文化

波斯文化中，最有特色的是建筑。对波斯统治最有用的工程应当是从尼罗河通向苏伊士湾的运河。该运河本为埃及法老尼科（前610—前595）动工兴建，后因伤亡太多停工。大流士完成了该项工程，让波斯的船只可以从红海直接驶入埃及。此外，为进军希腊，薛西斯（前486—前465）在希腊北部的阿托斯半岛完成了一道运河。但是，波斯最宏伟的建筑仍然是王宫。前述帕塞波里斯宫殿的建筑，动用了帝国各地的人力物力，连希腊人也有所贡献。该城位于高出周围平原约20米的天然平台上，背靠山坡，其中的觐见大殿面积近3600平方米。薛西斯的宫殿据说有72根柱子支撑，柱子一律为大理石，高近20米，柱身有凹槽装饰，柱头为螺旋形花蕾，与希腊的伊奥尼亚柱式比较接近。像亚述宫殿一样，波斯宫殿也有雕刻和绘画装饰。可惜该城于公元前4世纪末被马其顿国王亚历山大（前336—前323）放火夷为平地，大多数建筑和雕刻都化为废墟，只留下一些柱子和阶梯，其中的仪式阶梯上的雕刻，犹如波斯帝国的艺术陈列馆，共出现了3000多个人物，描绘着波斯统治下的帝国各地居民向波斯大王进贡的情景。今天的学者们根据这些图像服装的不同，能够辨认出他们的民族成分。

推荐阅读书目

国洪更. 亚述赋役制度考略. 北京：中国社会科学出版社，2015

李铁匠. 古代伊朗史料选辑. 北京：商务印书馆，1992

李铁匠. 伊朗古代历史与文化. 南昌：江西人民出版社，1993

刘文鹏，主编. 古代西亚北非文明. 北京：中国社会科学出版社，1999

潘光，陈超南，余建华. 犹太文明：上编. 北京：中国社会科学出版社，2004

王立新. 古代以色列历史文献、历史框架、历史观念研究. 北京：北京大学出版社，2004

吴宇虹. 古代两河流域楔形文字举要. 哈尔滨：黑龙江人民出版社，2006

周有光. 世界文字发展史. 上海：上海教育出版社，1997

朱维之，主编. 希伯来文化. 杭州：浙江人民出版社，1998

中国基督教协会. 圣经. 新标点和合本

[美] A. T. 奥姆斯特德. 波斯帝国史. 上海：上海三联书店，2010

[以色列] 阿巴·埃班. 犹太史. 北京：中国社会科学出版社，1986

[英] 约翰·德雷恩. 旧约概论. 北京：北京大学出版社，2004

[美] 亨利·富兰克弗特. 近东文明的起源. 上海：格致出版社，2009

[美] 丹尼尔·E. 弗莱明. 民主的古代先祖. 上海：华东师范大学出版社，2017

[英] 塞西尔·罗斯. 简明犹太民族史. 济南：山东大学出版社，1997

[美] 保罗·梅尔，编译. 约瑟夫斯著作精选. 北京：北京大学出版社，2004

[美] 约翰·沃顿. 古希伯来文明：起源和发展. 上海：华东师范大学出版社，2017

[俄] B. A. 伊斯特林. 文字的产生和发展. 北京：北京大学出版社，2002

第六章

从列国并立到统一的印度

第一节 吠陀时代和列国时代

一、吠陀时代的印度

1. 吠陀与吠陀时代

公元前2千纪中后期，雅利安人进入印度河流域。雅利安有“高贵”之意，作为族称，泛指所有操印度-欧罗巴语的人，但在狭义上，主要指公元前2千纪中叶进入南亚的印欧人。在进入印度河和恒河流域时，雅利安人与当地土著发生激烈冲突。由于他们与土著在外貌、语言上存在较大区别，便把后者描写为鼻子扁平或没有鼻子，说着邪恶语言的达萨，而把他们自己的战神因陀罗描写成达萨的摧毁者。[①] 凭借他们使用的马和马拉战车的优势，雅利安人逐渐排挤了土著，将他们变为地位较低的被征服者；那些未被征服者，大多被迫逃亡到边远地带或者森林之中。对雅利安人来说，这是一个长期和艰苦的过程。从此时开始，直到公元前1千纪中叶，反映印度历史的主要文献是雅利安人的宗教经典《吠陀》，所以这个时代又被称为吠陀时代。

---

① 部分学者否认有雅利安人入侵，认为雅利安人早在公元前6千纪已经到达南亚，并创造了印度河流域文明；所谓的达萨也不是指土著，而是指恶魔或不信神的人。

吠陀的原意是“知识”，即关于宗教的知识，特别是指从太古以来口头流传下来的文学的一支，称作神圣的知识或神的启示，后来转化为对婆罗门教和印度教经典的总称。从广义上说，它是一种用吠陀梵文写作的西北印度文献的总汇，形成于公元前2千纪—前1千纪，是关于神的颂歌和祷文的文集。《吠陀》共四部，《梨俱吠陀》最早，约形成于公元前2千纪末，部分内容可追溯到公元前2千纪中叶。全书共10卷，收集了有关自然诸神的赞歌和祭祀祷文1 028首（说法不一，有的说为1 280首，有的说为1 017首）。比《梨俱吠陀》形成较晚的《吠陀》有三部，分别是《娑摩吠陀》、《耶柔吠陀》和《阿闼婆吠陀》。《娑摩吠陀》是把《梨俱吠陀》中的绝大部分赞歌配上曲调的歌曲集或旋律集，在祭祀时用来歌唱，绝大部分赞歌在《梨俱吠陀》中出现过。《耶柔吠陀》是说明如何在祭祀中应用这些歌曲，大多数诗文也在《梨俱吠陀》中出现过。《阿闼婆吠陀》是巫术、咒语的汇集，与民间信仰有密切关系，主要记载巫术和神话。这四部《吠陀》形成的时间，大概都在公元前1千纪上半期。《吠陀》所反映的时代被称为吠陀时代，其中《梨俱吠陀》时期为早期吠陀时代（前1500—前900），其他《吠陀》以及解释它们的《奥义书》《森林书》等所反映的时代，被称为后期吠陀时代（前900—前600）。

2. 吠陀时代的雅利安人

吠陀时代是雅利安人征服南亚次大陆、国家逐步形成的时期。在《梨俱吠陀》中，我们能清楚地看到这种冲突所留下的痕迹。在一首关于雷神兼战神因陀罗的颂歌中，我们看到这样的诗句：因陀罗“使尘世万物震撼，他挫败了达萨的气焰，而把他们驱散，他好似交运的赌客的赌注，赢得了敌人的财产”。这里的达萨，至少包括部分南亚原有的居民。据说他们皮肤黝黑，没有鼻子，显示雅利安人和达萨之间相貌上存在明显差别。但他们之间的文化差异可能更明显。有些部落集团之所以成了雅利安人的敌人，是因为他们的习惯不同，例如巴尼喜好偷盗牲畜；有的则崇拜男性生殖器。雅利安人各部落之间也征战不息，一些弱小的部落被吞并。古代印度史诗《摩诃婆罗多》的主题，就是雅利安人两大部落集团之间的大战。所谓的达萨，后来可能也包括这些被打败的雅利安人部落。在这个过程中，雅利安人的势力逐步从印度河流域和恒河上游向恒河中下游扩张，将恒河流域变成了印度历史的核心地带。雅利安人的语言和生活习惯，从此在南亚地区文化中占据主导地位。

从社会生产角度看，吠陀时代是雅利安人从游牧转向农耕的时期。雅利安人刚进入南亚次大陆时，农业不占主导地位。他们的主要财产是牲畜，并以牛、马的头数作为计算财产的单位。表现在考古上，属于公元前2千纪前期的赭陶文化的陶器制作粗糙，工具主要使用铜器，从事畜牧业。时代上与赭陶文化有重叠但总体较晚的彩绘灰陶文化的居民，不仅使用的陶器质地细腻、火候均匀，而且拥有少量的铁器，并开始从事农业生产，种植的可能是水稻。随着时间的推移，农业的地位越来越重要。从《梨俱吠陀》的描绘看，当时人们已定居在农村，农民成了所有人的代称，知道使用灌溉技术和肥料，种植的主要农作物有水稻、大麦等。庄稼成熟时，用镰刀割下，打成捆在谷仓的地上脱粒，然后还要簸扬，再用磨碾，最后做成糕饼。到后期吠陀时代，由于铁器的广泛使用，农具有了相当大的改进，并培育出新的谷物和果树品种。手工业和贸易也繁荣起来。手工业内部分工有较大发展，战车制造已经与木工分开，弓匠、弓弦匠和造箭者已经不再属于同一职业。世代经商的人开始成为一个独特的阶级。他们贩卖各种土特产品，出现了专门的计算价值的单位。在工商业发展的基础上，城市等较大的居民定居点开始出现。

经济的发展带来社会结构的变化。在早期吠陀时代，雅利安人基本的社会单位是家庭，一般实行一夫一妻制，但也有一夫多妻的现象，却无一妻多夫之事，说明一些人已经拥有相对较多的社会财富。一些人被迫向富人借债，如到期不能偿还，要为债主服一段时间的劳役。贵族被称为罗惹尼亚，平民被称为维什。贵族的主要责任是保卫部落和征战，平民的责任主要是放牧和务农。奴隶也出现了，原来只是用来称呼被征服者的达萨，现在变成对奴隶的统称。土地已经被分给各家使用，但草地仍属公有。

后期吠陀时代，雅利安人开始比较广泛地使用铁器，向恒河流域的腹地进军。虽然当时的生活依然简单，人们还居住在简陋的泥屋子里，手工业并不先进，主要是制陶和冶炼金属，但在雅利安人内部，社会分化较前一时期有所发展。由罗惹尼亚演变来的刹帝利已经掌握了部落的权力，平民（维什）成为与刹帝利相对的阶层。婆罗门和首陀罗两个等级也先后出现。这样，构成古代印度种姓制度核心的四个等级先后产生。土地兼并已经出现，有些村庄的土地全部被地主占有，意味着一部分人开始失去土地。

3. 种姓制度

伴随经济发展和社会分化而来的，是种姓制度的产生。种姓是瓦尔那一词的汉译，原意为肤色。最初，当雅利安人内部还比较平等时，只有雅利安和达萨两个瓦尔那。在雅利安人扩张过程中，首先出现了贵族和平民。贵族的主要职责是保卫部落，为掠夺牲畜与其他部落作战，“在胜利的战争中发出你的吼声，凡能抓起来的，就缚之以绳。战鼓啊，你的神音到处回响鼓舞着我们；靠武力把敌人的财产带给我等”。平民的职责是从事放牧和耕耘，向贵族和祭司进贡。到后期吠陀时代，贵族和平民的划分变成了刹帝利和吠舍。刹帝利的原意是权力，暗示贵族此时已掌握社会财富再分配的权力，而吠舍一词来自维什，显然是从事社会生产的劳动者。此外，还有由祭司转化而来的婆罗门和由依附劳动者组成的首陀罗。婆罗门主管宗教事务，以占卜影响国王的政治和军事行动，有时直接出任国家高级官职，是社会上势力很大的一个阶层。首陀罗原来大概是非雅利安人，后来一些失去了公社成员身份的雅利安人也成为首陀罗。他们主要从事农、牧、渔等被认为低贱的职业，宗教上不能参加婆罗门教的入门式和宗教仪式。在古代印度人看

《梨俱吠陀》关于种姓制度产生的说法

当诸神以普鲁沙行祭时，
他的油化为春天，
贡品化为秋天，
木柴化为夏天。
…………
当他们分割普鲁沙时，
使其成为多少部分？
他们称其口和双臂为何？
其双腿和双脚何名？
其口为婆罗门，
由其双臂造成罗惹尼亚，
其双腿变成吠舍，
从其双脚生出首陀罗。

——崔连仲，等编译. 古印度吠陀时代和列国时代史料选辑. 北京：商务印书馆，1998：12-14.

来，等于他们只经历了一次诞生，所以被称为一生人，而那些高等级的人因参加了入门式，似乎在宗教上获得了第二次生命，所以称再生人。

与其他古代文明区域相比，古代南亚的种姓制度不仅存在的时间长，而且十分严格，渗透到社会生活的各个方面。种姓制度所强调的，首先是职业世袭制，即每一个人将来的职业，不取决于他本人的能力，而取决于他的出身。如果一个人的父亲是首陀罗，就算他有经天纬地之才，也只能当首陀罗；如果一个人的父亲是婆罗门，即使他本人是白痴，他照样是婆罗门。其次，各种姓实行内婚制，不得到本人所属种姓之外娶妻，所以婆罗门只能从婆罗门种姓内娶妻；而首陀罗，就算家财万贯，也没有资格娶婆罗门出身的女子为妻。所不同者，婆罗门和刹帝利倾向于与其他家族通婚，以编织范围广大的权力网络，而吠舍和首陀罗因条件限制，一般在自己的种姓内通婚。在宗教方面，首陀罗不得参与前三个等级的宗教活动，如果首陀罗故意听人诵读《吠陀》，耳朵中要被灌入熔化的锡或铅作为惩罚。法律上，种姓之间的不平等表现得最为明显。犯同样的罪行，如果属于不同的种姓，则惩罚的轻重差别很大。根据后来的法律规定，同样是杀人，如果杀害婆罗门，罪犯要被处死；杀害刹帝利，罪犯需要守戒6年，并交出1 000头母牛和1头公牛；杀害吠舍，罪犯需守戒3年，并交出100头母牛和1头公牛；但如杀害了首陀罗，罪犯只需守戒1年，并交出10头母牛和1头公牛。在继承遗产的问题上，如果一个婆罗门有4个妻子，而4个妻子分别来自4个种姓的话，那她们的子女所得的遗产份额，按照从高到低的种姓顺序，分别为40%、30%、20%和10%。这样一种制度，显然是维护上层统治阶级利益的。它的出现，表明后期吠陀时代的雅利安人已进入阶级社会，国家已成为统治阶级压迫人民大众的工具。

4. 政治制度

为维护统治阶级的权力和地位，吠陀时代雅利安人的国家机构逐步完善起来。在早期吠陀时代，雅利安人政治生活中还有较多的民主因素。当时君主制虽然是通例，后来成为国王的罗阇已经穿上了华贵无比的服装，而且被称为“无与匹敌的，是一切敌手的消灭者”，但有些君主仍由民选产生。当时的观念是，如果国王希望统治稳定的话，百姓的认可必不可少。在部落中，存在一个由全体人民出席的、有权处理部落事务的大会萨米提，另外还有一个近似长老会的萨巴。两者应当都具有一定影响。《阿闼婆吠陀》选举国王时的祈祷词是“各个氏族、五方女神，选你为王，使你生根于高地，王国之顶峰。你，强大者，一定要把财富分给我等”。在做出重大决定时，国王还需要得到长老和人民的支持，会议上可能还存在某种程度的辩论。《阿闼婆吠陀》这样描写国王与两个会议的关系：

> 愿萨巴和萨米提，生主神的两个女儿一致帮助我！愿他与那些我将相会的人同我合作。啊！长老们，我愿高兴地向那些集会的人把话说。
>
> 啊，议会，我们知道你的名称，真的，“愉快”就是你的名称，愿所有那些坐在你那里集会的人们说出同我和谐的语音。
>
> 我从坐在一起的人们那里为自己取得权力和谅解，在这个全体的集会上，啊，因陀罗使我成为胜利者。

这样的会议虽有某种程度的民主因素，人们还可以比较自由地发言，但起决定作用的，却是国王个人的意见。到后期吠陀时代，国王的权威有了某些变化。与前一时期一样，君主通常出身刹帝利种姓，他们自称是全体人民的绝对主人，普通自由民必须纳贡。即使是婆罗门，也可以被国王免职。一些有成就的君主号称天下之主或一统天下的君主，甚至是四海之内唯一的统治者。他们通过举行灌顶大礼、力饮祭、马祭来显示自己的力量与权威。所谓马祭，就是选出一匹军马，让它在首领所承认的领地上奔驰，后面跟随着其他军马和士兵。第一匹军马所到之处，就成为首领的领地。如有人阻止军马通过，则加以讨伐。马祭的举行，说明上层的领土意识增强，希望通过这种仪式，确认自己对某些地区的统治权。部落时代集体行使权力的机构，其构成和权力都逐渐发生了变化，长老会萨巴逐渐被王族垄断，非王族成员一般被排除在外，甚至王族内部也只有部分成员可以出席。部落会议萨米提可能也不再是议事机构，而变成了平民向贵族提供农牧产品，由贵族进行分配和举行祭祀的场合，其作用更多地在于强调贵族和平民之间的区别，而不是议事和监督国王。

在王权加强的同时，行政机构也逐步建立起来。除国师外，后期吠陀时代还出现了将军、村长、司库官、税收官、传令官、侍从官、监察官、信使等官职。地方上，省一级的政府开始建立，其中斯塔帕提大概是管理边远地区部落的官员，而萨塔帕提大概主持由 100 个村落组成的地区的政务。司法方面，国王拥有重要的权力，可以授权监察官行使职权。但部落和村一级的司法似乎仍由地方组成的法庭审理。税收官和司库官的设置，巴利一类赋税名目的出现，表明国王在经济上的权力也有所扩展。从这些方面看，到后期吠陀时代，国王已经开始集中政治、经济、军事和司法权力。

5. 婆罗门教

在意识形态方面，部落传统仍在发挥某种程度的作用，其典型表现是部落成员为取悦神灵举行的祭祀。在这些场合，部落成员聚集在一起，屠宰大批牛羊，凡参与者都可分到一份祭肉，并畅饮苏摩酒。

后期吠陀时代，体现统治阶级意志的婆罗门教已经形成。它的前身是吠陀崇拜，基本经典是《吠陀》，多神和献祭是它的基本特色。婆罗门教强调世界的本原梵和人的本质的同一。如果人们能够摒弃社会生活，抑制七情六欲，实行婆罗门教的规定，就可以获得解脱。与之相适应，婆罗门教十分重视业报轮回理论，认为每一个人死后，其灵魂都会在另一个躯体里复活。而一个人重新转世的形态，取决于他在前世的作为。如能奉行婆罗门教的规定，可以在来世升入更高一个等级或天道；如果为恶，则会下降到较低等级，甚至沉沦于地狱，来世变为首陀罗或动植物。这样一种理论，和种姓制度一样，给婆罗门和刹帝利的统治披上了神圣的外衣，要求下层人民无条件地满足于现状，是直接为上层统治者服务的。

二、列国时代的印度

1. 列国时代

公元前 6 世纪—前 4 世纪是印度历史上一个诸国林立的时代，被称为列国时代。关于列国时代的资料相对丰富，我们可以利用佛教、耆那教的文献，还有波斯、马其顿的文献可供参照。

列国时代印度历史的中心是恒河中下游。印度河流域先后被波斯和马其顿统治，成为它们的属地。尽管那里保持着与印度本土的联系，某些城市仍保持着文化中心的地位，但由于铁器的广泛使用，恒河中下游的沼泽、森林被大片开垦为耕地，生产获得发展，已成为印度历史的主要舞台。列国时代最重要的国家，据佛教文献说有十六大国，分别是鸯伽、摩揭陀、迦尸、居萨罗、拔祇、末罗、拔沙、支提、般阇罗、居楼、婆蹉、苏罗娑、阿般提、阿湿波、犍陀罗和剑浮沙。除最后两国位于西北印度外，其他基本在恒河中下游地区。

十六大国中，除少数是共和国以外，绝大多数是君主国。在君主国中，君主执掌着国家的所有或最重要的权力。他有权征收土地税和商业税，处置山林及无主荒地，征发劳役。与前一时期相比，官僚制度得到进一步发展。在国王宫廷中，有名为“普罗塔希”的国王顾问，有叫“森纳帕提”的将军，有叫“摩诃摩特罗”的大臣和“维耶瓦哈里伽”的法官。他们的实际权力，因为担任者和国王的关系不同而有所区别。地方上，尤其是在具有战略意义的地区，国王派总督去统治。总督一般由王子出任，以防止权力落入王室以外的人之手。

十六大国中，拔祇和末罗实行共和制度。共和国称僧伽或冈纳，其政治体制似乎不完全相同，有些大概是寡头政治，有些可能是民主制。泥沙国由一个首领和一个300人的会议统治，看起来像寡头政治。在梨车，其部落议事会据说有7 707人，每个人都被称为罗阇，每个罗阇还有一个副王、一个将军和一个司库官，更像民主政体。佛祖的故乡释迦国名义上有一个王，但实际上这个王由选举产生，每逢重大事情，男男女女聚集在一个露天广场上开会讨论后再做决定。和希腊城邦相比，古代印度共和国的社会基础更加薄弱，只有那些刹帝利等级的战士才能参与政治，至于吠舍和首陀罗，大概没有机会参加，更不用说奴隶和那些没有土地的雇工了。从佛经的记载看，拔祇的共和制不过是“数相集会讲议政事”，“君臣上下和顺”，“奉法晓忌不违礼度”，能否称为真正的共和国都是疑问。从印度历史发展的趋势看，这些共和国先后被强大的君主国消灭，到孔雀帝国时代基本归于消亡。

2. 社会经济的发展

农业成为列国时代的主要产业。铁器的使用，使古代印度人有可能开垦恒河中下游的沼泽地和森林，将它们变成可耕地。另外，牛耕日趋普遍，水牛逐渐成为主要畜力。水利设施有所发展，农民们在小河上筑起拦河坝，修建简易沟渠和水塘，旱季时将水引入田地中，以保证农作物生长。由于农业生产的季节性要求，农忙时一些人会雇用大批雇工从事田间管理和收割等工作。此时土地应当已成为私有财产，一些婆罗门和刹帝利占有大片土地，并可任意出让。佛经说到有些富人拥有的犁达到500张，牛几千头，虽不免夸张，但一些人占有大片土地应当是可信的。一般农民只有小块土地。他们男耕女织，过着自给自足的生活，但必须承担国家的租税，税率为9%～17%，地方政府可能还会征发他们服劳役。农村公社仍然存在，草场和森林都还是公有财产，人们可以在那里自由放牧和砍柴。

在农业发展的基础上，手工业较前一时期有所发展。在农村和城市居民中，手工业者都占相当大比例。职业的种类，据佛教文献说，有18种，比如木匠、渔夫、缝皮匠、金匠、铁匠、铜匠。由于种姓制度的影响，这些手工业大多是地方性的，局限于一些特殊的家族中，子承父业是通例。在一些城市和地区出现了有特色的手工业品，如迦尸的纺织品、檀香木，犍陀罗的毛毯，喜马拉雅山山脚和恒河河谷的象牙等。更能说明手工业颇为发达的是行会的出现。行会由职工长、长老或领袖主持。行会有一定程度的自治权，但必须服从财政大臣的管理。手工业者的经济地位差别明显，如在制陶行业中，既有农村中的穷陶匠，也有拥有500座陶窑的大人物。这些人从种姓划分上来说大多属于首陀罗，但实际的社会经济地位远高于普通的农民甚至婆罗门。

手工业和农业的发展以及地区性土特产的出现，推动了商品交换的发展。当时印度商人的活动范围很广，曾经到达缅甸海岸、马来语地区、锡兰、巴比伦等地，但他们主要的活动范围还是在南亚境内。他们利用印度四通八达的河流和道路，将商品贩运到各地。有些商人势力相当强大，运送商品的船只有500条，也有大量使用大车的。在贩运的商品中，既有为城市居民所需要的生活必需品如粮食、纺织品等，也有为社会上层所喜欢的各种奢侈品。有些地区的商人及其组织还发行银币。目前发现的印度银币，分布在从波斯到摩揭陀的广大地区，银币背面都有商人打下的印记，而且成色和重量大致相同，说明当时全印度的商品交换已经达到了较高程度，逐渐出现了货币统一的趋势。后来，国家介入货币发行，民间发行货币的权利被取消。

经济的发展促使城市兴起。列国时代的十六大国，都城都是有名的大都市。在这些城市中，王公大臣是其居民中一个重要的组成部分。他们依靠剥削农村居民和手工业者，手中掌握着大量的社会剩余财富，是商人和手工业者非常重要的主顾。城市中也有不少富商、手工业者以及一些从农村迁居城市的财主。商人把农村的农产品集中到城市，也把城市里的手工业品、奢侈品等贩运到乡村和中小城市。中小城市和农村的联系更加密切，它们主要的商品和顾客都来自农村，有些居民也许在农村还拥有土地。这些城市虽然不大，但起着连接大城市和农村的纽带作用。后来，有些中小城市因为工商业的发展，地位逐步上升，变成了繁华的大都市。例如，华氏城开始只是不起眼的小城市，后来成为各种货物交换的中心。摩揭陀的统治者把都城迁到这里后，城市规模进一步扩大，城墙的周长达35千米。从佛经的记载看，占地30～50平方千米的城市属于大城市，也比较常见。城市人口的规模大概有几万人，城内的建筑缺少规划，建筑杂乱无章。它说明，列国时代兴起的城市，大多是自然形成的，行政干预较少，可能是由于经济的而不是政治的原因崛起的。

3. 摩揭陀的兴起

北印度的十六大国不仅在政治制度上颇为不同，政治和军事实力也有很大差异。这些国家一面忙于吞并周围的部落，扩大自己的领土；一面为争夺北印度的霸权，相互之间不断进行战争。在十六大国的混战中，地处恒河下游的摩揭陀逐渐战胜强邻，成为北印度最强大的国家。摩揭陀虽然不在商道上，但它控制着古代印度最重要的铁矿资源。另外，摩揭陀的君主大权在握，没有部落民主传统的限制。佛教兴起时，摩揭陀的统治者是频毗沙罗（约前544—前493），首都为王舍城。一方面他利用婚姻关系，广泛联姻，与周围的列国保持友好关系。据说他有500名妻子，而这些妻子都来自列国王室，给他带来丰厚的嫁妆，如他的居萨罗妻子给他带来一个迦尸村落。另一方面，他对近邻鸯伽进行战争，以武力征服之。传说他统治着八万个村落。在中央，他任命了大批主管行政、司法和军事的官吏，用严刑峻法加强统治。他的儿子阿阇世（约前 493—前 462）弑父继位后，继续奉行扩张政策。虽然他在与居萨罗的战争中遭到失败，但在与拔祇的战争中取得了成功，完成了对东印度的征服。尽管阿阇世也没有逃脱死于非命的命运，摩揭陀对外扩张的步伐并没有停止。到公元前 4 世纪，摩揭陀几乎征服了北印度的所有强国。难陀王朝统治时期，摩揭陀成了北印度唯一的主宰。

《大史》有关早期摩揭陀历史的记载

频毗沙罗和悉达多王子是朋友，他们的父亲同样也是朋友。菩萨比频毗沙罗大五岁，29 岁出家。当他苦修六年得到真谛后，拜访了频毗沙罗，那时菩萨已经 35 岁了。品德超人的频毗沙罗 15 岁时就被其父指定为国王，当世尊向他传授教义时，他在位已经 16 年了。他共统治了 56 年；在与世尊会见时他已登基 15 年了，其后的 37 年是追随如来度过的。

频毗沙罗的儿子，愚蠢的阿阇世弑父篡权后统治了 32 年。阿阇世在位第八年时世尊涅槃，此后他又统治了 24 年。

——崔连仲，等编译. 古印度吠陀时代和列国时代史料选辑. 北京：商务印书馆，1998：101.

三、百家争鸣

1. 社会结构的变化

社会经济的发展，大城市的兴起，列国之间的争霸战争，导致北印度社会结构发生重大变化。一方面，原来处在第一等级的婆罗门，不少人地位下降，不得不去耕田种地或从事贩运的行当；不少人凭借自己的知识，到宫廷中当了国王的顾问或官员，成为刹帝利等级的附庸。用《毗湿奴往世书》的话说，“在困难时期，婆罗门可以从事刹帝利和吠舍的职业”，当然，“一旦渡过困难时期便要放弃这些职业”。但这仅仅是理想化的说法而已。另一方面，随着国家疆土的扩大，王权的加强，行政机构的膨胀，以国王为首的刹帝利等级的势力急剧扩张。他们利用强大的军队和行政机构，聚集了大量财富。无论是婆罗门，还是吠舍，都不能不唯他们马首是瞻。列国时代统治阶级的内部冲突，使得一些地位不高的人也登上了国王的宝座。据说摩揭陀的难陀王朝就由首陀罗建立。但不管他们掌握多少财富，有多大的权势，根据婆罗门教的规定，他们都处在婆罗门之下。与此同时，在吠舍和首陀罗等级中，出现了一些富甲一方的大财主。据说舍卫城的长者婆提多死时，留下纯金四万斤；另一长者须达多曾以黄金铺地，买下祇树给孤独园给释迦牟尼传道。他们对自己低下的等级地位，肯定是不满意的，希望取得与其财富相当的社会地位。也就是说，到后期列国时代，除了婆罗门以外，几乎所有的社会等级都对婆罗门教给自己规定的地位不满。

与此同时，社会矛盾在激化。统治阶级之间无休止的战争，给人民带来的只能是灾难。王权的强化、官僚机构的扩大、脱离农业生产活动的商人的增加，都意味着农民的负担在加重。土地兼并和大地产主的出现，也说明一部分农民失去了他们赖以为生的土地。所以，人民的反抗斗争风起云涌。在佛教文献中，有不少这类人民反抗的故事。在波斯尼斯，当国王乘着大象从城中经过时，愤怒的人群齐声高喊："捉住暴君!"然后用长矛等杀死了他。在另外一些故事中，则出现了国王被逐、大臣被打死的情况。这一类的故事，如果具体到每一个故事，不一定真实；但这类故事的流行本身就说明，社会上存在着这种故事流传的基础，表明当时人们确有反抗国王和暴政的愿望。

2. 反婆罗门教思潮的兴起

社会结构的变化，人民大众的反抗斗争，必然反映在思想意识形态领域。各个阶级、各个派别都纷纷提出自己的主张。当时北印度诸国分立的局面，也为思想家们提供了比较广阔的活动空间。据说摩揭陀、居萨罗等国的国王都先后支持过佛教、耆那教等宗教，城市里的大商人，对那些有助于提高他们社会地位的理论，表现出异乎寻常的热心。这样一种格局，使公元前 6 世纪的印度出现了百家争鸣的局面。

据佛教文献记载，当时北印度有六大师、62 种见解、96 种外道。也就是说，在佛教之外，影响特别大的有六大派别，另外还有 62 种不同的见解和 96 个学派。这些大大小小的派别中，有些影响非常有限，有些属于婆罗门教内部的派别，有些则属于新兴思潮。总的来看，影响比较大的，不管是顺世论派、生命派、耆那教，还是早期佛教，多对婆罗门教持批判态度。

顺世论是古代南亚的朴素唯物论哲学，梵文原意是"流行在人民中的观点"，它兴起于公元前 1 千纪前半期，活跃于公元前 6 世纪—前 4 世纪。它反对一切业报轮回学说，认为世界由地、水、风、火四大元素构成。人也由这四大元素构成。人死后，意识随之消失，因此无所谓灵魂可言，更没有转世的可能。既然所有的人都由四大元素构成，当然不应有等级高下之分，而应完全平等。他们明确指出，婆罗门教的禁欲主义、献祭得救等理论，不过是婆罗门教祭司谋生的手段，并无神圣性可言。这些理论在古代印度没有被社会的主流接受，流传亦不广。该派的著作或失传，或被烧毁，仅仅在论敌的著作中保存下来只言片语。

生命派的某些主张接近无神论，在《长阿含经》中，曾保存一段该派领袖与阿阇世王的对话。对话声称没有今世来世，也没有善恶相报，婆罗门教关于生死轮回的主张都是虚假的，没有必要给婆罗门修行者布施。这一派又是极端的宿命论者，认为包括人在内的所有生物，一旦出生，其命运便已经被决定，任何努力都无济于事，因此，所有人都只能安于现状。这样一种消极主张，既不会得到那些希望改变现状的社会下层的支持，也不大可能被包括国王在内的统治阶级欣赏，因为他们正忙于开疆拓土、一统天下，更不可能不遭到婆罗门教传统势力的反对。它虽然风行一时，终至湮没无闻。

耆那教是当时另一个影响很大的教派。它的创始人增益为六大师之一，得道以后，被称为大雄。据耆那教传说，大雄只是该派第 24 代祖师，他出身于刹帝利家庭，早年曾结婚，且育有一女。他 30 岁出家，以裸体苦行者的身份云游东印度的几个国家，苦修 12 年后得道，成为耆那和尼乾陀，意即"情欲的战胜者"和"解脱束缚者"。他到处宣传自己的理论，最初遇到不少困难，后来信徒逐渐增多，并成为北印度影响最大的教派之一。

耆那教的经典为十二支，有一整套关于世界起源、社会发展及修行的理论。在它们看来，世界是永恒的，无始无终，组成世界的万物也是如此，但它们的外在形式会发生变化。它们宣称，世界上的一切事物都包含两种因子：物质的和精神的。具体到人类身上，物质的部分是身体，精神的部分是灵魂。灵魂和什么样的身体结合，是由自我的行为决定的。行善者可以转生为天神或善人，行恶者可能转生为动植物。在关于轮回的问题上，耆那教似与婆罗门教没有本质区别；但在修行的最高目标上，耆那教有着独特主张。它认为，人的最高理想不是转生为天神或善人，而是使灵魂彻底脱离躯体，摆脱轮回，达到无所不知、无所不能的极乐状态。要达到这种状态，只有奉行耆那教的“三宝”：正信、正知和正行。所谓正信，是正确地相信大雄和他所传的教义；正知是正确地认识大雄的教义；正行是正确地履行耆那教的教规，具体地说就是五戒，即不杀生、不妄语、不盗窃、梵行、无执着。五戒的基本意图就是要人们放弃一切世俗生活的享受，通过苦修以获得灵魂的解脱。

耆那教重视列国时代兴起的刹帝利等级的利益，尤其突出了国王的作用。其经典声称：一切臣民皆仰赖于国王，他们没有主人就不能满足自己的欲望；臣民虽然富有，但没有国王，他们仍难以兴旺；对所有臣民来说，国王的命令绝对不可违抗。这样，耆那教在要人们放弃世俗享乐的同时，却给了国王无限权威，否定了婆罗门至高无上的地位，因此得到了各国统治者的欢迎，传说不少国王都成了耆那教的信徒。

耆那教将不杀生的理论发挥到极致。信徒们出门时，必须戴上面纱，以防止小虫飞入口、鼻中造成无意识杀生；走路时得带上拂尘，一边扫地一边前行，以免踩死蚂蚁之类的小生灵。他们不从事农业，因为耕地时会杀死土壤中的生物。所以，除了统治阶级中那些可以不从事生产劳动的人以外，耆那教信徒主要是商人。大约公元1世纪，耆那教分裂为两派，一派称白袍派，穿白袍修行。另一派称天衣派，仍然像大雄一样，赤身裸体地修行。后来，两派又继续分化，天衣派分为四派，白袍派分裂成四到八派。在现代印度，耆那教仍有重大影响，圣雄甘地可能就接受了耆那教的某些理论并身体力行地去实践。

3. 早期佛教

佛教最初只是众多反对婆罗门教的思潮之一，后成为古代印度影响最大的宗教之一。公元前3世纪起，佛教逐渐向印度以外地区传播，成为世界性宗教。

佛教的创始人是乔达摩·悉达多（约前566—前486），得道后称释迦牟尼，意思是释迦族的圣者。传说他的父亲是伽毗罗卫国王，母亲早逝，他由姨母抚养成人。16岁时，他与公主耶输托罗结婚，并过着奢侈的生活。佛经说有三座宫殿供他在不同的季节生活，有四万宫娥彩女给他跳舞。可伽毗罗卫只是个小国，而且可能是个共和国，即使有国王，也不大可能让后来的佛祖过上如此奢侈的生活。佛教的这些传说，不过是为佛祖后来出家做铺垫的宣传手段。

据佛教传说，29岁那年，佛祖从宫内到了市井，路上遇见一个老人。再过几天，他又碰到一个病人。第三次出门时，他看到了死人。他忽然感到人生一切都是苦难，决意出家修行。最初，他向一些著名的婆罗门学习。他们要他向神祈祷，奉献牺牲，举行宗教仪式。可是佛祖认为这样根本不能解决问题，于是来到尼连禅河畔修习瑜伽，以吃果子与青草为生，慢慢地减少食物。他穿毛布，忍受拔去毛发和胡须的痛苦，以折磨自己。晚上，他卧在荆棘上或枕着死尸入眠。据说他最后变得瘦骨嶙峋，肋骨根根凸起，连身上的血管都清晰可见。这样连续六年，却发现并没有找到解脱苦难的方法，相反，把自己的身体拖垮了，以致晕倒。于是，他放弃无望的修行，到河中洗净身上的污秽，吃了牧女善生送给他的乳粥，恢复了体力，然后向波罗尼斯方向走去。在离这座城市不远的伽耶地方，他在菩提树下静坐苦思。经过 49 天的思考，佛祖终于彻悟，以为找到了解决人类苦难的方法，创立了佛教的基本教义。

佛祖初次说法

彻悟之后，佛祖开始四处传道，45 年间足迹遍及恒河流域各大国。由于佛教主张非暴力、禁欲、反对繁杂的献祭、宣扬众生平等，因此得到社会各阶层特别是各国统治者和大商人的支持，信徒人数迅速增加。80 岁那年，他从摩揭陀前往居萨罗，因途中误食变质的食物去世。

早期佛教之所以能得到社会各阶层的支持，关键在于它的理论有切合实际的一面，适应了当时社会的需要。在世界观上，佛教主张缘起论，认为世界上一切事物的存在都必须依赖一定的条件。条件具备时，事物生成；条件消失时，事物崩坏、灭亡。这样一种观点看到了事物运动和变化的一面，本来有一定的合理性，但佛祖把这种变化绝对化，进而推论世界上的一切都是不稳定的，处在不断的变化中，认为人类的一切追求，到头来必然一无所得。

从这种观点出发，佛教提出了关于人生的看法，认为人生本来就是一种苦难。具体说来，就是生、老、病、死、哀痛等八大苦难。痛苦的人生实在不值得留恋。人类的苦难源自人的追求，如对生、快乐、享受的追求，这些追求一旦不能满足，人就会感到痛苦。既然追求造成了痛苦，所以人应该放弃追求。当然，要放弃追求不容易，因此人要奉持佛教所说的八种方法，一言一行都要符合佛教的规范，这样就会跳出无尽的轮回，达到理想的、不生不灭的涅槃境界。

由上述不难看出，佛教的基本理论就是蔑视现实世界和人生的一切美好事物，去追求那虚无缥缈、根本感觉不到的涅槃世界。不过，佛教不主张轮回，鼓吹所有种姓一律平等。无论是谁，也不管他出自何种姓，只要他能够坚信佛教理论，身体力行地实践佛教的主张，同样能够得到解脱，达到涅槃。所以，佛教并不认同种姓制度。同时，早期佛教也不主张献祭，只要出家人托钵修行即可，对社会下层很有吸引力。这是它能够超越其他宗教迅速传播的重要原因。

早期佛教组织相当松散，没有统一领导。各地僧人组成一个个小集团，平时主要是个人托钵修行，定期集会，各自反省自己有无过失，如有，则当众忏悔。每逢雨季，则全体集合在一处讲经论道。在教团内部，没有高下之分。无论入教前属何种姓，加入佛教后一律平等。平时排座位时，以入教时间先后排定。入教早者为上座。最初佛教不收女子，后佛祖因其姨母十分虔诚地要求加入教团，才接受女信徒。在教团内，女子地位在男子之下。加入教团的称为比丘和比丘尼，平时不从事任何生产劳动，依靠布施过活。至于在家信徒，除遵守佛教戒条外，还有布施义务。他们几乎没有任何组织，但在早期佛教看来，也不大可能达到理想的涅槃境界。

佛祖最初传教时，并没有写出经典，只是要求弟子们努力实践。佛祖去世后，为了保证佛祖的学说不被歪曲和篡改，大弟子迦叶在王舍城举行了第一次结集。随从弟子阿难首先背诵的部分后来成为佛教经典的经藏，优婆离背诵的部分即关于戒律的部分成为律藏，最后一部分不知出自何人之口，也被纳入经典之中，成为论藏。三者合一，为早期佛教的经、律、论三藏。后来，佛教还曾经举行过几次结集，对经典进行解释，以使佛教教义适应变化了的形势。

第二节　孔雀帝国时代的印度

一、孔雀帝国的建立

1. 旃陀罗笈多创建孔雀帝国

正当难陀王朝在恒河下游日益强大之时，西北印度仍处于分裂割据状态。公元前4世纪末，马其顿亚历山大大帝侵入印度河流域。他利用当地的分裂局面，采用各个击破战略，先后打败了一些重要国家。但印度人的勇猛抵抗，印度河流域酷热的气候与河流纵横交错的地形，加上印度人的战象，也使马其顿军队损失惨重，加上士兵们长期征战，早已厌倦战争，因此他们强迫亚历山大撤退。公元前325年，亚历山大将大军撤出印度，留下一些驻军和印度的土著王公作为代理人统治印度河流域。

亚历山大撤退后，印度人立刻发动反马其顿起义。公元前324年，亚历山大任命的旁遮普总督被消灭。公元前323年，亚历山大病逝于巴比伦，其将领们立刻开始了明争暗斗，无暇顾及印度河流域，印度人民乘机起义，推翻了马其顿人及其代理人的统治。在这个过程中，一个叫旃陀罗笈多（约前324—前300）的人逐渐崛起，成为各地起义军的领袖。耆那教文献说此人出身低贱，为一村落首领之子，那个村子里的居民都是养孔雀的。当亚历山大到印度河流域时，他曾去晋见，但因言语触怒亚历山大，致使后者下令将其处死。他见势不妙，只得逃亡，后遇见考底里耶。考底里耶认为他是可造之才，于是二人联手与马其顿人作战并取得胜利。公元前317年，马其顿人被迫撤退，旃陀罗笈多光复了西北印度。

在赶走马其顿人之后，旃陀罗笈多向恒河流域进军。因为当时恒河流域已经成为印度历史的中心舞台，生产比较发达，只有取得对恒河流域的统治权，对印度的统治才能真正确立。但摩揭陀的难陀王朝势力也非常强大，据说拥有2万骑兵，20万步兵，3 000头战象，2 000辆驷马战车。但难陀王朝的统治者横征暴敛，弄得天怒人怨。当旃陀罗笈多的军队进攻华氏城时，军队和民众都消极抵抗。难陀王朝的末代国王达纳·难陀被杀。灭掉难陀王朝之后，旃陀罗笈多基本统一了南亚次大陆北部，建立了印度历史上第一个统一帝国。由于旃陀罗笈多出身于孔雀家族①，他所建立的王朝被称为孔雀王朝，其帝国被称为孔雀帝国，以摩揭陀旧都华氏城为都城。

2. 阿育王

旃陀罗笈多死后，其子宾头沙罗（前300—前273）继承帝位。他的统治不太稳定，刚即位就遇到叛乱。在东方和南方，他也许扩大了孔雀帝国的势力范围，但羯陵伽仍保持独立。据传他子女很多，其中之一是阿育。宾头沙罗病重时，长子修斯摩正在外征讨。国王大概希望修斯摩继位，命人速请修斯摩返回，而以阿育代为统帅。但阿育按兵不动，待宾头沙罗死后，立刻称王。修斯摩闻讯，引兵回朝，在华氏城下被打败。公元前269年，阿育王举行了正式登基的灌顶大礼，是为印度历史上著名的阿育王（前269—前232）。

阿育王即位后，继续执行扩张政策。对西北印度的反叛，他毫不留情地加以镇压。约公元前262年，阿育王对恒河下游的羯陵伽发动战争。羯陵伽在旃陀罗笈多时代相当强大，据说拥有6万步兵、1 000骑兵、700头战象，经济尤其是对外贸易发达。但这样的实力与孔雀帝国相比，仍嫌太弱，结果羯陵伽被征服。据说战争非常惨烈，10万人被杀，15万人被俘。羯陵伽被征服后，整个南亚次大陆除德干高原最南端的迈索尔外，基本被统一起来。这是印度历史上第一个大帝国，它的疆界西北达到喀布尔河流域，与塞琉古王国接壤；东南抵孟加拉湾；北方到喜马拉雅山脚；南达迈索尔。

为加强统治，阿育王在羯陵伽战争后放弃了武力征服政策，转而支持佛教。从王家铭文看，阿育王竭力劝导人们要把家庭放在首位，要服从父母，尊敬师长，对朋友、亲戚、同伴、苦行者和婆罗门要友好；对奴隶、仆从要体恤。他还废止了斗兽一类的血腥娱乐，限制杀生祭祀。在行动上，阿育王注重兴办公共福利事业，认真处理国事，建筑宫殿和神庙。印度赢得了难得的比较长期的和平，孔雀帝国也在他统治时步入鼎盛时期。

二、孔雀帝国的统治

1. 君主专制制度

古代印度的共和制度，在列国时代已随着摩揭陀的扩张被消灭殆尽。孔雀帝国统一后，为巩固统治，将君主专制制度确立为国家的根本制度，共和制在古代印度基本消失。

在政治上，国王是国家最高和唯一的首脑，总揽一切大权，掌握最高司法权，并利用庞大的官僚机构维护统治。据希腊作家麦加斯提尼记载，国王负责作战和处理司法、行政事务。政府最重要的职位由国王任命。他所颁布的诏书就是帝国的法律。他利用大

① 一说他是一村落首领女儿之子，该村居民以驯养孔雀为生，故有此名。

量密探和巡回法官来加强对边远地区的控制。《政事论》规定："国王应在一些被以秘密方式考验证明为廉明大臣的协助下，指定狡黠的学生、破戒的僧人、伪装的家主、商贩、苦行者及其帮手、暗杀者、投毒者、比丘尼作密探。"该书还对为什么需要以及如何使用这些密探做了详尽的说明。即使如此，国王仍担心自己的安全，据说他们白天不敢睡觉，夜间经常更换卧床。

《政事论》有关国王作用和职责的论述

国王勤谨则大臣仿效勤谨，荒淫则大臣仿效荒淫，且败坏江山，为敌人所控制，因此，（国王）应使自己振作起来。

……在白天的第一个八分之一时间里，他应听取防务、财政收支（汇报）。第二个时辰应了解市民与村民事务。第三个时辰洗澡、吃饭和自己学习。第四个时辰接受进贡的金子，委任各部门主管人。第五个时辰通过书信与大臣会议成员磋商，并了解密探们带回来的情报。第六个时辰自己消遣和思考。第七个时辰看象、马、战车和步兵（操练）。第八个时辰与统帅一起考虑军事部署。白天结束时应进行晚祈祷。

晚上第一个时辰接见密探。第二个时辰洗澡、吃饭和自己学习。第三个时辰在乐声中休息。第四、五个时辰睡觉。第六个时辰与大臣议事并派遣密探。第八个时辰接受祭官、国师和王室祭司的祝福，并接见私人医生、厨师和占星家。在围绕带犊的母牛和公牛一圈后方可到议事厅去。或者根据自己的能力划分白天、夜间的时辰，进行工作。

对于国王来说，其誓愿即为励精图治，祭祀即为理政，布施物即为行为公正，献祭即为灌顶礼。

国王的幸福在于臣民的幸福，国王的利益寓于臣民的利益，国王个人喜欢的并不算好，而臣民喜欢的（对他）才有利。

——崔连仲，编译. 古印度帝国时代史料选辑. 北京：商务印书馆，1989：32-33.

在国王之下，有大量官员负责具体事务，最重要的是首席大臣、国师、王储和总司令，在他们之下，可能设有专管地方、城市和军事等事务的官员。主管地方的官员需要保持河流畅通，负责重新测量土地，检查堵塞的沟渠。伐木、征税也由他们负责，猎人、铜匠和矿工也在他们的管理之下。主管城市的官员分为六组，每组五人，分别主管手工业者、接待外邦人、人口登记和户籍注销、贸易等，同时兼有监督外邦人的职能。军队是孔雀帝国的重要支柱，其官员同样分为六组，分别管理战船、军需供应、步兵、骑兵、战车、战象。

在地方，大致实行行省制，开始大概只有两个省，阿育王时增加到五个省。靠近首都的地区由国王直辖，边远省区由王子统治。司法工作由国王亲自负责。在城市和乡村中，都设有国王的法官主持的法庭，比较小的案件大概仍由各地的官员或村长之类的人处理。军队的最高统帅由国王担任，下有30人专门负责军队的管理。但有关孔雀帝国军队规模的记载令人难以置信，在旃陀罗笈多时据说有60万步兵，3万骑兵，9 000头战象，还有数量不详的战车。战象众多是南亚军队的一个重要特点。公元前305年，塞琉古王国远征印度，双方缔结和约后，孔雀帝国的国王就送给塞琉古500头战象。

经济上，国王是全国土地最高和最终的所有者，作为这种权力的一个明显标志，主要表现为国民不管拥有多少土地，除非国王特许，都必须向国王交纳租税。税收一般为收成的六分之一。这些税收大部分用于维持军队和官僚机构，剩余部分供国王消费或赏赐。为保证税收和加强统治，国家建立了严格的户籍管理制度。在乡村，户籍由基层收税官登记；在城市，户籍管理更严。一个基层官员负责10～40户人家的税收，登记内容包括种姓、家族、职业、收支等详细资料。为防止收税人贪污或隐瞒，国王经常派遣耳目化装成普通百姓到城乡巡查。

2. 社会经济状况

孔雀帝国时代，虽然印度已经历百家争鸣时代反婆罗门思潮的洗礼，但古老的种姓制度仍然有着很大的影响。据麦加斯提尼记载，当时印度共有七个种姓。第一种姓是哲学家，实际是婆罗门，人数最少，但身份最为高贵，主要是为他人举行仪式，提出建议，并享有免税特权。据说如果一个婆罗门的话三次没有应验，那他必须终生缄默。只有其言论被证明是正确的，他才可能免缴贡物和赋税。第二种姓是农民，为印度人数最多的种姓，免服兵役，但向国家纳税，除租税外，尚需缴纳收成的四分之一。他们对政治没有兴趣，即使是本国军队正在附近作战，他们仍旧继续自己的工作。第三种姓是牧人和猎人。他们好像并未定居，逐水草而居，其主要任务是放牧和狩猎，有权向他人出售牲畜和猎物，还可以从国王那里领取粮食补给，但不得养马或象，并向国家负担一定的义务。第四种姓是工商业者。除武器和船舶制造由政府垄断外，他们可以制造、贩运所有商品，但他们同样要向国家承担义务，或纳税，或服劳役。第五种姓是军人。他们由国家提供装备和薪饷，平时无所事事，战时听国王号令，随时准备作战。第六种姓是密探，各有职责，或监视城市，或监视军队，或监视农村。为此，他们可以雇用其他人为帮手，并采取必要的手段。最后一类种姓是政府的高级官员。

这位希腊作家还告诉我们，这些种姓相互之间不能通婚，也不能改变自己的职业。这说明到孔雀帝国时代，印度的种姓制度有所发展，原来的四大种姓，随着社会分工的发展，出现进一步的分化，军人与政府官员、农民与牧人和猎人出现了分野，密探作为一个特殊行业，则可能是这位希腊人的夸大。后来从一些种姓中分化出更多的种姓，社会地位的差别也更加明显，出现了贱民。他们被视为不可接触者，白天只能住在城市之外，晚上才能进城。行走时需穿上特殊的衣服或敲打木棒，以便别人回避。他们的职业是搬运无人认领的死刑犯的尸体，食物只能放在破盘子里。如果通婚，也只能在本种姓内进行，一般人不愿和他们交往，更不用提结亲了。

孔雀帝国的统一，和平的来临，给经济发展创造了较好条件。帝国政府对水利事业相当重视，中央设有专门管理和监督灌溉的官职，地方政府对水利事业也给予相当关注。同时，政府还鼓励垦荒。对那些新开垦地区，政府会向农民提供种子、耕畜和资金，而且免除最初几年的税收。

工商业在帝国时代得到相当大的发展。为加强对边远地区的控制，孔雀帝国曾修建了一些大道。这些道路主要供政府官员和军队使用，同时也方便了交通，使商品流通更加顺畅。帝国对货币的统一，也有利于经济的发展。阿育王十分重视与其他国家的关系，印度商人也积极加入文化和经济交流的行列。印度和斯里兰卡、埃及、伊朗以及东南亚都有比较密切的往来。《佛本生经》故事中记载了不少商人海外遇险的故事。这一类故事当然不完全可信，但它们从一个侧面反映了印度对外经济交流的频繁。

3. 佛教的发展和传播

佛教在阿育王时代得到崇奉和发展。据说阿育王即位初期对佛教不感兴趣，反而做过不少明显违背佛法之事，例如在宫中设“人间地狱”对付政敌。但征服羯陵伽后，考虑到南亚次大陆上的主要对手已基本被消灭，剩下的是如何巩固统治的问题，阿育王转向支持佛教。对佛教的发展来说，阿育王时代在两个方面具有重要意义。一是广建佛塔。据说阿育王在比丘的感召之下，不仅在都城华氏城兴建佛塔，供养大批僧人，而且下令全国众多城市（据佛经夸张的说法，在全国 84 000 座城市）中修建佛塔，资助僧人，有力地推动了佛教在印度的传播。一是派出僧团到边远地区和海外传播佛教。据文献记载，阿育王共派出 9 批僧团，除印度本土外，摩诃勒弃多可能前往希腊人在西北印度和中亚地区的殖民地，须那前往孟加拉和下缅甸，摩哂陀前往锡兰。其中摩哂陀在锡兰的传教具有重大意义，让佛教得到当地统治者的支持，在那里迅速传播开来，并成为国教，形成小乘佛教中著名的大寺派。虽然佛教在锡兰的发展后来遭遇挫折，但正是从那里，佛教逐渐传播到缅甸以及东南亚其他国家，成为当地占统治地位的宗教。同时，佛教从中亚经过西域传入内地，在内地孕育发展后传入朝鲜半岛、日本和越南等地，成为影响重大的宗教。可以说，正是从阿育王时代开始，佛教开始突破南亚的区域限制，向世界性宗教发展。

4. 孔雀帝国的衰落

孔雀帝国维持统一的时间不长。帝国缺少一套严格的继承制度。阿育王靠阴谋与武力登上王位，他的继承者没有他那么幸运，虽然他的一个儿子掌握了中央政权，控制了以首都为中心的地区，但另一个儿子在西北印度宣布独立。此后，随着中央政府实力的衰落，各地区先后脱离控制，成为独立的国家。专制制度大概对孔雀帝国的衰落也不无“贡献”，因为孔雀帝国高度的中央集权有赖于国王的勤政，臣民的忠诚仅限于对国王本人。因此，只有强有力的统治者才能维持如此广大地区的统一。但在阿育王之后的很长时间里，印度很少产生可与之比肩的国王。再加上在种姓制度之下，人们认同的主要是自己的种姓，不是抽象的民族或国家。当兵打仗，保家卫国，主要是刹帝利的责任，与婆罗门、农民和商人无关，因此外族入侵在主要由婆罗门撰写的文献中很少得到反映。如果不是这些外族统治者的铭文或钱币流传到今天，我们都难以断定这些统治者曾统治过印度。至于农民，他们的主要责任是种地和缴纳地租，保家卫国并非他们分内之事。种姓分割状态让古代印度难以形成统一的民族意识，不利于国家的统一和稳定。阿育王弘扬佛法并不能彻底克服印度种姓分割的状态，未能形成统一的民族意识。佛教本身的主张，是脱离现实世界，而且不赞成战争之类的暴力。

印度的分裂为外族入侵提供了机会。公元前 3 世纪，塞琉古王国的安条克三世入侵印度腹地，并取得了某种程度的成功。公元前 187 年，孔雀王朝末代国王被废，新王朝取而代之。但新王朝能够控制的地区，不过恒河流域而已，后来其势力进一步缩小，成为摩揭陀地区的一个小王朝，最后于公元前 75 年灭亡。

第三节　古代印度文化

一、文字与文学

1. 文字

古代南亚文字的历史久远，早在公元前 3 千纪，印度河流域文明就已有了一种文字。这种文字主要刻在印章上，我们至今仍不知道它属于何种语系。印度河流域文明灭亡后，这种文字随之消失，取而代之的是婆罗米文和梵文。

雅利安人最初进入南亚次大陆时没有文字。约公元前 7 世纪，雅利安人大概在借鉴阿拉美亚字母的基础上，创造了婆罗米文。婆罗米一词来自婆罗马（Brahma），因后来印度人忘记了字母是如何被创造出来的，只好把它归之于梵天大帝婆罗马。婆罗米文虽是字母文字，但并不完善。值得注意的是，古代印度没有统一的文字书写系统，各地都有自己的方言和写法。即使在孔雀帝国时期，阿育王在发布诏书时，也只好使用不同的方言。书写《吠陀》所使用的方言，后发展成梵文。梵文是古代印度的宗教语言，公元前 3 世纪以后成为文学语言，其他的方言则被称为俗语。俗语中的摩揭陀方言因为被用来书写佛经，成为佛教的神圣文字巴利文。巴利文后来因为佛教在印度的衰落而在印度消失，如今只存在于斯里兰卡等小乘佛教流行的地区。

古代印度的字母文字对南亚、东南亚和中国西藏的字母的产生曾经有过很大影响。斯里兰卡人借用印度字母创造了僧伽罗字母；后来，斯里兰卡人移居马尔代夫，印度字母在那里生根发芽，产生了代夫字母。在北方，尼泊尔、锡金、中国西藏等，都借用印度字母创造了自己的字母文字。13 世纪，八思巴利用藏文字母创造了蒙文字母。在东南亚，由于印度文化的巨大影响，几乎所有的古代字母文字，不管是缅甸的孟文字母，还是孟加拉的孟加拉字母，或是泰国、印度尼西亚等地的字母，大多是在印度文字影响下发展起来的。在大约 2 000 年的时间里，印度字母曾经演变成 60 种以上的字母文字，书写过五大语言系统的 35 种以上的语言和方言。公元 1000 年以降，印度字母的影响逐步下降。先是阿拉伯字母借助其政治、军事和宗教力量，将印度字母从巴基斯坦等地排挤出去。西方殖民主义者东来后，在东南亚等地推广拉丁字母，菲律宾、印度尼西亚、马来西亚等国先是接受了阿拉伯字母，后来又改用拉丁字母，印度字母只是在缅甸、泰国、老挝、柬埔寨等佛教势力强大的国家还在继续使用。

2. 文学

古代印度创造了迄今为止世界上两部最长的史诗《摩诃婆罗多》和《罗摩衍那》。相传《摩诃婆罗多》为广博仙人所作，共 18 篇，100 000 颂，每颂两行，共 200 000 行。诗中包含传说中的远古历史、神话以及哲理故事，不大可能是一人一时之作，而应是古代印度民间歌手和诗人长期积累的结果，很难说形成于哪一个具体年代。《罗摩衍那》共 7 篇，24 000 颂，篇幅为《摩诃婆罗多》的四分之一，约成书于公元前 4 世纪，定型于公元 2 世纪。它叙述的是古代阿瑜陀国的宫廷斗争以及太子罗摩及其妻子悉多悲欢离合的故事。两部史诗的内容包罗万象，涉及古代印度社会和生活的各个方面，其地位不亚于《伊利亚特》和《奥德赛》对希腊人的影响。据说《摩诃婆罗多》中的《薄伽梵歌》像基督教的《圣经》一样，在法庭中具有法律效力。

佛教产生后，对印度文学创作也产生了重大影响。著名的《佛本生经》实际是古代印度民间故事的汇集。它包括五百多个短篇故事，名义上是叙述佛陀前生前世的作为，实际上很多故事反映了列国时代印度的社会和历史问题，如五百商人漂流到罗刹国的故事，反映了当时印度人对海外经商的态度；婆罗门因吃了首陀罗的食物，竟悔恨得把肚子里的东西全呕吐了出来，终于死去，反映了印度种姓制度最恶劣的一面。诸如此类的故事，既反映了佛教对当时社会的看法，也是我们研究古代印度历史的重要资料。

二、科学与艺术

1. 数学和天文

古代印度在科学上的最大贡献是发现了后世所称的阿拉伯数字。早在印度河流域文明时期，印度人已创造了二进制和十进制。雅利安人入主印度后，又创造了从0到9的10个数字。10个数字中，特别值得一提的是0。它最初用圆点表示，后来才用圆圈表示。目前所发现的铭文最早为公元870年。但在此之前，印度人应已广泛使用这个数字了，因为从公元8世纪开始，这些数字已传到阿拉伯。后来阿拉伯人把它带到欧洲，成为如今世界通用的数字书写方式。

在数学方面，古代印度还取得了其他一些重要成就，他们会进行加减乘除综合运算，会开方和求立方根，并能解二次方程，已推导出勾股定理，算出圆周率为3.141 6。

天文学上，印度很早就创造出自己的历法，将一年分为冬、夏、雨三季或春、热、雨、秋、寒、冬六季，一般一年为12个月，每个月30天。笈多帝国时，受希腊天文学影响，印度人提出了地球自转的理论。

2. 医学

古代印度的医学相当发达。《阿闼婆吠陀》中已有治疗麻风、黄疸、风湿等77种疾病的药方；在《吠陀本集》和《百道梵书》中，包含有关解剖学、胚胎学、麻醉学等方面的知识。曾经是贵霜帝国御医的阇罗加著有《阇罗加本集》，概述了病理学、解剖学等方面的知识，并提出了对各种疾病的治疗方法。妙闻的《妙闻集》、婆拜他的《八科提要》也都是重要的医学著作。一些印度的医生甚至在中国的唐朝开业行医，医术十分高明。

3. 建筑与艺术

古代印度的建筑和艺术卓有成就。印度河流域文明时期的城市规划，在当时的世界上几无出其右者。佛教产生后，给印度的建筑以巨大影响。为弘扬佛法，阿育王颁布了一系列诏书。这些诏书多刻在石柱上，且有附属建筑，其代表当推鹿野苑法胜塔前的狮头石柱。柱上刻有4头雄狮，面向四方，呈背靠背蹲踞式，头、颈和胸部的鬣毛雕成一束束密集排列的火焰状，凸出的口鼻间上唇胡须刻成三道平行对称、上弯的弧线，三角眼。雄狮的面容威猛，咆哮的巨口和露出的牙齿刻画逼真，腿部紧绷的肌肉和遒劲的足掌、钩爪塑造得雄浑有力，充溢着印度雕刻特有的生命感。狮子下为一圆形浮雕带，刻狮、象、牛、马四兽，两兽之间用 4 个法轮隔开。法轮乃佛教的象征，有 24 根辐条，象征着佛教的威力延伸四方。再往下为一钟形垂莲，象征吉祥如意。原来狮子背上还有一只大法轮，可惜已经被损毁。整个石柱雕刻手法细腻，构思独特，具有双重的象征意义。法轮是佛教的象征，象征着佛陀本人，他高居宇宙之巅，俯望着佛陀初转法轮的圣地。柱顶的 4 头狮子面向四方怒吼，隐喻着佛陀的训诫有如狮吼唤醒众人，也显示了孔雀王朝威震四方的声威。狮子下面的 4 种动物代表四方，与 4 个法轮交叉排列，象征着法轮不停地运转，传遍世界，佛法广播。该雕刻堪称古代印度艺术珍品，今天已经成为印度国徽和货币的图案，其法轮则成为印度国旗上的旗徽图案。

阿育王狮子柱

最著名的佛塔建筑是桑奇佛塔，位于印度中央邦首府薄帕尔附近，始建于阿育王时代，公元前 2 世纪继续扩建。公元前 1 世纪—公元 1 世纪建造了 4 座塔门。原有佛塔 8 座，今仅存 3 座。其中一号佛塔古朴雄浑，庄严壮丽，为其代表作。塔门高约 10 米，由三道中间微拱的横梁和两根方形侧柱以插榫法构成，在横梁、侧柱和柱头上布满了浮雕嵌板与半圆雕、圆雕构件。横梁上的长条浮雕犹如中国传统绘画中的长卷，特别适合于叙述故事，故事多取材于《佛本生经》，表现佛前世前生的作为。在构图方式上，往往采用一图数景的连续性构图和密集紧凑的填充式构图。如在北门第三道横梁上雕刻着《须大拿本生》的故事，故事从横梁正面开始，锡比国太子维希瓦特拉骑着一头大象，表示他要把锡比国兴云致雨的大象施舍给羯陵伽。在城门外，一辆马车载着太子和他的家眷，表示太子已经被放逐。在前景上，太子在施舍马车；在后景上，太子又施舍了马。在横梁正面，太子和他的家人在步行；在横梁的背面，太子已到了山上，住在草庐中，先后施舍了他的孩子和妻子，最后是全家团圆，返回父亲家中。整个故事叙述有条不紊，引人入胜。在雕刻艺术上，融合了希腊、波斯和印度的多元艺术元素。人像造型虽仍较古朴，身材粗短，但人体各部分已经构成比较和谐的统一体，从肩到脚轮廓线条柔和，动作渐趋多样化，姿势富有戏剧性，也显得更加自然。

桑奇佛塔

佛教艺术与印度、波斯艺术融合的代表是犍陀罗艺术。公元1世纪中叶，犍陀罗成为贵霜帝国的政治和经济中心。贵霜统治者兼收并蓄的文化政策，给艺术的发展创造了良好氛围。因此，犍陀罗艺术不仅包含着印度的因素，而且大量吸收了波斯、希腊和罗马雕刻的技巧、手法，并把它们与佛教的主题很好地结合了起来，形成独特的犍陀罗风格。以佛像为例，其头部是典型的阿波罗式希腊美男子面容，脸呈椭圆形，五官端正，眉毛细长而弯曲，眼窝深，嘴唇薄，笔直的鼻梁与额头连成直线。面部表情平和、高贵而冷静，眼睛半闭，以表现沉思内省的精神气质。但佛像的服装却是罗马式的托加，只是因为犍陀罗地区比较寒冷，所以佛像的衣服显得厚实一些。另一块浮雕表现的是佛祖对抗摩罗魔军围攻的情景，其中的魔军士兵身披甲胄、手持长剑，将佛祖包围。佛祖则表情镇定，端坐宝座之上。两个被打倒的士兵表明，这场战斗胜负已分。从整体比例来看，佛像又是印度式的粗短低矮型，远不如希腊雕刻的比例协调。此外，佛陀头顶上的肉髻、眉间的白毫、头后的光环等，是印度伟人的基本象征。新发现的贵霜女神像俨然是一个罗马女神，头戴战盔，手持长矛，表情端庄。

阿旃陀石窟是佛教艺术的另一代表作，位于马哈拉施特邦北部文迪亚山的悬崖上，始凿于公元前1世纪，完成于公元7世纪，1819年被发现。石窟共29座，环布于高100多米、长550米的新月形山峰的山腰间，犹如一座巨大的半圆形剧场或画廊。石窟大致分为两类：一类是供佛教徒进行佛事活动的佛殿，一类是供僧众居住的佛寺和僧房。石窟中保存着大量以佛教为题材的精美雕刻与色彩鲜艳的壁画，描述佛陀的生平以及古代印度人的生产与生活，构思精巧，工笔精细，人体比例匀称，表情丰富。如第十九窟的《蛇王与王后》浮雕上，蛇王头戴宝冠，气质高贵，双目低垂，似乎在沉思冥想。王后神态优雅而悠闲，依恋地背倚蛇王。而第一窟是大乘佛教艺术的典范之作。窟内的佛陀雕像高约 3 米，从三个不同的角度表现了佛祖三种不同的神态：正面沉思、左侧欢笑、右侧痛苦，整个画面惟妙惟肖。

推荐阅读书目

崔连仲，等编译．古印度吠陀时代和列国时代史料选辑．北京：商务印书馆，1998

崔连仲，编译．古印度帝国时代史料选辑．北京：商务印书馆，1989

崔连仲．释迦牟尼：生平与思想．北京：商务印书馆，2001

崔连仲．从佛陀到阿育王．沈阳：辽宁大学出版社，1991

郭良鋆．佛陀和原始佛教思想．北京：中国社会科学出版社，1997

黄思骏．印度土地制度研究．北京：中国社会科学出版社，1998

林承节．印度古代史纲．北京：光明日报出版社，2000

刘建，等．印度文明．北京：中国社会科学出版社，2004

刘欣如．印度古代社会史．北京：中国社会科学出版社，1990

吕澂．印度佛学源流略讲．上海：上海人民出版社，2002

尚会鹏．种姓与印度教社会．北京：北京大学出版社，2001

中国社会科学院世界历史研究所．世界历史：第 9 卷，第 14 卷，第 29 卷．南昌：江西人民出版社，2011—2012

［印度］A. L. 巴沙姆，主编．印度文化史．北京：商务印书馆，1997

［英］G. T. 加勒特，主编．印度的遗产．上海：上海人民出版社，2005

［印度］D. D. 高善必．印度古代文化与文明史纲．北京：商务印书馆，1998

摩奴法典．北京：商务印书馆，1985

［巴基斯坦］穆罕默德・瓦利乌拉・汗．犍陀罗艺术．北京：商务印书馆，1997

［美］罗伊・C. 克雷文．印度艺术简史．北京：中国人民大学出版社，2004

［印度］马宗达，等编．高级印度史．北京：商务印书馆，1986

［印度］R. 塔帕尔．印度古代文明．杭州：浙江人民出版社，1990

［英］A. K. 渥德尔．印度佛教史．北京：商务印书馆，1994

［印度］D. P. 辛加尔．印度与世界文明：上卷，下卷．北京：商务印书馆，2015

第七章

春秋战国时代的中国

从公元前 8 世纪初周王室在戎狄压迫下东迁，到公元前 221 年秦统一中国，是中国历史上从诸侯并立走向统一大帝国的时代。按照学术界惯例，该时期划分为春秋（前 770—前 476）和战国（前 475—前 221）两个时期。铁器的使用，小农经济的发展，争霸和兼并战争所促成的统一趋势，君主专制制度的兴起，思想文化领域的百家争鸣，都发生在这个时期。

第一节　春秋时期的诸侯争霸

一、诸侯争霸局面的形成

1. 周天子权威的丧失

如前所述，周王室的权威，源自周王朝强大的政治、军事实力和周天子意识形态上独一无二的地位。可是，西周末年的连年动乱，让周王室的权威受到严重打击。伴随着内部动乱和外敌入侵的还有天灾。据说西周末年，周王室所在的丰、镐一带连年大旱，饥荒频仍，加上非常强烈的地震，以致“周余黎民，靡有孑遗”。由于实力大损，王室只能依靠晋国、郑国和新近崛起的秦国的帮助完成东迁。此时的天子，除了名义上是天下共主外，已无力控制诸侯。

周天子并未立即意识到自己地位的衰微，诸侯也不是立即就把周天子抛弃。东周初期，诸侯基本上维持着对周天子的定期朝聘，周王室也可能干预诸侯国统治者的继承。但此时周王室的实力毕竟不能与西周同日而语，部分诸侯也发现了这一点并加以利用。在周与郑的关系上，王室衰微的迹象首次显露。因为周王室东迁后，无论在血缘上还是在地理上都与郑国最为接近，东迁中郑国的作用也最为明显，所以东迁后郑国统治者郑武公和郑庄公连续掌握王室大权，而且公然打着周王室的旗号，联合齐、鲁攻打陈、蔡等国。当周平王（前770—前720）对郑庄公的专权表示不满、打算立虢公为卿士以抑制郑庄公的权势时，郑庄公也公开反抗。周王为取得郑的支持，乃与郑互换太子为人质。要知道周王乃天子，郑不过是个诸侯，周王的做法，无异于自降身份。

周桓王（前719—前697）时，天子地位的下降更加明显。桓王免去了郑伯的卿士职位，郑伯以拒绝朝觐相报复，而且公然派兵抢劫周的粮食。桓王大怒之下，联合蔡、卫、陈等进攻郑。在随后发生的战斗中，周军战败，桓王本人被射中。这场战斗表明，周天子虽然还能号召部分诸侯，但已无力独自发动战争（三军之中，仅中军为周军），诸侯对他也不再畏惧。此后，随着诸侯纳贡和朝聘的停止，周王室的地位继续下降。公元前636年，郑伐滑，周天子以同姓之谊请郑罢兵。郑不但不听，反而将周天子派去的使者囚禁起来。

春秋中后期，不是诸侯朝聘周天子，而是周天子有求于诸侯，经常要去“朝觐”他们。以鲁国为例，春秋时期鲁国朝觐王室不过两次，周王室到鲁国反而有7次。与此同时，鲁国朝见齐、晋的次数急剧增加，朝见齐国11次，朝见晋国20次。那些很有影响的诸侯国大夫，也不再把周王视为权威。仍以鲁国为例，其大夫朝见周天子不过4次，朝见齐国倒有16次，朝见晋国的次数更多，达到24次。周天子权威的丧失，使这个名义上的天下共主彻底失去了对诸侯国的控制。

2. 周边部落的入侵

周王朝统治的中心主要位于黄河中下游地区，在此之外的广大地区，主要是所谓的戎狄、蛮夷之地。西周时期王室的一个重要任务，就是与这些周边少数民族进行战争。春秋初期，随着周王室实力的衰微、诸侯之间的混战加剧，周边地区的部落不断向内地深入。原来西周的中心地区丰、镐一带为西戎占据。秦虽在与西戎的战争中取得一定胜利，并因此被周天子封为诸侯，但并没有能够完全逐出西戎。平王东迁之后，“戎逼诸夏，自陇山以东，及伊、洛，往往有戎”，也就是说，戎的势力伸入中原腹地，晋国、虢国、梁国多次遭到戎的骚扰和侵犯，甚至邢、齐等远在东方和北方的诸侯国都未能幸免。

狄人从今山西、陕西一带向东方发展，势力及于今河北和山东一带，晋、卫、邢等国遭到严重威胁。晋国实力强大，成功击败了狄人。但卫国没有那么幸运，其国都在公元前660年被攻陷，国君被杀，据说幸存者仅700余人，后在齐、郑等国帮助下渡过黄河，在楚丘定居下来。公元前629年，迫于狄人的压力，卫又迁居到帝丘。

南方的楚国也趁中原大乱之际发展自己的势力。楚虽是周的封国，但与周的其他封国不同，它不是周分封建立的，不过是周王对楚子既有权力的确认。它初在丹阳，后向江汉平原扩展，到春秋时期已经成为南方的大国，并迁都于郢，把江汉平原变成楚国的中心区域。春秋时期，楚扩张的矛头首先指向汉水以北的各个小国，先后打败随、郧、邓等国，并灭掉申、吕、息、庸等姬姓和姜姓小国。从公元前7世纪起，楚把进攻的矛头转向江淮地区，先后灭六、英等国，败许、陈、郑等国，并曾战胜强大的宋、晋等国。在中原地区的诸侯看来，楚不过是荆蛮，而其统治者竟敢公然称王，不把周天子放在眼里。楚的扩张，理所当然地受到中原地区诸侯的敌视。

3. 诸侯国实力的增长

西周初年周王室为加强统治，分封了一大批同姓和异姓诸侯。这些诸侯国或分布在黄河两岸，或在东方，或在南方。此外，还有大量虽然不直接由周分封，但得到周承认的某些部落和封国。据说周初中原地区的诸侯国还有1 000多个，见于《左传》和《春秋》的有140余国。这些诸侯国主要分布在黄河和长江中下游地区，面积都不大，《孟子》所说的“大国地方百里”，“小国地方五十里”，可能恰当地反映了它们的规模。后来影响颇大的齐国，最初建立时的疆域，“南至于岱阴，西至于济，北至于海，东至于纪、随，地方三百六十里”。可当时齐国能够实际统治的地区，远未能达到这么大的区域，否则齐的始祖太公不可能“夜衣而行，黎明至国”。太公到齐之后，莱夷立刻攻击齐的都城营丘，后因太公能够“修政，因其俗，简其礼，通商工之业，便鱼盐之利，而人民多归齐，齐为大国”。但这个所谓的大，也不过是局限于今天山东东北一隅。到春秋初年，与齐同时存在于今山东地区的，还有纪、莱、鲁、滕、莒等一大批诸侯国。

春秋是中国历史上一个重要的变革时期。原因如下：一是铁器的使用，一是周天子权威的丧失。一些诸侯国为适应形势，积极提升自己的实力，逐渐成为诸侯中的强者。诸侯强大的途径主要是：对内修明政治，发展经济；对外积极扩张，吞并弱小的邻国，扩大疆土。仍以齐国为例。齐在桓公（前685—前643）之前，内乱不断，都城数迁。桓公继位后，任用管仲（？—前645）、鲍叔牙等一批能干的大臣，“设轻重鱼盐之利，以赡贫穷，禄贤能”，将土地划分给耕种者，根据土地的质量和产量征收赋税，以提高农民的生产积极性。他注意推广金属工具，并“弛关市之征，五十而取一”，努力推动工商业的发展。政治上，组建统一的行政体系，在地方分别设立属、县、乡、卒、邑，以强化对地方和人口的控制。外交上，对不同国家采取不同对策。吞并邻近的小国如郯、莱、纪等，以壮大自己的实力。多次讨伐与齐有仇的鲁国。对于另外一些诸侯国如燕、卫等，则通过出兵帮助它们抵御戎狄入侵，争取它们的支持。通过这些措施，齐国迅速强大起来，成为诸侯的霸主。大约与齐国崛起的同时或稍后，郑、楚、晋、鲁等，也都顺应形势，进行不同程度的改革，积极扩张。据统计，春秋时期，仅楚国灭掉的国家就有61个。在周王室势力衰微的同时，诸侯国势力膨胀，走上中原政治的前台，诸侯争霸的局面出现。

二、诸侯争霸

1. 郑国初强

诸侯之中最早兴起的是郑国。郑国的第一代诸侯郑桓公是周宣王的弟弟，初封于今陕西华县的郑，因感到西戎的威胁太大，王室的力量不足以抵抗，决定东迁，并以贿赂手段获得土地另建新邑。虽然桓公没有躲过幽王时西戎的攻击，但郑在新邑扎下根来后，灭郐和西虢，都新郑。因郑护送周平王东迁有功，又与成周相邻，郑武公（前

770—前 744）和郑庄公（前 743—前 701）连续出任王室卿士，把持朝政。它曾经打着王室的旗号，联合周王和虢攻打卫国，也曾派兵帮助齐国抵御北戎，一度相当活跃。但郑强盛的时间不长。郑庄公之后，因为连续发生争夺最高统治权的内乱，郑国迅速衰落。因该国地处河洛战略要地，成为诸侯的争夺对象。

郑之所以值得注意，并不是因为它真正掌握了中原的霸权，成为了霸主，何况当时尚无霸主之说，而是因为它与周王室的关系特殊。如前所述，它先是与周王室相互交换太子为质，将王室降到一般诸侯的地位；后来又公然劫夺王室的庄稼，并与周天子交战，将周天子射伤，将王室的软弱暴露在众诸侯面前。

2. 齐桓公首霸

齐国在齐桓公时期强盛起来。鉴于当时周天子势力衰微，而周边的戎狄不断侵袭中原，齐桓公在整顿好内政后，开始了争夺诸侯霸权的斗争。他的口号是“尊王攘夷”，即内敬周天子，外抗戎狄。在中原，齐国联合一些诸侯，数次打败鲁国；它帮助平定宋国内乱，争取到郑、宋、卫等众多诸侯的支持，多次主持会盟。对于周王室的内乱，齐桓公也多次干预，把周天子变成了自己驯服的支持者。在礼节上，齐桓公仍尊敬周天子，从而为他赢得了不少诸侯的好感。

不过齐最得诸侯欢心的是其对周边戎狄的打击。公元前 663 年，山戎攻燕，燕求救于齐。齐桓公立刻出兵打败了山戎，赢得了燕的支持。公元前 662 年，山戎攻打卫国。卫国惨败，都城沦陷，国君被杀。齐国不但为卫国提供了数量可观的军队和物资，还在公元前 658 年营建楚丘，将卫国迁到那里。公元前 659 年，齐桓公联合宋、曹等国帮助被山戎打得大败的邢，将邢迁到夷仪。对于南方咄咄逼人的楚国，齐国联合诸侯，以周天子的名义兴师问罪。公元前 656 年，齐国联合包括鲁、宋在内的大批中原诸侯讨伐楚的盟国蔡，将其打败，而且遣使向楚问罪，责问其为何不向周王纳贡，并就周昭王南征死亡一事责问楚国。楚国虽承认不纳贡之错，但拒绝承担昭王之死的责任。齐桓公考虑到楚国的实力，并没有真正攻打楚国，而选择与楚会盟后退兵。尽管如此，齐国此举仍大得中原人心，赢得诸侯拥戴。

齐桓公的一系列举措，让齐国成为中原诸侯中最为强大的国家。公元前 651 年，齐国联合鲁、宋、卫、郑、许、曹等国在葵丘会盟，要求参与会盟的诸侯相互友好，而且规定了诸侯一系列的行事原则，例如不能壅塞水源，不得让妇人参与国政，不得以妾为妻等，似乎有意恢复西周制度。周天子没有亲自参加，但派了代表宰孔参加，并赐齐桓公祭肉、享有征伐之权的象征物和诸侯朝服用的车驾等，实际承认了齐桓公的霸主地位。原本属于周天子的征伐权，如今由诸侯行使，从此开始了礼乐征伐自诸侯出的新局面。

葵丘之盟是齐国霸权的顶峰。此后齐国还干预过晋国的事务，帮助晋献公继位。对于戎狄的侵犯，齐国有时也会出面组织抵抗。但齐桓公死后，齐国逐渐衰落。公元前 6 世纪初，齐国两次败于晋国。在此情况下，齐国国君不思进取，反而沉迷于酒色，甚至与大臣的妻子通奸，导致反叛。齐国从此一蹶不振。公元前 5 世纪前期，贵族田氏掌握了齐国政权。公元前 4 世纪初，田氏正式取代吕（姜）氏，吕氏之齐遂成田氏之齐。

3. 晋国的霸业

晋是周初所分封的重要封国之一，第一代诸侯据说是周成王的弟弟叔虞，地点在所谓的“夏虚”，即夏朝故地，初名唐（今山西太原），“唐在河、汾之东，方百里”。大概在第二代诸侯时，唐迁居晋水旁，改名为晋。那里戎狄杂居，周人可能不多，只能像姜尚到齐国时一样，尊重当地人的习惯。周宣王时，晋侯积极参与朝廷政事，先是帮助周宣王作战，后又助周平王东迁。春秋初期，晋国陷入内乱。曲沃庄伯与晋侯之间不断发生争夺最高统治权的斗争。尽管曲沃实力强大，多次谋杀晋侯，但晋人并不愿接受曲沃的统治，多次立晋侯的后代为君。直到公元前679年，曲沃才最终灭晋。后用获得的各种宝物贿赂周王，被周王册封为诸侯，是为晋武公，晋国从此统一起来。

当时威胁晋国稳定和强大的主要有两个因素，一是国内贵族的权力争夺，一是外部戎狄的侵犯。晋献公（前676—前651）先让庄伯和曲沃桓叔两大家族的后裔相互残杀，再一举把两家消灭。在消除内部威胁后，献公扩充军备，组建两军，自将一军，另一军由太子申生统帅；迁都于绛，建立新城；向周围的戎狄及其他小诸侯大举用兵，先后灭耿、霍、魏、虞、虢等。晋国迅速强大起来。

正在此时，晋国再次发生内乱。这次内乱发生在王室内部。晋献公宠信骊姬，打算立她的儿子奚齐为继承人，并逼死太子申生，迫使公子重耳等出逃。献公死后，大夫里克等发动政变，希望立重耳为国君，并杀死奚齐以及支持奚齐的大夫荀息，晋国一时陷入无政府状态。

晋文公（前636—前628）继位时，已60多岁。多年的流亡生活，让他对诸侯国政治多有了解，对人民的疾苦也有些认识，因此，他在利用秦国支持铲除反对势力的同时，特别注意任用贤才，“施惠百姓”。同时，他利用晋国强大的资源，开始东进，在中原争夺霸权。像齐桓公一样，晋文公在争取霸业过程中，主要手段仍是“尊王攘夷”。所谓“尊王”，是协助周王室平定王子带之乱，让周襄王（前652—前619）稳固了自己的地位，赢得诸侯喝彩，同时还得到周王室的部分土地作为封赏。公元前634年，楚国大举北上攻打宋国，宋求救于晋。考虑到楚国实力的强大，晋国又刚刚安定，晋文公不免犹疑，后接受先轸意见，决定出兵，并组建三军。为避楚军锋芒，晋军把楚的盟国曹、卫作为攻击对象，成功地将两国拉到晋国一边，并解除了楚对宋的包围。在随后发生的城濮之战中，轻敌的楚军被打败，主将子玉后因楚王责备自杀。经此一役，晋国声威大震，成为中原霸主。像对待齐桓公一样，周天子赏赐给晋文公红色和黑色的弓矢，以及其他各种享有征伐之权的象征物，承认了晋文公的霸主地位。

晋国霸权的建立，内得益于晋文公任用贤才，外得益于齐、秦等国的支持。但城濮之战后不久，晋文公去世，而秦对晋的强大也感到不安，逐渐疏远晋国，公元前630年秦、晋联合攻击郑国时，秦就率先退兵。晋国周围的狄人乘晋国君新故之机发动进攻。但继位的晋襄公（前627—前621）颇有能力，先是在殽击败了偷袭郑国不成而归国的秦军，接着大败狄人，而且在与楚的再度交锋中占得上风，继续维持了晋国的霸业。晋襄公去世后，晋国发生争夺君位的内乱，霸业中衰。

4. 秦霸西戎

秦国像郑国一样，较晚才受封为诸侯。周宣王时秦仲才被封为大夫，领受了与西戎战斗的任务。秦初与西戎的战争并不顺利，秦仲败死，秦庄公的长子世父在庄公二年（前820）成了西戎的俘虏。周平王东迁时，据说由于秦曾以兵护送，平王才正式封秦襄公（前 777—前 766）为诸侯，不过封赏的是已经被西戎占领的“岐以西之地”，“戎无道，侵夺我岐、丰之地，秦能攻逐戎，即有其地”，目的仍是让秦去抵挡强大的西戎。秦国历代君主都把与西戎的斗争放在首位。秦文公（前 765—前 716）十二年（前 754），秦好不容易把势力扩张到岐；秦文公十六年（前 750）进一步推进，“收周余民有之”。大概就在此时，秦国开始使用文字，建立庙宇，并制定法律。相对于中原诸侯，秦比较落后。

正因为秦国落后，历代君主不敢懈怠，始终积极进取，在与西戎及周边部落斗争中不断获胜。公元前 7 世纪初，秦占领邽冀戎（今甘肃天水附近）的地盘时，开始设立县制，而未实行分封。在国君继承制度上，秦并不遵行嫡长子继承制，有时会兄终弟及。武公（前 697—前 678）死后继位的德公（前 677—前 676）、宣公（前 675—前 664）死后继位的成公（前 663—前 660）、成公之后的穆公（前 659—前 621），都是兄终弟及。穆公广用贤臣，文有百里奚、蹇叔、由余等，武有孟明视、西乞术等。经过百余年的经营，秦的疆域北到今甘肃，东到今陕西宝鸡一带，将肥沃的关中尽收囊中。

秦的文化也颇有发展，中原的众多制度已经在秦国得到采用，宫殿、陵寝和仓库具有了一定规模，因此颇有向东扩展势力、参与中原争霸的意图。秦穆公参与过勤王、助晋国国君登基、联合晋国伐郑等活动，企图东向争霸。但穆公时期，正值晋国强大。对于秦国染指中原的意图，晋国始终予以阻击，为此秦晋之间多次交战，秦东进的路线始终被封锁。于是秦穆公转向西戎地区扩张，“益国十二，开地千里，遂霸西戎”。连周天子都惊动了，派召公过送去金鼓祝贺。穆公死后，以 177 人殉葬，其中还有几位是大臣。这样的做法颇与当时中原风俗相异，加上秦国地处西陲，中原诸侯始终将秦视为半开化的国家，只在不得已时才向之求援。穆公以后，秦虽有染指中原政治的意图，却始终没有能够成为诸侯公认的霸主。

5. 楚国争霸

楚国历史悠久。按后来的传说，楚人是五帝之一的颛顼的后裔。可能在商周之际，楚人的一支到了丹阳即汉水流域，在那里和当地的土著杂居。周武王伐纣时，楚可能也曾参加。周初大分封时，楚统治者被封为楚子，并承担“贡苞茅”的义务。公元前 10 世纪的周昭王时期，楚可能就表现出某种独立倾向，导致周昭王数次南征。周夷王时，楚君向南阳等地扩张。西周末年天下大乱，楚乘机向汉水以东和以北发展。到熊通时，楚已迁都郢，其统治者自称武王（前 740—前 690）。此后到公元前 7 世纪后期，楚通过一系列战争，先后消灭了汉水以北的众多诸侯国和部落，将势力伸入南阳盆地。

在拿下汉水以北地区后，楚继续向淮河流域进军，先后向郑、蔡等江淮间的诸侯国发动战争，试图与中原诸侯一决雌雄，甚至打听周天子权力的象征——九鼎——的重量，称霸之心昭然若揭。不过这时中原先后崛起了强大的齐、晋两国，并且都以尊王攘夷相号召。在中原诸侯看来，楚国属于蛮夷，其扩张势头必须遏制。公元前 656 年，齐桓公率中原诸侯伐楚，兵至召陵，虽未交战，但逼迫楚承认有对周王室贡包茅的义务。可是，楚的实力并未因此受到任何损伤。公元前 639 年、公元前 638 年，楚两次打败宋国，宋襄公（前 650—前 637）也因伤重而死。楚国吞并淮河流域的黄、六等诸侯国，兵锋直指中原的核心地区，争霸意图非常明显。继齐国掌握霸权的晋国面对楚国的攻势，联合诸侯进行阻击，并于公元前632年在城濮击败楚军。但这次楚国只出动了部分军队，未严重损伤元气，因此楚国并没有放弃争霸中原的野心。此后，楚国多次北上中原，不断与晋及其盟国交战。楚庄王（前613—前591）时，楚国一度在争霸战争中取得优势，败晋，伐郑、宋，灭陈（不久又让其复国）、庸等。直到公元前6世纪中期，由于楚逐渐受到吴国的威胁，加之其内部发生争权斗争，它才逐渐放弃了对中原霸权的争夺。

6. 吴越争雄

吴、越位于今江苏和浙江东部。据传吴为周太王的两个儿子太伯和仲雍所建。据司马迁，两人本来分别是长子和次子，但“季历贤，而有圣子昌，太王欲立季历以及昌，于是太伯、仲雍二人乃奔荆蛮，文身断发，示不可用，以避季历……太伯之奔荆蛮，自号句吴。荆蛮义之，从而归之千余家，立为吴太伯”。这样看来，吴的建国似乎尚在西周灭商之前。司马迁还提到，武王克商之后，求太伯之后，得周章，因为周章已经是吴君，于是认可他为诸侯，另外封周章的弟弟于虞。可是，司马迁有关吴国初期历史的记载，除了名字外，没有任何事迹。吴首见于史籍约在公元前601年，《左传》提到楚与吴、越结盟。吴真正建国当在寿梦（前585—前561）之时即公元前6世纪前期，而且是在楚国的刺激之下。楚国大夫申公巫臣在楚国内部斗争中失败后逃奔晋国，从晋国出使吴国。为报复楚国，申公巫臣乃教吴国练兵和使用战车，并让他的儿子负责吴国的礼宾事务。从此吴国与中原建立联系，文化上逐渐向中原靠拢，寿梦之子季札出使诸侯时，在鲁国已能够很好地理解周的礼仪与音乐；在齐、郑等国，也向有关人士提出了政治的建言，说明吴国在文化上已经大有进展。

晋国扶植吴国的目的，是利用吴国从南方出兵牵制楚国，减轻晋国的压力。吴国果然没有让晋国失望，开始采取袭扰战术，让楚国疲于奔命，并夺得了楚在江淮地区的一些领土。此时楚国内部不断争权夺利，一些重要大臣如伍子胥等逃奔吴国。这些人了解楚国的弱点，而且有强烈的复仇之心，因此竭尽全力帮助吴王，使吴迅速强大起来。吴兵出江淮之间，将六、巢、舒等地占领或控制，以削弱楚的力量。楚曾试图反击，但败多胜少。公元前509年，吴败楚于豫章；公元前506年，吴军攻入楚的都城郢。后因秦国出兵救楚，而且吴也遭到越国袭击，才不得不撤军，楚得以复国，然已元气大伤，不足以对吴国构成根本性威胁。吴虽自楚败退，又遭越袭击，国王阖闾（前514—前496）因伤而亡，但在继任者夫差（前495—前475）治下，吴迅速复兴。公元前495年，夫差大败越军。免除后顾之忧后，吴大举北上，争霸中原，曾数次打败齐军，召鲁、卫等小国君主入盟，会诸侯于黄池。可吴毕竟实力不济，虽然一时取得了胜利，但后方空虚，越乘机偷袭，击败吴国，太子友被俘，吴王夫差自杀，吴国灭亡。

越国位于今浙江东部，其早期历史更加模糊，《史记》称其祖上为“禹之苗裔，而夏后帝少康之庶子也。封于会稽……文身断发，披草莱而邑焉”，表明越的习俗与中原颇有差异。至于其建国以后的历史，司马迁连世系都列不出来。只是到吴王阖闾时，越的历史才逐渐明晰起来。越的历史最清楚的是勾践（前496—前465）统治时期。当时越已相当强大，范蠡、文种等助勾践理政，并数次与吴交战。公元前495年，越大败于吴，越王勾践仅以5 000名士兵退保会稽，通过贿赂吴太宰伯嚭才勉强以吴国附庸的身份保全了国家。此后勾践励精图治，“乃苦身焦思，置胆于坐，坐卧即仰胆，饮食亦尝胆也……身自耕作，夫人自织，食不加肉，衣不重采，折节下贤人，厚遇宾客，振贫吊死，与百姓同其劳”，越因此很快从惨败中崛起。

攻夫差铭文

公元前 482 年，越乘吴王夫差及其精锐兵力尽在中原，大举伐吴。吴大败，吴王夫差求和。公元前 478 年，越再度伐吴。吴屡战屡败，被围于姑苏。三年后，吴王夫差自杀。吴灭后，越重走吴的老路，兵出江淮，争霸天下，“与齐、晋诸侯会于徐州，致贡于周”。周天子鉴于越的强大，照例赐以祭肉，命为伯，爽快地承认了越的霸主地位。但越的实力毕竟不如齐、晋等大国，其霸权也昙花一现，甚至不能终勾践之世。辅佐勾践最得力的范蠡和文种，一个隐退江湖，一个被迫自杀。越迅速衰落。公元前 4 世纪初被楚国消灭。

三、春秋时代的社会变革

1. 铁器与牛耕

中国使用铁的历史悠久，早在商朝遗址中，已经发现用铁的痕迹。但当时的铁是陨铁，数量稀少，多用于制造武器和礼器，考古发现的几件早期的铁用具，都是铁刃铜钺。铁器时代的真正来临，还需要等到春秋时代人工冶铁技术的发明。至迟到春秋后期，有关冶铁技术的记载以及考古发现的铁器逐渐增多，说明铁器被逐渐推广和使用。《国语》称管仲在齐国进行改革时，要求把好的金属制成刀剑，铁则用来铸造农具。《左传》提到晋国的赵鞅和荀寅建汝滨城时，“遂赋晋国一鼓铁，以铸刑鼎”。《诗经》把毛色很黑的马比喻为铁。管仲改革在春秋初期，当时已经把铁作为农具，说明铁至少在当时的齐国颇为常见。晋国的铁可以被作为赋税征收，表明民间用铁相当普遍。《诗经》的比喻，很可能就是以铁的广泛使用为前提。

比文献记载更加有力的证据是考古发现的铁器。目前已经发现的春秋时代的铁器中，从地理区位看，分布在甘肃、陕西、河南、河北、湖南、湖北、四川、山东等地，几乎整个中原地区都有铁器出土。从时间看，春秋早期较少（只有六件），越晚越多，春秋晚期尤多。从种类看，春秋早期的六件铁器中，农具仅一件。出土的春秋中后期的铁器中，农具占了大多数，而且都是常用的铲、镰、锛、斧等，武器明显减少。由于较早采用铸铁和柔化技术，可以炼出质量较好的铁，而且容易铸造出各种器型。因此，冶铁术一旦在中国被采用，在几百年的时间里，就被应用到生产和生活的各个领域。

铁制农具的出现，并不意味着青铜农具从农业生产领域完全退出。相反，在考古发现中，出土的春秋和战国初期的青铜农具数量远远超过商周时期，有些地区出土了成批的青铜农具，其中不少有使用过的痕迹，说明它们是真正的农具。青铜和铁制农具的广泛使用，让生产工具的普遍金属化成为可能。植被丰茂的地区，一般的木器、石器和骨器根本无力对付，只有使用金属工具才能将其广泛加以开垦。

春秋时期生产技术的另一重大革新是牛耕的使用。牛在商周时期主要供祭祀和食用，周宣王时似乎仍无牛耕。约公元前7世纪—前6世纪，牛普遍被用于耕种土地。传说晋国贵族范氏和中行氏在内部斗争中失败，逃奔齐国，在那里把祭祀用牛改作耕地用牛。春秋时期不少人的名字也经常与牛、耕联系起来，如冉耕字伯牛，司马耕字子牛等，表明当时牛耕已经成为一种比较普遍的现象。牛耕的使用，不仅提高了耕作效率，而且能够进行深耕，有利于对土地进行更精细的平整和处理，大大促进了农作物产量的增长。

2. 农业与工商业

与金属工具和牛耕广泛使用并行的，是井田制度的逐渐崩溃和自耕农的兴起。春秋时期，无论是鲁国的“初税亩”，还是齐国管仲的“相地而衰征”，或是晋国的“作爰田”，都是按照农民实际耕种的土地征收赋税和军役，表明周代那种公私并存的井田制度已经难以维持。春秋中后期，许多公田已荒废，杂草丛生。在公田之外，农民自己垦荒获得了大量新的土地。按照农民耕种的土地收税，无异于承认了农民垦荒的合法性，至少部分承认了土地的私有化。生产工具的进步和土地的私有化，对农业生产具有积极意义，其主要表现是耕地面积的扩大和粮食产量的增长。诸侯对于境内的荒地进行了大规模的开垦，郑国据说就是在一片荒野上建立起来的；晋国境内的一些荒地原来荆棘丛生，豺狼出没，也被开垦成耕地；楚国的祖先据说生活在高山丛林之中，春秋时期就开发了江汉平原；吴、越的强盛，离不开对太湖流域的开发；地处西陲的秦国农业生产也有相当的发展，晋国发生饥荒，秦国以粮食援助，据说运送粮食的队伍沿途络绎不绝。

农业的发展给工商业以积极的推动。手工业者在春秋时期大概已脱离官府的控制，成为独立经营的手艺人。其中最值得一提的是金属冶炼。前述各种铁制和青铜农具的普及，也离不开冶铁业和青铜冶炼的发展。青铜冶炼和铸造技术延续了商周以来的传统，铸造了大量用于祭祀的礼器和用于农耕的农具。考古发现的大量春秋青铜器，以及众多的矿山和冶炼遗址，成为青铜铸造和冶炼技术发达最有力的证据。安徽寿县蔡侯墓出土的青铜器具有486件，河南三门峡出土的虢国墓仅青铜礼器就达181件。蔡、虢都是春秋时的小国，墓葬中的青铜器尚且如此丰富，很可能大国的墓葬拥有更多此类器物。金属工具的采用，无疑推动了其他手工业门类的发展。春秋时期，纺织、陶瓷、玉器、骨器、漆器等的制造工艺，都有了重大的发展。

莲鹤方壶

商业在商周时可能也被官府垄断。到西周末年，商业可能已经存在私营。郑国东迁时，曾经与商人订立盟约，规定商人不能出卖国家，国家不能强夺商人的商品。如果商业仍由官府垄断，就不会存在强夺商品问题。春秋时期的不少国家都不同程度地认识到商业的作用，并采取相应措施，给商业的发展创造条件。齐桓公“通齐国之鱼盐于东莱，使关市几而不征”；晋文公“轻关易道，通商宽农”；越王勾践的政策是“农末俱利，平粜齐物，关市不乏”。诸侯国发行的货币，既是商业发展的标志，也便利了商品的交换。孔子的弟子中，有几个就是商人。子贡发迹后，其势力连诸侯都不能小视。范蠡退出政坛后，也从事商业活动。贩运的商品中，比较常见的有粮食、木料、布匹、鞋子、牛、牛皮、鱼、盐之类，当然还会有各种农具和家庭日用品，也有大量为满足贵族需要而制造的各种奢侈品。齐国的市场上，因为齐景公刑罚严苛，常有人被砍去腿，居然有出售假肢者。商业的发展，促进了城市的兴起。当时诸侯国的都城，大都为名气颇大的城市。那里人口相对密集，而且是诸侯和贵族的聚集之地。贵族手中掌握着大量社会财富，生活奢侈，不少东西需要从市场上购买。齐国的晏婴就居住在市场边上。当国君考虑给他换个更安静地区的房子时，他拒绝的理由之一是“小人近市，朝夕得所求，小人之利也”。考古发掘的春秋时期城市遗址，有些范围达到 10 平方千米以上；卿大夫一级的城市，也有面积达到几十万平方米的。地方上的市场多属中小型。数量最大的可能是农村的非定期集市，是当地居民相互交换剩余产品的场所，规模不会太大。

3. 君主、贵族与国人

社会经济的发展，促成了社会结构的变化。构成春秋时期社会基本成员的，主要是君主、贵族和国人。春秋时期的君主不仅包括周天子，更主要的是各诸侯国的国君。在不同国家的不同时期，君主的权力肯定有所区别。大体说来，君主的权力主要体现在：任命和罢免卿士；确定继承人；对国家重大问题进行决策；统率军队。在时人的印象中，君主始终高于卿士。首先，国君有权任命、罢免和处死卿士，但卿士无权罢免和处死国君，否则就是弑君。如晋献公死后，卿士里克先后杀掉献公的两个继承人和大臣荀息。公子夷吾为求得里克的支持以登上宝座，答应将汾阳封给里克。夷吾在秦国和里克支持下成为晋惠公（前650—前637）后，立刻逼里克自杀。春秋后期，伍子胥因反对吴王夫差的政策，被迫自杀；越王勾践担心大夫文种将不利于己，逼后者自杀。卿大夫对君权的制约，主要停留在劝谏的层面，法律上并无废立君主之权，哪怕是晋灵公（前620—前607）那样的暴君，执政的赵盾除了劝谏外，也没有其他制约手段。其次，在重大问题上，最后的决定者是国君，卿士只有建议权。齐桓公和晋文公对楚作战时，虽然都是卿士首先提出意见，而且意见并不完全与君主一致，但做出决定的是齐桓公和晋文公。再次，国君有统率军队的权力。在晋、楚等国，统率军队的都是国君。晋献公作二军，自领一军；城濮之战，晋文公是晋军统帅；殽之战，晋襄公着丧服上阵，大败秦军。最后，国君不可侵犯。如楚国葆申以楚文王（前689—前675）游猎不理政事为由，逼其接受笞刑，随后葆申就因冒犯君威，自请沉渊而死。另一大臣鬻拳曾两次冒犯国君，而且都事出有因，但两次他都自己惩罚了自己，第一次自刖，第二次自杀。秦国卿士对国君的依赖程度很高，秦穆公死后甚至以大臣殉葬。

国君在继承问题上的自主权更大些。虽然周王室实行嫡长子继承制，但如诸侯国国君希望改换太子，而且有足够的决心，则完全可以做到。如晋献公希望立骊姬的儿子为太子，于是逼太子申生自杀，公子重耳和夷吾则分别逃亡。在其他诸侯国，国君废掉太子重新确立继承人的事情经常发生。但卿士也不是完全被动的，他们多世袭，拥有家臣和军队，如果国君继承人得不到卿士有力的支持，继位会遇到不少麻烦。哪怕他勉强继位，不久也会被推翻。在这个意义上，春秋时代的政治，多少尚有贵族政治的遗风。

制约国君的另一种力量是国人。国人在周代仍享有一定权利，至少有表达不满的权利。对于国人的讥讽和议论，国君一般情况下会容忍，有时也会听取建言，有所改进。当周厉王用卫巫监谤时，召公告诉厉王“防民之口，甚于防川”。厉王不听，后来果然被逐。在诸侯国中，情况大约与此相类似。诸侯国的国人最初可能主要是周人，后来随着国、野区分的消失，大概包括诸侯国的所有自由民。他们是社会生产的主要承担者，可能还是军队的重要组成部分。周代的国人至少有议论政事的权利。郑国有乡校，郑的国人经常在那里议论政事。齐国是否有这类的设施，缺乏明确的记载。但晏婴（？—前500）劝谏齐王时所说的“踊贵履贱”，可能就是国人的议论。《诗经》之中也有不少讽刺统治者的作品，其中有些还颇为大胆，《邶风·新台》居然把卫宣公（前718—前700）比喻为癞蛤蟆；对于齐襄公（前697—前686）兄妹私通，《诗经》也没有放过。对于统治者的善行，《诗经》也会予以肯定。一赞一贬，对国君会有一定影响。对于国人的意见，国君有时会部分采纳。国人甚至会干预政治，并直接影响政治进程。如前面提到，晋的国人抵制实力强大的曲沃，前后坚持了 60 余年。在其他诸侯国，也有国人偶尔直接干预政治。

国人的作用

（晋）君伐智而多力，怠教而重敛，大其私昵，杀三郤而尸诸于朝，纳其室以分妇人，于是乎国人不蠲，遂弑诸翼，葬翼于东门之外，以车一乘。厉公之所以死者，唯无德而功烈多，服者众也。

——国语：晋语六.

郑人游于乡校，以论执政。然明谓子产曰："毁乡校，如何?"子产曰："何为?夫人朝夕退而游焉，以议执政之善否。其所善者，吾则行之。其所恶者，吾则改之，是吾师也。若之何毁之?我闻忠善以损怨，不闻作威以防怨。岂不遽止，然犹防川，大决所犯，伤人必多，吾不克救也。不如小决使道。不如吾闻而药之也。"然明曰："蔑也今而后知吾子之信可事也。小人实不才。若果行此，其郑国实赖之，岂唯二三臣?"

——左传：襄公三十一年.

夏，陈辕颇出奔郑。初，辕颇为司徒，赋封田以嫁公女。有余，以为己大器。国人逐之，故出。

——左传：哀公十一年.

不过，国人力量有限。当时各诸侯国并无国人定期集会讨论政事的制度，只有在君主或贵族遇到重大问题无法确定或遭遇危机时，才会考虑向国人求助，召开国人会议，即所谓的"朝国人"。就是这样的所谓朝，也没有固定的程序，更缺乏必要的讨论，最多是表达倾向性意见。国人的议论是否管用，一要看有无可能上达君主，二要看君主是否愿意改正。与贵族和君主比较，国人在政治上相对次要。这样的政治，当然不可能是民主政治。

春秋时期行政制度上的一个重要变化，是在分封制度之外，出现了郡县制。县本来是诸侯国为加强对新近征服地区的统治而设立的，因此多设在边境地区。春秋中后期，楚国、晋国和秦国比较普遍地建立县制。县设长官治理，楚称尹，晋称大夫。县官权力颇大，有征兵和征税之权，俨然君主。有些县官像卿大夫一样，可以世袭。郡最初设于边境那些人烟稀少、不那么发达的地区，地位在县之下，直到公元前 493 年，晋国的赵简子为鼓励部下奋勇杀敌，还说的是"上大夫受县，下大夫受郡"。相对而言，春秋时期设郡的国家较少，见诸文献的只有晋和吴。郡县制的出现，开创了国君管理地方的新途径，因为大多数县官由君主直接任免，听命于国君，开后世以流官治理地方的先河。

4. 思想文化领域的变革

春秋时期礼崩乐坏的局面，社会经济的发展和政治的革新，引起了思想文化领域的变革。面对天下大乱，各个社会阶层和集团都不免要各抒己见，而随着周天子权威的丧失，原来只为周天子服务的士人，不能不另寻出路，“大师挚适齐，亚饭干适楚，三饭缭适蔡，四饭缺适秦，鼓方叔入于河，播鼗武入于汉，少师阳、击磬襄入于海”。这些人流落到诸侯国和民间后，将原本为周王室垄断的思想文化，不同程度地传播到民间，导致了私学的兴起。诸侯分立与竞争，也要求它们注重招贤纳士，以符合霸主或诸侯的身份，给这些士人一定的自由空间，以便为自己所用。那些地处边陲的诸侯国吴、秦等，学习中原礼乐制度尤其积极。天下大乱的格局、社会经济的变化和诸侯国的鼓励，共同促成了文化的繁荣。

春秋时期，哲学、文学、史学和艺术等领域都成就巨大，产生了许多影响中国历史的思想家。中国历史上影响最大的思想家孔子（前551—前479）是儒家的代表人物，他周游列国兜售自己的主张，却因不合时宜始终不得志，但在教育上颇有成就，有教无类，培养了大批门生。相传他门下有三千弟子，其中他比较得意的有72人。他还编订了《春秋》《诗经》《易》《尚书》《礼》等文献，他本人的言论汇集在《论语》中，班固称其为“孔子应答弟子时人及弟子相与言而接闻于夫子之语也”，“当时弟子各有所记。夫子既卒，门人相与辑而论纂，故谓之《论语》”。其思想的核心是强调以礼治国，鼓吹尊卑等级。不过他同时强调仁，“仁者爱人”，对统治者国君和被统治的民都提出了自己的要求，而且给民以相当重要的地位。他要求统治者待民以公，“因民之所利而利之”，但对于如何让统治者做到这一点，孔子只能寄希望于他们的道德修养，没有任何其他的制约手段。至于民，在他看来是一个要“道之以德，齐之以礼”的对象。这种重道德、轻制度的倾向，长期左右着中国思想和文化的发展。

与孔子大约同时的老子是道家的始祖，其著作为《老子》（亦称《道德经》）。先后在马王堆汉墓和郭店楚简中发现的《老子》表明，该书大体上创作于春秋时期。如果说孔子主张通过积极干预治理国家，那老子正好相反，主张清静无为，“我无为而民自化，我无事而民自富，我好静而民自正，我无欲而民自朴”。换言之，最好的治理方式，就是不要妄图对社会和国家进行干预。这样的主张与近代早期西方某些思想家主张的弱政府、大社会相类，在诸侯忙于争霸的春秋时代，大约也难觅知音。

作为中国第一部诗歌总集的《诗经》据传是孔子编订的，实际上是商周以来民间诗歌的汇集。今本《诗经》分风、雅、颂三部分，共305首。由于这些诗歌是民间诗歌，编订者似乎也没有做太多的加工，因此长短不一，短者不过六行，长者有百余行。其中《国风》是各地的民间歌谣，共160首，既有反映民生艰难、讽刺上层阶级的诗歌，也有不少反映社会风俗、描写爱情方面的诗歌。雅分为“小雅”和“大雅”，共105首，是雅乐，也许为贵族宴饮时所唱，其中有些篇幅较大，有120行。大约由于是贵族，描写宴饮的场面不少，还有一些诗歌则讽刺和挖苦了周天子。颂是祭祀时唱的赞歌，共40首，虽以歌颂统治者的文治武功为主，但对于我们了解商代和周代的历史，仍具有重要意义。

史学在中国有悠久的传统。商周时期可能就设立了史官，留下了不少记录。春秋时期的各诸侯国大都有自己的史官，他们的主要任务之一，是记录本国的历史。可惜这些著作基本失传，只有经过孔子删定的鲁国《春秋》保存了下来。它按照年代顺序记录周王室、鲁国和其他诸侯国的大事，有时会提供精确的时间，行文以简洁著称，关于某年的大事通常只有几十个字，如《隐公元年》条记录了郑国的一件大事，不过是“夏五月，郑伯克段于鄢”9个字，交代了战斗时间、人物、地点及结果。不过对于历史学家来说，这样的记载实在让人摸不着头脑。简单地说，郑伯和段何许人也？与段是何关系？为何攻击段？为何能取得胜利？战争对双方的影响如何？都不得而知。此外，《春秋》有强烈的尊王、尊正统倾向，创造了一套后来中国传统历史学家津津乐道的所谓春秋笔法，对不同人的去世说法不同，是最显著的例子。因此，《春秋》出来后不久，就有人对其进行解释，其中《左传》从历史角度提供事件的背景和过程，《公羊传》和《穀梁传》更多地是从义理方面做出说明。否则就那么干巴巴的几十个字，让历史学家可以依据的太少。

艺术在春秋时期也取得了长足的进步，最突出的是青铜铸造技术，以及体现在青铜等器物铭文上的书法艺术。由于地域不同，不同地区出现了不同风格的书法，有些清新秀丽，有些笔法刚劲，有些书写比较随意、挥洒自如，吴、越地区更创造出用鸟、兽、虫装饰首尾的字体。春秋时期音乐的发展，与王室的衰微和诸侯的崛起有密切关系，原本属于王室的音乐，走向诸侯和民间，导致春秋时代乐器大盛。据考古发现，属于该时期的墓葬不少都有乐器随葬，主要有编钟、编磬、石磬、钮钟等。秦国甚至用音乐做武器，让西戎首领玩乐丧志，成功兼并西戎。这些事件表明，春秋时期中原及其周边地区乐风极盛。

第二节　从分立走向统一的战国

一、战国七雄

1. 战国七雄

公元前475年到公元前221年秦统一天下，为中国历史上的战国时期。它上承春秋，下启秦汉，是中国历史上最为重要的时期之一。

战国时期最强大的国家有七个，即齐、楚、秦、燕、赵、魏、韩。七国的形成，有一个历史过程。春秋中后期的中原一直被晋、楚争霸的局面所笼罩，众多小国以朝秦暮楚的办法勉强维持着自己的存在。楚国在春秋末期复兴，占领了东到大海，西到巴、黔，南到苍梧，北到汉江、淮河一带的广大地区，成为面积最大、实力最为强劲的诸侯国之一。楚国的对手晋国的大权为所谓的六卿掌握，国君形同虚设。六卿相互混战，最后剩下赵、魏、韩三家。三家继续扩张，赵灭了代国，并取得中山国部分领土，其疆域以山西北部、中部和河北中部、西南部为中心，定都邯郸。魏占有今山西西南、陕西东部以及山东、河北的部分地区，也向伊、洛地区扩展势力，占领秦国的所谓河西之地，灭中山，并迁都大梁，成为三晋中最强大的诸侯。韩占有山西东南和河南中部，后向伊、洛地区发展，攻灭部分戎狄部落，于公元前375年灭郑，并迁都于此。公元前405年，齐国发生内乱，三晋乘机大举伐齐。公元前403年，因伐齐有功，周天子正式承认了赵、魏、韩三家的诸侯地位。此时齐国的实权已经掌握在田氏之手。公元前387年，齐的田和（前386—前385）与魏武侯（前395—前370）在浊泽相会，等于魏承认了田和的诸侯地位。魏武侯还派使者到周天子处，请求周天子封田和为诸侯。周天子只能承认既成事实，封田和为诸侯，吕齐正式为田齐取代，主要占有今河北东南和山东北部。西陲的秦国灭大荔，兼并了西戎部分土地，其疆域包括今陕西、四川、青海、宁夏部分地区。公元前4世纪初，秦控制函谷关，并在那里置县，图谋向中原发展。燕国在战国初期也逐渐强大起来，其地主要在今河北、山西以及辽宁一带，与齐、赵等为邻。七国之中，燕势力最弱。

除上述七国外，当时还有若干小国，除地处中原中心的东周外，还有淮泗之间的十余小国。东周之所以能够存在，一方面是因为周天子的旗号还有某些用处，例如封三晋和田和为诸侯；另一方面，是东周面积实在太小，如果真把它灭了，于国力的强大无所补益，反要背上弑君的恶名，在道德上会不利，因此直到公元前256年，秦统一的趋势基本确定时，东周才被灭掉。淮泗之间的十余小国没有那么幸运，或亡于楚，或亡于齐，其中宋国具有一定实力，坚持时间也最长，到公元前3世纪初被齐国灭亡。七雄相互接壤，互争雄长，为增强国力积极进行改革。

2. 七国的变法图强

按照当时人的看法，决定国家实力的，一是粮食，二是兵源。至于工商业者，因为他们四处流动，唯利是图，甚至哄抬物价，为商业利益不惜叛卖国家，必须压制，至少不能扶持，因此战国时期的变法，大多集中于农耕、军事。

七国之中，最早实行变法的是魏国。公元前445年继位的魏文侯（前445—前396）先后起用一批贤才，其中最为重要的是李悝（前455—前395）。改革的主要内容：一是“务尽地力”；一是“撰次诸国法，著《法经》”。所谓“务尽地力”，就是通过承认农民对土地的私有权，鼓励农民耕种，以收获更多粮食。“著《法经》”，指颁布刑法以加强统治。据说李悝的法典分为六编，分别是《盗法》、《贼法》、《捕法》、《囚法》、《具法》和《杂法》，由于“王者之政，莫急于盗贼”，所以《盗法》和《贼法》位于《法经》之首。虽然《法经》已经失传，但从其篇名和后人所谈及的内容看，它主要是刑法，针对的是各种犯罪行为以及对犯罪的惩治，完全没有涉及统治者应受的限制以及人民所应享有的权利。因此，它的主要目的是维护统治阶级的利益。后世的中国法律，大多也以此为准绳，奠定了中国数千年以对付被统治者为目标的法制传统。

在魏国进行改革的同时，其他国家如赵、韩、楚、齐等，也都不同程度地进行了改革。这些改革一般都以强化君权为核心，一方面鼓励农业生产，提高军事效率；另一方面剥夺贵族的特权，将贵族降到普通平民的地位，提高君主的权威。其中变法效果最为显著，我们了解也最为清楚的，是秦国的商鞅变法。

商鞅变法

孝公既用卫鞅，鞅欲变法，恐天下议己。卫鞅曰：“疑行无名，疑事无功。且夫有高人之行者，固见非于世；有独知之虑者，必见敖于民。愚者闇于成事，知者见于未萌。民不可与虑始而可与乐成。论至德者不和于俗，成大功者不谋于众。是以圣人苟可以强国，不法其故；苟可以利民，不循其礼。”……

令民为什伍，而相牧司连坐。不告奸者腰斩，告奸者与斩敌首同赏，匿奸者与降敌者同罚。民有二男以上不分异者，倍其赋。有军功者，各以率受上爵；为私斗者，各以轻重被刑大小。僇力本业，耕织致粟帛多者复其身。事末利及怠而贫者，举以为收孥。宗室非有军功论，不得为属籍。明尊卑爵秩等级，各以差次名田宅，臣妾衣服以家次。有功者显荣，无功者虽富无所芬华。

……（令）行之十年，秦民大说，道不拾遗，山无盗贼，家给人足。民勇于公战，怯于私斗，乡邑大治。秦民初言令之不便者有来言令便者，卫鞅曰“此皆乱化之民也”，尽迁之于边城。其后民莫敢议令。

于是以鞅为大良造。将兵围魏安邑，降之。居三年，作为筑冀阙宫庭于咸阳，秦自雍徙都之。而令民父子兄弟同室内息者为禁。而集小乡邑聚为县，置令、丞，凡三十一县。为田开阡陌封疆，而赋税平。平斗桶权衡丈尺。行之四年，公子虔复犯约，劓之。居五年，秦人富强，天子致胙于孝公，诸侯毕贺。

——司马迁. 史记：商君列传.

七国之中，秦的地位比较独特。它是战国初期最为落后的诸侯国之一。但它的君权相对强大，对农业的重视及在长期与戎狄作战中养成的尚武风气，都优于山东六国。公元前 4 世纪初，秦献公（前 384—前 362）已废止以人殉葬的制度，编订居民户籍，推行县制，以强化国君的权威。公元前 361 年，秦孝公（前 361—前 338）继位后，为改变秦国的落后局面，重振秦国霸权，进行改革。公元前 356 年，孝公以商鞅（？—前 338）为左庶长（后升为大良造），在秦国进行了一系列改革，其主要措施有：重农抑商，奖励农业和开荒，以增加粮食生产；对商人多方限制，甚至不惜违背公平原则，让他们多纳税，承担更多的义务；废井田，开阡陌，按户口授予农民土地和征税，并把农民按什伍编排起来，以保证国家对人口的控制；强令百姓分户，父子兄弟必须分家，不得合住；推行县制，将全国乡、邑、聚合并为 31 县，以中央任命的县令等管理；提拔有军功者，按照杀敌多少赐予爵位，无军功者，即使是宗室贵族，也不能获得爵位；统一度量衡。这些措施的核心，一是农业和战争，一是强化以君主为中心的中央权威。后来商鞅虽然因为开罪于秦国贵族，在孝公死后即被杀害，但他的基本措施继续得到执行，秦国因此逐渐成为七国中最为强大的国家。

3. 七国的混战与秦统一天下

七国变法图强的目的是，希望扩大自己的疆域，统一中原。首先强大起来的魏国西取秦国的河西之地，向东屡次击败齐国，北过赵国灭中山。但魏国的扩张，遭到齐国强有力的遏制。公元前 354 年，魏攻赵，围赵都邯郸。赵求救于齐。齐以田忌为将，孙膑为军师，用围魏救赵之计，攻击魏都大梁，然后乘魏军回救之机，大破魏军于桂陵。随后魏军大举反攻，先后迫使赵、齐与之结盟，并在西线击败秦国，一时成为中原霸主，于公元前 344 年公然称王。两年后，魏军进攻韩国，韩求救于齐。齐国再派田忌等为将，孙膑为军师，以添兵减灶之计诱魏军追击，在马陵歼灭魏军主力，其主帅庞涓自杀，使魏遭遇决定性失败。此后韩、楚、齐、秦等国落井下石，猛攻魏国。公元前 340

年，秦败魏国，迫魏国割让河西之地。魏为摆脱困境，试图联合齐国，于公元前334年承认了齐威王（前356—前320）的称号，取得齐国的支持。可是，齐、魏的联合引起了其他诸侯的反感，秦、楚、赵等不断攻打魏国和齐国，迫魏国将上郡15县割让给秦国。秦的领土终于伸展到黄河东岸，魏则从此处于秦的直接威胁之下。在这场规模空前的大混战中，真正得益的只有秦国。

秦国自献公以来日益强大，献公就曾数次击败鼎盛时期的魏国。商鞅变法后，秦崛起的步伐加快，多次击败魏军，并夺取魏的河西之地，占领黄河东岸部分地区。秦的强大曾引起东方各国的警惕。公元前318年，赵、魏、韩、楚等曾联合进攻秦国，但被秦国击败。公元前317年，秦用司马错为将，灭蜀，吞巴，疆域扩大一倍以上，从此与楚国接壤。楚怀王（前328—前299）愚蠢而贪婪，他先是拒绝参与诸侯联合攻秦，后又为秦的说客张仪欺骗，与齐国绝交。公元前312年，在与秦国的大战中，楚惨败，秦国占领楚的上郡，把秦本土和巴、蜀连成一片。公元前302年，秦国再度打败楚国。楚怀王的儿子顷襄王（前298—前263）统治时期，内政不修，外交失败，只好充当秦国的忠实追随者，楚国从此衰落。

楚国衰落后，东方六国中，唯一有实力与秦抗衡的只有齐国。但齐国地处东部，不足以立刻威胁秦国。秦则采取与齐联合，集中力量打击赵、魏、韩的策略。公元前314年，齐国乘燕国内乱，出兵燕国，几乎灭掉燕。公元前286年，齐灭宋，并占领楚国在淮北的领地。齐国的强大引起了其他国家的疑忌。公元前284年，燕国为报复齐国，联合赵、魏、韩、秦和楚大举伐齐，齐国大败，齐湣王（前300—前284）被杀。后来齐虽勉强复国，但已元气大伤，从此衰落。

齐、楚先后衰落，秦国因此能够专心对付近邻赵、魏、韩。公元前265年，秦大举进攻韩国，切断了韩本土与上党郡之间的联系，上党郡寻求赵国的援助，赵出动大军至长平与秦对决，秦军将赵军诱入事先设好的埋伏圈中，迫赵军投降，据说40余万将士全被坑杀，赵国从此无力再与秦军对抗。

公元前256年，秦灭西周。七年后，东周灭亡。秦王嬴政（前246—前210）掌握政权后，对外大举用兵。为削弱六国联合抗击的力量，秦王用李斯（？—前208）的计谋，派谋士前往收买各诸侯国的重要大臣，离间其君臣关系。同时出动大军，从邻近的赵、魏、韩入手开始其征服事业。秦国的策略取得了完全的成功。赵王因听信接受秦国贿赂的郭开的谗言，误杀大将李牧，且弃用老将廉颇，致赵军为秦所破。齐相后胜也接受了秦的贿赂，导致齐国在秦大举扩张时不采取任何行动，眼睁睁地看着其他诸侯被消灭。

六国之中，韩国最为弱小，成为秦国首先攻击的对象。韩国抵挡不住秦的猛攻，于公元前230年灭亡。两年后，赵国灭亡。秦兵临易水，燕国受到直接威胁。燕太子丹希望以刺杀秦王挽救燕国，但刺杀失败。秦立刻大举进攻，于公元前222年灭燕国。与此同时，秦大举进攻魏国和楚国。魏坚守大梁，却被秦军引黄河水灌城，魏王出降。只有楚国还能稍事抵抗，但此时秦已控制了几乎整个中原，楚国的实力根本不足以与秦国抗衡。公元前225年，楚曾击败秦军。但当秦派富有经验的老将王翦领兵60万来进攻时，楚再也无力抵抗。公元前223年，楚国灭亡。至此，秦基本完成统一。

4. 官僚体系的建立

战国时期，随着诸侯国政治和经济实力的增长，国家疆域的扩大，国家事务日益复杂，导致了专门从事管理的官僚队伍的产生。新的官僚体系与过去的世卿世禄制度相比，有两个重要变化。一是文武分野，一是领取俸禄。春秋时期，各国盛行的还是西周的世卿世禄和分封制度，政治领袖同时也是军队统帅。他们有自己的世袭封地，在封地内享有政治、经济和司法等各方面的权力。在与国君的关系中，他们享有一定的独立性。战国初期，有些诸侯国出现了文武分野的现象。文官的首领是相，武官的首领是将。在将、相之下，还有一系列官员帮助他们处理各自的事务。将主要统兵作战，相主要负责朝政。秦国官吏的文武分野相对较晚，商鞅变法时，仍兼管政治和军事。但到战国后期，文武分野成为通例。赵国的廉颇始终是将军，丞相蔺相如则几乎不涉足军事。秦国的王翦尽管是最有能力的将军，却很少参与政事；李斯作为丞相，则几乎没有上过战场。另一个与春秋时期的不同之处是，这些官员多领取俸禄，即使有自己的封地，也只能征收租税，政事和军队由国王派出的官员管理。他们由国君任命，不得世袭，上任时获得玺、符之类行使权力的印信，调动军队之类的大事必须征得国君的同意。他们必须唯国君之命是从，否则轻者免职，重者会被处死。秦将白起虽然战功显赫，但当他违背国君意愿时，先是被免职，后又被逼自杀。王翦为了避免秦王嬴政的猜忌，不得不在领兵与楚作战的同时，煞费苦心地不断向国君要求增加封地俸禄。之所以如此，是因为他们大多出身布衣，所有的地位和收入皆仰赖于君主，只是纯粹的官僚，不是贵族。秦国最为明显，如穆公时期的百里奚是用五张羊皮换来的；战国中后期的重要官员如主持改革的商鞅，提出远交近攻策略的范雎，担任丞相的甘茂、李斯等，或由他国入秦，或出身低微。这些人要维持自己的地位，只能听命于君主，并且努力维护君主的地位。因此，官僚体系的发展，有利于国君权威的提升。

战国时期政治制度上的另一重要变化，是郡县制度的普遍建立。郡县制度始于三晋，后逐渐为其他国家效仿。春秋时期，郡在地位上低于县，设于比较落后、人烟比较稀少的边远地区。但战国时期的经济发展，让这些地区也逐渐繁荣起来。于是为管理需要，在郡下面再设若干县。有些大郡的县多达 36 个。郡的长官称守或太守，一般以武官充任，有征发和统率该郡军队的权力。县有县令，下有丞、尉等协助处理政治和军事。郡守和县令都由中央任命，听命于国君。于是，从中央到地方，形成了一套完整的、以国君为中心的官僚体系。

财政体系、法律体系也在战国时期发展起来。财政体系大体划分为内史主管的大内和由少府主管的少内。前者负责征收田租，支付政府机构的日常开支；后者主要征收人口税、工商税等，负责国君和宗室的开支。财政体系的建立，让以君主为核心的中央集权体系建立在更加稳固的基础上。法律的公布本来始自春秋时期，战国时期各国普遍颁布法律。这些法律主要是刑法，即针对臣子和民众违法犯罪而制定的法律。从商鞅的实践看，在法律颁行过程中从不征求管制对象的意见。对于那些敢于议论法律的人，一律流放。于是，我们在法律中只看到名目繁多的各种惩治办法，却很少看到关于诉讼人权利的规定。

军队在战国时期最重要的变化，一是军队规模的扩大，一是步兵成为军队主力。春秋时期的战车兵中，可能就有部分是职业兵。但因为战车制造复杂，而且驾驶战车和在战车上作战，都需要一定的专业技能，限制了战争的规模。战国时期，由于各国领土面积和人口都普遍增加，军队的规模也日趋扩大。战国初期，战争中经常见到斩首数万的记载。到战国后期，斩首10万以上的相当常见。长平之战，据说赵国损失了45万余人，秦国的损失大约是赵国的一半，也有20余万。这些动辄数十万的军队，表明军队规模在战国时期有了明显增加。而军队规模的扩大，一个重要因素是车战逐渐被步战取代，步兵日渐成为军队主力。步兵中一部分是常备军，可能都经过专门的挑选和训练，享有一定的特权，在军队中的比例可能不会太大。军队的主力是临时征召的农民，一般服役年龄为17～60岁。军队中还有骑兵，其中赵国由于要经常与匈奴等作战，骑兵更加重要。战国后期，骑兵已成为军队的一个兵种，主要是配合步兵作战。

官僚体系的建立，财政、法律体系和军队的变革，表明到战国末期，君主专制的中央集权制度开始在中国建立。

二、社会经济的变化

1. 土地制度的变革

战国时期土地制度最值得注意的地方，是对土地私有权的确认。春秋以来，随着牛耕和铁器的使用与推广，农民的独立性有所增强。春秋时期的税收制度，实际部分承认了农民对土地的所有权。据学者们推测，晋国的“作爰田”，就是承认农民对私田或新开垦土地的所有权。进入战国，由国家以法律形式确认对土地的所有权流行起来。李悝的尽地力之教和对农民耕种、收获的推算，只有在农民土地所有权相对稳定的情况下才有可能。秦国商鞅变法中，有“为田开阡陌封疆，而赋税平”，大约就是废弃传统的土地界限，允许农民开垦土地。而他所实行的“耕织致粟帛多者复其身。事末利及怠而贫者，举以为收孥”，大约也只有在土地私有的情况下才能成为现实。“各以差次名田宅”中的“名田宅”，就是准许个人以私人名义占有田地。秦统一天下后，这套制度被推广到全国。公元前216年，秦始皇“使黔首自实田”，即臣民上报田亩面积，确认他们对土地的占有权。

随着土地的私有化，土地买卖也开始了，农民的分化随之出现。关于土地买卖的记录虽然不多，但来自当时的文献，应当具有相当的可信性。长平之战时，赵括被任命为统帅，其母上书赵王表示反对，理由之一是赵括上任后，利用自己的地位到处购买良田。王翦伐楚时，为防止秦王嬴政猜疑，不断要求国君赏赐大量田地，借口是“及时以请园池为子孙业耳”。如果土地不能私有，王翦的请求就没有意义。有人获得大量田地，自然就有人丧失土地。公元前494年，吴要求陈进攻楚国。陈的国君咨询国人，国人表决时，“陈人从田，无田从党”，即国人有田的按照田亩所在的方位站，无田的按照族党所在的方位站，说明至少在春秋后期，陈人中已经出现了部分无地者。无地者的出路，一是租种土地，缴纳租税；有些略有资本的，可以从事工商业；实在没有出路的，只有出卖自己的劳动力，充当雇工。商鞅变法中对出卖劳动力的“庸”的打击，说明雇工已经出现。《韩非子》对雇主和雇工关系的讨论，说明雇工已经很普遍。

但是，总体上看，当时社会上丧失土地的人属于少数。绝大多数人是拥有所谓百亩之田的小农。李悝在计算农民的收入时，就是按照一家五口人，有田百亩为单位的，如一亩一年收一石半，百亩共收 150 石。但中国的自耕农需要承担多种多样的税收。首先是国家的税收，按当时的标准大概是收成的十分之一即 15 石，然后是家庭消费，五口人要吃掉 90 石，只剩下 45 石。按照李悝的折算，扣除其他开支，一个农民一年实际上难以维持温饱。如果像秦国那样，在田租之外还要征收人头税，农民的负担就相当沉重了。当然李悝在计算时，没有考虑农民种地之外如饲养牲畜、家禽的收入，也没有考虑不同家庭成员消费粮食的差异，以及农民受雇、经商所获。同时，李悝也未考虑农民的其他负担，如承担军役和其他劳役的损失，还有土地税之外的税收等。收入与负担比较，负担仍然沉重。孟子（约前 372—约前 289）的描述也许是对当时自耕农一般情况的反映，农民“有布缕之征，粟米之征，力役之征。君子用其一，缓其二。用其二而民有殍，用其三而父子离”。就是说，如果每年政府只征收其中的一项赋役，农民尚可维持；但如征收两项，农民就可能挨饿；如果三项在一年中同时来临，那农民就只有卖儿卖女了。这样看来，战国时期就出现部分丧失土地的农民，并不奇怪。同时，也有部分农民因为军功等获得赏赐，成为地主。一些无地的农民，因为某种机缘或自己的勤奋，也可能积累起一定资产以购买土地，重新成为自耕农。因此，战国时代的农业经济，虽然承受着国家的赋税和战争的破坏，却顽强地生存了下来，并构成当时各国发展最为稳固的经济基础。

2. 农业的进步

战国时期农业的进步，首先体现在铁制农具得到广泛使用，并且逐渐取代木石工具成为生产中最常见的工具。按照孟子的说法，如果当时有人不用铁器耕作，那倒显得不正常了。从考古发掘看，北起辽宁，南到广东，东自山东，西到四川的广大地区，农业上都已经广泛使用铁器。牛耕得到进一步推广，而且出现两牛共拉一犁以进行深耕。

水利灌溉事业在战国时期发展较大。一些诸侯国为了防洪和灌溉，大规模地兴修水利工程，齐国和赵国都沿黄河修筑堤坝以防止黄河泛滥。魏国的西门豹开渠引漳河水灌溉邺地的田地。楚国的孙叔敖修建了芍陂。但在水利工程上成就最大的是秦国。蜀郡郡守李冰父子修建的都江堰通过修建分水堤和排水坝，把岷江一分为二，筑水门调节水量，把岷江的水流分散，几千年来一直在为成都平原服务，甚至连 2008 年发生的超强地震，也没有对它造成毁灭性的破坏。郑国渠联通了泾水和洛水，灌溉田地四万多顷，使关中成为沃野，进一步增强了秦国的实力。

耕作和田间管理在战国时期也有所进步。施肥成为普遍现象，农民在利用畜禽粪肥的同时，还会将野草和树叶作为肥料。对于田间管理，如保持适当的苗间距，除草，中耕，防治病虫害等，也都有适当的总结。此外，农民在种地的同时，还从事多种经营，当时蚕桑已经在中国的不少地区如河南、安徽、湖北等地推广。春秋末期吴楚之间的一次战争，据说就由两个妇女争采桑叶引起。漆树和果树的栽培，可能也有某种程度的发展，秦国和楚国都设置有专门管理漆园的官吏。

农业生产技术的进步，促进了农作物产量的提高。由于中国幅员广大，不同地区的粮食产量差异也颇大。但《孟子》和《吕氏春秋》不约而同地提到，一个耕种百亩之田的家庭，如果是上等田地，其粮食可以供养10人；即使是下等田，也可以供养5人。在一年两熟的地区，产量也许更高。如果赶上特别好的年份，可能获得亩产6石的收成。

3. 工商业的发展

工商业在战国时期的发展，主要体现为手工业的进步与富商大贾的出现。手工业的进步体现在两个方面：一是官营手工业继续发展，民间手工业进步迅速；一是在个别技术领域有了比较大的进展。官营手工业使用的劳动力有不少是所谓刑徒和服役的士兵，主要制造武器、礼器及供统治者消费的奢侈品。它规模大，技术要求高，因为不计成本，往往能制作精品。考古发掘出战国时期大量的青铜制品，特别是编钟，为认识金属铸造技术的发展提供了极佳的证明。以湖北曾侯乙墓出土的编钟为例，编钟共64件，其中钮钟19件，甬钟45件，分上、中、下三层悬挂于钟架上。钮钟可能是用来定调的，甬钟上有标音，准确敲击标音位置就能发出合乎一定音阶的乐音。它不仅反映了中国音乐艺术的发展，而且也是青铜铸造技术无言的证人。此外，在雕刻、漆器、纺织等领域，战国时期也有新的发展。长沙出土的帛画《男子御龙图》、湖北江陵出土的彩漆木雕座屏和虎座凤架鼓、故宫博物院藏的桑猎宴乐壶的《射雁宴乐图》等，都表明战国时期的手工业较之春秋时期有了不小的进步。

《男子御龙图》（局部）

民间手工业在战国时期有明显发展。民间手工业大部分可能由农民兼营，专业的手工业者只在城市中存在，从业者的数量与生产规模都不大，但也有少数从事手工业成为巨富的。如猗顿从事煮盐，郭纵和魏国的孔氏从事冶铁，巴寡妇清开采丹砂等，据说都富可敌国。他们的崛起，显示了民间手工业的活力。

中国幅员的广大，地区之间物产的差异，让交换成为必然。《史记·货殖列传》曾对中国各地的物产有所描绘，大而言之，西方有木材、竹、玉石，东方多鱼、盐、漆、丝，北方有马、牛、羊，南方有各种香料、金、锡、丹砂、珠玑等。此外，铜、铁各地都有出产，各地人民也都有需求，由此促进了转运贸易的出现。但促使战国时期商业发展更重要的因素，是社会分工的发展。孟子与陈相讨论治理天下的问题，两人的讨论都从日常生活开始。陈相鼓吹天下人都该务农，孟子则提倡社会分工，指出农家的代表许行除自己亲自耕种外，他耕种所需要的工具，所穿的衣服和戴的帽子，烹调的用具，都是其他人生产、许行以粮食交换来的。孟子的论证表明，战国时代的工商业已经深入到民间，即使是一个自给自足的农民，也必须从市场上购买某些东西，包括日常生活用品。李悝在为农民分配余粮的用途时，也提到购买布匹等，说明当时的农民确实与市场有一定联系。战国时代各诸侯国对金属铸币的采用，有利于商业的发展。当时的许多货物都不是以具体物品来估算其价值，而是以货币论价。李悝虽然提到农民所交的是实物地租，但在讨论余粮的使用时，直接将其折算成货币。

战国时期诸侯国改革中推行的重农抑商政策，也说明了此前商业的重要。推行该政策最为有力的秦国，实际上是商业最为发展的地区之一。司马迁称，西周时期，关中地区本来民风淳朴，以农为业，但“及秦文、（德、）穆居雍，隙陇蜀之货物而多贾。献公徙栎邑，栎邑北却戎翟，东通三晋，亦多大贾”。陈、楚等诸侯国，商业活动也很发达。

商业的经营仍相对原始。陆地交通主要采用车拉、牛马驮运，交通不便的地方则用人力。陆地交通的主要问题是速度慢，费用高。直到司马迁时，还有百里不贩柴火、千里不贩粮食的谚语。南方条件较好，以长江为中心的航运系统四通八达，造船技术也颇有进展，据说当时有的大船可以载运 50 人和足够吃三个月的粮食，如果顺流而下，可以日行 300 里。但水路毕竟限制很多，民间的小规模经营，可能仍以陆地交通为主。商业经营的利润主要仍是贱买贵卖。白圭为魏文侯时人，他的经营术是“人弃我取，人取我与”，丰收时大量收取粮食而出卖丝、漆，饥荒时收帛絮出卖粮食。但对丰歉的判断是个重要学问，还要能吃苦耐劳。白圭总结他自己的经验说：“吾治生产，犹伊尹、吕尚之谋，孙吴用兵，商鞅行法是也。”对于那些他认为不适合经商之人，即使向他取经，他也不会透露，“是故其智不足与权变，勇不足以决断，仁不能以取予，强不能有所守，虽欲学吾术，终不告之矣”。凡当时成大器的商人，确实有过人之处。前述的猗顿除懂煮盐技术外，对玉器的鉴别也是他的拿手好戏。乌氏倮购买了一些奇珍异宝献给戎王，让戎王高兴，给了大量牲畜作为赏赐，因此成为巨富。吕不韦利用自己雄厚的财力，结识在赵国为质的公子成，认为后者奇货可居，后来果然依靠公子成成为秦的相国，长期执掌秦国大权。这一方面说明了商人在当时社会上的影响力；同时也暗示，中国古代的商人，尤其是那些富商大贾，多与官方有着这样那样的联系。

4. 城市的发展

商周时期的城市，多为政治和军事中心。春秋时期，由于社会生产的发展和人口的增长，一些政治中心逐渐具有了经济意义。但那时城市人口似乎仍不多，一般的城市据说周长不过300丈，居民不过3 000家。战国时期，各地城市的规模普遍扩大，人口密度也大大增加。据说齐都临淄有居民7万户，"车毂击，人肩摩，连衽成帷，举袂成幕，挥汗成雨，家敦而富，志高而扬"。固然有些夸张，但反映了齐都临淄的繁华。其他诸侯国的都城，如魏之大梁，赵之邯郸，楚之郢等，都是有名的大都市。这些大城市中，相当一部分居民当然是王公贵族，另外还有一些官营的手工业者，也有一部分私人手工业者和商人。

战国时期城市发展中的一个重要特征，是部分并非政治中心的城市因商业而兴起。《盐铁论》列举的城市中，有些显然并非诸侯国国都，如燕的涿、蓟，魏的温、轵，韩国的荥阳，楚国的宛、陈，郑国的阳翟等，都富冠海内，堪称天下名都。大城市之外，地区性的城市开始兴起。韩国的宜阳不过是个县，但据说其县城也"城方八里，材士十万，粟支数年"。这里的"材士十万"，肯定不可能都是城市居民。但如真有"材士十万"，且其粮食能支撑数年，则人口决不会太少。宋的陶邑，卫的濮阳，也都是很大的城市。陶邑地处淮、泗、济、汝水路和陆路交通网的中央，人口众多，商业发达。卫国虽是个小国，其城市濮阳却是赵、魏、韩和齐的货物集散地。由于这些城市多因商业而兴起，城内皆有专门从事交易的市场。秦都城雍的市南北长150米，东西宽180米，面积近3万平方米。这些城市中，居民主要应该是工商业者或邻近的农民，王公贵族相对较少，可以说是真正的城市。

三、思想文化领域的百家争鸣

1. 百家争鸣

战国时期的社会变革和混战局面，刺激了思想文化的发展。周天子权威丧失，礼乐和文化知识散于民间。按照班固的说法，"诸子十家，其可观者九家而已。皆起于王道既微，诸侯力政，时君世主，好恶殊方，是以九家之（术）蜂出并作，各引一端，崇其所善，以此驰说，取合诸侯。其言虽殊，辟犹水火，相灭亦相生也"。话虽有些夸张，但战国时期的各家之所以能够出现，与知识的散落民间确有联系。原本属于贵族下层的士，由于掌握了诗书礼乐等知识，成为社会上的活跃分子。庶人中的一部分，也通过接受教育，进入士的行列。士自视颇高，因掌握了一部分知识，把自己视为社会道德的代言人，于是评论时政，阐述理想，形成比较强大的舆论。他们中的一些人开办学校讲学，传播自己的理论，并且带着门生周游列国，兜售自己的学说，期望获得君主的赏识，以将理论付诸实践。一旦获得成功，不仅自己成为卿相，身价飙升，其学说在社会上的影响也会随之提升。战国时期的分裂局面，也让这些有重大影响的士人获得了某种程度的独立性。他们中的不少人，如墨家和法家的一些人物，有时确能提出非常实用的策略，诸侯担心他们为敌国所用不能不对其表示尊重，所以从战国初年的魏文侯开始，诸侯就兴起了所谓礼贤下士的风气，给那些有名望的士以一定待遇；对于那些游学于诸侯国的士也都接待，至少不会过分干涉他们的自由。齐国的稷下学宫是最典型的代表。

那里盛时可能聚集了上千人，齐王都给他们一定的待遇，让他们坐而论道。战国末年的某些卿相也养士，齐国的孟尝君，楚国的春申君，魏国的信陵君，赵国的平原君，都有门客数千人。

促成百家争鸣局面的另一重要原因，是当时社会经济的发展，让一部分人能够脱离社会生产，专心从事文化学习和创造。当时的诸子都有大量门徒，这些人中的不少人并不参与生产，或只是部分时间参与，而且为了学习，还要支付一定数量的学费，如果社会没有足够的粮食供他们消费，这样的情况不可能出现。当时的文化产品，主要是书籍的数量，也比过去有所增加。除传统的竹简外，书写在绢帛上的作品有所增加。与竹简比较，绢帛更易保存，携带和阅读也更为方便。有些学者开始收藏大量书籍，据说墨子和惠施都有不少藏书，惠施的书号称有五车之多。书籍生产的增多，便利了思想文化的传播。

战国时期到底有多少学派和士人，恐怕无法说清楚。《汉书·艺文志》认为，"昔仲尼没而微言绝，七十子丧而大义乖。故《春秋》分为五，《诗》分为四，《易》有数家之传。战国纵横，真伪分争，诸子之言纷然殽乱"，多少反映了当时百家争鸣的形势。虽然主要分为儒、墨、道、法、兵、纵横、阴阳、名、农等家，但每个学派之内，因为主张的差异，又划分为众多的派别。就其代表人物而言，道家有杨朱、列子、庄子等，儒家有曾子、孟子、荀子等，法家有慎到、申不害、商鞅和韩非等。有些派别还可以进行更细致的划分。如儒家中有专精《易》的，有专精《诗》的，有专精《春秋》或《左传》的，而且因为传承不同，《春秋》或《左传》的学问还有不同的流派。这里只能就其中影响最大的若干学派稍做介绍。

2. 儒家

儒家发端于孔子。班固的评论"儒家者流，盖出于司徒之官，助人君顺阴阳明教化者也。游文于六经之中，留意于仁义之际，祖述尧舜，宪章文武，宗师仲尼，以重其言，于道最为高"，可能是对战国儒家的恰当描绘。孔子之后，儒家的主要代表人物有曾子、荀子和孟子。曾子值得我们重视的地方，在于他对修身养性的强调，他曾说："吾日三省吾身，为人谋而不忠乎？与朋友交而不信乎？传不习乎？"他强调交朋友要慎重，对朋友应有鉴别。荀子曾游学稷下，但长期默默无闻，后到楚国，得春申君帮助为兰陵令。春申君死后，他也丧失了自己的职位，从此居家著书，成《荀子》。今本《荀子》共 32 卷，其中部分内容可能是其门人的作品，但主要思想应当是荀子本人的。《荀子》首篇就是《劝学》，作为一个老师，荀子相当成功，培养了李斯、韩非等著名人物，在战国后期颇有影响。但就其思想的主流而论，荀子与孔子和孟子不同，倡言人性恶，"今人之性，生而有好利焉……生而有疾恶焉……生而有耳目之欲，有好声色焉"。因为人性天然恶劣，所以先王才发明出礼、法之类的东西，匡正人们的言行。要改造人性，一靠制度，二靠教育。制度要有礼有法，使社会各阶层安守本分。但两者与人比起来，都应退居次要，因为制度是人创造的，并由人来执行，因此，治世的来临，只能依靠圣君贤相。在君臣关系上，他主张君主兼听，即听取不同意见，在此基础上达到同；在君民关系上，他指出立君是为民，并提出了著名的君舟臣水论，强调了君对民的依赖，主张藏富于民。虽然荀子的主张继承了孔孟以来重视民的传统，在君臣和君民关系中比较强调其中的人性成分，但荀子重视法制的思想，显然吸收了法家的部分主张。

战国儒家中对后世影响最大的是孟子。孟子名轲，据说是孔子孙子子思的再传弟子，曾游历齐国和魏国，但都没有得到任用。司马迁认为，孟子的议论“迂远而阔于事情”，当时“天下方务于合从连衡，以攻伐为贤，而孟轲乃述唐、虞、三代之德，是以所如者不合”。于是他“退而与万章之徒，序《诗》、《书》，述仲尼之意，作《孟子》七篇”。

孟子非常推崇孔子，认为孔子是“圣之时者”，“自生民以来，未有盛于孔子也”。他的理论也多有尊崇孔子者。像孔子一样，他主张效法先王，实行仁政；只有实行仁政，才能获得天下的认同，一统天下。他所谓的仁政，大体包括如下内容：授予人民一定数量的土地和房屋，“五亩之宅，树之以桑，五十者可以衣帛矣。鸡豚狗彘之畜，无失其时，七十者可以食肉矣。百亩之田，勿夺其时，数口之家可以无饥矣”。当然，对于统治者，必须施加某些限制，赋税徭役有定制，不可随意增加；刑罚要轻，尤其不能实行株连；要救济鳏寡孤独，要保护工商业。在君臣和君民关系上，孟子也有自己的主张。他承认君权乃天授，但天意与民意是相通的，“天视自我民视，天听自我民听”，“民为贵，社稷次之，君为轻”，是最经典的表述。如果君主“暴其民甚，则身弑国亡”。关于大臣与君主之间的关系，孟子也有自己独特的见解。大臣是有独立人格的人，不是君主的附庸，“得志，与民由之；不得志，独行其道。富贵不能淫，贫贱不能移，威武不能屈，此之谓大丈夫”。“君之视臣如手足，则臣视君如腹心；君之视臣如犬马，则臣视君如国人；君之视臣如土芥，则臣视君如寇仇。”虽然承认了君主至高无上的地位，但两者之间的关系不是绝对的，而取决于君主的作为。因此，孟子对君主提出了很高的要求：要求君主修身养性，成为天下的道德楷模；要求君主节欲，将臣民的利益放在首位；要求君主听取不同意见，“善与人同，舍己从人”。桀、纣一类的暴君，在孟子看来，是独夫而不是君。对这样的君主，大臣有进谏的义务。如果多次进谏后君主仍不听，大臣可以选择离开，必要时甚至可以放逐或另立君主。从孟子的论述看，他似乎把放逐君主的权力授予大臣，可大臣必须是伊尹那样的人。但伊尹那样的大臣如何产生，凭什么放逐或改立君主，如何改立，在孟子那里没有答案。

孟子的理论继承了中国传统中某些民主的因素，他的论述更多的是基于理想而非实际。在君主专制正在逐步成长、诸侯正忙于争夺霸权的时代，孟子这样的论述，自不免显得“迂远而阔于事情”了，其得不到诸侯的认同，也是很自然的事情。

3. 墨家

根据班固的看法，“墨家者流，盖出于清庙之守。茅屋采椽，是以贵俭；养三老五更，是以兼爱；选士大射，是以上贤；宗祀严父，是以右鬼；顺四时而行，是以非命；以孝视天下，是以上同”。意思是墨家原为宗庙中的巫、祝一类的人员。从墨家主张敬奉鬼神的主张看，这种说法有一定道理。

墨家的创始人据说是墨子（约前468—约前376），名翟，宋国人，大约生于战国初期。据文献记载，他生活简朴，吃、穿都非常普通。但他积极参与政治，曾出任过宋国大夫，而且长于攻战，颇有政治计谋。墨子门徒众多，文武结合，而且有严密的组织纪律，其最高领袖称巨子，对门人享有绝对权威。门徒从事各种活动，必须得到最高领袖的认可。他们“言必信，行必果”。“墨子服役者百八十人，皆可使赴火蹈刃，死不旋踵。”是战国时代影响最大的学派之一。

墨家的主要思想体现在《墨子》中。该书部分内容可能是墨子本人的言论和行为，部分是墨家门徒对墨家主张的阐述，现存53篇，其中部分篇章有三种内容大同小异的版本，可能是墨家分裂后不同派别各自传承的结果。墨家最核心的主张是兼爱和非攻。所谓兼爱，是说天下万民都是天的子民，因此都是平等的；既然大家都是天的子民，当然应当相互友爱。但人性本是恶的，因为每个人都有自己的利益，所以要选举贤者担任首领，同时教育人民，将他人视为自己，将他人之事视为自己之事。作为统治者必须是贤者，贤者的标准是会照顾臣民的利益，接受大臣的规谏。这样上下调和，就会形成和谐的局面。可是如果统治者不照顾百姓，百姓并无反抗之权，否则就是“淫暴寇乱盗贼”。在这方面，墨子甚至不如孟子。然而，即使是这样的主张，在当时的社会中也只能是空想。

4. 道家

道家最初可能出于王室的史官，“道家者流，盖出于史官，历记成败存亡祸福古今之道，然后知秉要执本，清虚以自守，卑弱以自持，此君人南面之术也”。班固的说法似乎是沿袭司马迁的观点，后者曾声称，道家的创始人老子是“周守藏室之史”。

战国时期的道家像儒家一样，分裂为数派。道家给人的感觉颇为神秘。列子据说后来修道成功，能够“心凝形释，骨肉都融；不觉形之所倚，足之所履，随风东西，犹木叶干壳。竟不知风乘我邪？我乘风乎？”真是完全与自然融为一体了。稷下学宫中，也有不少道家人物，如宋钘、尹文、田骈、环渊等，但对后世影响比较大的是庄子。

庄子名周，生活于约公元前4世纪后期—前3世纪初。与汲汲于功名的儒家不同，道家一般不到处宣扬自己的主张，不太直接向君主推销自己的理论。庄子继承了这种传统，据说他只做过当地的漆园吏，日子过得极其艰难，有时甚至要向别人借米。《庄子》托名庄周所作，现存33篇，内容上颇有自相矛盾之处，估计其中杂有后学托名之作。总体说来，道家的思想，是批判现实世界的物质主义，鄙视功名利禄。据说楚国曾要庄子去做相国，但他自称不愿成为那将被用作祭祀的牛（后者在被养肥之后将成为祭品），予以拒绝。他鼓吹彻底的个人自由，主张回到那种“民知其母，不知其父，与麋鹿共处，耕而食，织而衣，无有相害之心”的时代。可惜现实已经让道家的理想无法实现，于是庄子转向内在的自省，即摒除情欲，彻底忘掉一切，让精神离开肉体的躯壳，以进入一种无功、无名、无己的绝对自由境界。但人终归是生活于现实世界中的，既然这种完全物我两忘的境界无法实现，那就要达到在身体入世的同时，在心灵上脱离尘世的境界，做到“顺人而不失己”。可惜古往今来的文人哲士，包括道家在内，很少真能达到这样的境界。

5. 法家

按照班固的说法，法家可能原为周代朝廷的法官，“法家者流，盖出于理官，信赏必罚，以辅礼制”。战国时期的法家不但强调信赏必罚，而且在创立中国古代君主专制体制和理论以及富国强兵方面，也有独特的贡献。与其他学派不同的是，法家既重视理论，又重视实践，他们中的许多人，如商鞅、慎到、申不害、李斯等，不仅是理论家，还是位高权重的大臣。商鞅在秦国变法，让秦国国富兵强，为秦国完成兼并诸侯、一统中国的宏图伟业奠定了基础。在创建君主专制的中央集权体制，维护皇帝的权威方面，申不害、慎到、李斯等人颇为重要。韩非集法家理论之大成，认为人君必须借助法、术、势三者，才能真正实现专制统治。

法家重法的传统源于商鞅。据说他在秦国变法时，为取信于民，于国都南门外立三丈的柱子，称只要有人能将其搬走，可得十金的奖励，而且真正兑现了奖励，以示法不会失信于民。商鞅对自己颁布的法律，不容许任何人议论，哪怕是赞扬法律的人，也会被他流放，以树立法的绝对统治地位。但商鞅之法由君主制定，实施的对象，也主要是针对国君以下的大臣和平民。因此，法家之法，无论执行得多么严格，实际都是君主之法。只要君主认为对国家和自己有利，即使天下人都反对，也无关紧要，因为民都是“不可与虑始，而可与乐成”的，而且历来“论至德者不和于俗，成大功者不谋于众”，其理论具有非常浓重的精英主义色彩和反智倾向。法家对术的强调可能源于申不害。所谓术，是国君考察选拔、监督考核、奖赏处罚和驾驭官吏的策略与方法，以防止臣下“蔽君之明，塞君之听，夺之政而专其令”。势有可能是慎到的主张。势即权势，即国君只有凭借手中掌握的权势，才能做到令行禁止。

韩非（约前280—前233）是一个地道的人性恶论者，认为人与人的关系就是相互利用的关系。君主和大臣之间的关系也是如此，“臣尽死力以与君市，君垂爵禄以与臣市”，双方就是赤裸裸的买卖关系。在这种情况下，君主要想不被蒙蔽，必须法、术、势三者兼用，才能保住自己的权力和利益。因为有法无术，虽可让国家强大，君主的利益仍得不到保证。但有术无法，会导致政令不统一，让奸臣有机可乘。如有势而无术，君主“身虽劳犹不免乱”。只有把法、术、势三者结合起来，君主才可以“身处佚乐之地，又致帝王之功也”。韩非的主张，可以说把法家那种君权至上、专制自为的主张，推到了极致，成为后世专制统治最为有力的思想武器。

6. 兵家与纵横家

春秋战国时期频繁发生的战争，让兵学颇为发达。自春秋到战国，一大批兵学著作问世，较早的有司马穰苴的《司马法》和孙武的《孙子》，后来有吴起的《吴子》、孙膑的《孙膑兵法》、尉缭的《尉缭子》以及佚名的《六韬》等，在儒、墨、道、法等家的著作中，也都有讨论兵学的篇章。据《汉书·艺文志》，商鞅留下了27篇关于用兵的著作，范蠡、文种各有两篇，其他如魏公子（信陵君）等，也有兵书传世。可惜后面列举的这些著作大多失传。这里仅概要介绍孙武的著作。

孙武是春秋末年齐国人。齐有浓厚的兵学传统，约生活在公元前6世纪的司马穰苴就是一个著名的将领，不仅在军事上卓有建树，曾率领齐军打败晋燕联军，而且其著作《司马法》对军事理论也颇有贡献，提出了以战止战、慎重发动战争等重要主张，对政治与战争之间的关系，也多有论述。孙武出身于贵族家庭，父亲为齐国大夫，幼年接受过兵学训练，后移居吴国，得到吴王阖闾赏识，被任命为将军。吴国以社会生产落后和面积狭小之国能够打败楚国、争霸中原，孙武的出谋划策起了很大作用。

孙武的主要著作是《孙子》，共13篇，举凡用兵和布阵、反间和用间、形势和地形、料敌和决战等，无不涉及。在军事原则上，孙子主张一定要了解敌人，要“知彼知己，百战不殆”，强调首先要对敌我双方有清楚的认识。不知彼知己固然会导致战争的失败，但只知彼不知己，知己而不知彼，也会失败。知彼的重要途径，是用间，即用间谍搜集敌人的情报。知己的重要途径，是了解民心。民心向背是战争胜败最重要的条件之一，只有民众与统治者完全一心，才有可能取得战争的胜利。对于战争方略，孙子提出了“不战而屈人之兵，善之善者也”，批评了那种将百战百胜作为战争最高境界的主张。此外，孙子对如何取胜，如何用间，如何观察敌人等，也都提出了自己独到的见解。

战国时期诸侯国之间错综复杂的关系，造成了外交的发达，纵横家应运而生。如果说兵家重在战场上决出胜负，纵横家则多是依靠对形势和人们心理的深刻分析，在外交领域展开斗争。当时外交上的两大流派是所谓的合纵和连横。所谓合纵，是山东[①]六国联合起来共同对抗秦国，其代表人物是苏秦（？—约前321）。所谓连横，则是秦国联合山东六国的某一或若干国家，对付其余的诸侯国。战国中后期，随着秦国实力的日益强大和向东的扩张，合纵和连横成为当时外交战场上的主旋律，苏秦与张仪（？—前309）也都活跃于这个时期。总体上看，由于山东六国之间存在着深刻的矛盾，每个诸侯国都期望以邻为壑，以便扩大自己的势力，合纵并不成功。秦国则充分利用了山东六国之间的矛盾，成功实施了连横，先是争取楚国破坏了合纵，接着利用楚国的孤立，连续击败楚国，最后阶段又争取到齐国的支持，让秦国吞并了赵、魏、韩，最后顺利消灭了楚国和齐国，完成了统一。纵横家的著述，主要体现在《战国策》中。今本《战国策》有33卷、460篇，以国家为专题，收录了包括张仪、苏秦等在内的大量辩士就有关问题做出的分析和说明，既有诸国之间的外交关系，也涉及一国之内的君臣关系，大臣与大臣之间的关系。就其真实性而论，有些可能是历史事实，有些则可能是辩士们的演绎，未必真有其事；但它们都多少反映了当时外交与政治领域中错综复杂的关系。

7. 文学与史学

战国时期也是中国文学大发展的时期。诸子的文章，既是对他们学说的阐释，也是非常优秀的散文。无论是《墨子》、《庄子》和《孟子》，还是《战国策》、《荀子》和《韩非子》，文学价值都颇为可观，对后世文学的创作也产生过深远的影响。甚至论述兵学的著作，作为文章也有可取之处，后人如此评价《孙子》的文学成就，“《孙子》十三篇，不惟武人之根本，文士亦当用心焉。其词约而缛，易而深，畅而可用。《论语》、《易大传》之流，孟、荀、扬诸书皆不及也”。

战国时期文学上最著名的作品，可能是屈原（约前335—约前286）的《楚辞》。屈原名平，以字行，本楚国贵族，楚怀王时曾任左徒。司马迁说他“博闻强志，明于治乱，娴于辞令”。后在政治斗争中失败，被流放。楚顷襄王继位后，屈原遭进一步流放。流放期间，屈原时常披发行吟于湖畔，面容憔悴，创作了大量诗歌，主要有《离骚》《天问》《九章》《九歌》等，其中既有对楚国政治的强烈不满，也有关于自然现象和神话传说的篇章，其句式长短参差，比早期的诗歌更有表现力，形成独特的楚辞体，又称

---

① 此处的山东，指崤山以东。

骚体。屈原的文学成就，得到后人的高度评价：

> 观其骨骾所树，肌肤所附，虽取熔经意，亦自铸伟辞。故《骚经》、《九章》，朗丽以哀志；《九歌》、《九辩》，绮丽以伤情；《远游》、《天问》，瑰诡而惠巧；《招魂》、《大招》，耀艳而深华；《卜居》标放言之致，《渔父》寄独往之才。故能气往轹古，辞来切今，精采绝艳，难与并能矣。

屈原之后，楚辞的知名作者有宋玉、唐勒、景差等。不过他们的经历与屈原不可同日而语，因此大多只是模仿了屈原作品的形，却难有其精神了。

战国时期史学代表性作品非《左传》莫属。据司马迁记载，《左传》为左丘明所作，“鲁君子左丘明惧弟子人人异端，各安其意，失其真，故因孔子史记具论其语，成《左氏春秋》”。但今人普遍认为，《左传》可能是战国时多人编写的，至少后人增补过。《左传》以鲁国的历史为基本线索，按年代顺序记录了春秋时期中原诸侯国内外的大事，尤其长于战争描写，善于刻画历史人物。其篇幅比《春秋》要大得多。《春秋》不过1.8万字左右，《左传》则有18万字。有些事情，《春秋》中可能只有几个字或一句话，《左传》会用比较长的篇幅记录其前因后果。如在《隐公元年》条下，《春秋》只记录了“夏五月，郑伯克段于鄢”，仅有9个字，扣除表示时间的3个字，实际只有6个字。《左传》则详细介绍了郑伯与段的关系及两者间矛盾的发展，而且交代了郑庄公与其母亲武姜的和解。

《国语》是战国时期另一部重要的历史著作，据传也为左丘明所作，司马迁说，“左丘失明，厥有《国语》”，但后人的研究表明，《国语》与《左传》无论从用词，还是叙事风格和内容上，都不相同，且有相互矛盾之处，因此《国语》的作者至今仍有争议。作为历史著作，它与《左传》既记事又记言不同，以记录言论为主。它上起周穆王二年，下到周定王十六年，时间长达538年。它不以年代为线索，而是分国家记录了西周到春秋时期各国的主要历史事件。就其主要内容来说，它只有少部分记录西周时事迹，大多是春秋时代诸侯国的事件，其中以周、鲁、晋最为详尽，是研究春秋时期历史最为重要的文献之一。

8. 科学

战国时期的科学与技术，除前述手工业、冶金、煮盐等实用技术外，在其他一些重要领域也取得了重大进展。因为测量土地、统一度量衡和厘定租税的需要，数学获得了一定的发展，除加减乘除外，还能解二元一次方程。

在天文历法方面，虽然当时历法并未统一，一年的开始，有从十二月开始的，有从一月开始的，还有从二月开始的，但基本都采用阴阳合历，按照一年365.25天为一年推算，19年置7闰。《春秋》和《左传》中，对天象如日食等，也多有记载。《月令》按月记载了物候变化以及每个季节应当从事的农活，颇有古希腊赫西奥德《工作与时日》的风采。对于自然界的认识，当时的阴阳五行学说认为，世界万物均由金、木、水、火、土等五种物质构成，而且用五行的相生相克来解释世界的运行与变化。

在医学方面，战国时期已经出现了医学分科，《周礼》记载有专门治疗内科、外科的医生；民间医学中，有妇科、儿科、耳科、眼科等多种专科。据说名医扁鹊医术高超，能根据人的面相判断病情，而且把当时人们认为已经死去的虢国太子救活。医术的发展促成了医学著作的产生。战国时期最著名的医学著作是《素问》。它强调预防重于治疗，要求人们根据季节和气候的变化调整饮食起居。一旦病人生病，医生应该根据发病的原因、类型和病人的具体情况，进行综合性治疗。

推荐阅读书目

古典文献不再列举，仅列举近人著述如下：

白寿彝，总主编. 中国通史：第3卷. 上海：上海人民出版社，1994

冯天瑜，等. 中华文化史. 上海：上海人民出版社，1990

顾德融，朱顺龙. 春秋史. 上海：上海人民出版社，2001

李泽厚. 中国古代思想史论. 北京：人民出版社，1986

刘家和. 古代中国与世界. 武汉：武汉出版社，1995

刘泽华. 洗耳斋文稿. 北京：中华书局，2003

刘泽华，主编. 中国政治思想史：先秦卷. 杭州：浙江人民出版社，1996

钱穆. 先秦诸子系年（外一种）. 石家庄：河北教育出版社，2002

日知. 中西古典学引论. 长春：东北师范大学出版社，1999

王玉哲. 中华远古史. 上海：上海人民出版社，2000

阎步克. 士大夫政治演生史稿. 北京：北京大学出版社，1996

杨宽. 战国史. 增订本. 上海：上海人民出版社，1998

余英时. 士与中国文化. 上海：上海人民出版社，2003

赵伯雄. 周代国家形态研究. 长沙：湖南教育出版社，1990

赵国华. 中国兵学史稿. 福州：福建人民出版社，2004

[英] 崔瑞德，鲁惟一，编. 剑桥中国秦汉史：公元前221—公元220年. 北京：中国社会科学出版社，1992

第八章

古代希腊

迈锡尼文明灭亡后，希腊一度陷入社会生产衰退、史料缺乏的黑暗时代。但正是在此时期，希腊城邦开始萌芽。经过古风时代的孕育和发展，希腊文明在古典时代达到顶峰。城邦制度固然创造了希腊的辉煌，也导致了它的衰落。公元前 4 世纪，被内战拖得精疲力竭的希腊诸城邦被马其顿征服。亚历山大的扩张，给希腊文明的传播和发展提供了新的契机。可是，希腊化诸国尖锐的内部矛盾及其争霸战争，使希腊化诸国走到了尽头。公元前 2 世纪起，它们先后被罗马征服，成为新兴的罗马帝国的一部分。

第一节　希腊城邦的形成

一、荷马时代的希腊

迈锡尼文明的灭亡，意味着希腊历史揭开了新的一页。公元前 2 千纪末—前 1 千纪初希腊发生的社会动荡、居民迁徙浪潮，所毁灭的不仅仅是迈锡尼文明的政治统治，还有迈锡尼文明已经形成的社会经济结构和体制。到荷马时代，希腊世界已与迈锡尼世界迥然不同。之所以称其为荷马时代，是因为有关这一时期的主要文献是荷马的两部史诗《伊利亚特》和《奥德赛》。

1. 经济状况

从经济情况看，荷马时代的经济以农业为主，土地已成为社会的主要财富。诚然，史诗中有大量关于畜牧业和牲畜的描写，拥有牲畜是社会地位的重要标志，人们经常以牲畜的多少来判定一个人财富的多少，可农业已经取得了主导地位。奥德修斯看到独目巨人不知道农业生产，就把他们当作野蛮人。当时的人已知道要给土地施肥，并有意识地积攒肥料，灌溉工程也出现了。人们已经放弃游牧生活而全部转入定居，建立了城市。相应地，土地成为主要财富。荷马笔下的巴赛列斯们，不仅拥有大群的牲畜，更占有大片土地。那些比较富有的人，常常被荷马称为拥有许多份地的人。在贵族的仓库中，储藏的是橄榄油、谷物等农产品。在荷马时代的经济中，拥有牲畜只是富人社会地位较高的象征，农业则是他们的主业。

宫廷经济和官僚体系的崩溃，给个体小农的发展提供了条件。在荷马史诗中，家庭成为基本的生产单位。在荷马史诗中出现的农民，都是独立的小生产者，不需要向国家缴纳任何固定的租税。只有在极为特殊的情况下，统治者才会向农民收取一定的贡赋。但是，这种贡赋不是经常的，而且如何收取，诗人也未交代，只是笼统地说人民应该用礼物向统治者表示敬意。至于统治者依仗财势对平民巧取豪夺的事情，在史诗中也很少出现。所有这些情况都说明，统治阶级已经基本失去了对农民的控制。

农民耕作图

从财产分布的情况看，虽然诗人竭力使我们相信，巴赛列斯个个都是家财万贯的大富翁，但细读史诗，会发现实际情况有所不同。他们在国内难以取得可靠的收入，只有依靠到国外抢劫和乞讨补充。从巴赛列斯的生活看，他们对农活并不陌生。奥德修斯为了反驳求婚者关于他懒惰的指控，就公开要求与求婚者进行犁地、割草比赛。他们的财产和普通公社成员相比，并无太大差别。也就是说，荷马时代社会财富的分配相对平均。

在荷马时代，手工业和商业刚刚萌芽。不同地区之间的交换，或通过海盗抢掠进行，或通过礼物交换，铸币不曾出现，职业商人也非常少见。城市中的市场开始产生，人们可以进城买铁制作农具。不过总的来说，商业尚处在物物交换的原始状态。这在某种程度上也制约了社会分化的加剧，缓和了社会矛盾。

2. 政治制度

由于摩尔根的影响，人们一直以为，荷马时代的社会还处在原始社会后期的军事民主制阶段。但最近的研究表明，古典时代希腊城邦制度的某些因素，已在荷马时代萌芽。

在政治舞台上，国王无疑起着十分重要的作用。重大的决策几乎都由他们提出和执行。他们宫殿的豪华程度远远超过普通贵族的房屋，是一个城市的标志。在长老议事会里，他们总是主角。有时，他们甚至可以不管其他长老的意见，将自己的决定付诸实施；即使决定错误，引起了严重的后果，普通人也无法制裁他们。人民大会一般也由国王主持召开，建议大多由他们提出。有时，他们可以不顾人民大会中多数人的意愿，一意孤行。在战场上，作为统帅的国王们，对士兵们拥有生杀予夺的权力。在继承制度上，王位实际上是世袭的。王权开始脱离社会的控制，逐渐成为一种独立的权力。

议事会是荷马时代另一个重要的机构，一般由德高望重的老人组成。在战场上，常常是那些最重要的将领组成议事会。在阿伽门农的议事会中，我们看到了麦涅拉俄斯、狄奥麦德斯、涅斯托尔、奥德修斯等人。这些人本身都是国王，而且各有特长。所以，每逢重大事情，阿伽门农总要召集议事会开会，确定有关策略和政策。在很多情况下，阿伽门农相当尊重议事会的意见，甚至是与他的想法相左的意见。不过，国王有时会无视议事会的意见，或根本不给议事会成员发表意见的机会。这些议事会成员总是出现在国王的周围这一情景说明，它的地位不容忽视。

荷马时代的政治机构还有人民大会。在荷马史诗中，它被称为阿戈拉。举行人民大会的事情，在史诗中随处可见。无论是在战火连天的特洛伊、阿凯亚人的营地中，还是在和平状态下的伊萨卡、西里亚岛，都曾经举行人民大会。所不同者，因为特洛伊战场上的情况瞬息万变，召开人民大会的次数也较多。而在伊萨卡，自奥德修斯离开后，20年中不曾有人民大会召开。直到奥德修斯的儿子特勒马科试图借助民众来驱逐求婚者时，才召开过一次人民大会。在奥德修斯成功地诛杀了求婚者后，伊萨卡人又自动集会，召开了第二次人民大会。而在独目巨人那里，从来没有法律和人民大会，所以奥德修斯把他们视为野蛮人。这些事实表明，人民大会是当时政权机构的一个有机组成部分。在某些情况下，人民大会可以发挥重要作用。凡有关全体的大事，人民大会都有权讨论。有时，人民的意见似乎能起很大作用。但总的说来，人民只是一个与贵族相对的政治概念，内部存在严重的政治和经济差别，利益难以一致，很多人实际上是贵族的追随者；人民大会的召集、会议的议程、会议讨论的主题及议案，都由贵族控制；在人民大会上发言的，也只是那些英雄和巴赛列斯。他们在发言时，从来不向人民呼吁，只是在他们内部争吵。争吵完毕后，也不要求人民大会通过任何决议就将其解散。不过，即使人民大会通过了决议，它也没有力量贯彻执行，因为在它的手中，既没有国家机构供其支配和差遣，也没有任何经济资源。所以，荷马时代的人民大会只是贵族动员舆论的工具，在绝大多数场合，处在被支配的地位。与长老会和国王的作用相比，它在政治中只是配角。

不过，上述事实清楚地表明，荷马时代的社会和政治结构，已经与迈锡尼时代有了根本区别。随着迈锡尼官僚君主制的崩溃，古典时代希腊城邦的基本机构——人民大会、议事会已经出现，政治已经从宫廷走向了广场。所不同者，国王的权威相对强大。另一个重要的事实是：荷马时代的农民和生产者，已经基本摆脱了宫廷和国家的控制，成为独立自主的小生产者。正是他们构成了古典城邦赖以存在和发展的基础。荷马时代的国家已经成为一个个独立的、以正在兴起的城市为中心的独立公社，古典城邦开始显露出它的基本轮廓。

二、古风时代

1. 贵族政治的兴起

在荷马史诗中，我们已经可以看到王权衰落的某些迹象。《奥德赛》所描写的法厄西亚人的国王阿尔西诺说，在岛上有 12 个巴赛列斯在统治人民，他是第十三个。在伊萨卡，特勒马科也只能承认，岛上有许多巴赛列斯，其中的一个在奥德修斯死后，会继承伊萨卡王位。也就是说，贵族已开始僭取国王的称号，而国王和他的继承人只能听之任之。

关于王权在各国衰落的详情，我们只拥有一些不可靠的传统。从这些传统看，不管是那些新建立的城邦，还是希腊大陆比较古老的城邦，其王权延续的时间都不长。在赫西奥德的诗篇中，王权作为一种统治形式，已从历史舞台上消失。他笔下的巴赛列斯不过是一些好吞噬礼物的法官，没有太大的权力。一般认为赫西奥德生活于公元前 7 世纪，可能意味着到他生活的时代，希腊的王权已退出了历史舞台。

取代王政的是贵族政治。这种制度的社会基础十分狭窄，有限的几家大贵族垄断了城邦的全部权力。在为官资格问题上，实行门第和财产的双重标准。能够参与竞争的，只是城邦中势力最大的几家。官员们卸任后进入长老议事会，成为国家的顾问。由于大多数官职的任期只有一年，卸任时还要接受议事会审查，可以想见，现任官员一般会听取议事会的意见，并遵照建议执行。而人民大会因人民大众的分裂和经济上的软弱，不可能采取积极行动，在很大程度上是贵族的传声筒。贵族在经济和政治上的优势，使他们在城邦中敢于胡作非为，甚至公开对政敌采取暴力行动。对于人民大众，他们还放高利贷。当债务人没有能力偿还时，他们就将负债者变成奴隶，还把一部分人卖到国外。不但那些没有机会参与政治的人民大众表示不满，就是一些贵族也对当权者恨之入骨，希望将其消灭后，自己得到参政的机会。

2. 殖民运动

从公元前 8 世纪开始，希腊人开始了一次范围广泛的殖民运动。最早进行殖民的是优卑亚岛上的卡尔息斯和厄里特里亚。约公元前 9 世纪，它们已经在叙利亚的阿尔明那建立了贸易据点。公元前 753 年，它们在意大利中部的皮达库塞岛建立殖民地，不久，又迁居大陆上的库麦。从此，大大小小的希腊城邦都开始了海外殖民活动。有些殖民城邦在发展起来后，又外出建立新邦，使殖民运动的规模逐步扩大。到公元前 6 世纪，希腊人的城邦已经分布在西到赫拉克勒斯柱、东到叙利亚、南到埃及、北至南俄草原的广大地区。

殖民的动因是什么？这是一个不容易回答的问题。从希腊历史的实际看，殖民的动因各不相同。最初的殖民也许和商业有一定关系。但主要动因是人口压力：随着人口增长，本邦内部土地不足，只好向外殖民。考古证据表明，公元前 8 世纪—前 6 世纪，希腊人口出现了较大增长，国内的土地不足以供养日益增长的人口，只好向外殖民。还有一些是在内部斗争中失败而被迫离开本土到海外殖民的。一些意外情况也会导致殖民。特拉人因为国内连续 7 年大旱，如果全部留在国内，只能等死，所以最后决定：凡家中有两个儿子的，必须有一人外出参加殖民。公元前 6 世纪中期，波斯征服小亚细亚，一些希腊城邦的居民因不愿受波斯奴役，迁移到爱琴海北岸，还有一些则迁移到西西里。

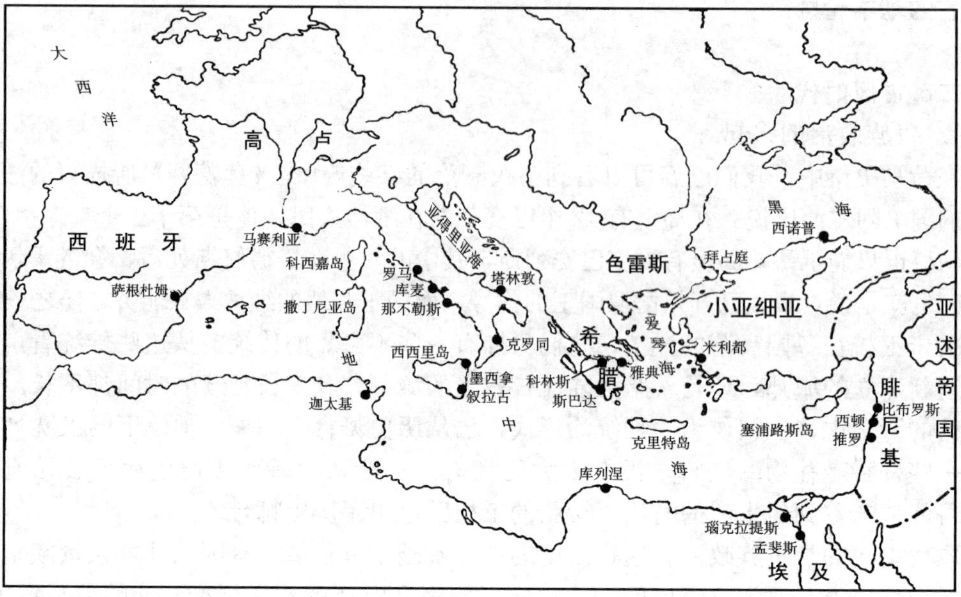

希腊人的殖民

特拉关于库列涅殖民的命令

公民大会决定：既然阿波罗已经命令巴图斯（殖民者的领袖）和特拉人殖民于库列涅，特拉人决定以巴图斯为领袖与国王，率特拉同胞前往利比亚。（每家?）选出一名正值壮年的儿子，在公平、平等的条件下航往殖民地，其余的自由的特拉人也可同去。如果殖民者成功地建立了殖民地，任何后来前往殖民地的同胞公民都将分享公民权和荣誉，并应被给予未占用的土地。如果殖民不成功，特拉人又不能帮助他们，他们在5年后因必然原因可以无惧地返回特拉，收回其财产并重新成为公民。但那些被城市选出的人，无论是谁，如果不愿去，将被处死，其财产将被充公。任何人如接纳其他人，如父亲接纳儿子，兄弟接纳兄弟，将与那不愿前往的人同罪（即被处死）。

根据上述条件，那些留在国内的和前往建立殖民地的人订立了神圣的盟约，他们诅咒那敢于不遵守或破坏这一盟约的人，不管这些人是居住在利比亚还是留在国内。他们制作了一些蜡像，投入火中，诅咒着烧掉它们。所有人，男人、女人、男孩、女孩，都聚集在一起宣誓："让那不遵守、破坏这一誓言的人，无论是他本人、后代或其财产，像这些蜡像一样融化消失。而那些遵守这一誓言的人，不管是航往利比亚的，还是留在国内的，为他们自己和后代得到富裕、兴旺。"

——［英］奥斯温·默里. 早期希腊. 上海：上海人民出版社，2008：110-111.

希腊的殖民和近代西欧的殖民扩张不同。在近代殖民扩张中，殖民地在政治和经济上受宗主国统治，是宗主国的附属品。而在古代希腊，殖民地基本上是独立的城邦。有时，殖民地还会因为经济和政治利益与母邦刀兵相见。当然，如果母邦势力非常强大，殖民地会受到母邦的控制。总的来看，殖民地和母邦之间是平等的。

殖民运动的开展，给希腊历史发展以重大影响。首先，殖民运动大大扩展了希腊人的活动范围。殖民运动开始前，希腊人主要生活在巴尔干半岛南部和小亚细亚西部，是一个以爱琴海为中心的族群。开始殖民运动后，希腊人的活动范围扩大到整个地中海和黑海，少数还冲出地中海，进入了大西洋，给希腊人的活动提供了更加广阔的舞台。其次，殖民运动大大推动了希腊经济尤其是工商业的发展。殖民活动使希腊人与更广大的地区建立了直接联系，殖民地和母邦之间、殖民地和殖民地之间、殖民地和土著部落之间的经济交流迅速发展起来。西西里、埃及和黑海地区的谷物，爱琴海北岸的木材，中欧的金属，都流向希腊本土，希腊本土的陶器、葡萄酒和橄榄油等，则输往埃及、西西里和意大利等地。经济的发展使希腊平民的经济基础得到某种程度的改善，使他们逐步摆脱了相对于贵族的依附地位，具备了充当重装步兵的能力，成为有资格执干戈以卫社稷的公民兵，为希腊平民反对贵族斗争的胜利奠定了基础。再次，殖民运动缓解了希腊内部的人口压力，使本土的城邦在人口和土地之间保持比较恰当的比例，稳定了希腊的小农队伍，同时也创造了城邦赖以维系和发展的经济基础。最后，殖民运动使希腊人和广大的地区发生了接触，开阔了他们的眼界，推动了希腊文化的发展。

3. 平民反对贵族的斗争

公元前 8 世纪—前 6 世纪也是希腊平民反对贵族斗争如火如荼的时期。平民斗争的核心问题：一是解决债务奴役，一是参与政治。在赫西奥德的《工作与时日》中，诗人已经对那些做出不正确判决的巴赛列斯表示了强烈不满，呼唤正义。公元前 7 世纪，希腊殖民地和本土出现了一次立法高潮，不少城邦颁布了成文法。这些法典大多涉及司法审判、财产继承、官职的分配和任期等方面，一般是把传统习惯以成文形式固定下来，未必有多少民主性，不一定对平民有利。不过，法律以成文形式公布后，至少有更多的人可以知道法律规定与司法程序，对贵族滥用权力是一种制约。

立法者没有从根本上解决贵族对平民的欺压问题。平民最关心的问题即解决债务奴役和参与政治，都没有得到他们的关注。所以，在有些城邦，平民表示了不满。如在斯巴达，有所谓处女之子的反抗，斯巴达当局只好把他们送到塔林敦去殖民。在雅典，梭伦（约前 640—约前 561）改革前夕，平民准备推翻现行体制，建立僭主政治，重新分配土地。在科林斯、麦加拉、西库昂等地，平民与贵族矛盾的激化，给一些不满现政权的贵族提供了机会，他们利用平民的不满，建立了僭主政治。但他们在上台之后，也不能不采取一些对平民比较有利的措施如分配土地、扩大政治参与等，争取平民的支持。在雅典和斯巴达等多数城邦，都发生了不同程度的社会改革，赋予平民一定权利，确立了公民的主权地位。不过也有一些地区如比奥提亚、色撒利等，似乎没有激烈的变革发生，在很长的时间里继续保持了贵族政治。无论如何，经过平民反对贵族的斗争，平民都争取到了或多或少的权利，成为统治阶级中的一分子，希腊城邦形成了以公民为核心的政治和经济体制。古风时代末期，希腊城邦基本形成。

4. 城邦及其特征

城邦是在平民与贵族的斗争中形成的，经过斗争，平民争取到一系列的政治和社会权利，逐渐与贵族融合，形成一个公民集团。因此，城邦首要的特征在于它是一个公民集体，与不享有此类权利的外侨、奴隶和妇女等大有区别。城邦的居民中，一般包括享有充分政治与社会权利的公民，只享有部分权利的外侨，以及几乎没有权利的奴隶等依附劳动者。就人口比例而言，非公民人口远远超过公民。以斯巴达为例，全权公民斯巴达人据说最多时只有 9 000 左右，而庇里阿西人有 3 万，黑劳士数量更大，是公民人数的 7 倍；雅典鼎盛时期可能有 4 万公民，但奴隶可能有 5 万～10 万。与总人口比较，公民大约只占全部人口的 10%到 20%。有些城邦的公民限于重装步兵等级以上的本邦自由人，所占比例一般也在 10%左右。作为一个公民，从积极的方面来说，他享有参与城邦行政和司法管理、出席人民大会等重要权利，可以占有土地、房屋等不动产，享受国家支付给公民的各种补贴。从消极方面说，他只有经过合法的审判才能受到惩处；如果对判决不满，他还有可能向全体公民上诉；在有些城邦，他可以免受债务奴役；在大多数情况下，他没有赋税需要缴纳。总之，他是一个大体上能够自主的小业主。

其次，城邦的最高治权寄托于公民集体，公民直接参与国家管理，直接参与最重要的途径，就是出席人民大会和担任国家官职。有关国家的重大问题如宣战、媾和等，一般来说由人民大会投票决定。他还可以担任国家官职。为保证公民有足够的参与机会，希腊城邦几乎所有官职都经由选举产生，官职为集体职务，大体上一年一任，而且不能连选连任。雅典议事会由 500 人组成，负责主持人民大会和接待外国使节，是最重要的国家机关之一。在 10 年的时间里，它会产生 5 000 名议员，占雅典公民人口的六分之一左右。陪审法庭为雅典城邦最高司法机关，每年需要选出 6 000 名陪审员。其他职务如执政官等，也都由多人担任。即使在寡头政治下的斯巴达，其长老会成员也有 30 人，监察官有 5 人，甚至国王都有两个。如此众多的官员，在不同程度上都要向公民负责，上任和离任时都要接受审查，不合格者随时可以罢免。因此，在希腊城邦中，根本不存在今天到处流行的职业官僚制度。

再次，军事上实行公民兵制，没有职业的常备军。一般情况下，只有公民，而且只有具有一定数量财产的公民才有当兵资格。一旦战争来临，公民个人需自备武装参加战斗，在由公民选举的官员的指挥下参战。战争一结束，军队立刻解散，士兵回归土地，重新成为和平的公民。战争所得之战利品，或就地瓜分，或拍卖后将所得归入国库，国家则通过举办公共工程甚至直接分配现金等途径，将收入最终返还给公民。士兵、公民和土地所有者的三位一体，是希腊城邦的基本特征之一。

最后，城邦必然实行法治。在希腊城邦中，既没有常备军，也没有维持秩序的治安力量，无论是谁，如果希望他的建议得到尊重或变成可以执行的法律，只有通过在人民大会上发表演说，将自己的建议详细阐述，并说服全体公民接受。在变成法律之后，可能还要由建议者具体负责实施。所以，一个政治领袖既要是会发议论的演说家，又要是会做事的实干者，缺一不可。在这种情况下，他必须严格在习惯和法律许可的范围内行事，否则将遭到其他公民或势力强大的家族的控告。希腊城邦无一例外地都非常重视立法活动，法令基本由人民大会通过，所颁布的法令，在不少城邦都勒石公布在城邦内最显眼的位置，以方便全体公民阅读。由于法律本身重点在于规定公民的权利和官员的义务，所以在具体内容上，有很多限制官员资格和任期，以及官员向人民负责的规定。而监督法律实施的，至少在名义上，是城邦的全体公民。

直接参与体制造成了希腊城邦的另外一个特征，就是小国寡民。因为在当时的直接参与体制下，如果国家太大，公民人数太多，将使政治无法有效运行。虽然希腊城邦在领土和人口规模上差异颇大，但总体上说，一直保持了小国寡民的特征。面积最大的斯巴达，即使把被它征服的美塞尼亚包括在内，也不过 8 000 多平方千米，公民 9 000 人；雅典面积不过 2 000 多平方千米，公民最多时不超过 5 万人；科林斯也算是希腊一流城邦，面积不到 900 平方千米，公民大概也就 8 000 人。公元前 479 年希腊人出兵抵抗波斯时，最小的城邦居然只出兵 180 人。正因为国小人少，直接参与体制才有可能付诸实行。

三、斯巴达城邦的形成

1. 多里安人的到来与斯巴达国家的形成

斯巴达位于伯罗奔尼撒半岛南端，境内有优罗塔斯河流过。河谷两岸土地肥沃，农业生产条件相对优良。公元前 10 世纪，多里安人到达斯巴达，逐步征服了当地居民，将其变成向斯巴达人交纳贡赋的黑劳士和庇里阿西人。在此过程中，斯巴达国家逐渐形成。

据说古典斯巴达的制度是由一个叫来库古的人确立的。可是，早在古代，关于来库古其人，就有很多争议。从资料的可靠程度来看，视来库古为传说中的人物可能更为恰当。斯巴达的制度，是在征服拉哥尼亚和美塞尼亚过程中逐步形成的，有些可能是在公元前 7 世纪甚至更晚的时期形成的。

据普鲁塔克（约 50—约 120）记载，来库古为斯巴达确定制度之时，从希腊的宗教圣地德尔斐获得了一个神谕，主要内容如下：

> 当你为宙斯和雅典娜建起了一座神庙，并把人们分成“费拉伊”、分成“奥巴伊”，再创立起包括“亚卡格塔伊”在内的三十人的长老会之后，你们就得经常在巴彼卡和克那基翁之间“阿佩拉曾”，并在那里提出或废除提案；但是人民必须有表决权和权力。

根据普鲁塔克的解释，这段神谕中的费拉伊指部落，奥巴伊指地区性单位，亚卡格塔伊指国王，阿佩拉曾指举行人民大会。这里有两点值得注意，一是来库古按照地域把斯巴达人划分为若干单位。二是斯巴达古典时代的重要机构——国王、长老会和人民大会，都在这里出现了。国王用的是复数形式，表示当时斯巴达国王至少有两人。长老会成员为 30 人。人民大会应当是全体公民都可以参加。三者之中，人民大会占据重要地位，重要问题要提交给人民大会表决。人民大会并无提出议案的权力，只能就长老和国王提出的议案进行表决。后来，人民大会通过对法案的字句进行增减的办法来修改提交给他们的议案，于是国王波吕多罗斯和提奥庞普斯（约前 720—约前 670）又增加了一条：“如果人民大会意欲采纳一个歪曲的议案时，元老和国王有权宣布休会。”即拒绝就议案进行表决。本来斯巴达公民通过出席人民大会对事关国是的议案进行表决，让斯巴达政制具有了一定程度的民主色彩。可是这条规定，让人民大会在与国王和长老会的关系中处于弱势地位，使斯巴达政制具有了浓厚的寡头政治特征。据说来库古时期斯巴达的居民被划分成公民（斯巴达人）、庇里阿西和黑劳士3个等级，而且其权利各不相同。这表明，斯巴达已经成为公民对庇里阿西和黑劳士进行统治的工具，国家已经形成。

2. 美塞尼亚战争

斯巴达城邦的特点与美塞尼亚战争有密切关系。公元前8世纪后期，斯巴达人因垂涎美塞尼亚肥沃的土地，悍然发动了侵略战争。斯巴达人赶走牲畜，掠走庄稼，但没有破坏房屋和树木，因为他们认定，这些东西迟早都是他们的。美塞尼亚人基本处于守势，偶尔进行反攻。在决战中失败后，美塞尼亚人改变了策略。他们不与斯巴达人正面冲突，而是退守伊托姆山，与敌人周旋。战争一直延续了20年，最后美塞尼亚人为饥馑所迫，被迫退出伊托姆，撤退到邻国。斯巴达人夷平要塞，将残留居民变成黑劳士，强迫他们将收成的一半交给斯巴达人。

但是，美塞尼亚人并没有屈服，于公元前7世纪后期发动了大起义。起义者屡次重创斯巴达军队。后由于同盟者阿卡地亚国王的叛变，起义受挫。起义军领袖阿里斯托美涅斯没有放弃斗争，他在埃伊拉山建立根据地，将军队分成小股，不断骚扰斯巴达人。斯巴达人一度完全丧失信心，只是由于跛足诗人提尔泰的鼓励，他们才坚持下来。起义坚持了20年，最后被斯巴达人镇压。

两次美塞尼亚战争使斯巴达的制度完善起来。第一次美塞尼亚战争结束后，斯巴达曾发生所谓“处女之子”的密谋。密谋虽然没有成功，但说明斯巴达内部的矛盾开始激化。第二次美塞尼亚战争结束后，黑劳士制度在斯巴达广泛发展起来。由于美塞尼亚曾经是独立的城邦，而且其居民又住在一起，说着相同的语言，有着相同的风俗，所以经常联合起来与斯巴达人进行斗争。斯巴达人深知，他们好像坐在一座十分活跃的火山口上，随时都要准备战斗。因此，为了镇压黑劳士，斯巴达建立了一整套独特的制度。

3. 斯巴达的政治制度

与雅典不同的是，斯巴达实行的是贵族寡头政治。两名国王是军事统帅，终身任职，世袭继承。公元前6世纪末以前，遇到重大行动时，常常是两名国王一同出征。在战场上，两个人的权力可能是相同的。公元前6世纪末以后，出征时只有一名国王为统帅，另一人留守国内；或一为陆军统帅，一为海军统帅，并由监察官陪同。如果国王犯罪，由监察官会同长老审判，并可被定罪。宪法上，国王没有特别明显的权力。但在实际政治生活中，国王的影响往往非常明显。在人民大会上，由于斯巴达人民大会由全体战士组成，而战士经常在国王的指挥下作战，因此对于指挥官的话，应当会十分尊重。一些骄横跋扈的国王还可以采用不正当手段，将政治上的对手赶下台。另外一个必须注意的因素是，监察官虽然有权监督国王的行动，但监察官有五名，而且一年一任，缺少连续性，实际影响力不是太大。而国王终身任职，实行世袭，树大根深，拥有众多追随者，其实际地位和政治影响要超过任何机构。所以，在斯巴达历史上，专权跋扈的国王不少，其政策往往也被国王所左右。

斯巴达另一个重要机构是被称为“格罗西亚”的长老会。格罗西亚一词显然来自希腊文的“格农”一词，意思是老人。它的组成与其名称十分相符，除了两名国王是当然的成员外，其余28人由人民大会从年满60岁以上的老人中选举产生。他们像国王一样，终生任职。只有在有人去世时，才会递补。这个机构的主要职责是预先讨论人民大会要讨论的问题，提出初步的议案。如果他们认为人民大会对其议案修改过多，违背了他们的原意，他们可以联合国王宣布该决议无效。在这个意义上，他们的权力要高于人民大会。

人民大会在斯巴达被称为阿佩拉，由全体能够服兵役的成年男性组成。人民大会由监察官主持，其表决由主持会议的人根据呼声高低来决定。这样原始的表决方法给主持会议的国王与监察官很大的权力。那些未经国王和长老们讨论的问题，人民大会无权讨论。在人民大会上发言的，除了国王之外，就是监察官，普通士兵很难得到发言机会。人民大会通过的决议，还需要得到长老会的同意。所以，无论斯巴达人民大会能够讨论什么问题、通过多少决议，最终都处在贵族的监督与控制之下。

斯巴达还有一个重要机构是监察官。他们共有5人，一年一任，由全体公民从所有公民中选举产生，无财产资格限制。但实际上，由于长老会和国王的巨大影响，穷人很难当选。他们的主要职责有三：首先，对付黑劳士。每年新监察官上任后，就要向黑劳士宣战，然后派出斯巴达人中的年轻者潜往黑劳士居住区，对那些体格强壮或有反叛意向的黑劳士采取极端行动，以防止黑劳士反抗。其次，监督国王。监察官上任时，要与国王交换誓言。国王宣誓遵守国家法律；监察官则宣誓，只要国王遵守誓言，将保证国王的权力不被削弱。每当国王出征时，总有监察官陪同，监督国王的行动。此外，如果国王违法，监察官有权传召国王出庭受审。最后，监察官拥有司法职能。除了可以审判国王外，有关庇里阿西人的案件，也由监察官审理。所以，监察官在某种意义上是斯巴达国家的最高法官，是国家秩序的维护者。到公元前5世纪，监察官还取得了主持人民大会、接待外国使节、派兵出征等非常重要的权力，俨然斯巴达最高统治者。但如我们已经指出的，虽然监察官法律上有如此大的权力，但因为他们一年一任，又由5人组成，政治影响力受到限制，所以在斯巴达历史上，国王骄横跋扈的事例远多于有影响的监察官。

斯巴达的政治结构，虽然由于人民大会的存在和监察官的权力而具有一定民主色彩，但是国王和长老会的巨大势力，使它的民主成分难以发挥作用。所以，它是一种带有浓厚寡头色彩，兼有君主制、民主制因素的混合政体。到古典时代，它成为一种与雅典民主政治对立的体制。

4. 斯巴达的社会结构

在斯巴达城邦中，拥有公民权的是征服者多里安人。他们人数不多，最多时不过9 000人。到公元前5世纪初，大概只有8 000人。他们不从事任何生产劳动，主要职责是当兵打仗。斯巴达人7岁就开始接受军事训练，18岁开始执行所谓克里普提，即秘密潜往美塞尼亚，处死那些有反抗迹象的黑劳士。虽然30岁以后可以过家庭生活，但斯巴达人一生的大部分时间生活在军营里，过集体生活，直到60岁退役。如果斯巴达人不能提供公餐所需要的粮食等物，将丧失公民权。斯巴达人的妻子也和她们的丈夫一样接受训练，以生育健壮的婴儿。新生婴儿要接受长老检查，如果不够健康会被抛弃。年轻人要接受年长者的训练，目的是培养他们吃苦耐劳、擅长战斗的能力，不能通过考核者也将丧失部分公民权。成年时如果在战场上表现不够勇敢，同样会被剥夺公民权。

庇里阿西的意思是边民，指那些居住在拉哥尼亚（有些在美塞尼亚）周边地区的居民。他们有人身自由，有家庭和财产，有一定程度的自治权。他们可以从事包括农业在内的所有经济活动，但需为斯巴达城邦服兵役。古典时代，由庇里阿西组成的军队是斯巴达军队的重要组成部分，后来甚至成为主要部分。但是，他们不能参加斯巴达城邦的政治生活，更没有资格担任官职，土地可被斯巴达国家征用。在斯巴达国家中，他们处在受压迫的地位。

黑劳士据说是因为斯巴达征服拉哥尼亚平原南部的黑劳士城时，将该城的居民变成黑劳士而得名的。他们大多是当地人。后来，斯巴达人征服美塞尼亚，将黑劳士制度扩大到整个美塞尼亚，使其成为斯巴达城邦的基本制度。黑劳士耕种斯巴达公民的份地，据称要把收入的一半交给斯巴达人，并需要缴纳一定数量的金钱及其他收成。大约每七户黑劳士供养一户斯巴达公民。他们似乎拥有财产权、婚姻权，有自己的家庭；平时住在乡村中，只是在收获时将地租交给斯巴达人。他们的生命没有法律保障，如有反叛迹象，可能不经审判就被斯巴达人暗杀。发生战争时，黑劳士要随军出征，担任运输粮草、搬运武器的任务。他们的生活非常艰苦，但他们中也有不少人聚集了相当多的财产，并在古典时代后期得到某些机会用财产赎买人身自由，其地位比较接近中世纪西欧的农奴。

5. 伯罗奔尼撒同盟

约公元前6世纪中期，斯巴达发动了对邻邦特该亚的战争。让人意外的是，斯巴达竟然大败。后来，斯巴达人重整旗鼓，打败了特该亚，与其签订盟约。盟约大概规定特该亚人必须在军事上服从斯巴达的领导，其内部事务自治。从此以后，斯巴达对外政策发生重大转变。它不再以征服其他国家、将其居民变成黑劳士为目标，而是与伯罗奔尼撒半岛上的一些重要国家签订同盟条约。到公元前6世纪末，以斯巴达为首的伯罗奔尼撒同盟建立。这个同盟在古代叫“斯巴达人及其盟友”，现代学者通常称之为伯罗奔尼撒同盟。同盟大概以斯巴达人为一方，同盟其他各邦为另一方。战争时期，同盟国须出兵帮助斯巴达人。和平时期则各自为政，甚至可以互相开战。约从公元前6世纪末起，由各城邦的代表组成的同盟大会开始出现。有关同盟的重大问题，尤其是宣战、媾和等大事，必须先由同盟大会讨论通过，然后由斯巴达人讨论决定。在同盟中，斯巴达人居于领导地位，常借助同盟的力量干涉其他城邦的内政，使它成为斯巴达争夺希腊霸权的重要工具。

四、雅典民主的形成

1. 早期雅典社会

雅典位于中希腊的阿提卡半岛，三面临海，气候干燥，年降雨量很少，土地贫瘠，只有雅典周围和马拉松地区有一些小平原，农业生产条件并不理想。

早在迈锡尼时代，在古典时代的卫城遗址上，已经出现了城堡和防御性建筑，标志着雅典已进入阶级社会，产生了国家。在《奥德赛》中，雅典被称为街道宽阔的城市。

考古发现也证明，雅典虽然遭到了多里安人的入侵，但入侵者没有成功，雅典成为逃难者的避难所。几何陶时代，雅典的陶器生产独步希腊世界，出口到希腊世界的各个地区。从公元前 8 世纪开始，雅典人口出现快速增长，整个半岛重新布满了村落。其间，贵族大概是先行者，他们占据了最好的土地，凭借强大的经济实力成为各地区的统治者；王权衰落了，贵族成了雅典历史舞台上的主角。与此同时，氏族制度因为不断地吸收逃亡者和连续不断的迁移而松弛，新的地域组织如部落、舰区等的重要性逐步增加。

公元前 7 世纪，雅典政治上是典型的贵族政治。城邦最重要的官职是 9 名执政官。据亚里士多德说，最古老的是王者执政官，称巴赛列斯，由原来的国王演变而来。其次是军事执政官，因为一些国王在战争中表现懦弱，雅典人另设军队统帅指挥作战。接着出现的是名年官，掌握行政权力，用他的名字纪年。另外 6 名是司法执政官，其主要职责是记录法律。所有执政官都由选举产生，一年一任，一般不得连任。凡参加执政官竞选者，必须出身于贵族，而且家资丰厚。负责选举的机构大概是人民大会。执政官卸任后可以进入战神山议事会，成为城邦的政事顾问。

战神山议事会是雅典另一重要机构。它由退休执政官组成，没有特别明确的职责，但享有司法权，负责审理叛国罪等严重的罪行。另外，法律赋予它维护政制之责。在一个缺乏成文法典的时代，这些国之重臣的经验，会得到包括执政官在内的绝大多数人的尊重。在这个意义上，它是雅典城邦的无冕之王。雅典的人民大会此时大概还无足轻重。出席大会的可能不是全体雅典公民，而是那些“被叫出门的人”。主持会议的很可能是执政官，所讨论的问题也应当是执政官所关心的。即使人民大会通过了与贵族意图不同的决议，也因为缺少足够的强制力量和执行机构，不可能得到执行。

约公元前 621 年，德拉古颁布了雅典第一部成文法典。他很可能只是把雅典传统的习惯法以成文法形式公布，有些条文或许比习惯法还要严酷。据说德拉古对所有的罪行都判处死刑。当有人问他为何如此严酷时，他声称，小的罪过都应处死刑，对更大的罪行，他实在想不出更严厉的办法。所以后人评价说，德拉古的法典不是用墨水写的，而是用血写的。平民从这样的法典中很难得到实际利益。虽然公布成文法典是平民的要求，但他们所希望的绝不是这样的法典。

2. 梭伦改革

公元前 6 世纪初，雅典爆发了严重的社会和经济危机。造成危机的原因一是债务奴役，二是平民的无权状况。据古典作家记载，当时多数人都欠了富人的债，被迫交纳收成的六分之一给债主。如果到期不能偿还，那么债务人本人和他们的妻子儿女都会沦为债主的奴隶，有些人还会被卖到国外。就政治状况来说，所有官职都被贵族垄断，人民大会被贵族控制，平民对政治毫无发言权。对于自己所处的被奴役状态，平民十分不满。这一时期希腊其他城邦先后出现了僭主政治，僭主们打击贵族的政策深得平民支持，平民打算在雅典建立僭主政治，重新分配土地。

同时，雅典在国际舞台上也连吃败仗。在与米提列奈争夺细格伊昂的战争中，雅典失败。在和邻邦麦加拉争夺撒拉米斯岛的战争中，雅典同样败北。国内矛盾和国际舞台上的失败，使雅典的贵族政治走到了尽头。

梭伦有关雅典社会危机及其改革措施的说明

在我团结人民去谋求的一切目的中，
有什么我还没有做到？
在时间的裁判席面前，
那奥林帕斯诸神的伟大母亲，
黑土，将是最好的证人，
因为正是我，为她拔掉了树立着的许多界标：
以前她曾经是一个奴隶，而现在已经自由。
许多被出卖的人们，
我已使他们回到这神所建立的雅典，
其中有的无辜被售，也有的是因故被卖；
…………
我都使他们解放。
我使这样的事情普遍流行，
调整公理和强权，协和共处，
这样我应允的事都已一一完成。
我制订法律，无贵无贱，一视同仁，
直道而行，人人各得其所。

——［古希腊］亚里士多德. 雅典政制. 北京：商务印书馆，1999：15.

正当平民和贵族的矛盾激化之时，梭伦走上了雅典的历史舞台。据说他出身高贵，和雅典的王族有血缘关系。但到他父亲时，家道已中落。梭伦对雅典的状况十分担心，认为如果听任矛盾发展，会使国家陷入绝境。所以，他有意出山。他首先假装疯癫，在广场上朗诵自己的诗篇，鼓励雅典人重新对麦加拉开战，以夺回撒拉米斯岛。他的意见被雅典人接受。在随后的战争中，雅典取得胜利。通过科林斯的裁决，雅典取得了对撒拉米斯岛合法的占领权，大约4 000名公民移居该岛，解决了相当一部分人的土地问题。梭伦也因此声名大震，成为众望所归的人物。公元前594年，他被雅典贵族和平民共同推选为拥有全权的执政官，获得改革雅典社会和宪法的权力。

梭伦首项也是最重要的措施，是一劳永逸地解放了雅典人民。他取消所有公私债务，禁止任何以人身为抵押的借贷。此举解决了雅典平民最关心也是意见最大的问题。由于当时雅典真正失去土地的人只是极少数，取消债务等于使那些拥有小块土地的农民重新成为独立的小农，恢复了阿提卡的小农经济。对于那些已经被卖到国外的雅典人，国家出资将他们赎回。同时，为防止贵族欺压平民，也为防止农民的铺张影响农业生产，梭伦对打井、灌溉、婚丧嫁娶等做了明确规定。为鼓励生产自立，梭伦规定，所有家长必须教会孩子一门手艺，否则孩子长大后，可以不承担赡养义务。对于那些愿意长期定居雅典的手工业者，雅典给予其公民权，有意识地把雅典经济从单纯的农业引向农业和工商业并重的方向，给雅典后来的经济发展以重大影响。但是，对于平民重分土地的要求，梭伦坚决拒绝。

政治上，梭伦试图打破贵族对政权的垄断。首先，他按财产多少将公民划分为四个等级，第一等级必须拥有500麦斗的收入，第二等级必须拥有300麦斗，第三等级必须拥有200麦斗，200麦斗以下者为第四等级。雅典的高级官职只对第一、第二等级开放，第三等级可以担任一般官职，第四等级虽不能担任任何官职，但可以出席人民大会，参加人民大会的投票和表决。这种体制打破了以前担任官职的门第资格限制，将财产作为唯一的标准，使一些非贵族出身的富人有机会参与政治，扩大了雅典城邦的社会基础。其次，改革司法制度，规定对执政官的判决不满者可以向人民大会申诉，将最高司法权交到了全体公民手中。针对相当一部分公民不熟悉法律的实际，梭伦规定，如果愿意的话，任何人都可以代替他人提起诉讼。再次，改革人民大会的表决方法。梭伦改革之前，所有问题的表决可能依靠呼声高低来决定。梭伦将表决方式改为举手或投票，更有利于人数众多的平民发挥政治作用。最后，为了保证人民大会正常运作，创立400人议事会。议事会议员由年满30岁以上的第三等级以上的公民担任，每部落100人，由抽签选举产生。它的主要职责是为人民大会准备相关问题的议案，提出初步意见。没有经过议事会讨论的问题，不得提交给人民大会。

梭伦的改革，恢复了雅典的小农经济，稳定了公民队伍，初步打破了贵族对政权的垄断，扩大了雅典城邦的社会基础，给平民参与政治提供了机会。这是雅典走向民主十分重要的一步。但是，由于梭伦坚信中庸之道，既没有满足平民重分土地的要求，又因取消债务得罪了贵族，所以在其改革后，不少人对他表示不满。梭伦不胜厌倦，乃在强令雅典人宣誓遵守其政制十年后去国远游。

3. 庇西特拉图（？—前527）僭主政治

梭伦离开雅典后，雅典人果然守信，十年中没有发生大的动荡。可是十年期满后，雅典内部矛盾再度爆发。反对梭伦改革的贵族以来库古为首组成平原派，从梭伦改革中得益的人组成了以麦加克列斯为首的海岸派，希望重新分配土地的人以庇西特拉图为首组成山地派。为了争夺政权，三派各显神通，动员周围的人参与斗争，派别纷争具有了浓厚的地域色彩。最后，庇西特拉图取得了政权，成为雅典的僭主。

庇西特拉图之所以能取胜，一方面与他的主张有关，据说他极端倾向平民，得到了广大平民特别是那些无地和少地者的支持；另一方面也与他的坚忍不拔有关，他曾经三次入主雅典，两次被逐，最后于公元前546年牢固地确立了对雅典的统治。

庇西特拉图的僭主政治有其独特之处。当时梭伦政制实行了近半个世纪，已经深入人心。而那些反对庇西特拉图的贵族，大多逃亡国外，所以庇西特拉图无须采用暴力手段打击政敌，就能维持梭伦的体制。由于庇西特拉图手中掌握着较多财富，他能够贷款给那些比较贫穷的农民，帮助他们改善经营。为削弱贵族势力，庇西特拉图创立巡回法庭，到乡村中审理案件，既节省了农民的时间，又加强了城邦的权威。庇西特拉图时代，雅典经济尤其是工商业获得较快发展。工商业的发展，不仅从整体上提高了雅典城邦的实力，而且有利于平民经济地位的巩固，使他们逐步在经济上摆脱对贵族的依附地位。同时，城邦权威的加强，贵族在地方的影响被削弱，更有利于平民发挥其独立的政治作用。平民经济地位的提高，政治素质的改善，为雅典民主奠定了社会和政治基础。

4. 克里斯提尼改革

庇西特拉图僭主政治在雅典造成了矛盾。一方面，僭主政治提高了公民的经济和政治地位，使政治向民主方向转变。另一方面，僭主政治又要求个人独揽大权，实行专制统治。两者间的矛盾决定了僭主政治的命运。公元前514年，哈摩耳狄乌斯和阿里斯托格同企图刺杀僭主希庇阿斯（前527—前510）未果，造成大批贵族被杀，僭主政治开始向专制统治转化，包括克里斯提尼在内的大批贵族流亡国外，并在底比斯、德尔斐等的支持下，公开向僭主政治挑战。公元前510年，斯巴达出兵雅典，颠覆了僭主政治。

僭主政治被推翻后，雅典最有影响的人物是克里斯提尼和伊萨哥拉斯。伊萨哥拉斯与领兵推翻僭主政治的斯巴达国王克列奥麦涅斯（约前519—前489）关系密切，得到斯巴达支持，约公元前508年当选为雅典执政官。克里斯提尼因为在斗争中处于下风，与雅典平民联合起来，提出了对平民非常有利的改革纲领，以对抗伊萨哥拉斯。但后者利用与斯巴达的关系，邀请斯巴达国王克列奥麦涅斯领兵来到雅典。克列奥麦涅斯到达雅典后，指名流放了包括阿尔克麦昂家族在内的700个家庭，显然希望在雅典建立一个亲斯巴达的政权。但雅典平民发动起义，将斯巴达人及伊萨哥拉斯等包围在卫城中。最后，双方签订协议，斯巴达人离开雅典。伊萨哥拉斯逃亡，克里斯提尼被请回雅典，进行了雅典历史上著名的改革。

克里斯提尼改革的核心是分割地方贵族的势力，加强雅典的团结，建立民主政治。他将阿提卡划分为城区、海岸、内地三个部分，每个部分再分成10个三一区，然后以抽签方式从这三个部分中各抽出一个三一区，合在一起组成一个部落。这样，同一部落的三一区就分别处在雅典城区、海岸和内地三个不同的地方。这样一种体制，从政治运作的角度看，并不方便，但唯其如此，才能把那些古老家族的势力分散在不同的部落中，使他们难以形成不同的帮派集团，从而削弱了贵族的影响，有利于平民政治自主性的发挥。此外，因为部落是基本的军事单位，同一部落的人在战场上由本部落的将军统帅，而同一部落的人或来自内地，或来自城区，但不管他们来自何处，他们都是雅典人，共同为雅典作战。所以，新部落制度大大加强了雅典的统一和公民的雅典人意识。

随着新部落制度的建立，议事会相应地进行了改组。议员由原来的400人增加到500人，由每个部落按抽签方式各选举50人组成。除了主持人民大会外，议事会处理城邦的相当一部分日常事务，接待外国使节，并将他们引见给人民大会。议事会权力的加强，意味着平民作用的增强，大批公民通过出任议员熟悉国家事务，参与国家管理，成为训练雅典公民政治能力十分重要的机构。议事会权力的扩大，意味着执政官、战神山议事会等由贵族把持的机构影响的削弱，贵族对国家的影响有所下降。

与新的部落制度相适应，克里斯提尼在雅典创设了十将军制度。每个部落选举一名将军，将军可以连选连任。原来的军事执政官继续存在，在战场上似乎仍是名义上的最高指挥官，但实际负责的却是各部落的将军们。将军们轮流指挥军队的行动，每人一天。采取行动时，10名将军事先开会商议，然后投票决定。如果将军们的意见不能一致，而投票又出现平局时，军事执政官可以参与投票。雅典的军队由公民组成，平时都是农民或生产者，战时自备武器、盔甲和给养出征。战斗方式也相对原始，双方开到平地上，排成整齐的方阵，在音乐的伴奏下向前挺进。战斗最关键的时候是双方方阵的推挤，被挤垮的一方就成了战场上的失败者。没有太多战略或战术，只要有勇气和基本的军事知识就可以应付，具体由谁来指挥并不特别重要。雅典的将军由人民大会投票产生，当选者一般是大家比较公认的有军事才能的人。雅典历史上的不少将军如地米斯托克利（约前 528—前 462）、科蒙（？—前 449）、伯里克利（约前 495—前 429）等人，都曾在军事上取得辉煌战绩，说明克里斯提尼创造的这套制度卓有成效。

克里斯提尼创造的最奇特的制度是陶片放逐法。① 根据这一法律，在每年的人民大会上要进行一次投票，看是否有人势力太大，以致影响了国家的稳定。如果有，一段时间后就要再进行一次投票，将得票最多者流放国外 10 年。被流放者仍拥有自己的财产和公民权。但如果出席人民大会者不足 6 000 人，投票无效。在雅典人看来，这是表现他们作为国家最高权力所有者的基本标志。在当时的雅典政治中，有能力者十分活跃。为了国家的发展，他们会提出各种不同的政策。当不同的政策提交给人民大会后，由人民大会决定。对于相反的意见，雅典人不允许其倡议者继续留在国内，而是把他们送出境外，以便给占优势的政策提供执行的时间和空间。因为执行的政策由全体公民决定，也可以适当地缓和政治家们之间的紧张关系，保持雅典政治的稳定，同时也充分体现雅典公民的最高权威：对政治家之间分歧做出裁决的，是全体雅典公民。

克里斯提尼的改革，确立了古典时代雅典的基本制度，削弱了贵族的影响，提高了平民的地位，促进了雅典国家的团结。在新的雅典国家中，贵族、平民联合起来，构成了雅典国家的主体，形成了一个比较团结的公民集体。因此，克里斯提尼的改革是雅典民主最终形成的标志。

5. 保卫雅典民主的斗争

斯巴达人失败后并不甘心，约于公元前 506 年发动大规模的入侵。斯巴达人与伯罗奔尼撒同盟军队直逼厄琉西斯；底比斯人侵入阿提卡；卡尔息斯人渡过优卑亚和阿提卡之间的海峡向雅典进攻。新生的民主政权面临着严重的威胁。

雅典人没有惊慌失措，他们决定首先迎击最强大的伯罗奔尼撒同盟军队，将军队开往厄琉西斯。正在这时，科林斯人率先撤退。同时，斯巴达的两名国王之间产生了矛盾，国王戴玛拉托斯（约前 510—前 491）反对进攻雅典。其他盟国看到斯巴达人意见不一，也纷纷撤退。雅典人立刻腾出手来，北上击败底比斯人。接着，雅典人马不停蹄，在同一天渡过海峡，冲入优卑亚，击败卡尔息斯人。两次战斗的胜利，不仅保卫了雅典的独立和新生的民主制度，而且初步显示了雅典民主的生命力。与此同时，雅典人开始显露出对外扩张的苗头。它将卡尔息斯的部分土地据为已有，在那里安置了 4 000 雅典人。阿提卡和比奥提亚边境地区的奥罗普斯也被雅典占领，而且被当作属地，没有给予其居民以公民权。

① 最近的研究显示，陶片放逐法可能并非克里斯提尼时创立，而是公元前 5 世纪 80 年代首次正式使用前才通过的。但它的精神无疑继承了克里斯提尼改革，因此仍放在这里叙述。

第二节 希波战争

一、波斯的西进

1. 波斯的征服

公元前6世纪中期，波斯崛起于伊朗高原，接着向西扩张，征服吕底亚后，将小亚细亚的希腊人城邦收归帝国统治。公元前514—前513年，波斯国王大流士借口为居鲁士报仇，渡过黑海海峡远征黑海北岸的西徐亚人。远征的目的虽然没有达到，但大流士留下的军队征服了包括马其顿在内的巴尔干半岛北部，直接威胁着希腊本土各城邦的独立。

公元前500年，小亚细亚的希腊人以米利都为首，发动反波斯起义。起义的领导者曾前往希腊本土求援，雅典和厄里特里亚派出了少量援军。起义者曾攻占波斯在小亚细亚的统治中心萨狄斯，但因为缺乏统一领导，又听说波斯大军到来，便仓皇撤退，遭波斯军队重创。此后，雅典和厄里特里亚撤回援军，小亚细亚的希腊人在海上决战中又遭败绩，于是各城邦各自为战，被波斯军队各个击破。公元前494年，米利都陷落，成年男子大多被杀，妇女和儿童被卖为奴隶，城市被夷为平地，起义失败。

公元前492年，波斯借口雅典和厄里特里亚曾经支持小亚细亚的希腊人，派马多尼俄斯（？—前479）率军远征希腊。波斯军队水陆并进，企图一举征服希腊，但波斯海军在绕航爱琴海北岸的阿托斯半岛时遭遇风暴，损失惨重；陆军在色雷斯境内遭到当地游牧部落袭击，马多尼俄斯受伤。眼看远征无法进行，马多尼俄斯在肃清了色雷斯境内的反抗后，班师回国。波斯第一次远征无果而终。

2. 马拉松战役

第一次远征的失利，并没有使波斯国王大流士清醒，他更加期待用兵希腊。为此，他派出使者到希腊各城邦要求土和水，实际就是要求希腊各城邦投降。面对波斯使者的要求，不少城邦选择了屈服。只有雅典和斯巴达例外，雅典处死了使者，斯巴达则把使者扔到了井里。经过周密的准备，波斯于公元前490年再度发动远征。

此次波斯的统帅是大流士的女婿达提斯。波斯为了作战的需要，用舰队装载大量步兵、骑兵和轻装兵。为麻痹希腊人，波斯舰队先沿小亚细亚海岸航行，然后突然横渡爱琴海，直逼厄里特里亚。经过激烈战斗，厄里特里亚被攻陷。城中居民一律被装上船只，成了波斯人的俘虏。接着，波斯军队在雅典昔日的僭主希庇阿斯引导下，在阿提卡东北的马拉松平原登陆，准备进攻雅典。

雅典内部对如何迎战有分歧。有人主张坚守城池，等待波斯军队进攻。以米太雅德（约前550—前489）为首的人则认为，应当主动出击，拒敌于国门之外，理由很可能是担心城内有僭主的支持者。雅典人接受了他的意见，全军约9 000人前往马拉松平原。雅典的盟邦普拉提亚派来了1 000人，这10 000人全部是重装步兵。同时，雅典派使者前往斯巴达求救。使者是善于长跑的腓狄庇德斯，他一天跑了约240千米，第二天到达斯巴达，请求斯巴达人支援。斯巴达人同意出兵，但又声称他们正在过卡尔内乌斯节，要等到月圆后才能出兵。腓狄庇德斯不得要领，只好速回马拉松，向雅典将军报告有关情况。

马拉松的雅典军队在得知斯巴达人不能马上来支援时，将军们在决战的时间问题上发生了分歧。以米太雅德为首的 5 个将军认为，应当立刻与波斯决战。另外 5 人则认为，波斯军队人数远远超过雅典的，又有骑兵和轻装兵支援，应当等待斯巴达的援兵。鉴于斯巴达人的援助并不可靠，而且传说雅典城内有人准备叛变，因此米太雅德前去游说军事执政官卡里马库斯（？—前 490）。卡里马库斯同意了米太雅德的看法，决定出战。面对数量上远远超过自己的对手，米太雅德决定诱敌深入。他将雅典中军布置得相对较弱，两翼强劲，希望在两翼取胜后，能够合围波斯中军。战斗正是按照米太雅德的设计发展的。波斯中军强有力的进攻，使雅典中军只能后撤。但雅典军队的两翼在取得胜利后，没有穷追逃敌，而是转向中央，从两翼和后方将波斯军队包围，迫使波斯军队逃跑。雅典人此时才乘胜追击，攻击波斯人的舰队，夺取了 7 条战船。战后，波斯人还企图利用他们海军的机动性，从雅典东南的法勒隆湾登陆。但雅典军队急速赶到那里，提前列好阵式。波斯人无机可乘，只得返回。大约在决战后的第二天，斯巴达军队来到了马拉松，发现战斗已经结束。他们在检查了尸体、向雅典人表示祝贺后，离开雅典回国。

马拉松战役中，雅典以阵亡 192 人的代价，击毙波斯 6 400 余人，将数量上远远超过自己的波斯军队打得大败而归，打破了波斯人不可战胜的神话，大大增强了希腊抵抗波斯的信心。雅典独自抵抗波斯的胜利，也显示了新生的民主政治的活力，提高了雅典在希腊诸邦中的地位。对希腊抵抗波斯的战争来说，马拉松战役具有重大意义。

二、希腊的保卫战

1. 马拉松战役后的希腊形势

马拉松战役的胜利，使雅典沉浸在胜利的喜悦中。但也有一部分人敏锐地看到，波斯的威胁并没有消除，马拉松战役的经验表明，未来的威胁可能主要来自海上，主张大力发展海军。根据地米斯托克利的建议，雅典利用劳里昂银矿的收入，建立了一支由 200 艘三列桨战舰组成的强大舰队。由于舰队需要大量水手，所以第三、第四等级的公民均需从军，从而可以最大限度地利用雅典充足的人力资源，不必像马拉松战役那样，只能依靠人数有限的重装步兵。

另一方面，波斯也在积极备战。大流士得到马拉松战役失败的消息后暴跳如雷，下令征调全国人力物力，以发动更大规模的远征。根据希罗多德的说法，小亚细亚为此整整骚乱了三年。但埃及爆发的起义，使大流士只好先出兵埃及。大流士死后，薛西斯继位。在镇压了埃及起义后，再次将扩张矛头指向希腊。他在色雷斯、马其顿等地修建道路，储藏给养；在阿托斯开凿运河，以避免公元前 492 年的结局；在赫勒斯滂海峡上架设浮桥，以供大军通过；在本土征集士兵和物资。公元前 481 年，他离开苏撒前往萨狄斯，同时再次派出使者到希腊各城邦索取土和水，要求希腊各城邦投降。次年，他正式发动了对希腊的入侵。

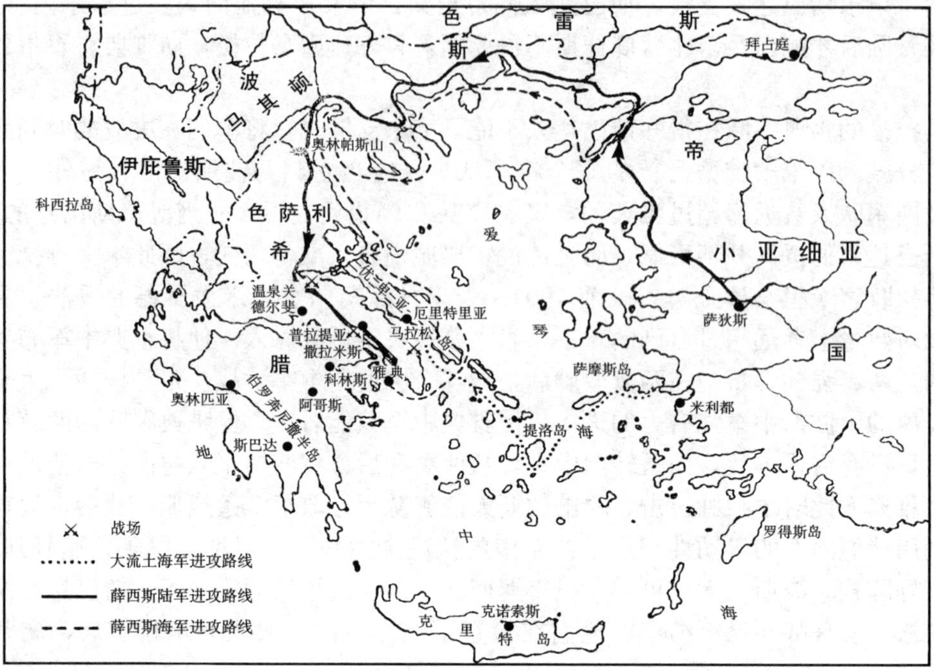

希波战争

面对波斯大规模的入侵，希腊各城邦捐弃前嫌，组成反波斯同盟。同盟以斯巴达人为首，包括中希腊和南希腊的大部分城邦。同盟建立后，一方面派使者到希腊其他城邦如阿哥斯、西西里的叙拉古等地求援，派使者到小亚细亚侦察敌情；另一方面积极备战。为顾全大局，雅典人主动放弃了海军统帅一职，让仅能提供几条战舰的斯巴达人担任海军统帅。

2. 温泉关战役

由于希腊反波斯同盟是独立城邦面临外敌入侵临时组成的同盟，内部在战略和战术上自然有各种分歧。一些城邦包括希腊人的宗教圣地德尔斐，都害怕波斯强大的兵力，纷纷投降波斯，或发出抵抗无益的言论。另外一些城邦，如阿哥斯和克里特岛上的城邦，宣布中立，实际上是拒绝参加抵抗波斯的战争。为了防止更多的城邦投向波斯，同盟曾派兵进驻北希腊的腾皮峡谷。后因得知另有一条通道而撤兵，北希腊的希腊人立刻投降了波斯。接着，希腊陆军进驻中希腊和北希腊之间的重要关隘温泉关，海军驻扎在优卑亚岛北端的阿尔特米西昂海角，希望以陆海军策应的方式阻击波斯。当时陆军统帅是斯巴达国王李奥尼达（约前489—前480），总兵力约7 200人。海军有271艘战舰，统帅也是斯巴达人，但雅典将军地米斯

地米斯托克利

托克利实际上是最为重要的将领。波斯方面陆军大约有 50 万之众，海军战舰也在 1 000 艘以上。从数量上来讲，希腊无法与波斯抗衡。

在温泉关，波斯遇到了第一次强有力的阻击。波斯军队在温泉关连续攻击五天，除了留下大量尸体外，没有取得任何进展。在海上，数量庞大的波斯舰队也没有占到便宜，战斗中被击沉和因不熟悉地形而损失的战舰，远远超过了波斯人的想象。但是，一个叛徒将波斯军队引到了温泉关的后方，使李奥尼达腹背受敌。尽管如此，李奥尼达并没有惊慌失措，他命令大部分希腊军队撤退，只留下 300 名斯巴达人、700 名特斯皮亚人和一部分底比斯人阻击敌人，以掩护大队撤退。最后，斯巴达人和特斯皮亚人几乎全部阵亡，底比斯人则无耻地投降了波斯人。

温泉关失守后，希腊陆军集中在科林斯地峡，准备阻击波斯军队。海军在完成了撤退雅典人、普拉提亚人的任务后，也集中到撒拉米斯岛附近，和陆军协同作战，共同保卫南希腊。

3. 撒拉米斯战役

攻占温泉关后，波斯军队长驱直入，占领雅典，放火烧毁雅典卫城。占领雅典后，波斯在战略上有两种选择：一是集中兵力，与希腊进行正面决战，将希腊军队彻底消灭。一是利用海军优势和机动性，派舰队在伯罗奔尼撒各邦的后方登陆，迫使希腊军队回救本国，从而瓦解希腊人的同盟。两相比较，后者更为可取。但薛西斯在取得温泉关的胜利、占领雅典后，得意忘形，同时鉴于冬季即将来临，采用各个击破战略固然可取，可是耗时耗力。他采取了和希腊军队正面交锋的策略，将陆军集中在雅典，把海军集中到法勒隆，希望一举消灭希腊的陆海军。

希腊舰队本来聚集在撒拉米斯海湾。这里水域狭窄，有利于希腊舰队发挥技术优势，同时又能策应陆军，不利于波斯舰队发挥数量上的优势。可是，一些希腊将领产生了畏敌情绪，主张进一步南撤。地米斯托克利说服了担任海军统帅的斯巴达国王，将希腊舰队留在了撒拉米斯海湾。大约 9 月 23 日，薛西斯发动进攻。希腊舰队沉着应战，在捍卫祖国、保护妻儿的呐喊声中，从早晨一直激战到下午，终于将波斯舰队击败。薛西斯目睹了波斯的失败，生怕希腊舰队航往黑海海峡，切断他的后路，因此，他将大部分陆军留在希腊，交给马多尼俄斯指挥，自己率领海军匆忙返回了亚洲。

所谓的地米斯托克利关于在撒拉米斯阻击波斯的命令

诸神：

议事会和人民大会决定

…………

弗雷阿赫奥伊（Phrearrhioi）的尼奥克列斯之子地米斯托克利建议如下：

所有雅典人和雅典的外国人要把他们的孩子和妇女安置在特洛伊曾〔21 个字母缺失〕该国的建立者；他们应把老人和动产安置在撒拉米斯。财库保管和女祭司将留在卫城上监护诸神的财产。所有其他达到军役年龄的雅典人和外邦人都登上已备好的 200 条战船……将军们将任命 200 名三列桨战舰舰长，自明日起每人负责一条战船，船长从那些在雅典拥有土地和房屋、且有合法之子嗣、年龄不满50岁的人中产生，所负责的船只将通过抽签确定。将军们将挑选水手，每船10人，年龄在20～30岁之间；另有弓箭手4名；在抽签确定舰长后，将军们还将通过抽签为船只指定军官。将军们按照船只将其他人员详尽公布在白板上，如为雅典人，依据德莫的登记；如为外邦人，根据军事执政官的登记；他们把人员详尽记录，分配为200单位，其人数为（每单位）100人，并把三列桨战舰名称、舰长和军官的名字分配到各个单位，以便各单位知道他们应上哪条船。当所有单位都已列举且经抽签分配到三列桨战舰后，议事会议员和将军们将给全部200条船配齐人员……

在所有船只配齐人员后，他们要用100条船只援助优卑亚的阿尔特米西昂，另100条泊在撒拉米斯周围和阿提卡其他地区，保卫这块土地。为使雅典全体能一致对外保卫他们自己，那些已经被判流放10年者应前往撒拉米斯，在那里等待，直到人民做出有关的决定；但那些〔已经丧失其权利者?〕……

——［英］奥斯温·默里. 早期希腊. 上海：上海人民出版社，2008：286-287.

4. 普拉提亚战役

撒拉米斯战役的胜利，消灭了波斯舰队的主力，打乱了波斯水陆并进的计划，大大增强了希腊人抗击波斯的信心。但是，波斯的陆军损失不大，仍然盘踞在中希腊，使雅典人有家不能回。公元前479年春，波斯军队再度进入阿提卡，威胁南希腊。在雅典等城邦的多次要求下，斯巴达和伯罗奔尼撒同盟军队才离开地峡的长城，向中希腊进发。波斯统帅马多尼俄斯因阿提卡不利于骑兵活动，将军队撤退到普拉提亚，隔奥罗普斯河与希腊军队对峙。

希腊人并不敢马上与波斯进行决战，而是选择有利地形，与波斯人打消耗战。波斯针锋相对，利用骑兵优势，不断骚扰希腊军队，切断希腊军队的水源和粮道。在这种情况下，希腊方面决定利用撤退打一次反击战。可是，一部分城邦将撤退变成了逃跑。波斯方面立刻追击。断后的斯巴达人和特该亚人遭到波斯的猛烈进攻，但终于打败了波斯，特别是击毙了波斯统帅马多尼俄斯。与此同时，雅典人击败了波斯的盟军底比斯人。希腊军队乘胜追击，雅典人攻破了波斯人的军营，其他希腊城邦得知获胜消息后，也纷纷赶回参战。最后，波斯军队除小部分逃回亚洲外，大部分被歼灭。波斯对希腊本土的威胁暂时解除。

大约与普拉提亚战役同时，希腊舰队在小亚细亚南部的米卡列海角和波斯陆海军决战。士气低落的波斯军队毫无斗志，结果舰队被希腊人消灭，陆军也被打败。米卡列一战，将波斯留在爱琴海的残余海军消灭，使波斯短期内再无力与希腊在海上争锋，小亚细亚的希腊人乘机发动起义，脱离了波斯的控制，转向希腊方面，对战争进程产生了重大影响。此后，希腊方面转入进攻。

5. 提洛同盟与雅典帝国

米卡列战役后，斯巴达对战争日趋消极，逐渐退出了战争。但是，小亚细亚的希腊人希望希腊方面继续进行反波斯战争，以确保他们的独立。在这种情况下，雅典起而领导反波斯战争。约公元前 478 年，雅典和决定继续进行战争的城邦建立了反波斯的同盟。同盟以雅典为一方，同盟者为另一方，组织形式大概模仿伯罗奔尼撒同盟，被称为“雅典人和他们的同盟者”。同盟的军事领导权掌握在雅典手里，金库由雅典支配。像伯罗奔尼撒同盟一样，它有同盟大会。涉及同盟的大事，由同盟大会讨论后，再交雅典讨论决定，因此，雅典在同盟中居于领导地位。同盟建立之时，盟国将铁块沉入海底，声称除非铁块浮起，否则永不退盟。为进行对波斯的战争，同盟规定各邦各尽所能，大邦出战舰和人手，小邦交纳一定数量的税收作为战争经费。同盟金库设在提洛岛，所以历史上通常称雅典人领导的同盟为提洛同盟。

提洛同盟建立后，一方面继续与波斯作战，先后攻占了波斯在马其顿和色雷斯地区的一些据点。约公元前 468 年，同盟舰队在小亚细亚南部的优里梅顿河口打败波斯舰队。接着，同盟出兵埃及，支持埃及人反波斯的起义。公元前 449 年，同盟舰队在塞浦路斯附近海面，再次大败波斯舰队。同年，雅典与波斯签订《卡里阿斯和约》。① 该和约规定波斯承认小亚细亚希腊人的独立，并承诺不再派舰队进入爱琴海。至此，希波战争以希腊一方的彻底胜利结束。

在进行反波斯战争的同时，雅典利用手中掌握的强大舰队，打击爱琴海上的海盗。海盗的肃清，有利于希腊各邦经济尤其是工商业的发展。但雅典人也利用手中强大的军事力量，开始压迫同盟国。对于那些不愿加入同盟的城邦，雅典以武力威胁。如果威胁不成，就公开使用武力征服，然后将入盟者变成交纳贡金的盟国。对于那些企图脱离同盟的城邦，雅典严厉镇压，将它们变成纳贡的城邦。一些较小城邦的公民不愿长期服役，自愿改服役为交纳贡金。结果，如修昔底德所说，大多数城邦逐渐变成了交纳贡金的二等盟国。公元前 5 世纪中期，同盟金库从提洛岛迁到雅典，同盟的重大行动一般也由雅典人决定。不仅如此，一些城邦的内部事务也受到雅典干涉。至此，提洛同盟已不再是雅典人及其友邦的盟国，而变成了由雅典独掌大权、受雅典控制的一个组织，现代学者一般称为“雅典帝国”。

第三节　古典时代的希腊

一、雅典民主的发展

普拉提亚战役后，雅典政治形势发生较大变化。公元前 479 年，撒拉米斯战役的英雄地米斯托克利在将军竞选中失败，其政敌阿里斯提德当选将军。阿里斯提德主持建立了提洛同盟，使雅典成功排挤斯巴达成为对波斯战争的领导者。在他之后，科蒙地位逐渐上升，成为政治舞台上的明星。科蒙富有军事才能，成功领导了提洛同盟反波斯的战争，强化雅典对盟国的控制，但政治上是保守派，无意推进民主政治。他执政时期，战神山议事会的权力有所加强，而民主派的领袖地米斯托克利先被流放出国，接着被控勾

① 相关记载只见于公元前 4 世纪的作家，且语焉不详，一些学者否认有此和约存在，只是波斯事实上承认了小亚细亚希腊人独立。

结波斯，最后被迫逃离希腊。雅典政治民主化进程受阻。

1. 厄菲阿尔特（？—前461）改革

普拉提亚战役后，斯巴达逐渐从对波斯战争中退隐，专心巩固自己在伯罗奔尼撒的霸权。约公元前464年，斯巴达发生大地震，公民死伤惨重，黑劳士乘机发动起义。斯巴达人一时无力扑灭起义，乃向昔日的盟国求援。鉴于斯巴达已经开始对雅典采取敌对行动，雅典人本不愿援助斯巴达。但科蒙在人民大会上为斯巴达求情，促使雅典出兵援助斯巴达。然而当科蒙领兵到达美塞尼亚后，斯巴达人又担心雅典人的平等精神与革命情绪会引发黑劳士进一步的反抗，因此将雅典人打发回国。科蒙的亲斯巴达政策彻底破产，他在雅典也声名扫地，不久就被流放。

科蒙政策的破产，给民主派推进民主化提供了契机。民主派领袖厄菲阿尔特通过追究战神山议事会一些成员的违法行为，动摇了群众对该机构的信任，剥夺了后者几乎所有的权力，只保留了其审判血亲复仇、放火和谋杀案件的权力。至于其他权力，全部被移交给500人议事会和陪审法庭。大约正是通过这次改革，雅典的陪审法庭制度发展起来，成为雅典政治中的一个常设机关。由于陪审法庭成员多达6 000人，相当一部分人又来自比较贫穷的阶层，因此，随着陪审制的完善，津贴制随之也被引入。500人议事会和陪审法庭权力的扩大，意味着政治进一步向社会下层特别是第三、第四等级开放，使雅典民主的基础更加广泛。

公元前457年，雅典政治再度发生变革。原来一向由第一、第二等级垄断的雅典最高官职——执政官，现在向第三等级公民开放。这一举措使大约半数的雅典人有可能出任城邦最高官职。而执政官在卸职后，又可以进入战神山议事会，使贵族政治的最后堡垒的构成有所改变，对民主的发展具有重大意义。

伯里克利

在陪审法庭之后，雅典国家执政官、500人议事会议员等，也都获得了国家津贴。至此，雅典公民权成为一种特权，因为它不仅表明拥有者可以参与雅典政治生活，而且意味着将获取实际的经济利益。公元前451年，经伯里克利提议，雅典通过法律，规定只有父母双方都是雅典公民的人，才能成为雅典公民。在此之前，不管是梭伦，还是克里斯提尼，都曾赋予部分外邦人甚至奴隶公民权。一些著名的雅典政治家如克里斯提尼、地米斯托克利等的母亲都不是雅典人。现在之所以限制公民权，一是因为在城邦制度下实行的直接民主制不可能在更大的范围内实现，必须适当限制公民人数；一是因为随着雅典政治的开放，各种官职包括陪审法庭成员得到津贴，也必须限制公民人数，否则国家财政负担太重。

厄菲阿尔特改革以来雅典所发生的政治变革，大多和伯里克利有关。他出身于雅典著名的阿尔克麦昂家族，其父克桑提波斯曾出任雅典将军，他本人年轻时就对政治表现出浓厚兴趣，资助上演了埃斯库罗斯的悲剧《波斯人》，为地米斯托克利大唱赞歌。科蒙得势时，他曾经控告过这位将军。他长于演说，公正廉洁，具有军事和政治才能，对雅典当时的形势有比较深刻的理解。公元前5世纪60年代——前5世纪50年代所通过的一系列改革措施，有些直接出自他本人的建议，有些是在他鼓动下通过的。这些改革大大推进了雅典的民主化，使民主政治达到极盛。伯里克利也连续多年当选为将军，成为雅典最有影响的政治家。

2. 极盛时期的雅典民主

公元前5世纪50年代—前5世纪30年代，是雅典民主的黄金时代。雅典最重要的机构是人民大会。人民大会定期召开，其权力十分广泛，举凡雅典国家的重大事情，都可以拿到人民大会上讨论，通过决议，然后责成相关机构执行。雅典众多的官员如执政官、将军等要员，都在人民大会上选举产生。雅典大小官员，上至将军，下至国家普通工作人员，每年都要接受10次审查，以确定他们是否称职。如果答案是否定的，轻则被罢免和罚款，重则会遭到控告甚至被处死。此外，授予外人公民权、谷物供应、盟邦贡金、公共工程建设、宣战、媾和等事关全体的事务，都要由人民大会决定。由于战神山议事会的权力已被剥夺，执政官已经向第三等级开放，雅典人民大会真正摆脱了贵族控制，成为独立自主的、名副其实的国家最高权力机构。

雅典民主的另一个重要机构是议事会。会议由500名议员组成，议员由抽签产生，每部落50人，一年一任，一般不得连任。凡年满30岁的雅典公民，只要没有犯罪前科或欠国家的债务，都可以当选。议事会按部落组成主席团。主席团负责议事会的日常工作，并主持人民大会。主席团以抽签方式选举一人为主席，任期一天，因此雅典每年要产生300多名主席。议事会承担着雅典国家的大量日常工作，它要预先讨论即将提交给人民大会的问题，做出初步决定；在人民大会做出决定后，议事会要监督相关部门执行；议事会拥有一定的司法职能，对官员的监督在很大程度上要靠它进行；它负责接待外国使节，并将其引见给人民大会。由于它的议员一年一任，而且抽签产生，需要大量公民参与，使它成为雅典公民参与政治、熟悉国家事务、锻炼政治能力的重要机构。

陪审法庭是雅典民主的基本特征之一，其成员有6 000人之众，凡年满30岁的雅典公民，都可以通过抽签当选为陪审员。审判案件时，雅典人根据案情轻重，临时通过抽签组成规模不等的法庭，多者上千人，少者百余人。举凡雅典国家的大小案件，还有盟国的一些案件，都在陪审法庭中审理。与今天严密的司法制度相比，雅典人的审判制度略嫌原始。审判时先由原告陈述，然后由被告辩护，最后由法庭裁决被告是否有罪。如被判有罪，则先由原告提出判决意见，再由被告提出自己的意见，最后由法庭裁决。审判期间，所有的证据、证人都由原告和被告提供，法庭不介入。一般来说，不管多大的案件，当天全部做出判决，不会延期再审。审判和投票时，陪审员不得相互交谈，以防止相互串通，做出有损法律尊严的判决。从古典时代的文献记载看，雅典人这些措施收效较好，很少有贿赂法庭之事发生，冤假错案也相对较少。

提洛同盟建立后，军事行动日益成为雅典公民日常生活的组成部分，负责军事行动的10名将军的权力和影响随之上升。由于执政官已由选举改为抽签产生，其影响和权力有所下降，成了管理日常事务者，而且只能一年一任，所以那些有政治参与欲望的人物，纷纷竞选将军。公元前5世纪雅典著名的政治家都是著名的将军。伯里克利曾经连续15年当选为将军，成为雅典最有影响的政治家。但无论他们权力多大，威信多高，他们都必须接受议事会和人民大会的监督，一旦不能让公民满意，随时可以被罢免，甚至被判刑。权威如伯里克利，也曾被雅典罢免职务并被罚款50塔兰特。因此，古典时代的雅典民主，是参与程度最广泛、人民权力最显著的民主制度之一。

二、伯罗奔尼撒战争

1. 战争起因

公元前431年—前404年，希腊两大城邦雅典和斯巴达之间爆发了一场长达27年的大战。几乎所有希腊城邦都卷入了这场旷日持久的战争。最后，雅典失败，提洛同盟被解散，斯巴达取得霸权。关于这场战争的起因，修昔底德认为是雅典势力的扩张及其所引起的斯巴达的恐惧。今天的学者大都同意修昔底德的论断，但在如何理解这个问题上存在众多分歧。有人谴责雅典，有人批评斯巴达，还有人认为双方都有责任。如果我们从根本原因上追寻的话，斯巴达自公元前6世纪末以来一直对雅典抱有敌意，多次有意对雅典开战，似应对战争的发生负主要责任。

从公元前6世纪末伯罗奔尼撒同盟建立起到此次战争爆发，斯巴达一直是巴尔干半岛上最强大的国家。该同盟在斯巴达周围形成一个保护圈，使其本土不会受到任何直接威胁。从内部制度来说，斯巴达的黑劳士始终是心腹大患。如亚里士多德指出的，黑劳士就像丛莽中的伏兵，总是在等待着斯巴达人出现破绽，时刻准备发难。所以，对于任何企图破坏伯罗奔尼撒同盟的企图，斯巴达都坚决予以反击，更不能允许任何国家威胁到其制度的根本——黑劳士制度。但从公元前5世纪后期起，雅典依靠提洛同盟的强大力量，不仅控制了爱琴海，而且向希腊大陆扩张势力，征服厄吉那，收服麦加拉，威胁科林斯，挺进中希腊，直接威胁到伯罗奔尼撒同盟诸国及斯巴达所支持的寡头政治体系。面对雅典势力的扩张，斯巴达多次有意应战，甚至准备入侵阿提卡。但因为斯巴达内部矛盾重重，加上黑劳士的反抗、阿哥斯的牵制，使其迟迟未能如愿。公元前5世纪中期，斯巴达与雅典爆发公开冲突，雅典意识到在陆上无力挑战斯巴达，完全放弃了在希腊大陆上的势力范围，并集中力量进行内部建设，但斯巴达显然并不满意，继续有意战争。公元前433年—前432年，当雅典因科西拉问题、波提底亚问题与科林斯产生纠纷时，斯巴达积极干预。雅典通过麦加拉法令后，斯巴达人派出使节，对雅典进行战争威胁。雅典人不愿屈服，斯巴达便公开发动了战争。

2. 阿基达马斯（前469—前427）战争

战争爆发之前，斯巴达人洋溢着乐观情绪，他们认为，凭借伯罗奔尼撒同盟强大的陆军，连续发动对阿提卡的入侵，只需要几年甚至几个月时间，就可以迫使雅典投降。战争开始阶段，斯巴达及其盟军，连同比奥提亚军队，连续不断地进军阿提卡，破坏那里的庄稼，企图迫使雅典投降。因率领伯罗奔尼撒盟军的斯巴达国王名叫阿基达马斯，公元前431年—前421年的战争被称为阿基达马斯战争。

针对斯巴达的战略，雅典人在伯里克利指挥下，采取陆上防御、海上出击的策略，与斯巴达人周旋。伯里克利深知，斯巴达的主力是陆军。但在海上，雅典的势力则相当强大。于是伯里克利将阿提卡所有居民撤进城内，在陆地上完全取守势。在海上，雅典海军多次出击，威胁伯罗奔尼撒沿海地区，曾取得不少胜利，特别是在科林斯湾的战斗中，多次击败伯罗奔尼撒舰队。但伯里克利没有料到，由于人口拥挤，卫生条件恶劣，雅典从公元前430年起爆发了瘟疫，死者尸体枕藉，精壮人口损失三分之一左右。另外，雅典盟国中的寡头分子，利用雅典集中对付斯巴达的机会，在后方反叛，使雅典人顾此失彼。可是，斯巴达人并没有充分利用这些有利条件，浪费了数年光阴，反而让雅典人攻占了派罗斯。派罗斯位于美塞尼亚西南部，斯巴达人非常担心因此引起黑劳士的反叛，连忙派兵抵御，又因战术失误，被雅典人俘虏了100多人。这些人的家属担心俘虏被处死，力促斯巴达寻求和平。最后，斯巴达大将布拉西达（？—前422）远征爱琴海北岸的希腊人城邦，连续占领安菲波里斯等地；雅典反攻未能成功，加上希望有时间整顿海上同盟内部的秩序，也有意与斯巴达媾和。公元前421年，双方签订《尼西阿斯和约》（因雅典主和派将领尼西阿斯得名），规定双方各自交还对方的俘虏和占领地，保持和平50年。但因为矛盾并没有解决，协定也没有得到有效的执行。

修昔底德有关雅典瘟疫及其影响的记载

他们（斯巴达统帅的伯罗奔尼撒军队）到达阿提卡之后不久，瘟疫就首先在雅典人中发生了……任何技术或科学都毫无办法。向神庙祈祷，询问神谶等等办法，都无用处；最后，人民完全为病痛所困倒，所以他们也不再求神占卜了。

……他们像苍蝇一样地死亡着。垂死者的身体互相堆积起来，半死的人在街上到处打滚，或者群集于泉水的周围，因为他们想喝水。他们所居住的神庙中，充满了死者的尸体，这些人是在他们中间死掉的。因为这个灾祸有这样压倒的力量，以致人们不知道下一次会发生什么事，所以对于宗教上或法律上的每条规则都毫不关心。过去所遵守的丧葬仪式，现在都不遵守了；他们尽他们能力所及，埋葬死者。许多人缺乏埋葬时所必需的东西，因为他们家庭中的人口已经死亡很多了，所以采取最无耻的方式来埋葬。他们首先到别人已经做好的火葬堆去，把他们的死者放在火葬堆上，然后点起火来；或者，他们发现另一个火葬堆正在燃烧着，就把他们抬来的尸体放在别人的尸体上，就跑开了。

在其他方面，由于瘟疫的缘故，雅典开始有了空前的违法乱纪的情况……他们决定迅速地花掉他们的金钱，以追求快乐，因为金钱和生命都同样是暂时的，至于所谓荣誉，没有人表示自己愿意遵守它的规则，因为一个人是不是能够活到享受光荣的名号是很有问题的。对神的畏惧和人为的法律都没有约束的力量了。至于神祇，他们认为敬神和不敬神是一样的，因为他们看见好人和坏人毫无区别地一样死亡。至于违反人为的法律，没有一个人预料他能够活到受审判和处罚的时候；反而每个人都觉得，对于他已经下了更为沉重的判决，正悬在他的头上，他想在这个判决执行之前，得到一些人生的乐趣，这是很自然的。

——［古希腊］修昔底德．伯罗奔尼撒战争史．北京：商务印书馆，2004：155-160．译文略有改动。

3. 西西里远征

和约的签订，使斯巴达有精力对付其老对头阿哥斯以及不顺服的盟国。通过几次冲突，斯巴达再度取得胜利，稳固了伯罗奔尼撒同盟。雅典方面虽然没能收回安菲波里斯，但大体上稳定了提洛同盟，对盟国的控制进一步加强，因战争而造成的财政紧张局面得到缓解。公元前415年，雅典发动西西里远征。远征军规模庞大，有战舰136艘、重装步兵5 100人、轻装步兵1 200人、桨手26 000人。雅典任命阿克比阿德斯（约前450—前404）、尼西阿斯和拉马库斯（？—前414）为统帅，但舰队刚刚到达西西里，阿克比阿德斯就因渎神案被召回雅典受审。他知道不妙，中途逃离雅典人的监视，先到阿哥斯，接着到达斯巴达，力劝斯巴达出兵雅典，并派兵支援西西里。另一方面，雅典舰队在尼西阿斯和拉马库斯指挥之下，在西西里浪费了最宝贵的时光后，才决定围攻叙拉古。但尼西阿斯优柔寡断，行动迟缓，而主张立即行动的拉马库斯又在战斗中阵亡。独立负责的尼西阿斯在即将攻占叙拉古时麻痹大意，让斯巴达的援军顺利冲进叙拉古城内，并从西西里各地召集大批援军，使叙拉古人重整旗鼓，重新和雅典展开争夺。雅典军队士气低落，在海上和陆地上先后失败。此时雅典军队本应及时撤退，以避免更大的损失。可是尼西阿斯害怕承担责任，请求允许他辞去职务，并增派援军。雅典人没有批准他的辞呈，另派德莫斯提尼（？—前413）率军增援。德莫斯提尼到达西西里后，发动了一次突袭，但没有成功。于是他建议立刻撤退，但被胆小怕事的尼西阿斯拒绝。最后，当形势进一步恶化时，尼西阿斯才勉强同意撤退。可就在撤退的当晚，发生了月食。迷信的尼西阿斯再次错过了撤退的时机，致使叙拉古人从容布阵，将雅典军队团团包围。雅典军队勉强突围后，尼西阿斯又中了叙拉古的缓兵之计，导致雅典军队全军覆没，尼西阿斯被俘后遇害，德莫斯提尼也遭到了同样的命运。

4. 雅典的失败

西西里远征的失败，不仅造成巨大的人力和物力损失，而且给雅典盟国的反叛提供了机会。雅典在西西里失败后，其盟国纷纷反叛，斯巴达人也不再每年入侵阿提卡，而是长期驻扎在阿提卡东北的狄凯里亚要塞。这样，雅典人再也无法利用阿提卡的土地，和优卑亚之间的联系也受到严重威胁。波斯人改变了他们一贯坐山观虎斗的政策，全力支持斯巴达。在波斯人财力的帮助之下，斯巴达人开始建立起大规模的舰队，在海上和雅典展开正面较量。雅典方面并没有绝望，他们动用了所有储备，重新建立了一支舰队，力图保证海上粮道的畅通。经过努力，雅典击败了斯巴达舰队，镇压了部分盟国的反叛，在海上和陆地上取得了一系列胜利，一度使斯巴达人感到绝望。

可是，雅典的寡头分子却认为，正是雅典的民主制度造成了西西里的灾难，他们希望借此时机推翻民主政治，建立寡头政治，并与斯巴达人媾和。这些寡头分子利用人们急于扭转战局的心理，推翻民主政治，建立了由400人掌权的寡头政治。可是，寡头们与斯巴达媾和的目标并未实现，盟国的反叛却愈演愈烈，包括离雅典近在咫尺的优卑亚。寡头政府声名扫地，遭到雅典人唾弃。在萨摩斯的雅典舰队也誓死支持民主政治，400人政府被迫下台，由5 000人政府取而代之。不久，雅典民主政治恢复。可是，战争形势对雅典越来越不利，波斯的介入，使斯巴达逐渐建立起强大的海军，尤其是在吕山德（？—前 395）出任海军统帅后，斯巴达得到波斯全力支持。每当斯巴达舰队被打败时，波斯立刻支持吕山德重建舰队。公元前 406 年，雅典舰队在阿吉纽西战役中打败斯巴达，一度赢得海上优势，但雅典人因受寡头分子煽动，处死了指挥战役的 6 名将军。公元前 405 年，斯巴达人重建舰队，封锁黑海海峡。雅典舰队不得不赶往那里，与斯巴达舰队对峙。由于前一年处死了那些有经验的将军，加之疏忽大意，致使斯巴达有机可乘，雅典舰队全军覆没。斯巴达乘胜追击，将雅典在海外的居民全部赶回雅典，并从海上和陆上封锁雅典城。雅典人苦苦支撑近一年之后，终于弹尽援绝，被迫投降。

雅典投降后，底比斯、科林斯等城邦主张屠杀所有雅典居民，夷平雅典城。但斯巴达鉴于底比斯和科林斯势力太大，担心它们将来会成为自己的对手，希望利用雅典平衡科林斯和底比斯的势力。所以，斯巴达在与雅典签订条约时，规定雅典拆除城墙，除保留 12 艘船舰外，交出所有舰队，废除民主政治，允许所有流亡者回国，并参加伯罗奔尼撒同盟。随后，斯巴达支持以克里提阿斯（？—前 403）为首的寡头分子在雅典建立三十僭主的统治，继公元前 411 年政变后，雅典民主政治再度被推翻。

5. 战争的影响

长达 27 年的伯罗奔尼撒战争给希腊造成的影响难以估量。首先，战争期间，希腊城邦丧失了大量人力、物力，对社会生产尤其是农业生产造成了严重破坏。战争期间，参战各方都对对方的生产和生活设施进行破坏，最常见的就是破坏庄稼，砍掉橄榄树和葡萄藤。谷物生产比较容易恢复，但橄榄、葡萄等生产的恢复，则需要更长的时间。希腊脆弱的小农经济因此损失惨重。生产的破坏，导致城邦公民队伍的瓦解，使城邦存在的社会基础受到严重冲击，造成了城邦的危机。其次，战争期间，交战各邦因为支持雅典和斯巴达，分裂成不同的派别。在有些城邦内部，发生了激烈的内战，激化了城邦内部不同公民集团间的矛盾，使原本比较团结的城邦公民集体分崩离析，直接影响了城邦的活力。再次，战争使波斯借机重返希腊，依靠财力操纵希腊世界的邦际关系。公元前 4 世纪，波斯成为希腊政治中的一大势力，斯巴达的霸主地位，很大程度上仰赖于波斯。最后，斯巴达虽然成为胜利者，但付出了沉重代价，大量公民阵亡。而战后流入斯巴达的大量金钱，使斯巴达人变成了金钱的崇拜者，导致斯巴达政治的衰败。同时，斯巴达执掌希腊霸权后，到处干涉他邦内政，导致天怒人怨，引起了包括其盟邦在内的大多数希腊城邦的不满。这种不满终于演变成对斯巴达霸权的公开挑战，希腊从此进入城邦争霸的时代。

三、希腊城邦的危机

1. 城邦之间的争霸

斯巴达打败雅典，得益于波斯的支持。而波斯资助斯巴达是有条件的，波斯要求斯巴达人承认小亚细亚沿岸的希腊人是波斯国王的臣民。战争结束后，作为希腊的盟主，斯巴达不可能将小亚细亚的希腊人交给波斯。公元前 401 年，小居鲁士（？—前 401）起兵争夺波斯王位，斯巴达人积极参与，等于向波斯宣战。结果小居鲁士战死，波斯新国王要求斯巴达兑现诺言，派兵占领小亚细亚沿岸的希腊人城邦。斯巴达于公元前 400

年派兵进入小亚细亚，与波斯人开战。最初，斯巴达人取得一些胜利，并和正在起义反抗波斯统治的埃及结成同盟，从埃及得到粮食和军事支援，小亚细亚的希腊人不愿接受波斯统治，也给斯巴达人以积极支持。

与此同时，斯巴达在希腊本土的政策日益专横，引起一些城邦的不满。在没有充足理由的情况下，它出兵伯罗奔尼撒的一些小邦，强迫它们服从斯巴达的统治，并肆意干涉其他城邦的内政。斯巴达的干涉适得其反。雅典首先于公元前403年推翻三十僭主的统治，恢复了民主政治。底比斯不满斯巴达的高压政策，和阿哥斯、科林斯等结成同盟，雅典随后也加入，共同对抗斯巴达。波斯因为与斯巴达的关系破裂，积极煽动这些国家对斯巴达开战。公元前395年，战争正式开始。因为主要战场在科林斯地峡，同盟指挥中心也在科林斯，所以这场战争被称为科林斯战争。

波斯的强大缘于它有雄厚的经济实力和强大的海军。斯巴达为对付波斯，也组建了海军。公元前394年，波斯舰队在雅典流亡者科农（约前444—前392）指挥下，在小亚细亚大败斯巴达舰队。得知科林斯和底比斯等发动战争的消息后，斯巴达将主力撤回希腊本土。公元前394年的科罗尼亚战役中，斯巴达打败了同盟军队，但没有取得决定性胜利。此后，战争变成拉锯战。斯巴达因无力对抗，再度与波斯合作。公元前387年，由波斯资助的斯巴达舰队封锁了黑海海峡，希腊各邦重要的粮食通道被切断，被迫屈服。接着，波斯驻小亚细亚总督以波斯国王的名义，召集希腊各邦代表，宣布了波斯国王的条件：亚洲所有希腊城邦由波斯统治；所有希腊人国家，无论大小，一律自治；任何不服从的国家将遭到波斯和同盟各城邦海陆两路进攻。因为该条约是波斯国王和斯巴达使者安太尔西达签订后强加给希腊的，所以被称为《安太尔西达和约》，又称《大王和约》。

迫于波斯和斯巴达的双重压力，绝大多数希腊城邦接受了《大王和约》。从表面上看，让希腊各邦自治、维护希腊和平是好事。可是，斯巴达利用霸主地位，把该和约变成了霸权统治的工具，强令所有可能走向地区性统一的国家解散其建立的同盟，接受斯巴达的统治。但斯巴达的专横，终于让它自食其果。《大王和约》签订时，底比斯拒绝宣誓遵守。作为惩罚，斯巴达人数年后利用内应占领了底比斯卫城，在那里驻扎军队，并支持建立寡头政治。但底比斯民主派以雅典为基地，继续进行斗争。公元前379年，帕罗庇达斯（约前410—前364）等人推翻了底比斯的寡头政治，建立民主政治。接着，他和厄帕米农达（？—前362）一道，开始了统一比奥提亚的斗争。虽然斯巴达人多次出兵干涉，底比斯仍在雅典支持下逐步强大起来，最终基本统一了比奥提亚。公元前371年，斯巴达国王克列奥姆布鲁图斯（前380—前371）率领伯罗奔尼撒同盟大军再次入侵比奥提亚。在纽克特拉的决战中，底比斯人的新型战术——集中兵力于一翼，而以另一翼取守势——取得了成功。斯巴达国王战死，另有400名斯巴达士兵阵亡。当时斯巴达因内部分化，公民人口大概只有1 000多人，因此，纽克特拉的失败，对斯巴达的打击非常沉重，成为它霸权衰落的开始。

底比斯人没有就此止步，他们进入伯罗奔尼撒，帮助美塞尼亚的黑劳士获得了独立。在阿卡地亚，底比斯人支持那里的统一运动。阿卡地亚的新都城麦加洛波里斯成为防御斯巴达北上的屏障，切断了斯巴达和它的北方盟国的联系，成功地将斯巴达封锁在伯罗奔尼撒。不过，底比斯的强大引起雅典的担心。公元前378年，雅典组建第二海上同盟，积极扩展它在爱琴海中的势力。纽克特拉战后，雅典利用斯巴达衰落之机，一度控制了爱琴海。同时，它和斯巴达结成同盟，共同对付底比斯。公元前362年，雅典、斯巴达和部分希腊城邦的联军在门丁尼亚与底比斯军队会战。虽然底比斯取得了胜利，但他们最能干的将军厄帕米农达阵亡。在此之前，底比斯的另一灵魂人物帕罗庇达斯已在进攻色萨利的战斗中阵亡。在失去了这两个杰出领袖后，底比斯迅速衰落，失去了希腊的霸权，再度沦为中希腊的地区性强国。不久，底比斯与福基斯发生冲突，战争迁延不决，底比斯被拖垮。

底比斯的衰落，又给雅典提供了机会。公元前4世纪，虽然雅典民主政治仍较巩固，但公民的爱国热情已经下降。失去盟邦贡金后，雅典的财政实力也今非昔比。要争夺希腊霸权，它常心有余而力不足，行动不够坚决。公元前378年，它建立第二海上同盟。同盟组织形式与提洛同盟相近，但防止雅典专权和保护盟邦的条款更加具体和详尽。利用同盟的力量，雅典试图重整旗鼓，但波斯的干涉、底比斯的崛起、希腊城邦内部情况的变化，都让雅典人难以如愿。公元前4世纪中期，第二海上同盟的一些主要成员叛离雅典，雅典无力镇压，第二海上同盟实际上解体。公元前4世纪希腊城邦之间的争霸使各方损失惨重，耗尽了各城邦最后的力量。

2. 公民集体的崩溃

与公元前5世纪希腊的鼎盛时期相比，公元前4世纪的希腊不仅战争更加频繁，而且城邦内部的结构也发生了重大变化。公元前5世纪，希腊各邦包括实行寡头政治者，小农经济都比较巩固，内部相对稳定。不同阶层的公民之间虽有矛盾，但在面临外敌入侵时，仍能够团结一致。但到公元前4世纪，城邦内部矛盾日趋尖锐。首先，贫富分化加剧。在斯巴达，大量公民因为失去土地丧失公民权。到公元前4世纪中后期，斯巴达的公民可能不过1 000人左右，成为斯巴达人口少数中的少数。在雅典，虽然民主政治比较稳定，但贫富分化同样存在。公元前5世纪，雅典公民约4万之众。但在公元前4世纪，它的公民大约只有两到三万人，大地产开始在阿提卡出现。其次，富人不再像公元前5世纪那样乐于承担国家义务，而是极力规避这类义务。公元前4世纪发生过大量有关公益捐献方面的诉讼，一些富有的公民如伊索克拉底之流，似乎从没有承担过公益捐献。加之雅典财政紧张，每当战争爆发时，需要征收财产税，财产税又主要针对富人征收。所以，公元前4世纪的雅典富人开始抨击民主政治，将其视为压迫富人的制度。有关按照财产多少、能力大小分享政治权力的理论再度抬头。最后，由于贫富分化和公民内部矛盾的激化，公元前4世纪城邦内部的斗争变得更加惨烈。在科林斯，曾经发生过民主派几乎杀光富人的事件；在阿哥斯的一次暴动中，大约有1 500人被杀；在斯巴达，发生了基那冬（？—前397）领导的暴动。内部斗争残酷程度的加剧，进一步激化了贫富之间的矛盾。用希腊人自己的话说，富人宁可把钱投进海中，也不愿救济穷人；而穷人在掌握政权后，也不以分享富人的财富为满足，必欲吞尽其财产而后快。城邦盛期公民之间互助互惠的精神，从此一去不返。城邦内部矛盾的发展，成为城邦危机最明显、最直接的反映。

第四节 马其顿亚历山大帝国与希腊化时代

一、马其顿的兴起

1. 远古马其顿

马其顿位于希腊北部，分上下两部分。上马其顿为山区，下马其顿为平原。它南邻色萨利，北接色雷斯，西北近伊里利亚，东为爱琴海。境内多山，森林和矿产资源丰富，战略地位重要。它的居民成分比较复杂，其基本成分是早期青铜时代迁移到巴尔干的印欧人，与希腊人有密切的关系。

在社会发展程度上，马其顿落后于南部的希腊人，直到公元前7世纪，马其顿国家才开始出现，但迟迟没有实现统一，成为希腊各邦争夺的对象。希波战争时，马其顿曾投降波斯，并参加了波斯远征军。但在普拉提亚战役前夜，其国王亚历山大一世（约前495—前450）又曾私自将波斯的军事情报通报给希腊人。伯罗奔尼撒战争爆发后，马其顿时而支持雅典，时而支持斯巴达，利用两大同盟的矛盾从中渔利，使马其顿逐渐强大起来。与此同时，希腊城邦的文化也逐渐在马其顿流传开来，悲剧作家欧里庇得斯（约前485—约前406）晚年曾做客于马其顿宫廷，在马其顿国王的庇护下生活。荷马史诗在马其顿也有不少读者，其中包括一些国王。

2. 腓力二世（前359—前336）的改革

马其顿真正强大起来是在腓力二世时代。腓力二世曾在底比斯做人质，与底比斯政治家厄帕米农达等人有过交往，对希腊的外交策略和军事技术有深刻认识，同时也了解希腊城邦的弱点。他即位之后，借鉴希腊等的宝贵经验，大力进行政治、军事和经济改革。政治上，他大力加强王权，削弱贵族势力，将马其顿成功地统一起来；军事上，他在希腊方阵的基础上，创建更具攻击力也更灵活的马其顿方阵，并且组建了工程兵和弓箭手部队，采用攻城设施；经济上，他利用马其顿控制的潘加乌斯矿山，大量发行金银币，以便和波斯、希腊通商，因为当时波斯用金币，而希腊用银币。

经过腓力二世的改革，马其顿迅速强大起来。当时希腊城邦因相互混战筋疲力尽，内部矛盾重重，已经不可能联合起来共同对抗马其顿。腓力二世利用这个机会，大举向外扩张。在扩张政策上，他远交近攻，先集中力量吞并卡尔息狄斯地区的希腊人城邦，占领战略要地安菲波里斯，征服色雷斯。然后举兵南向，深入色萨利。接着，利用福基斯和底比斯之间发生的神圣战争，直接干涉中希腊事务。当时在希腊大陆上，唯一有力量阻止马其顿扩张的是雅典，但雅典此时正为财政危机所困，公民对战争也不积极。直到马其顿人冲入中希腊，几乎到达雅典大门口时，雅典才真正行动起来，和底比斯结成联盟，共同对付马其顿。但此时马其顿羽翼已丰，其扩张的步伐难以阻挡。公元前338年，雅典、底比斯及其他希腊城邦的联军在喀罗尼亚与马其顿决战，希腊联军大败。公元前337年，腓力二世在科林斯召集希腊城邦开会。除斯巴达外，各邦均派代表出席。会议宣布成立希腊联盟，以腓力二世为盟主。联盟各邦保持现行政制不变，相互保持和平。在各邦内部，禁止革命，禁止为革命目的重新分配土地和财产以及判处死刑，镇压海盗。会后，联盟向波斯宣战，决定实现伊索克拉底所鼓吹的“把战争引向亚洲，把幸福带回希腊”的计划。

科林斯会议显然给希腊各邦的有产阶级吃了一颗定心丸，等于禁止了贫民反抗富人的斗争，因此，腓力二世的统治得到了希腊有产阶级的欢迎。腓力二世也没有让希腊的富人失望，在战争结束后不久就立即着手实施谋划已久的针对波斯的进一步扩张计划，派了1万人左右的先头部队进入亚洲，为大规模入侵做准备。一场震动欧、亚、非三洲的战争的帷幕即将拉开。就在此时，腓力二世在他女儿的婚礼上被刺身亡。其子亚历山大即位，是为著名的亚历山大大帝（前336—前323）。

腓力对马其顿的贡献（亚历山大对马其顿人的演说）

腓力最初看到你们的时候，你们不过是些走投无路的流浪汉，大多数只穿着一张老羊皮，在小山坡上放几只羊。为了这几只羊，还常常和边界上的伊里利亚人、特利巴利人和色雷斯人打个不休，而且往往吃败仗。后来，是腓力叫你们脱下老羊皮，给你们穿上大衣，把你们从山里带到平原上，把你们训练成能够对付边界敌寇的勇猛的战士。因此，你们才不再相信你们那些小山村的天然防卫能力，而相信了你们自己的勇气。不仅如此，他还把你们变成城市的居民，用好的法律和风俗把你们变成文明的人。腓力使你们当上了原来那些欺压你们、抢劫你们财物和亲人的部族的主子，再也不当他们的奴隶和顺民。他把色雷斯大部并入了马其顿版图，夺取了交通便利的沿海城镇，给你们的家乡带来了商业，使你们能安全地开发自己的宝藏。然后，他又叫你们当上了多年来叫你们怕得要死的色雷斯人的老太爷。他还制服了福基斯人。由你们家乡通到希腊的道路原来既窄又难走，后来他把它开成又宽又好走的大路。过去，雅典和底比斯一直在伺机毁灭马其顿，但他后来降服了它们。我们马其顿不但不再向雅典和底比斯交纳贡赋，相反，它们现在必须争取到我们的允许才能生存。现在，我们大家正在分享我父亲腓力这些功业的成果。后来他又进入伯罗奔尼撒，把那个地方搞得服服帖帖。然后，他被宣布为全希腊的最高统帅远征波斯。他赢得这么高的威望，并不只是为他自己，主要地还是为马其顿。

——［古希腊］阿里安. 亚历山大远征记. 北京：商务印书馆，1979：233-234. 译文略有改动。

二、亚历山大东侵

1. 征服希腊

腓力二世死后，原来被征服的地区立刻起义，亚历山大毫不留情地予以镇压。他首先镇压了马其顿国内及其周边地区的叛乱，接着，深入巴尔干半岛北部，镇压了那里的暴动。然后，他以急行军赶往伊里利亚，镇压那里的叛乱。大约两个月里，希腊人和马其顿人都没有关于亚历山大的准确消息。希腊的反马其顿势力活跃起来。底比斯率先起义，雅典随后响应。亚历山大得到希腊人起义的消息后，以迅雷不及掩耳之势杀到中希腊。底比斯人进行了英勇抵抗，但城池仍被攻破。为杀一儆百，亚历山大残酷地处置底比斯：城市被夷成平地，成年男子尽数被杀，妇女和儿童被卖为奴隶。其他城邦见此，先后屈服。在科林斯召开的希腊城邦大会上，各邦重申拥立亚历山大为盟主，支持他东侵波斯。

2. 征服波斯

公元前334年春，亚历山大留下安提派特镇守马其顿和希腊，自己统率3万步兵、5 000骑兵和160艘战舰，渡过黑海海峡进入亚洲。对亚历山大的入侵，波斯皇帝大流士三世（前336—前330）只是指示小亚细亚的总督抵抗。但格拉尼科斯河一战，波斯大败，2 000多人被俘。接着，亚历山大横扫小亚细亚，占领萨狄斯，小亚细亚沿岸的希腊人城邦望风归附。到公元前333年，亚历山大已经占领了整个小亚细亚。

占领小亚细亚后，亚历山大继续南侵，进入叙利亚。大流士三世亲自统率大军前来阻击。据说波斯军队达60万之众。但大流士三世把军队置于不利于骑兵活动、地形狭窄的伊苏斯，虽有纵深，却无法展开，难以发挥波斯军队的数量优势。亚历山大将军队排成整齐的方阵，亲自率领最精锐的骑兵，身先士卒，直扑大流士三世所在的中军。庞贝的一幅壁画显示，大流士三世几乎与亚历山大正面相对，后者的长矛差一点戳中了前者的面门，幸得一波斯贵族舍身相救，大流士三世方才逃过一劫，率先逃跑。亚历山大占领波斯军队大营，俘虏了大流士三世的妻女。

亚历山大并没有立即向波斯内地进军，而是转向沿海，目的是切断波斯海上力量的陆上补给线。他占领叙利亚和巴勒斯坦，将腓尼基城市推罗夷为平地，彻底切断了波斯海军和本土的联系。公元前332年，亚历山大进入埃及。波斯驻埃及总督率兵投降。亚历山大对埃及采取怀柔政策，朝觐了西瓦的阿蒙神庙，被阿蒙神庙祭司宣布为神之子。

公元前331年春，亚历山大领兵从埃及进入两河流域。大流士三世闻知，亲率百万大军抵抗。此次大流士三世吸取了教训，将军队部署在亚述古都尼尼微附近的大平原上，以便充分发挥军队的数量优势。同时，大流士三世还准备了200辆车轮上绑有大刀的战车，以冲击马其顿军队的方阵。双方都深知，这是一次生死之战，胜利者将成为波斯帝国的主人。可是，大流士三世再次暴露了他的低能，让军队全副武装站了一夜，恐惧和疲劳拖垮了士气。亚历山大则安营扎寨，让马其顿人好好地休息了一夜。第二天，当马其顿人精神抖擞地出现在波斯军队面前时，虽然大流士按计划放出了刀轮战车，波斯军队也奋勇作战，使马其顿人遭遇严重损失，可是，在强大的马其顿方阵面前，波斯军队支持不住，再度败退。作为统帅的大流士三世又一次当了逃兵。波斯军队彻底溃败，亚历山大乘胜追击，连下巴比伦、苏撒、帕塞波里斯等大城市。大流士三世只能逃到中亚。亚历山大穷追不舍。波斯驻巴克特里亚总督比索斯杀死大流士三世，自称波斯国王。不久，比索斯被俘。亚历山大为收买波斯人心，指控比索斯背叛国王，按波斯习惯将后者处死。居鲁士创建的波斯帝国存在了两个多世纪后，终于灭亡。

公元前327年，亚历山大率军经开伯尔山口进入印度河流域。虽然印度河流域并没有统一，一些统治者也归顺了亚历山大，但马其顿人并不顺利，连续打了几场恶仗，士兵伤亡惨重。另外，印度河流域酷热的天气，也让马其顿人难以忍受，大多数士兵和将领都不愿再战。亚历山大有心继续东侵，甚至以绝食要挟，可是士兵和将领公开反叛，不再追随这位野心毫无止境的国王。亚历山大无奈，被迫撤兵回国。公元前324年，马其顿军队分水陆两路返回巴比伦，历时10年的东侵结束。

3. 巩固帝国的措施

亚历山大的东侵，使马其顿从一个地处希腊北部的小国，变成了地跨欧、亚、非三洲的大帝国。帝国的疆界东起印度河流域、西到伊里利亚、南到埃及南部、北临多瑙河。如何统治这样广大的地区，是摆在亚历山大面前的一个艰巨任务。

亚历山大的措施如下：第一，大体尊重被征服地区的宗教和文化习惯。在埃及，他自称是阿蒙神之子；在波斯，他以波斯帝国的继承者自居，处死了背叛大流士三世的比索斯，而且任用部分波斯人为总督；在印度河流域，对于那些积极投靠马其顿、在当地声名狼藉的统治者，他将他们废黜，对于勇敢地与他对抗的波鲁斯，他不但许其保留王位，而且还扩大了后者统治地区，从而使他成为亚历山大忠实的支持者。诸如此类的措施，为他争得了部分上层统治阶级的支持。第二，改造马其顿传统的君主制，促使其尽快向专制君主制转变。马其顿的君主制本来相对原始，国王和高级将领、贵族士兵之间的区别还不是那么严格，贵族们被称为王友；国王登基时，必须得到士兵大会的同意。当士兵们对国王的政策不满时，可以罢战。占领波斯的广大地区后，亚历山大着手加强王权。他依靠东侵期间夺得的大量财富，笼络部分将领与士兵，打击那些敢于与他对抗的势力。为摆脱马其顿人中仍存在的民主残余，亚历山大大批征用波斯青年，按马其顿方式对他们进行训练，以对马其顿人施加压力，强迫他们承认他作为君主的无上权威。在此过程中，他大造舆论，把自己打扮成天神的后代，神化王权。在制度上，他广泛采用波斯宫廷礼仪，强迫马其顿人像波斯人一样对他行跪拜礼，以强化国王与贵族、士兵之间的区别。第三，采用波斯的行政制度，在中央建立比较完善的官僚体系，在地方上实行行省制，以马其顿人、希腊人和可靠的波斯人占据要津，加强对地方和被征服地区的统治。第四，鼓励希腊人与被征服地区居民通婚，努力促进东西方不同民族间的融合，企图以此来缓和马其顿人与被征服者之间的矛盾，扩大帝国的统治基础。为此，亚历山大带头与大流士三世的女儿结婚，并给那些与波斯女子结婚的马其顿士兵礼物。第五，在各个战略要地建立城市，分派马其顿人和希腊人居住，将这些希腊人的城市作为加强统治的据点。据说亚历山大东侵途中一共建立了70多座城市，其中有些城市，如埃及的亚历山大里亚，后来发展成为著名的政治、经济和文化中心。

4. 帝国的分裂

亚历山大的帝国是一个不同地区、不同族群因马其顿人的武力征服而临时被集中到一起的松散联合体。这个联合体能否继续存在，很大程度上取决于统治阶级的力量和团结程度。当亚历山大在世时，由于他个人在马其顿人和波斯人中享有较高威信，敢于反叛者不多。亚历山大的措施，对巩固帝国的统治，也具有一定的积极作用。可是帝国的离心力在亚历山大去世前已有所表现，部分马其顿人对亚历山大任用波斯人、鼓励马其顿人与波斯人融合的政策并不支持；部分波斯总督也表现出独立倾向。公元前323年，亚历山大突然病死于巴比伦，这加快了帝国瓦解的步伐。当时，亚历山大还没有直系继承人。军队的高级将领们为争夺权力，立刻开始了明争暗斗。斗争开始局限于宫廷，但很快发展成公开交战。在随后的战争中，亚历山大的遗腹子、妻子罗克珊娜及兄弟先后被杀。但是，将领们实力有限，谁也无力把整个帝国统一起来。公元前301年伊普苏斯战役后，帝国实际上已分裂成三个部分：托勒密王朝统治下的埃及，塞琉古王朝统治下的两河流域、伊朗和叙利亚等地，以及马其顿。塞琉古王朝统治的地区虽然广大，但族群和地区差别也最明显，维持的时间也最短暂。首先是印度河流域脱离了它的控制，然后是中亚分裂了出去，小亚细亚建立了帕加马王国。塞琉古王朝能够控制的，不过是叙利亚等不大的一片地区而已。

三、希腊化世界

1. 历史发展的基本趋势

希腊化是近代史学创造的一个概念，指从亚历山大帝国分裂到罗马征服东地中海地区之间的历史（有时也从亚历山大东侵算起）。最初创造这一概念的人是为了把它与希腊的古典时代以及后来的罗马帝国区别开来，认为这是一个希腊文化不断向东方传播即东方在希腊人统治下不断希腊化的过程。今天看来，这个理解不免简单化。应当承认，在希腊人统治西亚北非的300年左右的时间里，东方广大地区确有一定程度的希腊化。20世纪60年代在阿富汗发现的一块铭文显示，当地曾有十分活跃的希腊文化传统，一个逍遥学派的哲学家曾在当地讲学，而城内也有希腊人喜欢的体育场一类的设施。在埃及、叙利亚等地，希腊语已经成为官方语言，上层分子中学习希腊语蔚然成风。在埃及，人们发现了大量希腊古典著作的抄本，当时还设置了收藏这些抄本的机构。

但希腊化时代绝不仅仅是希腊文化向东方传播的过程，同时也是东方文化影响、改造希腊文化的过程。希腊化世界的政治制度主要是西亚和埃及式的君主专制，而不是希腊人的城邦体制；经济上，托勒密王朝继承了埃及传统的土地国有制度，塞琉古王朝的经济具有更浓厚的西亚色彩而不是希腊色彩；文化上，希腊和埃及、两河流域文化的融合，创造了希腊化时代繁荣的科学。所以，希腊化时代的文化，不仅是一个希腊文化向东方传播的过程，同时也是一个希腊文化东方化的过程。

2. 政治制度

希腊化各国的政治制度，因地域和文化的差异而有所不同，但几乎都实行君主专制制度。首先，国王是国家的最高统治者，并且被神化。在托勒密埃及，国王托勒密一世（约前304—前282）首先宣布亚历山大是一位神灵，接着把亚历山大的灵柩弄到亚历山大里亚，为其设立专门的祭所和祭司。托勒密一世死后，其子托勒密二世（约前282—前246）立刻宣布他父亲是神，下令全国人民崇拜。此后，托勒密王朝的历代国王，都把已经死去的国王作为神灵对待，甚至在活着时就自封为神灵，连王后也位列仙班。塞琉古王朝、帕加马王国不甘落后，群起效仿。一时之间，神灵满天飞舞，几乎每个国王都成了一方神灵。

其次，国王集军事、行政、司法和宗教大权于一身。军队是各国王权的支柱，国王对军队的组成、征调，都拥有绝对权威。士兵主要是马其顿人和希腊人，但也使用部分当地人。从中央到地方，各级官员都由国王的亲信担任。他们唯国王之命是从，大小事情都向国王汇报。即使那些享有一定程度自治权的希腊城市，国王也可以指定市政长官，干预城市内部事务。城市发生纠纷时，也常常请求国王裁决。法律是国王手中最有力的武器，他可以创制先例，直接干涉司法审判。经济上，国王是全国土地的最高和最终所有者。王室一般都直接经营一部分土地，收入归王室所有。但国王还可以任意处置全国土地，或将土地收归王室，或赏赐给士兵、官僚和亲信作为俸地，也可以圈占土地建立城市。在有些国家，国王对经济活动的监督达到无孔不入的程度。

最后，以国王为首的官僚政治逐渐形成。在中央，有宫廷议事会、办公厅和主管衙门。宫廷议事会主要由所谓的王友组成，为最高咨询机关。会议由国王主持，讨论比较自由，但由国王做出决定。办公厅是处理日常事务的机构，国王的诏令、信件以及官方的规定，都由它发出。在主管衙门中，以财政部权力最大，财政大臣地位形同宰相。地方一般实行行省制。所有高级官员都由中央任命。为防止割据，地方官员互不统属，直接向中央负责，大大加强了中央对地方的控制。

3. 希腊化世界的衰落

希腊化世界各国存在着深刻的矛盾。首先，占统治地位的希腊-马其顿人与被征服的土著之间存在着不可调和的矛盾。希腊-马其顿人是人口中的少数，可是他们占据了主要的官职，依靠各种手段剥削被征服地区。被征服的居民中，虽然一部分上层分子通过希腊化而挤进了统治阶级的圈子，但他们毕竟只是极少数。绝大多数普通劳动者不仅要承担原来的义务，现在又增加了对希腊统治者的义务。他们没有从希腊化中得到任何好处，相反受到更严重的剥削。一些被征服地区不断发动起义。犹太人就在公元前 2 世纪发动大起义，并成功摆脱了塞琉古王朝的统治。希腊城邦面对马其顿强大的军事力量，前仆后继地展开了反马其顿斗争。他们的反抗消耗了统治阶级的力量，加快了希腊化国家的衰落。

其次，希腊化不同国家的统治者都以亚历山大的继承者自居，为争夺领土，相互之间不断战争。托勒密埃及和塞琉古之间为争夺巴勒斯坦与叙利亚曾进行多年战争。塞琉古和帕加马之间的战争，从帕加马诞生之日起就没有停息。帕加马为与塞琉古对抗，不断求助于罗马，借助罗马的力量制约塞琉古。战争的结果，实际上是各希腊化国家自相残杀，削弱了抵抗外敌的力量。

最后，希腊化各国统治阶级内部为争夺最高权力相互残杀，宫廷政变和阴谋层出不穷。托勒密埃及和塞琉古中后期，都发生过旷日持久的内战。严重的内耗，大大削弱了统治力量，让外敌有机可乘。当罗马人公元前 2 世纪东来时，各希腊化国家无力抵抗，先后被罗马征服。公元前 30 年，托勒密埃及的末代女王克利奥帕特拉（前 51—前 30）被罗马打败后自杀，希腊化世界被终结。

第五节　古代希腊文化

一、古代希腊文化繁荣的原因

1. 城邦制度的影响

古代希腊的城邦制度对希腊文化的发展产生过巨大影响。城邦制度的基本特征，就在于它是一个公民集体。城邦的所有政策，都必须符合全体公民的利益，以公民的利益为依归，所以，城邦的政治制度都有或多或少的民主色彩，即使是在斯巴达，其人民大会也是不可或缺的部分，并在政治生活中发挥着一定作用。在雅典那种民主得到最充分发展的城邦，公民的个人自主性得到前所未有的张扬。每个人都希望能够发挥自己的作用，提出自己的见解。同时，民主政治下自由辩论的发展，使各种理论都有自己的生存空间。而各种不同理论的提出，也刺激了人们的进一步思考，有利于新的理论和学派的产生。在这个意义上，希腊文化是希腊城邦的产物。

2. 外来文化的影响

希腊地处地中海东部，它的近邻埃及和两河流域都曾经是世界上最古老的文明区，创造过灿烂的文化。希腊人充分汲取了埃及和西亚的文化成果，并在此基础上加以发挥创造。希腊字母借自腓尼基字母，希腊最初的雕刻，多有模仿埃及雕刻的痕迹；希腊最初的工匠或许直接来自东方，创作的主题也多借自西亚；希腊的神话，也有西亚神话的影子；最早的文化人，都和埃及或西亚有着或多或少的关系。希腊化时代科学尤其是天文学和地理学的发展，如果没有西亚和埃及积累的大量资料，是不可想象的。没有西亚和埃及提供的充足的养分，恐怕难有希腊的文化奇迹。

3. 社会财富的积累

没有广大劳动者所创造的物质财富基础，希腊文化的繁荣将难以解释。在古代希腊，由于城邦制度的发展，对本族同胞奴役制度的废止，奴役外族的奴隶制广泛发展起来。希腊的有产阶级主要就是依靠外族奴隶创造的财富过活。正是奴隶的劳动，使一部分希腊人能够脱离直接的生产劳动，专心从事精神产品的创造。因此，在希腊的文化成就中，也有奴隶的一部分功劳，尽管奴隶们没有意识到这一点，而为他人劳动也不是他们所情愿的。

4. 希腊人的创造力

对于那些外来的东西，希腊人少有不加以改造和发展的。在借鉴腓尼基字母以创造自己的文字时，他们创造了元音字母，使文字更加完善；在接受埃及人的雕刻技艺时，他们对埃及人的艺术大胆进行改造，创造了希腊无与伦比的古典雕刻；在吸收利用东方科学成果的基础上，他们将其理论化和系统化，形成一系列的定理和规则，发现科学内在的规律，而不只是简单地应用。希腊人既是拿来主义者，更是一个善于创造的民族。

二、古代希腊人的文化成就

1. 哲学

哲学在古代希腊是如何产生的，至今仍见仁见智，但可以肯定，它与希腊理性主义的兴起有密切的关系。当希腊人不再满足于简单的宗教说教，而开始认真思考天、地、人之间的问题时，哲学就诞生了。希腊最早的哲学家出自米利都，最初的学派是米利都学派，第一个哲学家是米利都人泰勒斯。据说他预测过约发生于公元前585年的日食，并能预测来年庄稼的收成。他认为世界的本原是水。这个理论可能与米利都所处的地理位置不无关系，因为米利都位于海边，水蒸发到空中变成雨，成为万物生长的养料。世界上的生物，离开了水，鲜有能够生存的。阿那克西曼德（约前 610—前 540）推测，人类是进化来的，提出了世界上最早的进化理论。他认为世界的本原是无限。阿那克西美尼则认为，世界的本原是空气。但不管世界的本原是水，还是空气、无限之类，他们都试图从物质的角度解释世界的起源。

萨摩斯的毕达哥拉斯生活于公元前 6 世纪，后移居意大利，创立了一种新的哲学理论。他大概从音乐中发现了数字的神奇之处，强调世界的本原是数，具有神秘主义气息。生活在西西里的色诺芬尼（约前 565—约前 478）是理性主义者，对希腊传统宗教进行了猛烈攻击，认为神灵不过是人的想象，所以人所设想的神灵都是人的样子，如果牛、马有手的话，所捏造出来的神灵肯定是像牛、马，而不是人的样子。可是色诺芬尼并非无神论者。他所攻击的是荷马式的神灵，即希腊传统的神灵，他主张世间只有一个神，这个神无所不在，无所不能，却不表现为任何形象，颇似基督教的上帝。同样是活动在大希腊的巴门尼德注意到话语与真理之间的差异，他还发现事物在运动过程中有相对静止的一面，因此把这种静止绝对化，提出了“飞矢不动”和“阿喀琉斯永远追不上乌龟”的命题。生活在伊奥尼亚的赫拉克利特正好与巴门尼德相反，提出了万物皆流、万物皆变的理论，认为“人不能两次踏进同一条河流”，因为当他第二次来到这条河时，河里的水已发生变化，显然把事物变化的一面又绝对化了。他还认为世界的本原是一团永恒燃烧的火焰。德谟克里特出生于爱琴海北岸的阿卑多拉，是原子论的创立者。他认为世界万物由微小的、肉眼看不见的原子构成。原子的聚合与离散创造了世界万物，而原子的不同形状与性质，是事物形成差别的基本原因。

色诺芬尼关于希腊神灵的看法

荷马和赫西奥德把人间认为是无耻丑行的一切都加在神灵身上：偷盗、奸淫、彼此欺诈。

凡人们幻想着神是诞生出来的，穿着衣服，并且有着与他们同样的声音和形貌。

可是假如牛、马和狮子有手，并且能够像人一样用手作画和塑像的话，它们就会各自照着自己的模样，马画出和塑出马形的神像，狮子画出和塑出狮形的神像。

埃塞俄比亚人说他们的神皮肤是黑的，鼻子是扁的；色雷斯人说他们的神是蓝眼睛、红头发的……

有一个唯一的神，是神灵和人类中间最伟大的；他无论在形体上或思想上都不像凡人。

神是全视、全知、全听的。

神毫不费力地以他的心灵的思想力左右一切。

神永远保持在同一个地方，根本不动，一会儿在这里一会儿在那里动来动去对他是不相宜的。

——北京大学哲学系外国哲学史教研室，编. 古希腊罗马哲学. 北京：商务印书馆，1961：46-47. 译文略有改动。

苏格拉底（前469—前399）是希腊第一个集中探讨道德伦理的哲学家。他一生都生活在雅典，对雅典民主政治的优缺点有比较深刻的认识。据说他常常在大街上行走，就相关问题向路人求教，然后层层剥茧地发问，直到把对方问得自相矛盾、不得不承认自己有欠缺为止。他探讨的大多是与人的道德伦理有关的问题，如什么是美德？什么是正义？什么是知识？什么样的政治体制最优良？因此得罪了不少人，被一些人当作智者派。公元前399年，70岁高龄的他以引进新神、毒害青年的罪名被处死。对他的判决，成了雅典民主史上最大的污点之一。

苏格拉底的学生柏拉图（约前429—前347）也是雅典人，写有大量哲学著作，绝大部分是以苏格拉底为主人公、以当时雅典的具体人物为另一方的对话体裁。柏拉图认为，现实世界是对理念世界的模仿，因此现实世界总不如理念世界完美。人类的知识也是事先就存储在大脑里的，获得知识的过程不是实践，而是回忆。对于民主政治，柏拉图深恶痛绝。在他看来，绝大多数人并不具有知识和美德，让他们统治国家，只能把国家推向绝路。理想的统治方式是由有知识的哲学家掌握国家政权，其他阶层则各司其职。柏拉图的理论，对西方哲学的发展曾经产生过重大影响，但其神秘主义倾向和对专制主义的推崇自近代以来也不断遭到猛烈批判。

亚里士多德（前384—前322）是柏拉图的学生，他虽然出生在爱琴海北岸的城邦，但主要活动在雅典。他创立的吕克昂学园成为可以和柏拉图的阿卡德米相匹敌的教育机构。亚里士多德是百科全书式的学者，涉足过当时的各门学科，许多学科如政治学、伦理学、植物学、动物学等，都是经他之手而获得独立地位的。他很注重经验，对事物的看法也主要从现实生活出发。他明确指出，现实世界的存在不容怀疑，观念是人思考的结果。他对民主政治基本上持肯定态度，认为多数人的统治远比一个人要高明，正如一个人只能做出有限的几样菜，一群人却可能做出一桌丰盛的酒席来一样。

古典时代后期和希腊化时代，希腊哲学还产生过犬儒派、伊壁鸠鲁派和斯多葛派等派别。

2. 科学

希腊的科学在吸收西亚与埃及的成就之后进一步发展。阿那克西曼德可能是最早绘制世界地图的人；毕达哥拉斯发现了勾股定理；恩培多克勒（约前493—约前433）能够治疗多种疾病，解释了日食形成的规律；希波克拉底发现人类的疾病与地理环境有关系；阿那克萨哥拉（约前500—约前428）正确解释了产生月食的原因，还认为太阳不过是一块灼热的石头；欧多克索斯（约前390—约前340）试图根据实际观测和几何原理构想宇宙的几何模型。

希腊化时代，希腊科学得到了突飞猛进的发展，出现了一批著名的科学家。阿里斯托库斯曾提出恒星和太阳不动，大地以圆形轨道绕太阳运行的日心说。可惜他流传下来的一篇科学文献却主张地球中心论。埃拉托色尼（约前275—前194）曾任亚历山大里亚图书馆馆长，是一个百科全书式的学者。他首次相当准确地算出了地球的周长，并测定了太阳、月亮的大小，以及太阳、地球与月亮之间的距离。叙拉古的阿基米德（约前287—前212）曾发明多种机械，对数学有独到研究，并利用杠杆原理、浮力定律等解决实际生活中的问题。他的名言是“给我一个支点，我能撬动地球”。当罗马人围攻叙拉古时，阿基米德积极参加了保卫城市的战斗，并利用杠杆以及聚光原理，给罗马人以巨大杀伤。

3. 文学

古代希腊的文学产生于荷马时代。荷马的《伊利亚特》和《奥德赛》乃人人必读之书。据说亚历山大年轻时就以《伊利亚特》为伴。荷马之后，希腊还产生过一批大大小小的史诗作者，创作了大量史诗。他们都托名于荷马，创作质量有高有低，流传不是很广。赫西奥德是另一个类型的史诗作者，他创作的《工作与时日》以现实生活为基础，生动地反映了公元前7世纪比奥提亚小农经济的情况，另一史诗《神谱》则为希腊人构建起基本的神族家庭谱系，并以神话表达了希腊人的世界观。古风时代，希腊涌现出一批著名的抒情诗人。他们中最著名的有阿基罗霍斯、阿那克瑞翁、巴库里德斯、西蒙尼德、品达和女诗人萨弗等，有些爱情诗至今仍被广泛传诵。

希腊文学的最大成就是戏剧。戏剧分悲剧、喜剧和闹剧三种。悲剧起源于阿提卡纪念酒神的仪式。每逢纪念酒神狄奥尼修斯时，希腊人总要举行隆重的仪式。他们相信酒神生活在葡萄园中，和半人半山羊的怪物一起嬉戏，所以仪式上常有人身穿山羊皮，模仿山羊的叫声。后来，这种杂乱的山羊叫声演变成由一个人走出队列，讲述酒神的悲惨遭遇。希腊的悲剧，就在此基础上逐步发展起来。那个讲故事的人后来成了第一个演员。随着悲剧的产生，悲剧的题材也逐渐拓宽，不再局限于酒神的故事。但大体说来，悲剧主要取材于远古的神话和传说。

古典时代的雅典产生了3位伟大的悲剧作家。埃斯库罗斯（前525—前456）生活在雅典民主确立和希波战争的辉煌年代，其作品庄严雄浑。据说他写过80部悲剧，但流传至今的只有7部，除《波斯人》取材于现实生活、描写当代事件外，其他如《被束缚的普罗米修斯》、《奥瑞斯提亚》三部曲、《七雄攻底比斯》都以古代神话传说为题。他首先采用两个演员表演，从而使演员可以在舞台上对话，对戏剧艺术的发展做出了贡献。索福克勒斯（约前496—前406）是伯里克利的同时代人，生当雅典民主的鼎盛时代，他本人是雅典政治生活的积极参加者。相传他一生共创作过123部剧本，获得过4次一等奖，但现存的悲剧仅有7部，题材都来自古代神话，最著名的是《俄狄浦斯王》，描写古代底比斯国王俄狄浦斯一生的悲剧性经历，表现了城邦鼎盛时期人们对城邦的忠诚，以及道德与法律之间的冲突，发人深省。欧里庇得斯与索福克勒斯大致同时，一生写过92部悲剧，现在完整流传下来的有18部。与索福克勒斯等人相比，欧里庇得斯不是那么幸运。因为他在悲剧中经常灌输一些道德说教，有时甚至脱离主题，让他的主人公长篇大论的发表演说，因此在雅典不是那么受欢迎，得到一等奖的次数不多。但他的悲剧比较关心妇女的命运，对她们的无权状况深表同情。他善于刻画心理，在问题不能依靠人力解决时，他会搬出神灵来。索福克勒斯将演员增加到3个，欧里庇得斯则根据剧情需要，任意增加演员的数量，更加符合戏剧表演的需要。

喜剧作家中最著名的是阿里斯托芬（约前457—约前385）。他生活在伯罗奔尼撒战争和公元前4世纪前期，对雅典民主的变迁有深刻体会。与悲剧不同的是，喜剧直接取材于现实生活，而且直接针对当时的人和事。伯里克利、克里昂、苏格拉底，加上智者学派，都是他讽刺和挖苦的对象。对于城邦的政策，他也敢于抨击。他的喜剧以想象丰富、语言辛辣幽默著称。

当时希腊本土戏剧表演相当发达，许多城邦都建有规模宏大的剧场。埃斯库罗斯死于西西里，欧里庇得斯死于马其顿。他们在那些地方并不只是养老，而是在从事创作活动。在厄庇道鲁斯、以弗所、西西里的希腊人城邦中，都有规模宏大的剧场，说明在希腊的其他地区，戏剧表演也非常流行。

4. 史学

希腊史学产生于公元前5世纪。在此之前，小亚细亚的希腊人城邦中曾经出现过一批史话作家，米利都的赫卡泰俄斯写过一部带有浓厚历史色彩的著作。但创立西方史学的，是小亚细亚南部希腊人城邦哈里卡纳索斯的希罗多德。作为希腊人的城邦，哈里卡纳索斯有希腊文明的特色。但作为小亚细亚的希腊人城邦，它与西亚文明有密切联系。因此，这里成了希腊文明和西亚、北非文明的交汇处。公元前5世纪前期发生的希波战争以及希腊的胜利，给波斯和希腊以极大震动。希腊和波斯之间为什么会发生冲突？希腊城邦为什么能够打败波斯？战争给希腊人带来了什么？所有这些问题，都向希腊人提出了值得思考的问题。在这些因素的刺激之下，希罗多德开始考察与希波战争有关的问题，为此，他先后游历和考察了波斯帝国统治下的各个地区，并亲自到希腊大陆和西西里、意大利等地实地调查，最终完成了9卷的《希腊波斯战争史》。作者开宗明义地宣布，他写作的目的，是为了把人类的伟大功业记载下来，并探讨发生战争的原因。他的眼光不局限在战争本身，涉及交战双方的社会制度、风俗人情以及历史等诸多方面，以希腊人公元前478年攻占塞斯托斯终篇。因此，他既有记录之功，更有探讨兴亡之意，同时还有独特的史学方法。这些因素使他站在比伊奥尼亚史话作家们更高的起点上，成为西方史学的创始人。

修昔底德是雅典人，生当雅典民主的极盛时代，亲自参加过雅典的政治生活，并在伯罗奔尼撒战争中出任过将军。当时雅典已经历了智者派的文化洗礼，宗教观念受到猛烈冲击，理性主义成为思想界主流。历时27年的伯罗奔尼撒战争给他以极大震动。这场战争为什么会发生？战争为什么会达到那么大的规模？交战双方的目的是什么？看似强大的雅典为什么最后遭到了失败？所有这些，都成了修昔底德脑中挥之不去的问题。被雅典流放后，修昔底德游历过希腊世界许多地区，接触到大量的资料。但他并不以此为满足，亲自考察战场，采访战争的当事人，并对相关资料进行比较、过滤，最后形成自己的结论。他前后大约花了20年时间写作他的《伯罗奔尼撒战争史》。全书共8卷，其中末卷为未竟之作，没有经过作者最后的润色。它的叙事始于科西拉争端，止于公元前411年。修昔底德著作的贡献，绝不仅仅在于它是关于公元前5世纪希腊历史最重要的文献资料，还在于他所开创的史学新模式和新方法。修昔底德集中精力描写伯罗奔尼撒战争，对与战争无关的事情一律舍弃，结构非常紧凑。在时间问题上，修昔底德准确地标明了历史事件发生的年代和地点，在纪年方法上是一重大进步。他对史料严格的批判态度，启迪和教育了一大批西方史学家。用他自己的话说，是他写下的所有史实，都经过了严格的考订。但他所使用的大量演说词，既成了他著作的一个重要特征，开一代风气，也颇遭后人诟病，尤其是他曾经提到，对于那些他既没有听到、也没有听别人说起过的演说词，他的方法是让演说者说出他认为应当说出的话来。就此而论，该书的真实性不免大打折扣。他一度被视为非常客观和公正的史学家，但最近的研究，越来越多地揭示出他著作主观性的一面。

修昔底德的著作比《希腊波斯战争史》影响更大。后来不少史学家试图接续他的著作，但在众多的续作中，完整流传下来的只有色诺芬（约前428—约前354）的《希腊史》。他写过一系列著作，有些作品如《拉西第梦人政制》《亚偈西劳传》等，对研究公元前4世纪的希腊历史具有重要价值；他记载希腊雇佣兵从两河流域北部返回希腊的经过的《远征记》更是脍炙人口。他最主要的著作是《希腊史》。该书上承修昔底德，下至公元前362年的门丁尼亚战役，实为斯巴达和底比斯霸权的兴衰史。在记事的详尽程度上，它远远不及修昔底德。在对全局的把握上，也较修昔底德稍逊，省略或忽略了许多本应记载下来的大事。在史学方法上，色诺芬也不够客观，亲斯巴达的立场十分鲜明。但是，色诺芬叙事平实；对斯巴达的一些缺点，也能如实地描写；对某些历史问题的看法，也不乏真知灼见。

发现于埃及奥克西林库斯的《希腊史》只保留下部分残篇，作者难以确定，但具有重要学术价值。它显然深受修昔底德影响，对科林斯战争原因的判断——科林斯等之所以发动对斯巴达的战争，不是因为波斯的金钱，而是因为斯巴达的专横引起了普遍的反感——几乎是对修昔底德有关伯罗奔尼撒战争原因判断的改写。它比较详尽地记载了比奥提亚同盟的制度，对研究公元前4世纪初年的希腊史来说，该书具有重要的史料价值。

希腊化时代希腊最伟大的历史学家是波里比阿（约前200—约前118）。由于希腊化世界的扩张、罗马的崛起，地中海地区的形势已和古典时代有了巨大差别。作为一个希腊人，波里比阿是一个比较坚定的爱国者。可是，面对希腊城邦的内战、罗马的迅速扩张，他又不能不思考希腊何以衰落、罗马何以强大的问题。在波里比阿看来，罗马之所以能够统一地中海世界，一方面是因为当时整个地中海世界已经成为一个整体，是历史发展的结果。另一方面，罗马之所以能够战胜强敌，在于其政治制度包含了民主制、君主制、贵族制的优点，同时又避免了三者的缺点。优良的政治制度，保证了罗马对外战争的成功，使它从台伯河畔的一个蕞尔小邦，变成了地中海世界的霸主。所以，波里比阿的《通史》不仅注意不同地区历史事件之间的相互关系，而且充分注意政治、社会制度对战争的影响，使其著作远远超出一般的政治史、军事史范畴，而具有深刻的历史洞察力和全局眼光，深得近代学者的推崇。可惜该书40卷中仅有前5卷保存完好，其余残损严重。

5. 建筑与艺术

希腊人是一个爱美的民族。早在迈锡尼文明时代，他们就创造过辉煌的艺术成就，宫殿中题材多样的壁画、猎狮匕首、鸭形水晶碗、“阿伽门农”的金面罩，无一不是欧洲艺术史上的杰作。迈锡尼文明灭亡后，宫殿、神庙建筑都消失了，但希腊人仍然在陶器上留下了大量艺术作品，其中陶器上的画面最引人注意。最初的瓶画看起来笔法古拙，只是些简单的线条。稍后，瓶画的题材开始涉及社会生活和神话，出现了人物形象，但人和动物的画法都是剪影式的，以几何形手法处理，人物的头部画成侧面，呈不规则的几何形；胸部画成倒立的等边三角形，双臂与肩的组合呈梯形。马腿画得和火柴棍差不多。不过，希腊人不仅把瓶画当作一种装饰手段，还把它作为叙事媒介，用连续

婚礼图

的画面表现一个完整的故事。从这里我们也看到一丝新时代的曙光。古风时代，瓶画技术得到快速发展，先是科林斯人创作出科林斯风格的陶器，然后雅典人发明出红底黑画和黑底红画陶器，叙事也更加完整而形象。著名的弗朗索瓦花瓶上，共画有六条装饰带，画面上出现了200多个人物。画面上的人物形象生动，内容前后联系，相互照应，是古风时代希腊瓶画的代表性作品。

与此同时，希腊的建筑和雕刻也得到很大发展。公元前9世纪，希腊人开始建筑神庙，并用雕刻装饰神庙。最初，雕刻和神庙所供奉的神灵之间没有联系，雕刻只是用来保护神庙免受精灵侵害的手段。古风时代末期，希腊的雕刻开始与神庙的神灵之间建立起联系。到古典时代，神庙雕刻与其神灵之间已经有了不可分割的关系。青铜像铸造方面，著名的德尔斐驭者和宙斯神像，足以显示希腊人难以遏制的创造力。

最能表现古典时代希腊神庙建筑与雕刻成就的，是雅典卫城建筑群。从整体结构看，它以帕特农神庙为主建筑，与周围的其他建筑相互衬托、相互辉映，犹如众星捧月一般，将帕特农神庙的主建筑地位烘托得更加突出。在建筑风格上，它兼收并蓄，既采用了以雄浑、刚毅著称的多里安柱式，也利用了挺拔、秀丽的伊奥尼亚柱式。限于篇幅，这里只简单地介绍一下帕特农神庙的建筑与雕刻。

帕特农神庙供奉的是雅典国家的保护神雅典娜。雅典娜女神一直是处女，她的神庙又称处女宫。这也正是帕特农一词的来历。它始建于公元前448年，整体工程完成于公元前432年，由菲狄亚斯任工程总监，伊克提诺斯和卡里克拉特设计。神庙采用多里安柱式，东西两面各有8根柱子，两侧各有17根柱子，柱高10.43米。神庙内殿分成正殿和后殿两部分。正殿内耸立着一座巨大的用黄金和象牙装饰的雅典娜神像，后殿为长方形大厅，是存放雅典国家档案和财物的地方。神庙的东西山墙、间板和檐壁上都有十分精美的雕刻。东山墙上的浮雕表现的是雅典娜的诞生，西山墙上的是雅典娜和海神波塞冬争当雅典保护神的故事。在回檐下的92块间板上，也雕有以希腊神话和雅典历史为主题的浮雕，以纪念希腊人在反波斯战争中取得的辉煌胜利。神庙内墙上长达160米的浮雕带，表现的则是雅典人纪念雅典娜女神时的场面。因此，在帕特农神庙中，浮雕不仅是一种叙事手段，而且在神庙和它的雕刻之间建立了有机联系。而整个建筑和雕刻工艺的精致，也不能不让当时的人和后来的人敬佩。借用普鲁塔克的话说，“大厦巍然耸立，宏伟卓越，轮廓秀丽，无与伦比，因为匠师各尽其技，各逞其能，彼此竞赛，不甘落后”。雕刻“好像年年常春的神物，能够摆脱岁月的销蚀。在它们的结构之中，似乎蕴藏着某种永生的活力和不死的精神”。遗憾的是，岁月终于销蚀了雅典卫城的辉煌。帕特农神庙几经风雨，特别是遭到近代以来战争的破坏，只留下残垣断壁。而卫城上的雕刻，也因为希腊丧失了独立遭到严重破坏，其中相当大一部分被运到英国，成了大英博物馆的展品。

公元前4世纪及希腊化时代，一方面，神庙建筑和雕刻在继续发展，出现了诸如帕加马卫城那样的辉煌杰作。另一方面，世俗建筑和人物肖像雕刻有很大发展，出现了一批卓有成就的雕刻家。毛索洛斯陵墓的建筑及其雕刻、厄庇道鲁斯的剧场、亚历山大里亚的灯塔、罗德斯岛上的太阳神巨像、米洛斯的维纳斯、波里克里特斯的《持矛者》，只是其中最为人们所熟知的代表作而已。希腊人的艺术创造力，实在是神奇而令人惊叹的。

推荐阅读书目

古希腊的基本文献不再列举，仅列举近人著述如下：

陈恒．希腊化研究．北京：商务印书馆，2006

陈中梅．神圣的荷马．北京：北京大学出版社，2008

黄洋．古代希腊土地制度研究．上海：复旦大学出版社，1995

黄洋．古代希腊政治与社会初探．北京：北京大学出版社，2015

黄洋，晏绍祥．希腊史研究入门．北京：北京大学出版社，2009

李尚君．“演说舞台”上的雅典民主：德谟斯提尼的演说表演与民众的政治认知．北京：北京大学出版社，2015

施治生，郭方，主编．古代民主与共和制度．北京：中国社会科学出版社，1998

王敦书．贻书堂史集．北京：中华书局，2003

王以欣．神话与竞技：古希腊体育运动与奥林匹克赛会起源．天津：天津人民出版社，2008

晏绍祥．希腊城邦民主与罗马共和政治．北京：人民出版社，2019

晏绍祥．古代希腊民主政治．北京：商务印书馆，2019

晏绍祥．荷马社会研究．上海：上海三联书店，2006

杨巨平．碰撞与交融：希腊化时代的历史与文化．北京：中国社会科学出版社，2018

裔昭印．古希腊的妇女．北京：商务印书馆，2001

易宁，祝宏俊，王大庆，等．古代希腊文明．北京：北京师范大学出版社，2014

张强．古希腊铭文辑要．北京：中华书局，2018

张巍．希腊古风诗教考论．北京：北京大学出版社，2018

［英］莱斯莉·阿德金斯，罗伊·阿德金斯．探寻古希腊文明．北京：商务印书馆，2010

［英］A. 安德鲁斯．希腊僭主．北京：商务印书馆，1997

［英］厄奈斯特·巴克．希腊政治理论：柏拉图及其前人．长春：吉林人民出版社，2003

［英］J. B. 伯里．希腊史：Ⅰ—Ⅲ卷．长春：吉林人民出版社，2016

［瑞士］雅各布·布克哈特．希腊人和希腊文明．上海：上海人民出版社，2008

［英］J. K. 戴维斯．民主政治与古典希腊．上海：上海人民出版社，2010

［英］M. I. 芬利，主编．希腊的遗产．上海：上海人民出版社，2004

［英］M. I. 芬利．奥德修斯的世界．北京：北京大学出版社，2019

［英］M. I. 芬利．古代民主与现代民主．北京：商务印书馆，2016

［美］威廉·弗格森．希腊帝国主义．上海：上海三联书店，2005

［英］乔治·格罗特．希腊史．北京：北京理工大学出版社，2019

［英］N. G. L. 哈蒙德．希腊史．北京：商务印书馆，2016

［美］唐纳德·卡根．伯罗奔尼撒战争的爆发．上海：华东师范大学出版社，2014

［英］保罗·卡特里奇，主编．剑桥插图古希腊史．济南：山东画报出版社，2005

［英］保罗·卡特里奇．斯巴达人．上海：上海三联书店，2010

［俄］В. И. 库济辛，主编．古希腊史．呼和浩特：内蒙古大学出版社，2013

［美］阿尔伯特·贝茨·洛德．故事的歌手．北京：中华书局，2004

［英］奥斯温·默里．早期希腊．上海：上海人民出版社，2008

［美］伊恩·莫里斯，巴里·鲍威尔．希腊人：历史、文化和社会（第二版）．上海：格致出版社，2014

［美］约翰·格里菲思·佩德利．希腊艺术与考古学．桂林：广西师范大学出版社，2005

［英］西蒙·普莱斯．古希腊人的宗教生活．北京：北京大学出版社，2015

［法］让-皮埃尔·韦尔南．希腊思想的起源．北京：生活·读书·新知三联书店，1996

第九章

古代罗马共和国

古代罗马兴起于意大利半岛。它最初只是台伯河畔的一个小邦，但在与周围部落的斗争中，不断发展壮大，于公元前 3 世纪中期基本统一了意大利。战胜迦太基后，罗马成为西地中海的霸主。公元前 2 世纪，罗马将势力伸入东地中海，先后征服马其顿、希腊、小亚细亚、叙利亚和埃及，将地中海变成了自己的内海。但与此同时，罗马社会结构的变化，使城邦制度逐渐走上了末路，公元前 1 世纪末转变成罗马帝国，成为与帕提亚、贵霜和中国的汉朝并立的四大帝国之一。

第一节　早期罗马

一、王政时代的罗马

1. 古代意大利的自然环境和居民

意大利位于南欧，包括亚平宁半岛及其他一些岛屿。但亚平宁半岛和希腊所在的巴尔干半岛不同，虽同为地中海式气候，夏季却没有后者那么炎热干燥，用维吉尔（前 70—前 19）的话说，“此处四时皆春，就是炎夏也没有暑气。牛羊每年繁殖两次，树木挂果二遭”。半岛中央的亚平宁山并不太高，却恰好挡住了东北风。北方的阿尔卑斯山是意大利良好的屏障，不仅挡住了寒冷的空气，而且给游牧民族的入侵设置了天然障碍。半岛西部气候温和，土地肥沃，有利于发展农业生产。半岛中部的山坡可以

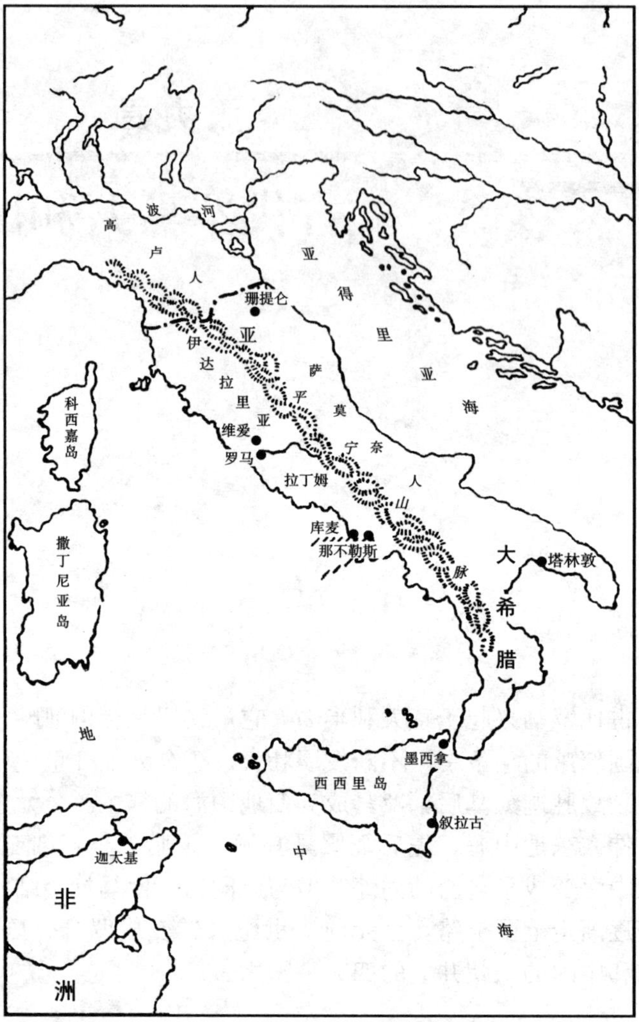

罗马城邦兴起时的意大利

种植各种果树，还是良好的牧场。意大利的海岸线较平直，有些地方悬崖高达数丈，缺少良港，虽然三面临海，航海的条件并不优越。

古代意大利的居民成分比较复杂，后来称霸意大利的拉丁人大约公元前2千纪迁入。除了他们之外，在中部意大利有伊达拉里亚人、萨莫奈人，在南部和西西里岛有希腊人和腓尼基人，在北部有高卢人。在罗马周围，有一系列的部落如沃尔斯奇人、埃奎人、萨宾人等。这些部落和族群集团中，伊达拉里亚人、腓尼基人和希腊人等早已进入文明时代。至少公元前7世纪以前，伊达拉里亚人已在意大利中部建立了一系列城市国家，有

伊达拉里亚陶棺雕刻

些国家还建立了共和国。在建筑、艺术和物质文化等方面，伊达拉里亚人也卓有建树。考古发现的伊达拉里亚人墓葬中，有雕刻精美的石棺和优美的壁画；伊达拉里亚人修建神庙的水平，可能不亚于希腊人，约属公元前500年的维爱的神庙就颇有希腊神庙风韵。它有一座深深的门廊，门廊由两排各4根柱子支撑，其三角形的门楣和屋顶以雕刻装饰。罗马人的某些制度，如后来执政官随从肩扛棒束（汉语音译为法西斯）的做法，借鉴自伊达拉里亚。公元前8世纪到达意大利南部和西西里的希腊人，就社会组织和文明程度来说，也超过罗马人。罗马人的拉丁字母，就是借鉴和改造希腊字母的结果。不过意大利北部的高卢人等相对落后，不少还处在部落或部落联盟阶段。罗马周围的那些邻邦，除他们的近亲拉丁人外，沃尔斯奇人、埃奎人等都属好战的山区部落，罗马建立之时，其文明程度可能并不高。

2. 王政时代前期的罗马

据罗马传说，罗马城建立于公元前753年，其创始者是罗慕路斯与勒摩斯。建城过程中，罗慕路斯杀死勒摩斯，成为罗马国王。公元前753年—前510年，史学界称为罗马的王政时代。在这一时期，统治罗马的据说先后有7个国王，其中前4个国王是拉丁人和萨宾人，后3个是伊达拉里亚人。实际上，罗马王政时代分为前后两个时期。前一时期的国王是否真有其人，颇为可疑。且不说有关罗马第一个国王罗慕路斯出生和成长的传说让人生疑，因为类似母狼养大私生子的事情，在整个地中海地区的民族中都相当常见，单就罗慕路斯的名字而论，到底是先有罗慕路斯后有罗马；还是先有罗马，后才创造出罗慕路斯这个名字来解释罗马名称的来源，都存在争议。第二个国王努玛也难说是真实的历史人物。但作为历史发展阶段来说，有关早期罗马历史的传统，确实得到了考古资料某种程度的印证。考古资料表明，早在公元前8世纪中期即传统的罗马建城年代，后来成为罗马城的地区已经有了居民。到公元前8世纪后期，罗马已经初步具备了一个大型定居点的模样。从文献记载看，此时罗马尚处在军事民主制时代，社会的主要机构是氏族、胞族和部落。据说当时罗马一共有3个部落，每个部落有10个胞族，每个胞族有10个氏族，每个氏族由数量不等的父系大家族组成。从政治机构来看，当时所谓的国王勒克斯不过是个军事首领，主要任务是领兵打仗，在行政和司法上没有特别大的权力。国王之下，有一个由各氏族长老组成的元老院，据说其成员初为100人，终身任职。后人数逐渐增加，到共和国时代已经达到300人。他们向国王提出建议，供国王采纳和决断。人民大会称库里亚大会。会议可以决定有关罗马国家的重大事务如对外宣战、媾和，以及选举国王与国家官吏等，拥有较大影响。由于罗马地处中部意大利，周围强敌环伺，军事在罗马政治中有着重要地位。作为军事首领，国王的权威逐步加强。到伊达拉里亚人统治罗马时，国王的权威进一步强化。

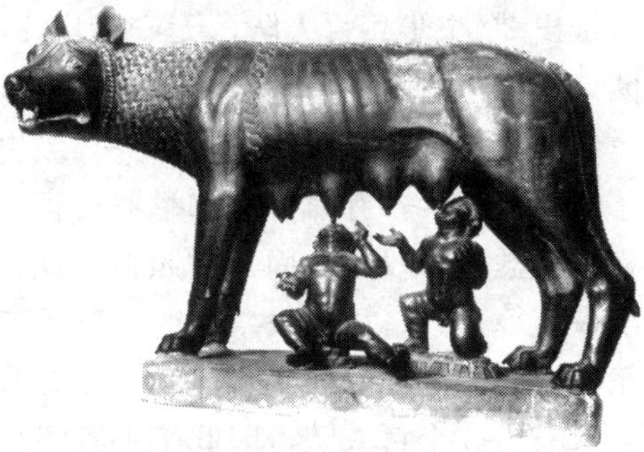
罗慕路斯与勒摩斯

3. 塞尔维乌斯改革

据说罗马的第5个国王为来自伊达拉里亚城市的移民塔克文（前616—前579）。他乐善好施，与国王交好。在老国王安库斯死后，他顺利当选为国王。为争取对自己的支持，他增补了100名元老，把元老院从原来的100人增加到200人。他的女婿塞尔维乌斯（前579—前534）登基后，为巩固统治，进行了一系列的改革。

首先，塞尔维乌斯创设了新的地区性部落，按地域来划分罗马的国民。他把城区分成4个部落，乡村分为17个部落。利用划分新部落的机会，他将大量平民拉进罗马公民队伍。据说当时罗马登记的公民共有8万人，加上他们的妻子与子女，罗马人口总数应在40万左右。从此，地域原则和财产成为确定罗马公民资格的基本条件。其次，他将全体居民按财产多少划分成5个等级。第一等级财产为10万阿司，以下各等级财产依次为75 000、50 000、25 000、11 000阿司，11 000阿司以下者为无产者，不列入等级。进行财产普查的目的，是借此确定各等级应承担的兵役。塞尔维乌斯规定，第一等级出80个步兵百人队和18个骑兵百人队，第二到第四等级分别出20个步兵百人队，第五等级出30个步兵百人队，无产者出1个步兵百人队，手艺人、乐手、号手等出4个百人队。表面上看，第一等级人数不多，却承担了国家的绝大部分兵役，负担远比其他等级重。但塞尔维乌斯却赋予了第一等级更大的政治权力作为补偿。他根据百人队的组织创设了百人队大会，并赋予它选举罗马官员，决定宣战、媾和等大事的权力。百人队大会不是根据人数多少投票，而是按照百人队的数字投票，每个百人队一票。当投票超过半数时，决议就算通过。而在投票之时，并不是各个百人队一起投票，而是按照等级次序。这样，第一等级的骑兵百人队总是第一个投票。由于第一等级总共拥有98个百人队，而罗马总共只有193个百人队，因此第一等级总是在百人队大会中处于优势地位。有时，当第一等级投完票时，结果已成定局。只有在第一等级投票完毕、事情尚不能确定之时，才会要求第二等级的公民投票。一般来说，第二等级以下的百人队投票机会很少。所以，在新的国家中，富人虽然是少数，却在政治和军事上占据优势，一般平民处在无权的地位。

4. 共和国的建立

塞尔维乌斯的改革，不仅把富人变成了国家的统治者，而且使大量平民成为公民，加强了罗马的王权。塞尔维乌斯死后，小塔克文（前534—前510）继位。此人好大喜功，又骄横无比，蔑视罗马贵族和元老，也不把罗马的传统习惯放在眼里，任意征税、处死贵族，引起罗马贵族的公开反抗。公元前510年，小塔克文被推翻。鉴于王权的残暴，推翻王政后，罗马人废止了君主制，建立了共和国。

初期的罗马共和国基本沿袭了王政时代罗马的政治体制，国家政治机构的核心是元老院和百人队大会。只是原来由君主一个人掌握的权力，被两个一年一任的执政官取代。因为执政官任期短暂，财政大权又在元老院手中，而且执政官卸任后还希望能够进入元老院，任职期间肯定会十分尊重元老的意见。所以，共和国初期，随着王权的消失，元老院的地位亦逐渐上升。

二、平民反对贵族的斗争

1. 平民与贵族的矛盾

贵族显然起源于早期罗马氏族的显贵之家。他们利用氏族社会末期的社会分化与经济发展，成为富有的贵族，并垄断各种官职。据说早在罗马第一个国王罗慕路斯时，就已经出现了由部落显贵组成的元老院。后来，伊达拉里亚国王从萨宾人和伊达拉里亚人中各增补了 100 人进入元老院。这些人显然也属于贵族阶层。

平民的起源相对复杂，可能既有罗马氏族成员中比较贫穷的成员，也有因罗马扩张被吸收进国家的被征服地区的居民，还有一些从其他城邦迁来的居民。他们经济上相对贫穷，有些人虽然富有，却未能成为统治阶级。塞尔维乌斯改革按照财产多少将居民划分为 5 个等级，而不把出身作为第一等级成员的条件，应当说为平民地位的上升打开了通道。可是共和国建立后，贵族为维护自己的特权、巩固自己的势力，实行内部联姻，逐渐发展成一个世袭的封闭圈子。平民的处境在新的历史条件下有所恶化。随着王政被推翻，罗马与伊达拉里亚人的关系受到影响，经济因此恶化。与此同时，罗马人口不断增加，土地资源日益紧张；而罗马通过扩张所得到的大片土地，大多被贵族侵占，平民很少分到土地，反倒要受贵族的高利贷盘剥，不少平民沦为债务奴隶，有些人被债主卖到了国外。为改善自己的可悲处境，平民被迫与贵族进行斗争。

2. 共和国初期平民的斗争

共和国初期罗马的周边形势对平民的斗争比较有利。罗马地处中部意大利，周围强敌林立。四面临敌的状态要求罗马有一支强大的军队。可是，罗马贵族虽然善战，毕竟人数太少。塞尔维乌斯改革将一部分平民纳入罗马军队，是想充分利用平民人力的优势。在与贵族的斗争中，平民充分利用了这个条件。他们采用集体撤退的方式，与贵族讨价还价，逼贵族让步。约公元前 494 年，平民因不堪债务奴役，发动了第一次撤离。贵族只得让步，派人和平民谈判。根据双方达成的协议，平民取得选举保民官的权利。保民官共两名，神圣不可侵犯。他们的职责是保护平民不受贵族侵犯。如罗马高级官员通过了不利于平民的法律，保民官可行使否决权。保民官的权力只能在罗马城内行使，而且多是事后的补救——在罗马高级官员宣布了不利于平民的决定后才能采取行动。尽管如此，保民官的设立，以及设立保民官所开创的贵族与平民以谈判达成妥协的方式，成为两者解决矛盾的一种基本途径。它是平民对贵族取得的一次重大胜利。

公元前 451 年，在平民的压力下，罗马决定颁布成文法典，选举十人团负责其事。因为只有贵族才能担任高级官职，所以十人团的成员全是贵族。次年，罗马又选举了一个十人团，续成其事。这些法律条文刻在 12 块铜板上，所以称十二铜表法。它其实只是罗马习惯法的汇编，包含着不同时代甚至相互矛盾的法律条文，其中保存了不少有利于贵族的内容。此外，如果只是公布法典，而不公布开庭的具体日期和诉讼程式，并对法律的实施进行监督，单纯公布成文法意义有限。但法典的公布，毕竟使法律变成了人所熟知的明确条文，不利于贵族对法律进行随意解释，对贵族是一种限制。因此，法典的颁布，也是罗马平民斗争的一项重要成果。公元前 445 年，平民取得与贵族通婚的权利，废止了十二铜表法中最不得人心的条款。

十二铜表法有关债务的条款

第一条：（债务人）在（其）承认债务之后或（对）他作了判决之后，得有三十天的特许期限。

第二条：规定期限终了时，（原告人）可以拘捕（债务人）。可以将他押解到庭（以便执行判决）。

第三条：若（债务人）仍未（自动）执行法庭判决，且在受讯时无人代他解脱责任，则（原告人）得把他带到私宅，给他们带上足枷或手铐，其重量不轻于15磅，而且假如愿意，还可以加重。

第四条：（债务人在拘禁期中），如愿意，可自费供养。若无力自费供养，则（拘禁他的人）每日应发给他面粉一磅，如愿意，亦可多给。

第五条：[奥鲁斯·格里乌斯，《阿提卡之夜》，XX，1，46：当债务人在拘禁期间，他有权与（原告人）谋求和解，但若（双方）不能和解，则（这些债务人）应继续拘禁六十天。在此期间，他们须在市集日连续三次被带到会议场最高审判官前，（并）宣布判决他们的钱额。至第三个市集日，他们则被处以死刑，或售之于国外，于台伯河以外。]

第六条：至第三个市集日，债务人得被砍切成块。至于砍切大小，则并不（归罪）于他们。

——林志纯，主编. 世界通史资料选辑：上古部分. 北京：商务印书馆，1997：344-345.

3. 李锡尼-塞克斯图法案

公元前5世纪后期—前4世纪初，平民与贵族的斗争一度沉寂。但自公元前444年开始，罗马开始设立具有执政官权力的军团长官。他们的数量3～8人不等，贵族与平民均可当选。在公元前444年选举的3名官员中，就有1名是平民，说明平民已经趁机获得了担任最高官职的资格。公元前390年，高卢人入侵，罗马城沦陷。外族入侵和罗马经济的衰退，造成罗马社会矛盾尖锐化。公元前4世纪70年代，平民与贵族的斗争再度激化，平民的主要目标是减免债务和出任国家高级官职。公元前376年，保民官李锡尼和塞克斯图提出法案，主要内容是：已支付的债务利息一律作为本金计算，未支付部分分3年还清；占有公有地的最高限额为500犹格；取消军团长官制，恢复执政官，但其中一名执政官向平民开放。法案意在限制贵族特权，因为放债的都是贵族，很多人支付的利息已经超过了本金。所以，第一条实际上等于取消了部分债务。限制贵族占有公有地的数量，是为了分给平民更多的土地。而对高级官职的规定，显然是希望借此满足比较富有的平民参与政治的愿望，打破贵族对高级官职的垄断。法案提出后，贵族进行顽强抵抗。但平民也十分坚决，连续10年选举李锡尼和塞克斯图为保民官，在这10年中，两人每年都提出相同法案，并采取各种可能措施阻挠贵族的国家政策，致使有5年罗马甚至无法选出高级官员。公元前367年，法案终获通过。塞克斯图当选为第一任平民执政官。由于最高官职已向平民开放，此后其他官职也陆续向平民开放。

李锡尼-塞克斯图法案通过后，平民反对贵族的斗争高歌猛进。公元前357年，债务利息被限制在十二分之一以内，5年后又降到二十四分之一。公元前342年，废止高利贷；公元前326年，废止债务奴役；公元前304年，有关开庭的日期和诉讼程式公布；公元前300年，公民取得上诉权，即公民如不服判决，可向罗马人民或保民官提起上诉；公元前 287 年，通过霍腾西阿法案，规定平民大会①的决议对全体公民具有法律效力。至此，平民反对贵族的斗争取得了基本胜利。

4. 平民反对贵族斗争的影响

经过两百多年的斗争，平民取得了一系列政治、经济和社会权利。政治上，平民取得了与贵族大体平等的权利，可以参加人民大会，出任高级官职。经济上，随着债务奴隶制和高利贷的废除，平民免除了沦为债务奴隶的危险。社会地位上，平民取得了和贵族通婚的权利。因此，平民反对贵族斗争的胜利，标志着罗马公民内部的关系得到重大调整，平民在法律上和贵族一样成了罗马国家的主人，罗马公民集体形成，罗马也由贵族国家转变成贵族-平民国家。但是，首先，由于罗马所有官职都是无薪的，一般平民根本没有空闲从政。真正能够参与政治的，只能是平民中少数富有者。他们与罗马的旧贵族结合，形成新特权等级，掌握着罗马的政权。罗马人民大会的集体投票制度，让第一等级始终占据优势，平民无法发挥人数上的优势。与雅典比较，罗马共和国的人民大会中，民主因素相对较弱。

其次，罗马公民集体的形成，对罗马的对外战争影响颇巨。平民取得了大体与贵族相同的权利，可以参加土地的分配，构成了罗马军队的主力。罗马军队经过几百年的征战，不但征服了意大利，而且向海外扩张，囊括了地中海。

最后，在平民反对贵族的斗争中，罗马国家机构日趋完善。到公元前 3 世纪初，罗马国家机构大体定型。民众参与政治的渠道除了原来的百人队大会外，又增加了部落人民大会和平民大会。罗马公民由此选举各类官员，通过立法，审理案件，决定宣战和媾和等国家大事。在行政机构中，除了执政官以外，又产生了副执政官、市政官、财务官、监察官等要职。执政官仍是两人，一年一任，主持元老院会议和人民大会，统率军队，是国家的最高官职；副执政官初为 1 人，后逐渐增加，到公元前 2 世纪初达到 6 人，他们可以主持人民大会，提出立法，统率军队，但主要是管理司法事务，主持罗马公民之间、公民和外邦人之间，后来还有行省居民之间的司法审判；市政官 4 人，贵族和平民各两人，主要管理市政、司法和宗教事务；监察官产生于公元前 5 世纪，5 年选举一次，一次两人，每次任期最多不超过 18 个月，主要职责是登记罗马公民人口，确定公民财产数量和所属等级，厘定元老名单，成为罗马最有影响的官职。独裁官只在危机时期设立，由执政官指定，负责统率罗马军队渡过危机。独裁官一旦设立，执政官和其他高级官员的权力大概都会终止。但独裁官的任期最多不超过半年，而且公元前 216 年以后，罗马 100 余年未曾设立该职务。

元老院本是罗马高级官员的咨询机构，共和国前期一直是 300 人。公元前 216 年以前，它主要由卸任的高级官员组成，可能还有势力强大的贵族。公元前 216 年起，市政官取得元老资格。元老院的主要职责包括接待外来使节；主持执政官和副执政官的行省

---

① 从法律上说，罗马共和国中后期人民大会分为四种。第一种即库里亚大会，据说源自王政时代，全体罗马公民出席，到共和国时代已失去实际政治意义；第二种为森都利亚大会，又名百人队大会，据传由塞尔维乌斯创立，共和国时代由高级官员主持召开，以百人队为单位投票，拥有司法审判权和选举执政官等高级官员的权力；第三种为部落人民大会，由高级官员主持，全体公民都可出席，以部落为单位投票，拥有司法审判和立法权；第四种为保民官主持召开的平民大会，只有平民可以出席，拥有立法权和选举保民官、平民市政官的权力。

与职责划分；管理财政。在宗教和行政事务上，也有一定影响。由于它是卸任高级官员的聚集地，而且是终身任职，而罗马所有官员都是一年一任的流官，元老院作为常设机构和罗马政治智慧的代表，取得了极为重要的地位。虽然所谓元老院的命令不过是建议，但对于它的建议，很少有官员敢于挑战。

三、罗马征服意大利及其统治政策

1. 早期罗马的扩张

早期罗马处在强敌的包围之中，它周围的任何一个对手，看起来都比它强大得多。但罗马人凭借他们不屈不挠的精神和灵活的策略，经过两百多年的战争，逐次打败对手，完成了对意大利的征服。

罗马人首先把扩张矛头指向台伯河下游的拉丁人。公元前496年来吉鲁斯湖一役，罗马大败拉丁同盟诸城市的军队。公元前493年，罗马与拉丁同盟订立盟约，联合他们的力量与沃尔斯奇人作战，在拉丁同盟的边界上建立了一系列殖民地，作为对抗沃尔斯奇人的前哨阵地。公元前431年，罗马打败埃奎人和沃尔斯奇人，并在那里建立殖民地，派罗马公民和拉丁同盟的军队镇守。罗马后来之所以能够稳步前进，殖民地起了重要作用，因为它既给罗马人和其同盟者提供了土地，缓和了内部矛盾，又可以作为进一步征服的根据地。公元前4世纪，罗马人把扩张的矛头对准伊达拉里亚人的城市维爱。经过三次战争，终在公元前396年完成对维爱的征服。城市被抢掠一空，居民或被屠杀，或被卖为奴隶，土地成了罗马的公有地。

但是，螳螂捕蝉，黄雀在后。公元前5世纪末，原来居住在中欧和西欧广大地区的一部分高卢人越过阿尔卑斯山，进入意大利北部，直接威胁到意大利中部的伊达拉里亚人。伊达拉里亚人向罗马求援。罗马最初似乎无意出兵，只派使者警告高卢人不得再进攻伊达拉里亚人。因罗马使者违背惯例，参加了当地人对高卢人的战斗。高卢人发现后，立刻向罗马进军。公元前390年（一说公元前387年），罗马在与高卢人的决战中惨败，城市被攻陷，大批元老和居民因来不及逃跑被杀。罗马人仅能保住卡皮托里乌姆要塞。高卢人围攻了7个月，最后罗马大概因粮尽而投降，用大量黄金诱使高卢人离开。高卢人因军中疫病流行，也无意再战，在得到黄金后撤离。

2. 罗马征服意大利中部

高卢人的入侵，使罗马元气大伤。原来被罗马打败而被迫成为同盟者的邻国纷纷反叛，拉丁人还与沃尔斯奇人等结盟进攻罗马。面对危局，罗马锐意革新。对内，修缮城墙，进行军团改革，将原来根据财产高低来配置军团士兵的原则，改变为根据年龄和受训练的程度来布阵。第一列是年轻战士，第二列是成年战士，第三列是最有经验的老兵，而且作战时按照中队配置，以增加军团作战中的灵活性。同时改善军队装备，用金属盔代替皮盔，改善了盾牌和长枪。对外，把主要精力用来镇压同盟者。在元老院和执政官指挥下，最主要的是由于罗马士兵英勇善战，到公元前4世纪中期，罗马重新控制了伊达拉里亚大部分地区，拉丁同盟也被击败，再度承认罗马的领袖地位。公元前338年，罗马打败了最为顽强的沃尔斯奇人，稳定了周边的局势。

在向中部意大利扩张过程中，罗马所遇到的最强大的敌人是萨伯利人。他们原住在亚平宁山南半部的高原地区，后因人口扩张，占领了东起亚得里亚海、西到坎佩尼亚、南抵路卡尼亚的意大利中南部广大地区。但他们并不是一个统一国家，而是分成许多不同的部落，其中最强大的是萨莫奈人，由于与希腊人、腓尼基人接触频繁，他们的工商业发展较快，境内的卡普亚等已成为著名城市。罗马征服周围地区后，逐渐把势力向南伸展，和萨莫奈人发生冲突。公元前 343 年，罗马借口卡普亚遭到入侵，派兵进入该城，并与萨莫奈人发生冲突。两年后，因拉丁战争爆发，罗马将主要力量用于镇压拉丁同盟，而萨莫奈人因为与意大利南部的希腊人城邦塔林敦发生纠纷，也不愿继续作战，双方缔结和约。

罗马人制服拉丁同盟后，加紧向坎佩尼亚渗透，在那里建立殖民地。公元前 327 年，罗马占领希腊城市那波里，再次与萨莫奈人发生冲突。战争初期，罗马人曾取得一系列胜利。公元前 321 年，罗马一支约两万人的军队在卡夫丁峡谷陷入萨莫奈人的包围圈，被迫放下武器投降。统率罗马军队的执政官只好同意撤出坎佩尼亚，将一些新殖民地交给萨莫奈人，并保证不再发动战争。战争结束后，罗马人重新备战，将军队从两个军团增加到 4 个，每个军团 4 200 人，加上辅助部队，罗马军队达到 35 000～40 000 人。为避免与萨莫奈人正面冲突，罗马以卡普亚为基地，向南部意大利扩张，对萨莫奈人形成包围。尽管如此，罗马人仍没有立即在战场上取胜，反而连吃败仗，连最忠诚的卡普亚都准备叛降。在关键时刻，罗马士兵发挥了他们最大的优点，从困境中崛起，扭转了战场上的形势。公元前 304 年，罗马取得决定性胜利，萨莫奈人无力再战，被迫接受罗马的条件，放弃了坎佩尼亚等地。

罗马人的条约不过是他们缓解战争压力的措施，他们利用第二次萨莫奈战争后的间隙，加强了对伊达拉里亚的控制，并逐步向意大利南部扩张，将萨莫奈人的势力限制在意大利中部的高原地区。萨莫奈人不甘心失败，试图通过向意大利南部的路卡尼亚地区扩张来获取地盘。路卡尼亚向罗马求援。罗马人立刻应允，派军队入侵萨莫奈人所在地区。萨莫奈人转而与罗马的宿敌伊达拉里亚人、高卢人等结盟，共同对抗罗马。公元前 295 年，森提乌姆一战，联盟军队惨败。次年，伊达拉里亚和罗马缔结了和约。公元前 290 年，萨莫奈人投降。罗马人只给他们保留了以波维努姆城为中心的一小块领土。至此，罗马完成了对意大利中部的征服。

3. 罗马征服意大利南部

在与萨莫奈人进行战争的过程中，罗马已经和意大利南部的希腊人城邦发生接触，并与其中的一些城市建立同盟关系。公元前 282 年，希腊人城市图里伊遭到路卡尼亚人进攻，遂向罗马求援。罗马立刻派兵击溃路卡尼亚人，随后军队便长驻图里伊。罗马势力的扩张引起了希腊另一大邦塔林敦的不满。公元前 282 年，当罗马舰队进入塔林敦港口时，遭到塔林敦人的袭击，图里伊的驻军也被赶走。罗马向塔林敦人提出了赔偿要求。在遭塔林敦人拒绝后，罗马公开宣战，开始了他们在意大利南部的战争。

塔林敦之所以敢于拒绝罗马的要求，是因为他们有强大的伊庇鲁斯王国撑腰。该国位于希腊西北部，在希腊化时代逐渐强大起来，国王皮洛士（前 297—前 272）尤其希望能够步亚历山大后尘，在西方建立一个面积广大的帝国，因此，接到塔林敦的请求后，皮洛士立刻带着 22 000 名步兵，3 000 名骑兵，20 头战象，于公元前 280 年春在意大利登陆。罗马人当时虽已成为意大利最强大的国家，多年的战争也使军队锻炼得勇敢善战，但他们从来没有见过战象。在赫拉克里亚附近的决战中，皮洛士充分发挥了骑兵和战象的优势，使罗马军队遭到惨重失败，伤亡7 000人，被俘2 000人。公元前279年，皮洛士再度与罗马军队决战，罗马再次失败，在付出了伤亡6 000人的代价后，不得不从战场上败退。

胜利之后，皮洛士曾试图与罗马谈判，但罗马因有迦太基的支持，拒绝了皮洛士的请求。另外，皮洛士势力的扩张以及他的专横暴虐，也使塔林敦等城邦感到忧虑和不满。这样，皮洛士所需要的给养、军需逐渐成了问题，军队减员也得不到及时的补充，处境日渐不妙。公元前278年，西西里的希腊人前来意大利，请求皮洛士前去支援他们对抗迦太基。皮洛士立刻同意。在西西里，皮洛士初期曾取得过一系列胜利，将迦太基的势力压缩到西西里西北。但就在这时，皮洛士残暴的一面又暴露出来。他随意干涉希腊各邦内政，以致众叛亲离。迦太基人乘机反攻，打得皮洛士节节败退。公元前275年，意大利的希腊人因抵挡不住罗马人的凌厉攻势，又来请皮洛士帮忙。皮洛士眼见在西西里难有作为，也乐得离开西西里。同年，皮洛士带着一部分军队到达意大利，再度与罗马决战。但贝尼温敦一战，罗马人干净利落地击败皮洛士，迫使他在当年秋天带着残余的8 000步兵和500骑兵逃回伊庇鲁斯。

赶走皮洛士后，罗马人在战场上大举进攻，将意大利南部的希腊城邦以及路卡尼亚人等先后征服。公元前3世纪中期，罗马完成了对意大利南部的征服。与此同时，罗马人在意大利北部也取得了成功，多次击败那里的高卢人，将其势力伸展到波河流域。至此，罗马人基本完成了对意大利的征服。

4. 罗马对意大利的统治

为有效地控制被征服地区，罗马人采取了一系列措施。首先，在被征服地区建立殖民地，派遣罗马公民和同盟者到那里定居。这些殖民地的居民仍然保有罗马公民权，可参加罗马人民大会，可出任官职并在军队中服役。因为殖民者都是罗马人或同盟者，他们的土地和官职也都来自罗马，因此一般不会背弃罗马，实际上成为罗马安插在被征服地区的尖刀。如果被征服者反抗，殖民者会尽力抵抗，并及时通知罗马政府。如果进一步扩张，殖民地不仅能够提供人力，而且可以成为向前推进的基地。同时，通过把那些少地甚至无地的公民送到殖民地定居，罗马缓解了内部矛盾，提升了罗马公民的地位，保证了罗马充足的人力和物力。

其次，对于被征服的居民，罗马区别对待，采取不同的政策。对于那些较早被征服而且一直忠顺的城市，罗马人只是剥夺它们对外宣战和独立外交的权利，一般不干涉其内政。对于表现优异者，还会给予其居民以罗马公民权。对另外一些城市，罗马人允许它们内部自治，并给予其居民部分公民权。第三类城市是所谓拉丁殖民地。它们一般内部自治，也可以参加罗马军队，但需要交纳一种特别税，无权参与罗马政治，更不用说担任官职了。当其居民迁到罗马并在公民登记中成功登记后，就自动成为罗马公民。第四类是同盟者。它们名义上独立，实际上都和罗马订有同盟条约，在内外政策上不能不唯罗马马首是瞻。还有一类是那些在战场上被彻底打败的部落和国家。它们不仅丧失了独立宣战和媾和的权利，连内政都受到罗马干涉，其三分之一到二分之一的土地被罗马没收，居民不能携带武器。通过这样的区别对待政策，罗马使被征服的各地区难以团结起来对付罗马，收到了分而治之的良好效果。此外，罗马人还通过家族和个人庇护等手段，与被征服地区的上层阶级建立密切联系，输出罗马制度和文化，努力增强被征服地区对罗马的认同感。

最后，修建道路。在对萨莫奈的战争中，罗马曾修建阿庇亚大道；在监察官弗拉米尼乌斯主持下，罗马修建了通向亚得里亚海和波河流域的弗拉米尼亚大道。这些道路基础厚实，规格统一，无论刮风下雨，都可以使用。罗马人修建这些道路，当然是为了传递消息、调动军队，加强被征服地区与罗马的联系；同时也方便了商旅，促进了社会经济的发展。

第二节　罗马称霸地中海

一、罗马与迦太基

1. 迦太基的兴起

迦太基故址在今突尼斯城郊区，位于一个易于设防的小岛上，原是公元前 9 世纪腓尼基城市推罗建立的殖民地。从公元前 7 世纪开始，迦太基不断在西地中海扩展势力，曾与在西西里和意大利殖民的希腊人发生冲突，互有胜负。公元前 5 世纪中叶，它统治着撒丁岛、马耳他、西西里西部、西班牙南部及北非的广大地区，是西地中海最强大的势力之一。迦太基人从事的职业多种多样，除农业外，他们还在地中海世界经商、开矿。在政治上，迦太基最初有女王。后来王政被废止，成为一个寡头制的共和国，其最高长官称苏菲特，共两名，一年一任，由选举产生。他们的权力主要在司法和内政方面，没有兵权。三十人委员会是迦太基的最高权力机关，掌管外交等事务。监察职能由 104 人委员会担任，它的成员由一个五人委员会任命。元老院由 300 人组成，与苏菲特一起处理国家日常事务。人民大会除选举公职人员外，还能够在各种权力机构意见不一致时，就有关问题做出决议。但在平时，它只能对苏菲特等提交的决议进行表决，影响不大。

2. 第一次布匿战争

迦太基与罗马最初并无直接交往。公元前 6 世纪末，两国间曾订立过友好条约。公元前 348 年，为与希腊人对抗，两国续订了条约。当时迦太基的主要对手是希腊人，而罗马正忙于征服意大利。在抵抗皮洛士的战争中，两国还是盟友。可是，当迦太基占领西西里、罗马打败皮洛士并侵占意大利南部之后，两大强国突然发现，它们中间仅仅隔着一条狭窄的墨西拿海峡。二者都不以现有的领土为满足，尤其是罗马人，在打败了皮洛士之后，很想把海峡对面肥沃的西西里捞到手。至于迦太基，当它得到多年来梦寐以求的西西里之后，也不想就此把它送给罗马人。既然双方都有意一战，借口不难找到。因罗马人称迦太基为布匿，故将其与迦太基的战争称为布匿战争。

公元前 289 年，叙拉古僭主阿加托克里斯（前 361—前 289）去世，他手下的坎佩尼亚雇佣兵于次年攻占墨西拿。这些人是地道的强盗，主要活动就是抢劫和勒索西西里的希腊人城市。公元前265年，叙拉古国王派兵围攻墨西拿。为了自保，雇佣兵向迦太基寻求援助。后者的舰队到达墨西拿后，叙拉古人撤退了。可是，墨西拿地处西西里东北角，正好与意大利相对，具有重要的战略意义，因此，迦太基占领墨西拿后，就想将该城变成海军基地，迟迟不愿撤军。于是，墨西拿转向罗马求援，希望借罗马之手赶走迦太基。罗马本就有意染指西西里，苦于没有合适的借口，所以接到请求后，虽然觉得迦太基实力强劲，非以前的对手可比，但仍决定进行战争。公元前264年，罗马军队进入西西里。在叙拉古帮助下，罗马人连续取得胜利。可是，迦太基是一个海上强国，罗马要想稳固地占有西西里，必须在海上打败迦太基。为此，罗马人利用希腊人的帮助，迅速建立了海军。由于罗马人不习水战，航海技术更加糟糕，所以他们改造了希腊战舰，在船头安置一块大木板。平常航行时，木板竖起。海战发生时，木板成了很好的防护墙。一旦靠近敌舰，木板立刻放下。这时，木板前端的钩子就会牢牢地固定住敌船，罗马士兵就可以发挥他们的长处，从木板上冲到敌人的船上，将对手赶下船或杀死。迦太基以前很少遇到这样的战法，让罗马人连连取胜。公元前256年，罗马舰队渡过地中海，在迦太基本土登陆，屡次打败迦太基人，逼近迦太基城下。迦太基被迫求和。罗马人提出了令迦太基人难以接受的条件，又疏于戒备，遭迦太基人反击，使罗马人几乎全军覆没。残余舰队返航途中又遭遇风暴，尽数葬身海底。随后，罗马人将重点放在西西里战场，不仅扭转了战败后的不利局面，后来还在海上取得优势，打得迦太基人只有招架之力，丢掉了在西西里所有的基地。公元前241年，罗马再次击败迦太基舰队。迦太基无力再战，被迫求和。和约规定迦太基将西西里和意大利之间所有的岛屿全部割让给罗马，10年中赔款3 200塔兰特。公元前238年，罗马乘迦太基雇佣兵暴动之机，强占撒丁和科西嘉并勒索赔款。罗马占领西西里后，将西西里变成罗马的行省，由罗马总督统治。撒丁尼亚和科西嘉也成为罗马的行省。与意大利人不同的是，行省的居民要接受罗马官员的统治，并且缴纳一定的税收。它们表明，罗马人打算用不同于处置意大利同盟者的方法来管理行省。

3. 第二次布匿战争

第一次布匿战争结束后，迦太基并未屈服。由于失去了西西里和撒丁等岛屿，也为向罗马支付赔款，迦太基人转向西班牙寻求发展。当时西班牙的居民既有土著伊比利安人，也有凯尔特人，互不统属，被迦太基各个击破，经过哈米尔卡（？—前229）、哈斯德路巴（？—前221）和汉尼拔（前247—前183）的经营，西班牙相当部分地区特别是东南部，成了迦太基进一步扩张的基地。公元前226年，罗马曾经派使者到西班牙，要求迦太基不要越过厄布罗河。迦太基利用罗马忙于与高卢人和伊里利亚人作战的机会，征服厄布罗河以南以西的地区。公元前221年，哈斯德路巴遇刺身亡，年仅25岁的汉尼拔继任统帅。公元前220年，西班牙城市萨根杜姆发生内讧，其中一派向罗马求助。罗马人支持他们，并屠杀支持迦太基的人士。汉尼拔派兵包围该城。该城向罗马求援。罗马决定干预，却迟迟未派出军队，致使萨根杜姆沦陷。公元前218年，罗马向迦太基宣战，第二次布匿战争爆发。

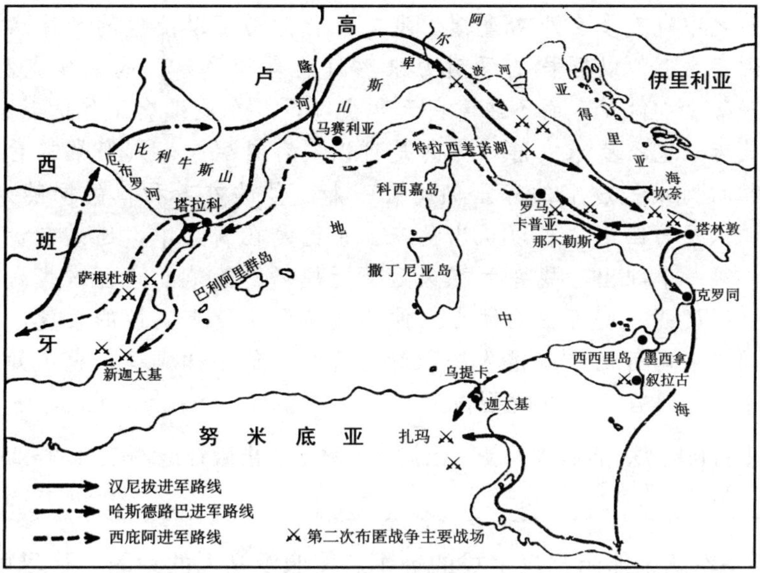

第二次布匿战争

从双方实力来说，罗马人无疑处于优势。它不仅拥有意大利和西西里丰富的人力和物力，而且内部的平民与贵族的冲突也告一段落，上下空前一致。迦太基虽占有西班牙，但其本国的公民人数并不多，军队主要是雇佣兵。所以，罗马信心十足，打算派一支军队去西班牙，另一支军队从西西里渡海进攻迦太基本土，以便迅速打败迦太基，享用迦太基人创造的财富。

可是，罗马的对手是汉尼拔，一个少有的军事奇才。虽然他继任统帅时年仅 25 岁，但在军队中已有很高威望。更重要的是，汉尼拔头脑冷静，果断刚毅。他深知，如果进行长期的消耗战，迦太基不是罗马的对手。唯一的机会是，直接进军意大利，将战争引向罗马本土，瓦解罗马对意大利的统治，使其丰富的人力和物力为迦太基所用。因此，战争刚一开始，汉尼拔就率领他在西班牙的军队，经过西班牙北部和法国南部沿海，翻越阿尔卑斯山后出现在意大利北部。虽然迦太基军队长征途中损失惨重，步兵从 9 万减员到 2 万，骑兵的马匹全部丧失，战象仅剩一头，但果然出其不意，当汉尼拔公元前 218 年秋出现在意大利北部时，当地的高卢人将他当作战神来欢迎，纷纷加入迦太基军队。罗马政府只好打消原来的计划，将两支军队派往意大利北部，企图阻止汉尼拔的进军。

李维对汉尼拔的评价

从来还没有同一个人的精神能够这样均等地应付两种如此不同的义务——命令与服从；因此很难分别出哪一个对他更珍贵些——是总司令呢，还是一般士兵。在任命需要坚忍和大胆来进行的事业的军队统帅时，哈斯德路巴是不会有更加合意的对象了；在谁领导之下战争也不会更富于自信和勇敢了。他多么大胆，多么不怕危险，他在危险之中也就多么小心谨慎。没有一种劳动可以使他的身体感到疲乏或是在精神上感到沮丧。他以同样的忍耐力来熬过酷暑和严寒；他饮食克制而不过度；他分配时间来醒着和做梦，而不注意白天和夜晚，只在他没有工作的时候他才休息；而且他不用软床，也不要求安静，为的是可以更容易醒来；人们常常看见他裹在军用的斗篷里和站岗或是放哨的战士们睡在一起。他的衣着和他的同龄人毫无区别，只有从武器，以及马匹上才可以认出他来。不论是在骑兵中，还是在步兵中，他总是一马当先，第一个冲出去战斗而在最后离开战场。但是，除去这些高贵的品质之外，他有同样程度的一些可怕的缺点。他的残酷到了没有人性的程度，他的背信弃义甚至超过那臭名昭著的“布匿人的”背信弃义。他不知真理，也不知德行，他不畏惧神明，不遵守誓言，不尊敬圣物。

——［俄］科瓦略夫．古代罗马史．上海：上海书店出版社，2007：258－259．译文略有改动。

可是，罗马军队未能阻挡汉尼拔的进军。按照罗马人的意图，是尽可能地把汉尼拔消灭在意大利北部。可是，汉尼拔成功地躲过了罗马的拦截，穿过伊达拉里亚沼泽地，直接向罗马进军。罗马军队紧追不舍。公元前217年6月，汉尼拔在特拉西美诺湖设下埋伏。此地仅有一条大路，一面是山，一面是湖，只要占领山上的阵地，再封死两头的关口，任何人都难以逃脱。6月21日晨，天降大雾，罗马军队排成一字长蛇阵、没有任何戒备地进入了汉尼拔的埋伏圈。战斗刚一开始，罗马人就乱了阵脚，丧失了抵抗能力。结果，大约30 000人的罗马军队全军覆没。为瓦解罗马人控制的意大利联盟，汉尼拔区别对待俘虏，将那些同盟者的士兵一律释放，只是把罗马的士兵戴上枷锁。

特拉西美诺湖战役的失败使罗马人异常紧张，他们担心汉尼拔会直接进攻罗马，因此一面加固罗马的城墙，一面任命费边（？—前203）为独裁官，统一指挥罗马的军事行动。汉尼拔也明白，如果不能消灭罗马的有生力量，就不可能彻底打败罗马。因此，特拉西美诺湖战役后，汉尼拔并未直接进攻罗马城，而是在意大利横冲直撞，试图说服同盟者叛离罗马，同时诱使罗马人在战场上决战。而罗马人无法忍受费边战略带来的对意大利农业的破坏，也乐于决战。公元前216年，罗马军队在坎奈与汉尼拔正面相遇。当时罗马有步兵80 000名，骑兵6 000名。汉尼拔方面仅有步兵40 000名，骑兵10 000名，在总数对比上处于劣势。但汉尼拔不愧是杰出的军事家，他根据罗马军队的作战特点，将精锐配置在两翼。战斗开始时，迦太基军队排成突出的半月形，当中央部分因抵挡不住罗马军队的攻击而后撤时，两翼却取得了胜利。在打败了罗马的骑兵和两翼步兵后，汉尼拔向罗马军队的中央部分发动猛攻。罗马人四面受敌，阵脚大乱。是役，罗马精锐损失殆尽，包括执政官保卢斯（？—前216）在内的大批元老阵亡。

坎奈战役对战争双方都有巨大影响。对汉尼拔来说，战役的胜利，极大地提高了他的声望，意大利南部的城市大都转投迦太基一方，甚至意大利中部和罗马周边的一些城市也动摇了。汉尼拔瓦解意大利联盟的策略初步奏效，为迦太基以后的军事行动奠定了良好基础。对罗马来说，坎奈之战是一场噩梦，100多年前高卢人入侵的情景似乎正在重演。为应付危局，罗马将 17 岁以上的青年全部征入军队，并由国家出资赎买奴隶，组建了两个新军团，着手保卫罗马。同时，罗马看到汉尼拔并没有力量直接攻击罗马，而是在争取同盟者，也不再与汉尼拔在战场上直接较量，而是针锋相对，利用本土作战和人力、物力优势，集中力量惩治倒向迦太基的意大利城市。经过几年的艰苦努力，罗马终于逐步扭转了战场上的形势，迦太基在意大利和西西里的同盟城市先后被罗马占领。而汉尼拔方面，由于意大利同盟者的大部分仍然忠于罗马，马其顿的腓力五世（前 221—前 179）被起义的希腊人拖住了后腿，无力进军意大利；迦太基又没有给汉尼拔提供任何实质性的援助，只能孤军作战，粮草和兵员的补充变得十分困难。胜利的天平再次向罗马倾斜。

到了这个时候，双方都深知，能够决定战争命运的是西班牙。汉尼拔指望能从那里得到直接的援助，罗马人也知道，只有摧毁迦太基在西班牙的基地，才能对汉尼拔构成实质性的打击。早在公元前 217 年，当汉尼拔正在意大利扫荡之时，罗马人已经派出西庇阿兄弟到西班牙，并且取得了一系列胜利，拖住了本来准备派到意大利的迦太基援军。公元前 210 年，年仅 25 岁的另一个西庇阿（前 235—前 183）率领两个军团到达西班牙。他一面大力争取西班牙同盟者；一面根据当时的形势，突袭迦太基在西班牙最重要的基地新迦太基，并将其成功占领。此后西庇阿步步紧逼，连连获胜。汉尼拔的弟弟哈斯德路巴（？—前 207）竭尽全力摆脱了西庇阿的追击，成功进入意大利。但哈斯德路巴送给汉尼拔的信件被罗马截获。罗马人集中主力，将哈斯德路巴的军队一网打尽。此时，第二次布匿战争的结局实际已经决定。汉尼拔虽然没有离开意大利，但已不足以对罗马构成威胁。公元前 207 年，西庇阿清除了迦太基在西班牙的势力。公元前 204 年，罗马军队渡海进攻迦太基本土。迦太基无力抵抗，只得召回汉尼拔。公元前 202 年的扎玛之战，汉尼拔打了他一生中第一次败仗。次年，迦太基被迫求和，签订了苛刻的条约。条约规定迦太基只能保有非洲本部的土地，不经罗马允许不得发动战争；除保留 10 艘军舰外，必须交出全部战舰和战象；送 100 名贵族到罗马做人质；10 年内向罗马赔款 10 000 塔兰特。

4. 第三次布匿战争

第二次布匿战争结束后，迦太基人励精图治，努力建设残破的国家，使迦太基再度复兴。但罗马从来没有忘记迦太基曾经给他们造成的威胁。公元前 2 世纪前期罗马最重要的政治家之一加图（前 234—前 149）是这种政策最坚决的支持者。据说他每次在元老院发表演说，无论是什么问题，最后都会归结到一句“我认为，迦太基必须毁灭”。为此，罗马鼓励其同盟者努米底亚不断蚕食迦太基的领土。当迦太基人向罗马申诉希望自卫时，元老院或置之不理，或呵斥迦太基。公元前 150 年，努米底亚屡次进攻迦太基，迦太基被迫自卫。罗马借口迦太基未经许可就私自进行战争，于次年派出大军进攻迦太基本土，迦太基被迫应战。罗马徒有 8 万大军，面对兵少将寡的迦太基，在两年中竟然无可奈何。公元前 147 年，小西庇阿（前 185—前 129）到达非洲，整顿了军纪，于公元前 146 年经过激烈巷战后占领迦太基。罗马人对迦太基进行了残酷的报复：城市被夷为平地，幸存者被卖为奴隶。至此，罗马人终于成了地中海西部独一无二的霸主。

二、马其顿战争与征服希腊

1. 绥靖意大利

第二次布匿战争中，意大利的部分城市倒向汉尼拔。汉尼拔撤出意大利后，这些城市无一例外地遭到清算。意大利南部的卢卡尼亚、布鲁提伊等地，本在汉尼拔撤退后立刻投降了罗马，但仍遭到严厉惩罚，约一半土地被没收。在这些土地上，罗马人建立了一系列殖民地，以加强控制。对罗马人来说，最大的问题是意大利北部，那里的高卢人是汉尼拔最坚定的同盟者之一。当罗马人正忙于对汉尼拔作战之时，高卢人乘机起义，却没有太多的作为，直到罗马与迦太基的条约签订后，高卢人才大梦方醒似地采取比较坚决的行动。公元前200年，印苏布里人、波伊人和塞诺马尼人采取联合行动，包围了罗马人在那里的殖民地普拉森提亚和克雷摩那。公元前198年，普拉森提亚被占领。罗马人击败汉尼拔后，决定对意大利北部进行最后的征服战争。公元前197年，塞诺马尼人和印苏布里人被击败；次年，印苏布里人再度战败，被迫求和，成为罗马的同盟者。公元前191年，波伊人战败，其领土的一半被剥夺，部分波伊人只得离开意大利，迁移到后来以其部落命名的波西米亚地区定居。罗马人除重建原有殖民地外，另外又建立了摩提那、帕尔马和博罗尼亚三块殖民地。为加强对该地区的控制，罗马修建了爱米利亚大道，该大道是弗拉米尼亚大道的延长线，大道两边的土地则被分配给罗马定居者。

2. 第一次和第二次马其顿战争

从公元前3世纪末起，罗马深深地卷入希腊事务之中。亚历山大帝国崩溃后，马其顿仍然控制着希腊。但希腊的大小城邦从来没有放弃争取独立的斗争，战争连绵不断。马其顿国王腓力五世在即位之初就企图控制地中海世界，但他在实现这一目标时却表现得十分笨拙。他本欲通过与迦太基结盟来扩大自己的势力，但罗马人在政治上显然更加精明。他们利用马其顿与希腊城邦之间的矛盾，与埃托利亚同盟和帕加马结成同盟，并派出一小股军队在希腊西北的阿波罗尼亚登陆。由于被希腊城邦以及帕加马拖住了后腿，腓力五世无力对罗马进行战争。公元前205年，双方签订和平条约，基本维持战前现状。

公元前203年，腓力五世联合塞琉古的安条克三世（约前223—前187）对托勒密埃及发动战争。马其顿军队在战争中表现得十分英勇，他们利用海军优势在爱琴海上横冲直撞，攻击希腊人的船只，引起罗德斯等的强烈不满。罗德斯等联合帕加马请求罗马干预。元老院本来就有意介入，而且一直对腓力五世与汉尼拔结盟耿耿于怀，立即抓住这一时机向马其顿宣战。公元前200年，战争正式开始。罗马人最初并不顺利，双方互有胜负。公元前197年，在色萨利的库诺塞法拉的决战中，罗马军团打败了马其顿方阵，腓力五世的军队几乎损失一半，无力再战，被迫求和。和约规定马其顿放弃所有新征服的地区，退出希腊，交出舰队，并支付1 000塔兰特赔款，分10年付清。马其顿遭此打击，几乎一蹶不振。为牵制马其顿，罗马人宣布希腊人获得自由，希腊人欢欣鼓舞，以为遇到了大救星，实际上无异于成为罗马的附庸。

罗马人宣布希腊人获得自由

当这些决定做出之时，正值伊斯特米亚赛会庆祝之日。对于即将发生的事情的期待，将文明世界几乎各个角落的最重要人物都吸引到那里了。有关结果的报道和猜测在节日上到处流传……在这种暧昧的气氛中，当人群聚集在体育场中观看比赛，号手要求安静之时，（罗马）使节走了出来，宣布了如下声明：

"罗马元老院和续任执政官提图斯·昆克提乌斯·弗拉米尼乌斯在战败国王腓力和马其顿人后，让下述国家和城市获得自由，不设驻军，不用缴纳贡金，充分享有它们祖上的法律。它们是科林斯、福基斯、罗卡里、优卑亚、弗提奥提斯的阿凯亚、马格尼西亚、色萨利和佩哈比亚。"

声明刚一宣布，就响起了震耳欲聋的喊声，所以有些人根本没有听到声明，另一些人则渴望再听一遍。大部分人无法相信他们的耳朵，因为所发生的事情是如此意外，他们感觉自己像是在做梦。他们欢呼雀跃，每个人都因不同的原因而感动。使者和号手来到体育场中央，将声明重复了一遍。毫无疑问，希腊人不仅希望听到使者的话语，而且希望看到他，因为他所说的似乎非常难以置信。但当使者来到场地的中央，再度在号手帮助下让欢呼平息下来，并且将同样的文件原封不动地宣读一遍后，满场响起了雷鸣般的欢呼声，那些今天从阅读中了解该事件的人，很难想象那样的声音。当欢呼声终于平息后，谁也不去注意运动员的比赛了。……事实上，当运动会结束时，他们那难以遏制的兴奋和感激之情几乎让弗拉米尼乌斯丧命。有些人希望亲自看到他，把他欢呼为救世主，有些则挤上前去摸一下他的手，多数人则将花冠和发带向他抛去，结果在拉扯之中他们几乎使他散架了。

——Polybius. Histories. Cambridge：Harvard University Press，2006：18，46.

3. 对塞琉古的战争

可是，罗马人所宣布的自由，绝非希腊人想象的自由，那不过是对付马其顿的手段。而且就是罗马人所许诺的不驻扎军队的诺言也未兑现。在一些战略要地，罗马军队一直驻守到公元前 194 年。而罗马人的借口是塞琉古的威胁，因为公元前 196 年，塞琉古国王安条克已经利用马其顿与罗马战争的机会，将军队开进欧洲，占领了色雷斯部分地区。尤其严重的是，公元前 195 年，罗马的宿敌汉尼拔到达塞琉古，受到国王安条克的热情欢迎。罗马要求安条克退出欧洲，并给予小亚细亚的某些希腊人城市以自由。安条克自认为可以获得马其顿以及希腊城市的帮助。可是，当战争真正开始时，希腊的大部分城市并未给予安条克实质性的援助，马其顿则站在了罗马人一边。安条克出于对汉尼拔的猜忌，让这位以陆战见长的名将去指挥塞琉古的海军，安条克本人直接指挥陆军在希腊登陆。可是，塞琉古的海军根本不是罗马海军的对手，而陆军在公元前 191 年于温泉关被罗马人打得惨败。安条克只带了少数残兵逃回亚洲。罗马乘胜追击，杀入小亚细亚。公元前 189 年，罗马在马格尼西亚战役中彻底打败安条克。是役，安条克损失 50 000 多人，罗马不过阵亡了 300 多人。公元前 188 年，安条克被迫与罗马签订条约，条约规定塞琉古放弃在欧洲和小亚细亚的所有领土，战舰不得超过 10 艘，不得拥有战象，12 年内支付赔款 15 000 塔兰特，交出罗马的敌人汉尼拔。经此一战，塞琉古王国一蹶不振，财政因巨额赔款而破产；东方行省纷纷独立；王室内部因罗马的煽动不断出现篡位和暴力事件，再也不能对罗马构成威胁。

4. 第三次马其顿战争和征服希腊

在对安条克的战争中，马其顿是罗马坚定的盟友，战后希望获得对欧洲部分城市的控制权，扩大自己的领土，但罗马并未满足它的愿望。公元前179年，帕尔修继承马其顿王位，先后与塞琉古、比提尼亚等结成同盟，并希望利用希腊平民对罗马的敌对情绪获得希腊人的支持，发动一场反对罗马人的民族和阶级战争。但他忘记了，在希腊各城市掌权的，正是罗马扶植的有产阶级。因此，当对罗马人的战争于公元前171年开始时，几乎所有希腊城市都支持罗马，塞琉古则希望利用罗马被马其顿拖住的机会进军埃及，没有提供任何支援。公元前168年的皮德纳战役，马其顿惨败，20 000人战死，11 000人被俘。帕尔修本人虽暂时幸免于难，后也为罗马人所俘，几年后死在意大利。罗马把马其顿划分为四部分，而且禁止它们相互之间有任何形式的交往。至于希腊人城市，凡有亲马其顿嫌疑的公民都被送往罗马。为打击罗德斯，罗马宣布提洛岛为自由港，免收关税，导致罗德斯的商业和收入急剧衰退，再也难以恢复。

可是，罗马支持有产阶级统治的政策，让希腊陷入水深火热之中，因此，当一个长相貌似帕尔修并自称是其儿子腓力的人出现于色雷斯时，他居然获得了支持，迅速占领马其顿，接着在希腊掀起革命的浪潮。罗马立刻派兵镇压，于公元前147年击败伪腓力，并把马其顿列为行省。公元前146年，罗马彻底镇压了希腊人的反抗活动，底比斯和卡尔息斯的城墙被拆毁，科林斯被夷为平地，随后组建了阿凯亚行省。至此，马其顿和希腊除少数城市保持自治外，大部分成为罗马直接统治的行省。

5. 罗马征服的后果

经过近500年的扩张，罗马从台伯河畔一个无足轻重的小城邦，变成了一个控制地中海世界的大帝国。到公元前2世纪末，罗马的疆域西起西班牙，东到小亚细亚，北到意大利北部，南到北非，其总人口至少在3千万以上。罗马的疆域虽然扩大了，但其制度却没有尽快得到相应的调整，仍然是公元前3世纪末的老一套：能够行使统治权、决定帝国命运的，只是那些拥有罗马公民权的人，当时也就30多万人，不过占当时罗马统治下总人口的百分之一左右。在这百分之一的人口中，又只有一小撮富有的世家显贵享有真正的统治权，被征服地区的居民，对于罗马的政策没有任何发言权，相反要受到罗马高利贷者、贵族、士兵的欺凌与压榨。这样一种体制，显然和罗马辽阔的疆域不相称，不利于罗马统治的稳定。

罗马的扩张，促进了奴隶制的发展。战争中所抓获的大量俘虏，相当一部分被卖为奴隶。迦太基、科林斯等城市被攻破时幸存的公民，不分男女都被卖为奴隶；公元前167年，罗马突袭伊庇鲁斯，将15万居民卖为奴隶。罗马人还利用他们的特权地位，到处放高利贷，把行省和同盟国的居民变成债务奴隶，而且直接参与人口买卖，大大增加了奴隶的来源。由于战争的破坏，地中海上海盗猖獗，海盗到处袭击商船，掳掠人口，然后再运到其他地方出卖。奴隶种类繁多，数量激增，有手工业奴、农业奴、家奴、角斗奴等。奴隶制的发展及奴隶主的残酷剥削，使罗马阶级斗争激化，奴隶们发动了多次起义，最有名的是两次西西里奴隶起义和斯巴达克起义。奴隶起义的频繁发生以及奴隶的逃亡，要求罗马加强国家机器，扩大帝国的统治基础，以共同对付奴隶的反抗，但狭隘的城邦制度无法做到这一点。

长期的战争导致了小农的破产和大地产的兴起。像古代的大多数国家一样，罗马公民的主体是小土地所有者。从公元前 3 世纪开始，战争规模越来越大，时间越来越长。虽然大多数战争在意大利本土以外进行，但汉尼拔在意大利转战十余年，兵连祸结，破坏可想而知。即使战争在意大利以外进行，由于公民们长期在外征战，所得战利品也远不足以补偿长期离家征战造成的损失。当士兵们战后回家时，往往发现自己的田庄已被抵押，被迫沦为无家可归的游民。到公元前 2 世纪末，罗马小农破产的情况已相当严重。小农的破产，给大地产的兴起创造了条件。贵族们一面强占公有地，一面收购小农的土地，他们占有的土地面积迅速扩大。他们使用奴隶劳动，种植葡萄、橄榄等经济作物，利用规模经营的优势，排挤小生产者。同时，他们倚仗财势侵吞、租占、购买公有地。大地产的兴起，增强了罗马贵族的实力。他们把持政局，操纵选举，剥削行省，将罗马政局变得异常混乱。而平民因为人数暴增，也不复是共和国早期相对团结的平民了。罗马阶级斗争出现了不利于平民的形势，贵族依靠他们雄厚的经济实力和丰富的政治经验，成为罗马占优势地位的阶级。

罗马的扩张，大大延伸了罗马的疆界，要求罗马相应增加兵员。可是，在城邦制度下，只有那些拥有一定数量财产的公民才有资格当兵。罗马小农的破产及长期的战斗减员，实际上使罗马的兵员不是在增加，而是在逐步减少。到公元前 2 世纪末，这个问题变得更加突出。罗马的扩张，导致了历史上一个根本性的悖论：以平民为主体的罗马军队创建了历史上空前的大帝国，平民自身却在扩张中逐渐破产，造成兵源日益枯竭，城邦制度也失去了自己原本颇为雄厚的社会基础。

阿庇安对共和国末期小农破产和大地产、奴隶制发展的描述

当罗马人先后在战争中征服意大利诸民族的时候，他们常常夺取后者一部分土地，在那里建立城市，或者从他们自己的公民中征募移民去占领那些现有的城市……富有者占领大部分未分配的土地，时间久了之后，他们的胆子大了，相信他们的土地永远不会被剥夺。他们吞并邻近的地段和他们穷邻居的份地，一部分是在被说服之下购买的，一部分是以暴力霸占的，因此，他们开始耕种广大的土地，而不是单一的地产。利用奴隶当农业工人与放牧者，因为害怕自由劳动者会从农业中被抽出去当兵；同时奴隶的占有，由于奴隶子孙的繁衍，使他们获得很大的利益，因为奴隶不服兵役，繁殖得很快。这样，某些有势力的人变得极富，奴隶人数在全国增长起来了，而意大利人民的人数和势力，因受经济、捐税和兵役的压迫而下降和衰落。如果他们暂时没有受到这些灾难的影响，他们就游手好闲，消磨他们的时间，因为土地已被富人占有，而富人只用奴隶而不用自由民作耕种者。

——［古罗马］阿庇安. 罗马史：下册. 北京：商务印书馆，1976：7-8. 译文略有改动。

第三节　罗马从共和国向帝国的转变

一、格拉古兄弟改革

1. 提比略·格拉古改革

公元前2世纪后期罗马所面临的问题，尖锐地摆在罗马社会各阶层面前。罗马统治阶级中的一部分人士认识到了小农破产的影响，主张通过自上而下的改革，恢复小农经济，方法是将意大利剩余的公有地分给农民，再造罗马公民队伍。可是，那些占有大量公有地的罗马贵族拼命维护自己的利益，反对任何改革。同时，意大利人及被征服地区的人民，也曾经为罗马的扩张四处征战，此时也意识到罗马公民权所具有的巨大优势，希望得到罗马公民权，以改变自己的处境。他们在罗马统治阶级内部寻找代言人，力图通过合法途径得到罗马公民权。而罗马人发现，他们的公民权意味着政治、经济和文化上的诸多难得的特权，不愿与自己昔日的手下败将们分享。两者之间的矛盾日渐激化，加剧了罗马社会矛盾的复杂化。奴隶的突然增加及奴隶主对奴隶的残酷剥削，激起了奴隶坚决的反抗斗争。这些矛盾错综复杂地纠结在一起，把公元前2世纪后期的罗马变成了各种社会矛盾的集合体，引起了一场波澜壮阔的社会斗争。格拉古兄弟的改革，揭开了这场大规模斗争的序幕。

公元前134年年末，提比略·格拉古（？—前133）当选为次年的保民官。竞选保民官之时，提比略对当时意大利人们破产的状况有非常生动的描绘：

> 就是意大利的野兽都有它们可以栖身的巢穴和洞窟，可是为意大利征战和阵亡的人们，在意大利除去空气和阳光之外一无所有，像游牧民一样没有房屋，带着妻子儿子到处流浪。当统帅们在战场上号召士兵保卫坟墓和神殿不受敌人侵犯的时候，他们是在欺骗士兵。要知道许多罗马人并没有祭祀的祭台，没有祖先的坟墓，他们是为了使别人过奢华的生活，为了别人发财致富而战斗和死亡的。人们称他们为世界的统治者，但他们连一小块土地都没有。

就任之后，他立刻在人民大会上提出法案，规定每个家长所占公有地的数量不得超过500犹格；如有儿子，则长子、次子可各占250犹格，所占土地归各家永久所有，但每家占有公有地的数量不能超过1 000犹格；多余的公有土地交还国家，再分成30犹格的小块让农民耕种。这些土地可以世袭占有，但不能买卖，并要向国家交纳少量租金；组织三人委员会，具体负责土地的清查和分配。这个方案一方面限制了贵族对公有地的占有，同时承认了贵族所占部分公有地的永久所有权。可是，那些占有大量公有地的贵族不愿通过这样的法案。他们收买提比略的同僚——保民官屋大维——行使否决权。在罗马历史上，保民官确实有权否决高级官员的决定，但很少有一个保民官否决另一个保民官所提出的建议。这表明，罗马社会内部的矛盾逐渐公开化了。提比略不愿得罪元老院，苦口婆心地劝说屋大维放弃否决权，但屋大维不为所动，于是提比略向人民大会提出这样的问题：一个违背人民利益的保民官是否还有资格继续担任保民官。人民大会当时一致决定：罢免屋大维的保民官职务，通过提比略的土地法案，推举提比略、其弟盖约（？—前122）和其岳父克劳狄（？—约前130）组成三人委员会，负责土地法案的实施。

可是，贵族没有停止抵抗，三人委员会的工作也遇到重重困难。元老院拒绝给三人委员会提供经费，使清查和分配土地的工作很难开展。此外，公有地的占有在罗马已经有很久的历史，许多公有地几经转手，难以找到有关的证明文件。尽管如此，三人委员会仍努力工作。为解决经费问题，提比略提议，将帕加马王国遗留的资金部分用于土地委员会的工作。此举直接冲击了元老院在财政和对外关系中的权力，引起了元老贵族更大的反扑。公元前133年，提比略竞选次年的保民官，希望将土地改革工作继续下去。反对派乘机造谣，污蔑他竞选连任保民官违反罗马法律，是想当罗马的僭主，甚至捕风捉影地宣称，小亚细亚的帕加马王国已经给提比略送来了王冠。反对派的造谣给提比略的竞选以极大影响，部分不明真相的人离开了提比略阵营。反对派乘机下手，提比略及其追随者约300人被残杀。

2. 盖约·格拉古的改革

提比略死后，改革并未停止，三人委员会经过补选后继续工作。不过，由于改革的主要推动者被杀，清查和分配土地工作进展缓慢。公元前124年，盖约·格拉古当选为公元前123年的保民官。他就任之后，决心继续推进改革，一方面提出了内容大致相同的土地法案；一方面为扩大改革的社会基础，提出了小亚细亚行省法、筑路法、粮食法、卸任执政官治理行省法、审判法等一系列重要法案。盖约所提法案的根本目的是削弱元老贵族的影响，提高骑士和平民的地位。骑士是共和国后期一个新兴的社会阶层，虽然他们绝大多数是土地所有者，但不少人在行省放高利贷，从事工商业活动，承包行省税收，有时与元老贵族存在利益冲突。所以，盖约力图取得他们的支持。由于盖约所提法案切中时弊，其法案在人民大会中顺利通过，并在公元前123年连任保民官。

由于在意大利已经没有多少无主的公有地可供分配，盖约提出在北非建立新的海外殖民地，以安置那些缺少土地的公民。同时，盖约希望给予拉丁同盟者以罗马公民权，给予意大利人以拉丁公民权。可是，罗马人的绝大多数是安土重迁的农民，对到海外殖民并不热心。至于给予同盟者以公民权，普通的罗马人更不愿意。反对派见时机已到，立刻唆使盖约的同僚德鲁苏（？—前109）提出貌似激进的法案，宣称要在意大利建立12个殖民地，安置36 000名罗马公民，并豁免分得土地者的租金。这个所谓的法案纯粹是欺骗，因为当时意大利根本无土地可分。可是，大部分罗马平民并不了解情况，追随了德鲁苏，盖约的声望也因此受损。当盖约前往迦太基实地勘察殖民地时，反对派造谣说，神灵对把新殖民地选在受到诅咒的迦太基十分不满，在盖约献祭时，大风把旗帜刮成了碎片、把祭坛上的牺牲吹跑，狼把建城的界标拖走。而大部分罗马人十分迷信。那些不愿离开家乡的人，此时更有了理由。对于盖约提出的扩大公民权的法案，他们本能地反感。结果，在竞选连任公元前121年的保民官时，盖约失败。反对派没有放弃这难得的机会。元老院借执政官一个随从被杀宣布国家处于紧急状态，执政官亲自率领元老院和骑士对盖约等人痛下杀手。盖约及其支持者约3 000人被杀，他们的尸体，像10

年前一样，被抛到台伯河中。

提比略和盖约改革的失败，说明罗马的形势与共和国早期平民反对贵族斗争时相比已有很大变化。共和国早期的罗马还是一个小国寡民的城邦，平民利益比较一致，容易团结起来共同与贵族斗争；而贵族需要平民提供军事力量，被迫向平民让步。如今，罗马人已经成为地中海世界的主人，相对于被征服的广大地区来说，他们变成了统治者。而经过几百年的扩张，那些从战争中得利的贵族集团的力量，不管是经济上，还是政治上，都大大增强。他们有足够能力消灭那些提出解决方案的政治家，而不愿意解决平民和国家面临的问题。平民的数量虽然比以前大为增加，但团结程度大为下降。罗马国家的扩大，公民人数的增加，传播手段的落后，也使那种以直接参与为基本特征的城邦人民大会出现许多问题，给贵族的收买和操纵提供了条件。改革的失败，说明公元前2世纪末罗马所面临的社会问题，在传统的城邦范围内已经无法解决。而改革过程中出现的冲突，表明罗马城邦不再是铁板一块，寡头统治开始受到冲击，罗马内战的迹象已经显露。

二、从马略到苏拉

1. 马略的军事改革

格拉古兄弟改革的失败，使罗马面临的社会问题更加严重。公元前2世纪末，罗马奴隶制有很大发展，奴隶数量剧增。奴隶被广泛用于社会生产的各个领域，在手工业、采矿业和贵族的大地产上尤其普遍。相当数量的奴隶被训练成角斗士，在罗马奴隶主的逼迫下与野兽搏斗，或相互残杀。为改善处境，奴隶们被迫起来斗争。公元前137年和公元前104年，西西里的奴隶先后发动两次武装起义，起义者一度占领西西里广大地区，前后坚持了数年斗争，甚至建立政权，给罗马统治阶级以极大震撼。奴隶的反抗，使罗马统治阶级意识到，必须提高罗马军队的战斗力，方可确保自己的统治。

与此同时，随着罗马领土的扩大、疆界的延伸，罗马卷入了越来越多的冲突，承担了越来越多的海外义务，所需要的兵员数量随之大增。但按照罗马城邦制度的规定，只有拥有一定数量财产的公民才能当兵。可是，格拉古兄弟改革的失败，意味着恢复传统的公民兵制度的努力已经失败。此外，数量有限的罗马公民兵，因为长期战争的消耗，加上经济利益的驱动，其战斗力已经大大下降，军纪严重废弛。公元前111年，罗马开始对北非的努米底亚作战。罗马政坛和军队的腐败在这场规模不大的战争中暴露无遗。军官收受贿赂，士兵出卖武器，士气低落，以致在战场上连遭失败。元老院颟顸无能，一切唯利是图。罗马政坛和军队的腐败，已到了无以复加的程度。

公元前107年，马略（约前157—前86）就任执政官。为改变军队兵员短缺、军纪废弛的状况，马略进行了以增强罗马军事力量为中心的改革。他以募兵制代替公民兵制，取消财产资格限制，吸收自愿者入伍，允许无产者当兵。士兵服役期限长达16年。服役期间，由国家提供统一的武器装备和发给薪饷。期满退役后，由国家分给土地。这相当于由罗马国家供养军队。与此同时，马略加强军队纪律和武器装备建设，对士兵进行严格训练，以提高士气、增强战斗力。

经过马略改革，罗马兵源短缺的状况得到缓解，军纪和战斗力都有很大的改观。利用新组建的军队，马略成功结束了努米底亚战争，活捉国王朱古达，并在公元前102

年—前101年连续打败了入侵意大利的日耳曼人部落。马略也因此打破罗马历史惯例，连续五年当选为罗马执政官，成为罗马最有影响的人物。但是，马略的改革，也对罗马的城邦制度形成很大的冲击。过去，原则上只有罗马公民才能当兵，军队都是平时务农、战时征集，没有职业军队。现在则是先当兵，后得到土地和成为有资格的公民。由于士兵在退役时需要得到土地，而他们能否得到土地，很大程度上要依靠他们的将领去争取，并需要经过罗马元老院和人民大会的批准，所以，士兵作为人民大会中的一部分，比较有组织，对罗马政治会造成重大影响。士兵与将领之间因为休戚相关，将领为满足士兵要求，常与保民官结盟，一起干预政治。军人争权和士兵争取份地的斗争以及罗马统治阶级内部的矛盾交织在一起，使公元前1世纪的罗马政治充满了暴力色彩。

2. 同盟者战争

罗马连年征战的胜利，与同盟者所提供的支持分不开。罗马征服意大利时，曾把公民权作为一种恩惠授予忠诚的同盟者。但从公元前2世纪起，公民权成了特权，同盟者热切期待获得罗马公民权。可罗马人对公民权的授予日益吝啬。盖约·格拉古改革失败的原因之一，就是因为他提出了给予拉丁同盟者以公民权、给予意大利人以拉丁公民权的法案。此后，罗马统治阶级中的一部分人也逐渐意识到需要适当扩大公民权，不断有人提出类似盖约那样的法案，但所有这些法案都未获通过。那些提出法案的人，或遭到威胁，或遇刺身亡。公元前91年，保民官德鲁苏再度提出给予意大利人公民权的建议。可是，就在法案付诸表决的前夜，德鲁苏被暗杀。意大利人忍无可忍，被迫拿起武器，走上了公开与罗马对抗的道路，开始了它反抗罗马的战争。

起义者不再寻求获得罗马公民权，而是建立了一个新的联盟共和国。共和国称意大利，定都科芬尼乌姆，发行了新的货币。货币上的图案是一头代表意大利的公牛正用它强劲的角将代表罗马的狼掀翻在地，并踏上一只脚。可具有讽刺意味的是，起义者国家机构的设置完全模仿罗马，有2名执政官，12名副执政官，500人的元老院，还有罗马式的人民大会。它们表明，罗马人几百年的统治，已经使意大利彻底罗马化了。

起义规模非常大，几乎整个意大利都起来反抗罗马。与受到外敌入侵时不同，罗马这次的对手是意大利人，所采用的武器装备与战斗的方式，也都是罗马式的。由于同盟者与罗马的国土犬牙交错，战场也分散在多处。公元前90年，起义者连续两次大胜。此时，连最忠实的伊达拉里亚也动摇起来。罗马元老院决定以让步来瓦解起义者。公元前90年底，罗马宣布授予那些仍忠于罗马的同盟者以罗马公民权。公元前89年初，罗马再度颁布法令，宣布起义者只要在60天内放下武器，向罗马长官申请登记，也可获得罗马公民权。不少人看到目的已经达到，自动放下了武器。公元前88年，大规模的起义基本被平息，小股部队虽坚持战斗，但已无力回天。

不过，经过同盟者战争，意大利人基本得到了他们所向往的罗马公民权。罗马人虽然在战场上取得了胜利，却不能不把他们原来视为禁脔的公民权授予意大利人。但是，冥顽不灵的罗马人在同盟者的公民权上打上了一个劣等的烙印，单独把新公民编入8个新部落中，使他们在人民大会中投票时面对罗马原有的35个部落，总是处在绝对的劣势地位（部落人民大会的投票以部落计票，每个部落1票）。但无论如何，同盟者战争使罗马公民权进一步扩散，为以后公民权扩大到行省创造了条件。它固然有助于罗马统治基础的扩大，但公民权的扩散，意味着传统的城邦制度又被打开了一个缺口。

3. 米特拉达梯战争与苏拉独裁

正当罗马人与意大利人激战时，黑海地区的本都王国乘机发动战争。本都王国兴起于公元前3世纪，公元前2世纪开始强大起来，其领土几乎囊括了黑海沿岸地区。米特拉达梯六世（前120—前63）利用小亚细亚和希腊人民对罗马高利贷者及官僚的不满，以解放者的姿态出现，宣布要将罗马的势力逐出亚洲，让小亚细亚的一切希腊人城市独立，豁免它们5年的赋税。夺得罗马在亚洲的领地后，米特拉达梯六世向希腊进军，占领马其顿和色雷斯。希腊人城市纷纷起义反抗罗马统治，致使罗马在东方的统治几乎完全崩溃。

罗马人决定派兵征讨。但在将领人选问题上，罗马内部产生了分歧。骑士派支持马略，元老派更欣赏苏拉（约前138—前78）。结果苏拉当选为执政官，取得了统帅权。可就在苏拉准备离开罗马前往亚洲时，马略派的保民官鲁福斯提出的法案在人民大会上获得通过。法案剥夺了苏拉的军事指挥权，并在罗马引起骚乱。苏拉随后离开罗马，抢先赶到诺拉的军营，煽动士兵进攻罗马。在罗马历史上，罗马军队进攻罗马城，这是第一次。它表明马略军事改革后形成的将领与士兵的利益共同体开始出现，士兵不再是共和国最忠实的公民了。马略派虽然进行了抵抗，但面对训练有素的军队，终归失败。苏拉占领罗马后，对政治进行了初步安排，核心是加强元老院的权力，削弱人民大会和保民官的权力。安排完罗马事务后，苏拉率兵前往东方，在战场上连续取得胜利。可是在罗马，马略派利用苏拉在外的机会，重新掌权，并宣布苏拉派为公敌。苏拉得到消息后，匆忙结束了战争，公元前83年，带着得胜之师和满腔仇恨回到意大利。经过一年多的血战，苏拉再度成为罗马的主人。

苏拉掌权后，为打击政敌，立刻在罗马实行公敌宣告，先后在罗马广场上公布了三批名单。凡榜上有名者，就是被剥夺法律保护的人，人人可得而诛之。罗马军队进攻罗马和公敌宣告的实行，表明罗马公民内部的矛盾已经不可调和，只能靠武力解决。它意味着罗马城邦制度存在的基础近乎瓦解。苏拉掌握权力之后，进行了一系列所谓的改革。他自任无限期独裁官，设立了私人卫队。那些不听他命令的人将被处死。他从宣布为公敌的人的奴隶中，挑选了1万多名身体强壮的最年轻者，授予他们罗马公民权，赐姓科尔涅利乌斯，将23个军团的老兵安置在意大利城市中，为他们分配土地，使他们成为他最忠实的支持者；他增加了300名元老，将自己的追随者塞进元老院。为防止人民运动的再度发生，他规定凡担任过保民官者，以后不得再担任其他高级官职。他还规定，在罗马高级官员中，必须按照资历从最低级的财务官做起，然后依次充当市政官、副执政官和执政官，不得越级竞选。表面上看，其中部分措施是在恢复罗马的共和制度，可他本人完全不受法律限制的权力以及无限期独裁官的头衔，则彻底践踏了共和制度。

苏拉的公敌宣告

现在苏拉的将军们在以战争、火和屠杀摧残意大利之后，他们到各城市里去，在可疑的地方驻扎军队……苏拉本人召集罗马人民来开人民会议，向他们发表演说，宣扬他自己的功绩，说出其他威胁的言辞，使他们感觉恐怖。最后他说，如果他们服从他的话，他将作出一些有利于人民的改革；但是对于他的敌人，他一个也不饶恕，而将以最残酷的手段来对付他们……他说完这句话之后，马上宣布大约 40 名元老和 1 600 名骑士为公敌。他似乎是第一个把他所要处罚的人列成正式的名单，宣布暗杀这些人者有奖，隐藏这些人者必受处罚。不久之后，他又在公敌的名单上增加了其他一些元老们的名字。这些人中间有些是出乎意外地在他们被捉住的地方，在他们的房屋里，在街上，或在神庙中被杀害了。其他一些人则从半空中掷出，抛在苏拉的脚下。另一些人被拖过城市，受人践踏，旁观者没有一个人敢说出一句反对这种可怕的事的话来。有些人被放逐，另有一些人的财产被充公。密探到处搜寻那些从城里逃出的人；那些被他们捉住的人，都被杀掉。

在那些曾经服从卡波或马略，或诺巴那斯或他们的部将的意大利人中间，也有很多人被屠杀、放逐和财产充公。全意大利的法庭用各种罪名对他们判决严厉的处罚——有的因为指挥过军队，有的因为在军队中服务过，有的因为捐献金钱，有的因为其他工作，甚至有的因为出了反对苏拉的计谋。款待客人、私人友谊、借贷金钱都同样地被看作是犯罪的行为。常常有人因为对一个有嫌疑的人做了一点好事，或者仅仅是旅行中的同伴，而被逮捕了。这些控告对于富人最多。当对个人的控告不成功的时候，苏拉即对整个城市采取报复。

——［古罗马］阿庇安. 罗马史：下册. 北京：商务印书馆，1976：79-80. 译文略有改动。

三、前三头与恺撒独裁

1. 斯巴达克起义

公元前 79 年，权势正如日中天的苏拉因身体欠佳宣布引退，于次年去世。但他余威犹存，罗马似乎进入了一个相对稳定的时期。正当罗马人以为天下太平的时候，斯巴达克（？—前 71）发动了罗马历史上规模最大的奴隶起义，罗马再度陷入危机之中。

共和国中期以来，罗马奴隶制得到很大发展。不仅手工业、商业和采矿业使用大量奴隶，就是在贵族的家庭中，也是奴仆成群。奴隶主为了娱乐，还强迫奴隶从事惨无人道的血腥角斗。角斗士先要在学校里接受严格训练，然后在角斗场上与角斗士或饥饿的猛兽进行面对面的战斗，生命没有任何保障，随时可能丧生在角斗士的剑下或猛兽的利爪下。斯巴达克本是色雷斯人，因被俘而被变成角斗士。公元前 73 年，他率领 70 多名角斗士逃到维苏威山，并以此为根据地，不断进攻周围的奴隶主，势力逐渐壮大。

罗马人最初对斯巴达克起义军并不太在意，因为当时这样的情况太常见了。可是，当斯巴达克起义军日渐壮大时，罗马人紧张起来，开始派兵镇压。在派去的罗马军队先后遭到失败后，罗马改派两名执政官统率大军前去镇压。斯巴达克鉴于起义军力量已比较强大，决定向北进军，翻越阿尔卑斯山，可能希望经高卢让奴隶们返回各自的家园。虽然罗马军队前后夹击，斯巴达克的起义军仍然顺利到达意大利北部。可是，起义军并没有离开意大利，而是再度回头向南进发。此时起义军声势浩大，罗马一片惊慌，竟然无人敢于率兵抵抗斯巴达克。最后，罗马人推举克拉苏（？—前53）担任统帅。克拉苏是个大奴隶主，家中奴隶无数。为提高军队士气，他恢复了古老的什一抽杀律。当斯巴达克到达意大利南端时，克拉苏在起义军的后方横贯亚平宁半岛挖了一条壕沟，企图困死起义军。斯巴达克在强渡墨西拿海峡失败后，利用风雪之夜成功突破克拉苏的防线，准备经布隆底西退出意大利。可是他没有想到的是，罗马的两支大军分别从东方和西班牙回到意大利，退路已被切断。斯巴达克毅然回身与克拉苏决战，直到英勇牺牲。起义以失败告终，6 000名被俘的起义者被克拉苏钉死在十字架上。

2. 前三头结盟

斯巴达克起义虽然被镇压，罗马共和国却并未因奴隶的鲜血而获得新生。罗马贵族腐败依旧，争夺政权的斗争愈演愈烈。公元前63年，喀提林（？—前62）因为连续竞选执政官失败，联合一部分苏拉老兵和平民发动暴动。暴动被镇压，喀提林的盟友被西塞罗（前106—前43）未经审判直接处死。平民的苦难并未缓解，他们居住在简陋的出租屋中，几乎一无所有，只能靠出卖劳动力为生，然而当时的罗马没有给他们提供足够的出卖劳动力的机会，国家提供的免费和低价粮食也不足以养活他们。于是不少人只好投靠到有势力的贵族门下，变成了他们的门客。行省问题成堆，罗马总督几乎缺乏最基本的监管，他们的太太比官员本人还要厉害，行省居民处于水深火热之中；高利贷者横行；行省几乎是民穷财尽。苏拉为惩罚小亚细亚的希腊人城市，对它们罚款两万塔兰特。当时这些城市财政已经破产，只能借贷支付罚款。为了这两万塔兰特，小亚细亚的城市偿还了10年，却越欠越多，到公元前1世纪70年代，欠款居然达到了令人瞠目的12万塔兰特。经过卢库鲁的减免，仍有4万塔兰特。但是，面对严峻的形势，腐败的罗马元老贵族无所作为。在各种压力之下，罗马共和国加速走向灭亡。

镇压斯巴达克起义给克拉苏提供了政治资本，他所拥有的大量财富，也使他成为罗马最有影响的人物之一。当时在政治舞台上相当活跃的还有庞培（前106—前48）和恺撒（前100—前44）。前者本是苏拉的部将，富有军事才能，曾成功地结束了西班牙及东方的战事。在被任命为海上独裁官镇压海盗时，只用3个月就完成了罗马人认为需要3年才能完成的任务，保证了罗马粮食的供应和海上交通线的安全。公元前62年，庞培带着大量掠自东方的战利品回到罗马，成为当时最有影响的人物。与庞培的战功赫赫相比，恺撒只能自惭形秽，几乎与战功无缘。不过，恺撒既擅长演讲，也特别慷慨，任职期间建造了不少公共建筑，赢得了罗马人民的好感，尽管为此也债台高筑。从西班牙总督任上返回后，他从行省掠夺到大量资财，经济情况有所好转。正因为他敢于而且善于花钱，在平民中享有很高的声望。

庞培

公元前62年，庞培自东方战场回到罗马，按规定解散了军队，希望元老院批准他在东方所采取的措施，并给老兵分配土地。可是，元老院予以拒绝，庞培自此与元老院交恶。公元前60年，克拉苏因为他支持的调整东方行省税收的法案未获批准，也对元老院表示不满。至于恺撒，本是马略的亲戚，因为缺少政治资本，主要依赖平民的支持，与苏拉改组的元老院交恶已久。为对付元老院，三人于公元前 60 年秘密结成同盟。为巩固同盟，恺撒解除了他女儿与他人的婚约，将其嫁给了庞培，当时他女儿只有 14 岁，而庞培已经 42 岁了。在克拉苏和庞培的支持下，恺撒当选为公元前 59 年的执政官。

恺撒上任后，不顾同僚反对，操纵人民大会批准了庞培在东方采取的措施，把坎佩尼亚一带的国有土地分配给庞培的老兵与有 3 个孩子的罗马公民，并将包税人应交纳给国家的税金减少三分之一，使庞培和克拉苏感到非常满意。在庞培和克拉苏支持下，恺撒在执政官任期届满后，顺利出任山南高卢和伊里利亚总督，任期 5 年。后来，恺撒又得到了对那旁高卢的统治权。

3. 恺撒的独裁与改革

恺撒之所以要出任高卢总督，是因为他已经意识到，在当时的罗马政坛上，没有强大的军事力量做后盾难成气候。他可利用出兵高卢的机会，训练一支听命于自己的军队，通过扩张积累物质财富和增添政治资本。经三年苦战，恺撒征服了高卢的大部分地区，同时掠夺了大量财富。他的军队也因为可以得到丰厚的战利品而对他唯命是从。

恺撒在高卢作战期间，时刻注视着罗马政局。他留在罗马的代理人或操纵人民大会通过对他有利的决议，或到处传扬他的威名。而克拉苏和庞培在这些年几乎无所作为。公元前 56 年，三人在意大利北部的路卡会晤，决定将恺撒的高卢总督任期延长五年。作为条件，恺撒支持庞培和克拉苏出任公元前 55 年的执政官，期满后二人分别出任叙利亚和西班牙总督。抽签分配行省时，克拉苏如愿得到叙利亚，因急于建功，执政官任期未满便离开罗马上任去了。公元前 53 年，克拉苏在与安息的战争中身亡，三头并立变成了两雄对峙。

恺撒利用在高卢的机会，积极扩展自己的势力。他曾经深入日耳曼人居住的地区，入侵不列颠，镇压了高卢人的起义，将大批战利品送到罗马，大大提高了自己的声望。庞培执政官任期满后，没有去西班牙，而是留在罗马。看到恺撒势力的上升，庞培忧心忡忡，乃与元老院接近。恰在此时，恺撒的女儿去世，庞培和恺撒之间的姻亲关系随之消失，二人之间的关系日益紧张。公元前 50 年，在庞培支持下，元老院要求恺撒在高卢总督任期届满后，立刻解散军队，交出兵权。恺撒希望缺席竞选罗马执政官，但被拒绝。在多方斡旋无果的情况下，恺撒于次年初率领军队进攻意大利。庞培和元老院猝不及防，仓皇逃往东方。公元前 49 年冬，恺撒当选为执政官。公元前 48 年，恺撒进军希腊，在法萨卢战役中打败庞培。庞培逃往埃及，被埃及国王托勒密下令杀害。恺撒尾追到达埃及后，插手埃及王位纷争，扶持克利奥帕特拉为国王。在随后的战争中，恺撒几乎丧命，亚历山大里亚著名的图书馆被焚毁。公元前 47 年，恺撒离开埃及，进军小亚细亚，打败了米特拉达梯的儿子法那西斯，接着出兵北非和西班牙，经过残酷的战争将庞培的残余势力消灭，共和派领袖或阵亡，或自杀。公元前 45 年，恺撒回到罗马，成为共和国唯一的统治者。

回到罗马后，恺撒公开实行独裁统治，把终身独裁官、保民官、祭司长等头衔全部集中于一身，拥有 72 名侍从，并且进行了一系列改革。

其一，为巩固统治，扩大自己的势力，他给8万名老兵分配了土地。其二，改革元老院，把一些非贵族出身的人塞进元老院，将元老院的人数扩大到900人。其三，授予一些行省城市以自治市地位，给予一些行省居民以罗马公民权。其四，以固定税款代替农业税，改由国家直接征收。其五，颁布新的法律，严惩贪污的行省总督。对于罗马的城邦制度来说，恺撒的统治和改革无疑又是一次沉重打击。恺撒集大权于一身的做法，直接违背了罗马共和国的分权与任期有限的制度，极大破坏了共和国政制；将公民权扩大到行省的做法，使城邦直接参与体制的局限性更加暴露，因为行省的居民几乎没有可能放弃自己的工作到罗马来行使他们的公民权。至此，罗马共和国的灭亡几乎不可逆转。

但是，长期的共和传统，绝不是一次改革就可以埋葬的，尤其是那些有政治参与欲望和利益受到损害的贵族，对恺撒的独裁统治更加不满。即使是普通的罗马人，也没有接受君主制的心理准备。因此，当恺撒专制自为的思想充分暴露后，罗马贵族采取了行动。公元前44年3月15日，以布鲁图和卡西约为首的阴谋者在元老院刺杀了恺撒。

四、后三头与共和国的灭亡

1. 后三头结盟

恺撒遇刺后，阴谋者们并没有享受到胜利的果实。罗马人虽然没有做好接受独裁统治的心理准备，但对于恺撒的暴亡，同样缺乏思想准备。恺撒死后元老院做出的决议体现了这一点：既没有宣布恺撒为暴君，撤销他的命令，也没有宣布刺杀者为凶手。相反，恺撒颁布的所有命令继续有效。在几天后的恺撒葬礼上，恺撒的大将安敦尼（约前83—前30）煽动罗马的民众起来暴动，迫使布鲁图等逃往东方。不久，恺撒的养子屋大维（前61—公元14）到达罗马。他利用恺撒老兵的支持以及恺撒留给他的巨额财富，迅速聚集起一支军队。为与安敦尼对抗，屋大维主动与元老院接近，打败了安敦尼。但恺撒派的内讧加强了元老院的地位，士兵们联合起来，说服屋大维和安敦尼放弃前嫌，联合对抗元老院。恺撒的骑兵长官雷必达（？—约前12）也参与进来，结成新的同盟，史称后三头。阿庇安这样描写三头对共和国的处置：

屋大维和安敦尼在穆提那附近拉文尼斯河中一个荒凉的小岛上和解他们的纠纷。两人各带5个军团，彼此相对地驻扎着，然后每人带着300士兵前往河上的桥边。雷必达在他们之先，跑到那里去，搜索一下那个小岛，然后挥动他的军服，作为信号，要他们前来。于是各人把他的300士兵交给他的朋友带着，留在桥上；他们来到小岛的中部，很清楚地可以被人看见，三个人在那里坐着开会，屋大维坐在中央，因为他是执政官。他们从早到晚，开了两天会，他们达成这些协议：屋大维辞去执政官的职务，在这一年剩余的时间内由文提狄阿斯（？—约前38）做执政官；通过法律，建立一个新的行政长官职位，以平定内部的纠纷，雷必达、安敦尼和屋大维三人担任这个新的行政长官职位，有执政官的权力，以5年为期（这个名义比独裁官的名义好些，可能是由于安敦尼的法令已经废除了独裁官职位的缘故）；这三个人马上指定这5年内罗马城市每年的行政官吏；三人分配行省，以全部高卢

（除掉和比利牛斯山脉相邻的旧高卢那一部分外）分配给安敦尼；旧高卢和西班牙分配给雷必达；而屋大维则占有阿非利加、撒丁尼亚和西西里以及附近的其他岛屿。

到了这个时候，所谓的共和国，已经不过是三头的战利品。同盟建立后，三头立刻进军罗马，强令人民大会通过决议，宣布安敦尼、雷必达和屋大维为建设共和国的三头，授予他们处理国家事务的全部权力。三头上台后，借口为恺撒复仇，立刻实行公敌宣告。根据三头的公告，凡杀死被宣布为公敌的人，只要把死者的头颅呈上，可以领取下列的奖金：给予一个自由人2.5万阿提卡德拉克马，给予一个奴隶自由、1万阿提卡德拉克马和他主人的公民权。告密者将得到同样的奖金。为了不使人知道他们起见，那些得奖者的名字不列入登记册。血腥的大屠杀随之开始。为对付政敌，三头连自己的亲戚也不放过，雷必达的兄弟，安敦尼的舅父都榜上有名，那个在元老院中接连发表演说抨击安敦尼的西塞罗，自然在劫难逃。他被一个百人队长杀死，其头颅和手被送给安敦尼，一同死去的还有其兄弟和侄子。安敦尼高兴异常，除规定的奖金外，另外奖励这个百人队长25万阿提卡德拉克马。甚至用餐之时，安敦尼都要把西塞罗的头颅放在自己的餐桌上，自己看厌了，又送到广场的讲坛上示众多日。接着，屋大维和安敦尼进军希腊。在腓力比决战中，彻底打败共和派的军队，布鲁图和卡西约先后自杀。战役结束后，屋大维和安敦尼重新划分了行省。屋大维返回意大利，负责安置老兵，安敦尼处理东方事务，筹措允诺给士兵的金钱。

屋大维回到罗马后，为给老兵分配土地，只得采取非常手段，到处没收土地，屠杀贵族，引起意大利人的强烈不满。安敦尼的弟弟利用这种形势，乘机煽起暴动，结果被屋大维镇压。安敦尼到达东方后，因需要埃及的支持，以便进行对帕提亚的战争，与埃及女王克利奥帕特拉混在一起，成了她的情人。雷必达虽然无所作为，但控制着北非。为稳定统治，三头于公元前40年重新签订盟约，规定屋大维管理西方行省，雷必达统治阿非利加，安敦尼治理东方，意大利由三人共治。鉴于小庞培势力强大，决定由屋大维和雷必达共同对付，安敦尼仍然负责对帕提亚的战争。为巩固同盟，屋大维把自己的姐姐嫁给了安敦尼。由于雷必达和安敦尼都不在罗马，意大利实际被屋大维控制。

三头重新结盟后，安敦尼回到东方，在克利奥帕特拉温暖的怀抱里，他乐不思蜀，公元前37年，他抛弃了屋大维的姐姐，与克利奥帕特拉公开结婚，并声称要把自己治理下的部分罗马行省送给克利奥帕特拉和她的子女。公元前36年，安敦尼出兵帕提亚，但遭到惨败。屋大维在意大利积极进取。公元前36年，他与雷必达合作打败小庞培（约前67—前36），占领了西西里。接着，他采用收买手段，将雷必达的军队全部争取过来，使雷必达变成光杆司令，给了他一个祭司长的空衔，将其行省收归自己帐下。在麦凯纳斯（？—前8）协助下，他网罗了维吉尔、贺拉斯（前65—前8）、李维（前59—17，或前64—12）等文化名流为他歌功颂德，大造舆论。在罗马人民大会上，他公开抨击安敦尼把罗马土地送给克利奥帕特拉的做法，赢得了广泛的舆论支持。公元前32年，屋大维一切准备就绪后，大举向东方进军。公元前31年，屋大维和安敦尼在阿克兴展开决战。战斗正酣时，克利奥帕特拉竟然带着埃及舰队离开了战场。正在指挥战争的安敦尼一看，抛下他的军队，尾随而去。两人回到亚历山大里亚后，自知时日不长，每天寻欢作乐。当屋大维兵临城下时，安敦尼的军队纷纷叛离。安敦尼和克利奥帕特拉先后自杀。屋大维终不失骑士风度，根据克利奥帕特拉的遗愿，将他们葬在了一起。自此，屋大维成为罗马共和国唯一的主宰。

2. 元首制的建立

公元前29年，屋大维从亚洲返回罗马，成为罗马最有权势的人物。他吸取恺撒失败的教训，力图在共和传统范围内行事。他没有像过去那样实行公敌宣告和清算，而是宣布大赦，取消了内战期间所下达的一切非常性指令，给罗马人多年来不曾拥有过的安全感。他利用从埃及和东方掠夺到的财富，带头在罗马兴修神庙和公共工程，赏赐士兵，安置他们退役。罗马的一切好像都回到了和平时代，社会生活的各个方面似乎都走上了正轨。

表面上，罗马共和国仍然存在。各种官职照常选举，各类人民大会照样召开，元老院照常工作。屋大维也口口声声地说，他要恢复和重建罗马共和国。可是，在表面的平静下，屋大维按照他既定的步骤，开始对共和国进行改造。

早在屋大维攻打安敦尼之前，他已驱逐了安敦尼一派的元老与支持者，将亲信安插到重要的位置，还亲自兼任执政官等职务。战争结束后，他并未交出这些权力，而是利用它们来清洗元老院。公元前28年，他借口一些元老名声不好或出身有问题，将两百名元老赶出了元老院，使元老院从1 000人减少到800人。同时，屋大维还兼任保民官，续任执政官，是元老院的首席元老。在准备完成后，公元前27年1月13日，屋大维突然在元老院发表长篇演说，声称要放弃所有权力，把罗马共和国交还罗马人民。屋大维此举让元老院和罗马人很诧异，不知道他的真实想法。元老院经过考虑之后，不允许他辞职，恳求屋大维收回成命，以免罗马人民再遭劫难。屋大维似乎很不情愿地接受了罗马人民的请求，答应继续执政。1月16日，元老院给屋大维上尊号为奥古斯都。此后，罗马的君主制逐步确立。因为屋大维并没有真正称王，而是以首席元老的身份进行统治，他所建立的体制被称为元首制。

奥古斯都

在元首制下，罗马表面上仍是共和国，屋大维像其他罗马人一样，参加罗马的官职选举，处处依法行政。他所担任的所有职务，没有一个不是共和国时期设立的。可是，屋大维不仅是首席元老，负责主持元老院的会议，而且还是军队最高统帅、执政官、最高祭司长和保民官。行政、立法、司法和军事等大权集于一身。当奥古斯都参加选举时，是没有人能够或敢于同他竞争的。可即使是名义上的选举，屋大维也会利用提出候选人名单的机会，把自己的亲信安插在重要位置上。至于行省，埃及成了元首的私产，一些重要的、驻有军队的行省，也在元首的控制之下。元老院管理的那些行省，屋大维随时可以干预其政事，撤换其总督。所以，罗马国家所有重要的权力，已经被元首掌握。元首制实际上是隐蔽的君主制。公元前 27 年 1 月屋大维的演说，也成了罗马共和国最后的葬礼与罗马君主制诞生的标志。

第四节 共和国时代的罗马文化

在西方人们经常说的是，光荣归于希腊，伟大属于罗马。意思是希腊人在文化上的成就十分突出，而罗马人以武功见长，创建了西方历史上空前的大帝国，并成功地统治了地中海世界 600 多年，但是在精神文化的创造上似乎不那么让人佩服。这种观念在今天已经有所变化。罗马兴起于埃及、西亚和希腊文明衰落之际，但又征服了这些地区，在相互交往的过程中，大量吸收了它们的成就，并加以综合和发展，其文化成就曾给近代西方文化的发展以巨大影响。

一、文学

1. 戏剧

罗马文学起源于对希腊文学的模仿，最早的文学作品是《奥德赛》的拉丁文译本，译者是意大利南部的希腊人城市塔林敦的李维·安德罗尼库斯。公元前 240 年，罗马为庆祝第一次布匿战争的胜利，请他把一些希腊悲剧译成拉丁文在赛会上表演。在学习希腊文学的基础上，罗马人开始创作自己的作品。最有名的喜剧作家是普路塔斯（约前 254—前 184）和泰伦斯（前 195—前 159）。前者一生中据说写过 130 部喜剧，现存 20 部，另有 7 部仅余残篇，其他或仅知篇名，甚至篇名也失传了。希腊的新喜剧与旧喜剧不同，不大涉及城邦政事，主要是从日常生活中取材。普路塔斯继承了这一传统，剧中主人翁大多是些小人物，如吝啬贪财的父亲、沉迷酒色的浪子、卖弄风骚的情妇和自作自受的小人之类，比较贴近现实生活。据说他的作品在罗马影响非常之大，有人写道，“普劳图斯亡故了，喜剧哭泣着，舞台空荡了，嘲笑、嬉戏、诙谐及各种诗歌，全都陷入悲痛之中”。泰伦斯是一个家生奴隶，后被其主人开释，成为自由人。他的剧本完整流传下来的仅 6 部，著名的有《安德罗斯女子》《孪生兄弟》《婆母》等。他注重哲学思考，长于心理描写和发掘人性与人们相互关系友好的方面。他一般不让主人翁在舞台上长篇大论，而以优雅的语言、别开生面的描绘，使故事情节扣人心弦，深得后人好评。罗马人也创作了不少悲剧，但其影响远逊于喜剧。共和国时代最著名的悲剧作家是阿克基乌斯（约前 190—前 85），可惜其悲剧作品全部失传。

2. 诗歌

罗马的史诗创作同样与对希腊人的模仿密不可分。罗马最早的史诗诗人是尼维阿斯（约前 270—前 201）。他最重要的作品是《布匿战争》，用史诗形式宣扬罗马人的“丰功伟绩”。不过除布匿战争外，他还在史诗中谈及埃涅阿斯流亡和罗马建城的传说，并涉及当时的政治，讽刺当时在罗马财大势众的麦特路斯家族，可能因此被流放，最后死在北非的乌提卡。他的史诗失传，仅存 60 行左右的残篇。另一诗人恩尼乌斯（前 239—前 169）是早期罗马最著名的诗人之一，曾创作过悲剧。他的主要作品是 18 卷的《年代记》，采用史诗形式叙述罗马从传说中的埃涅阿斯到他本人那个时代的伟大历史，唯独略去了尼维阿斯已经写过的布匿战争。他被罗马人视为最伟大的诗人之一，卢克莱修、维吉尔等都非常尊敬他，西塞罗也在自己的作品中经常引用他的诗歌。可惜他的作品基本失传，其《年代记》也仅存600行左右。

罗马最伟大的史诗诗人是维吉尔。他出生于意大利北部曼图亚城附近的农村，生活在罗马从共和国向帝国过渡的大变革时代，当时内战频仍，民不聊生，人性中丑恶的一面暴露得特别充分。当奥古斯都恢复罗马和平后，人们都有长出一口气的感觉。维吉尔本人不过是个小地主。在共和国末年的兵荒马乱中，他的土地曾被没收，幸得奥古斯都亲信麦凯纳斯之助，得以渡过难关。因此，他对奥古斯都的感激是真诚的。他的《埃涅阿斯记》是罗马现存最长的史诗。故事的核心是特洛伊英雄埃涅阿斯在特洛伊陷落之际，携老父与妻儿出逃，在其母亲维纳斯女神的帮助下历尽险阻，最后在意大利建国的历程。在整体结构上，维吉尔借鉴了荷马史诗的许多手段，但维吉尔内心真正想说的，乃是借此为奥古斯都的统治张目。在埃涅阿斯游历地府时，他借预言家之口，宣称朱利亚家族将来注定要统治罗马，而恺撒、奥古斯都等人是其中的最杰出者。这样，恺撒等的统治，就成了神灵预先命定的事实。维吉尔的高明之处在于，他用娓娓动听的语言，把埃涅阿斯的命运与罗马的伟大紧紧捆绑在一起，使它变成了一首歌颂罗马伟大的爱国主义颂歌。所以，他的诗篇不仅得到奥古斯都的欣赏，而且在罗马人中引起广泛的共鸣，立刻在意大利流传开来，成为罗马史上最伟大的史诗。

除《埃涅阿斯记》外，维吉尔还写有大量牧歌和农事诗。他的牧歌表现了人们在长期战乱之后对宁静优美的田园生活的向往与对和平的渴望；农事诗同样是歌颂田园风光，不少地方还谈及农业生产的具体技术问题，成为我们研究意大利农业史的重要资料。

贺拉斯和奥维德与维吉尔大体同时，在文学史上的地位也不相上下。贺拉斯恬静随和、才思敏捷，曾参加过布鲁图的军队。布鲁图失败后，他回到罗马，因维吉尔举荐，得到奥古斯都和麦凯纳斯的赏识，从此生活无忧，专心从事诗歌创作。他传世的诗歌有《颂歌》4卷，《讽刺诗》和书信各2卷，主要歌颂田园乡村的优美舒适、人间的温情及道义的崇高等。他的《诗艺》是古代少见的文艺理论著作，上承亚里士多德的《诗学》，下启文艺复兴时期文艺理论之端，对16—18世纪西方的文艺创作产生过深远影响。奥维德的成名作是3卷的《情诗集》，后写有《爱的艺术》和《淑女书简》，但他最受欢迎的作品是15卷的《变形记》。该书汇集了希腊罗马神话中有关变形的故事，将其按时代先后排列串联起来，其中的不少故事，相互之间实际上没有联系，全书也很难说有一以贯之的主题思想。但奥维德以他高超的手法，把它们变成了一气呵成的著作。他的作品给西方的文学创作以重大影响，乔叟的《坎特伯雷故事集》、薄伽丘的《十日谈》等，都或多或少地受到他的启发。

3. 西塞罗

西塞罗是罗马著名的政治家和学者，在哲学、文学、政治学等领域，都有巨大影响。他曾积极参与罗马政治生活，担任过执政官，为挽救罗马共和国做了不懈努力，后因得罪后三头被杀。他留下了大量作品，包括57篇演说、900封书信，另有论述哲学和政治学的《论神性》《论国家》《论善与恶的定义》《论法律》等。他在哲学上虽无特别大的创见，但古代的不少哲学思想在他的论著中都有反映，因此任何研究哲学史的人都不能不参考他的作品。在吸收希腊哲学的基础上，他为拉丁世界创造了一套独特的哲学术语。他留给后世的书信，既透露了罗马当时的政治情况，是研究共和国末期历史的重要资料，又是十分优美的拉丁语散文。从西塞罗开始，拉丁语才成为真正的文学与学术语言。他最擅长的是演说，其演说辞结构匀称、词汇丰富、句法考究，虽是散文而有韵律，读起来抑扬顿挫、铿锵有力，将演说辞发展到近乎完美的地步。他还有论述演说术的著作多种。在政治思想上，他继承了波里比阿的混合政体论，认为罗马共和国的政治制度融合了君主制、民主制和贵族制的优点，保证了政治的稳定和社会的安宁。他的一系列著作，使他成为罗马历史上最有影响的人物之一。

二、史学

1. 罗马史学的发端

罗马有记载自己历史大事的传统，大祭司会把每年的重大事件记录下来，成为罗马最早的编年史。罗马史学起源于共和国中期，最早的史学家是费边（又译法比乌斯），和第二次布匿战争中出任独裁官的费边属于同一家族，也参加过第二次布匿战争。他的《罗马史》用希腊语写成，始自罗马建城，止于他本人所处的时代。一般认为他的著述比较可靠，波里比阿和李维对他多有因袭。公元前2世纪的加图用拉丁语撰写自己的著作。除《论农业》外，他最重要的著作是《起源论》。该书以罗马历史为中心，概述了意大利、西班牙、希腊等地的历史。加图希望撰写罗马人民的历史，据说在他的书中不曾有一个人名出现，因为他认为，罗马的胜利是普通士兵的功劳。他在书中提到的唯一名字是萨鲁斯，而它是一头大象，因在与迦太基人的战斗中表现勇猛，得到加图特别的青睐。他有关意大利、西班牙等地物产的叙述引人入胜，具有重要价值，可惜已失传。

2. 萨鲁斯特

萨鲁斯特（约前86—约前35）是共和国末年的政治风云人物，曾出任副执政官和阿非利加行省总督，是恺撒的积极支持者。恺撒遇刺后，他退隐田园，专心著述，先后写有《喀提林阴谋》、《朱古达战争》和《历史》等。《历史》记述从公元前78年—前67年大约12年间的事件，其中大部分事件是作者亲身经历过的，具有很大的史料价值。该书基本失传，完整保留下来的仅有书中的4篇演说，以及少量的残篇。《喀提林阴谋》记述的是公元前60年代末期罗马贵族喀提林发动的一次暴动，成功地再现了当时罗马政坛风云激荡的情景。《朱古达战争》通过描写公元前2世纪末罗马与北非努米底亚王国的战争，揭露了罗马政治的腐败，歌颂了马略的雄才大略。萨鲁斯特行文简洁，常有惊人之语，在看似平淡的叙事中，将罗马政治形势和社会风情生动地展现在字里行间，有人声称，“他的著述是以奇妙绝伦的文艺手法描绘出来的一系列的文字图画。他以文字刻画的人物宛如版画一般，尽管他有时似乎过于雄辩，在近代的读者看来似乎也太注重修辞，但全书始终风趣横生，从未消沉”。他的著述，连同西塞罗的书信和演说，是我们研究共和国末年罗马政治与经济最为重要的资料来源之一。

3. 恺撒

恺撒是共和国末年罗马最著名的政治家，同时也是一个伟大的史学家。他的《高卢战记》共8卷，其中前7卷大概出自恺撒本人之手。它采用每年一卷的战报形式，从公元前58年恺撒出任高卢总督写起，直到公元前51年为止，详尽记录了恺撒在高卢的军事活动。因为这些文字大多在战争间隙写成，而且是为了给罗马的大众阅读的，行文力求简洁、通俗和平实。同时，为避免宣传的嫌疑，恺撒有意不用第一人称，而采用第三人称，好像别人在客观报道他在高卢的活动，即使在为自己辩护时，也不着痕迹，在写作上取得了很大的成功。《内战记》的内容紧接《高卢战记》，从恺撒和元老院之间的往来交涉讲起，一直叙述到恺撒击败庞培、追赶后者到埃及为止。就写作风格而论，为自己的行动辩护的色彩浓厚，但同样采用的是第三人称。《内战记》的最后三篇可能出自他的部将之手。但仅此两部著作，已足以让恺撒成为伟大的拉丁语散文作家和史学家。

4. 李维

李维是奥古斯都时代罗马最伟大的史学家，出生于意大利北部的帕多瓦。他目睹了共和国末年的内战，对于奥古斯都缔造的和平，可能由衷地表示赞扬。他穷其毕生心力于《自建城以来》一书的撰述。全书共142卷，始自罗马传说中的建城，止于奥古斯都时代。可惜除了1～10卷、21～45卷完整保存下来外，其余仅存残篇。从残存的35卷看，李维写作历史，有明显的政治目的，他希望通过记录罗马过去的光荣和伟大，服务于奥古斯都的统治及其政策。在他的笔下，罗马历史上最伟大的三个人物，第一个是罗马的奠基者罗慕路斯，第二个是从高卢人手中拯救罗马的卡米路斯，第三个就是奥古斯都。由于所涉及的史实太多，李维无暇考辨，于是李维广泛借鉴前辈学者的成果，在写到某一时期或某一事件时，以某一种书为主，兼采其他说法。他希望借助历史宣扬罗马式的爱国主义，对罗马历史上不光彩的一面多所隐晦。他对共和国伟大和崩溃的解释是道德式的，认为古代的伟大源自罗马人道德的高尚，而共和国的崩溃，一方面是罗马国家过于广大，更重要的则是人们的道德精神被腐蚀。尽管如此，他的著作毕竟为我们保存了大量古代历史资料，加之文笔生动形象，因此在历史上有很大影响，成为后世研究罗马史的必读书。

三、哲学和农学

1. 哲学

罗马共和国时代最伟大的哲学家是卢克莱修。关于他的生平，无论是古代的作家，还是他本人，都少有记载，只能大致确定他生活于公元前1世纪，全名叫提图斯·卢克莱修·卡鲁斯。他的名作《物性论》共分6卷，第1卷确立了原子构成宇宙的主要原则，指出物质是永恒的，所有物质都有它的来源，但也不会归于消失。除原子和虚空外，无其他事物存在，并强调了宇宙的无限性。第2卷的重点在于说明原子的运动，以及它们构成世界的方式，并指出世界现象千变万化的原因。第3卷说明原子的结构和灵魂问题，嘲笑了那些害怕死亡的人。第4卷描述感官知觉、思想和某些身体功能的机制。第5卷描述天体和世界的创造、运动，以及生命和人类的演化，提出了人类经由石器时代、铜器时代到铁器时代的理论。最后一卷解释大地和天空的特殊现象，并描述了雅典的瘟疫。他在每卷的开头都写了一段序诗。序诗语言考究，有时会提前交代该卷将讨论的问题。这部著作可能是世界上古史上现存关于原子论最全面深刻的论述。

2. 农学

早期罗马是一个以农民为主体的共和国。共和国末期以来，虽然商品经济获得了一定程度的发展，但农业的基础地位始终不曾动摇。罗马人有一系列专门总结农业生产经验的著作。最著名的是加图和瓦罗（约前116—前27）的同名著作《论农业》。

加图生活于意大利庄园制和奴隶制开始兴起并得到初步发展的时期，因此，加图主要谈论的是如何管理好农庄以及奴隶的问题。虽然他主张要亲自参加农业生产，认为只有农业的收入来得最为干净，但是又对农业生产与市场的关系，以及如何从奴隶那里尽可能多地榨取剩余价值有详细论述，反映了当时意大利农业中使用奴隶的普遍性，以及罗马农业与商品经济的联系。瓦罗生活于罗马共和国末年，曾是恺撒的支持者。恺撒遇刺后，他退隐田园，专心著述，有不少著作。他的《论农业》分3卷，分别论述大田作物、畜牧业和宅旁经济。他吸收了加图等人的研究成果，但又不拘泥于古人，主张农业要因地制宜。

四、建筑与艺术

1. 建筑与艺术

罗马人在建筑和艺术上卓有成就。罗马建筑吸收了希腊和伊达拉里亚建筑艺术的优点，同时也有独特的创造。公元前4世纪，罗马为加强与中部意大利的联系和对萨莫奈人进行战争，修建了阿庇亚大道。后来，修建道路就成了罗马的一项基本工程，共和国时代完成的有克劳狄大道、埃米里亚大道和弗拉米尼亚大道等。这些大道把罗马与被征服地区连接起来，道路的建筑质量比较可靠，路线基本平直，坡度和缓，基础牢固，是罗马建筑的典范之一。

罗马人的建筑物中，就其与生活关系的密切程度来说，首先当然是房屋。到共和国后期，随着罗马财富的积累，贵族们修建了不少别墅。别墅前面有花园和鱼塘，内部还配有客厅、中庭和堂屋等，其设计比较注意内部的空间和装饰，不大看重外观。公共建筑有神庙和广场上的大型建筑。与希腊建筑相似，罗马建筑多用石料建成，而且是列柱结构。但与希腊神庙不同的是，罗马神庙建筑还受到伊达拉里亚风格的影响。建于公元前2世纪中期的福尔图纳-维瑞里斯神庙建于高高的台基之上，列柱采用的是伊奥尼亚式，但又高又窄，颇有伊达拉里亚神庙之风，与维爱的阿波罗神庙很相似。在罗马广场的建筑中，共和国时代的建筑有所谓波吕克斯神庙、埃米利亚会堂、朱利亚会堂等。这些建筑也多采用列柱结构。形式为一座两边为柱廊的长方形大厅，大厅内用两列柱子划分出一个主厅和两个侧厅。大厅的两端有时也用列柱，似乎是用列柱围成了一座大厅。罗马建筑中最值得一提的是对火山灰的使用。由于火山爆发时产生的高温高压，使得火山灰具有了水泥那样的性能。这些天然水泥的使用，让罗马人能够建造以拱券、圆顶为特征的建筑。

一个罗马人和他的祖先

2. 艺术

共和国时代罗马的雕刻深受伊达拉里亚和希腊的影响。尤其是从公元前3世纪开始，意大利南部的希腊人与罗马人接触频繁，希腊人的雕刻，让罗马的贵族们如痴如醉。公元前2世纪，罗马人进入希腊本土，大量雕刻被罗马人作为战利品运回罗马，成为贵族府邸的装饰品。此外，罗马人也大量复制希腊人的原作。但罗马人的雕刻也有自己的特色，尤其是人物肖像雕刻相当发达。从很早的时代起，罗马人就非常注意保存祖先的肖像，最初是用蜡复制去世的祖先的面容。这些面具平时摆放在家中，遇有重大活动，例如有人去世时，还会找那些与其祖先身高、体态相似的人戴上面具举行游行，并有专人宣读对已故者的颂词。颂词会提及该家族中曾经出现的显赫人物，等于是该家族的一次广告。后来出现了石料的雕刻和青铜的铸像。罗马著名的政治家和军人，如西塞罗、庞培、恺撒，以及后来的奥古斯都等，都有肖像雕刻传世。这些雕刻在广泛吸收希腊技法的同时，仍保留了罗马人的写实精神。

推荐阅读书目

古典文献如波利比乌斯、西塞罗和阿庇安等不再列举，仅列举近人著述如下：

陈可风．罗马共和宪政研究．北京：法律出版社，2004

宫秀华．罗马：从共和走向帝制．长春：东北师范大学出版社，2002

刘津瑜．罗马史研究入门．北京：北京大学出版社，2014

王焕生．古罗马文艺批评史纲．南京：译林出版社，1998

徐国栋．罗马公法要论．北京：北京大学出版社，2014

晏绍祥．希腊城邦民主与罗马共和政治．北京：人民出版社，2019

杨共乐．罗马史纲要．北京：东方出版社，1994

杨共乐．罗马社会经济研究．北京：北京师范大学出版社，1998

杨俊明．古罗马政体与官制史．长沙：湖南师范大学出版社，1998

于沛，主编．西方史学思想史．长沙：湖南教育出版社，2015

朱龙华．罗马文化与古典传统．杭州：浙江人民出版社，1993

［英］莱斯莉·阿德金斯，罗伊·阿德金斯．探寻古罗马文明．北京：商务印书馆，2008

［英］玛丽·比尔德．罗马元老院与人民：一部古罗马史．北京：民主与建设出版社，2018

［法］雷蒙·布洛克．罗马的起源．北京：商务印书馆，1998

［美］威尔·杜兰．恺撒与基督．北京：东方出版社，2003

［英］M.I. 芬利．古代世界的政治．北京：商务印书馆，2013

［美］腾尼·弗兰克．罗马帝国主义．上海：上海三联书店，2008

［英］迈克尔·格兰特．罗马史．上海：上海人民出版社，2008

［法］皮埃尔·格里马尔. 西塞罗. 北京：商务印书馆，1998

［意］朱塞佩·格罗索. 罗马法史. 北京：中国政法大学出版社，1996

［英］戴维·M. 格温. 罗马共和国. 南京：译林出版社，2018

［俄］科瓦略夫. 古代罗马史. 上海：上海书店出版社，2007

［美］南希·H. 雷梅治，安德鲁·雷梅治. 罗马艺术：从罗慕路斯到君士坦丁. 桂林：广西师范大学出版社，2005

［英］安德鲁·林托特. 罗马共和国政制. 北京：商务印书馆，2017

［英］克里斯托弗·罗，马尔科姆·斯科菲尔德. 剑桥希腊罗马政治思想史. 北京：商务印书馆，2016

［英］伊丽莎白·罗森. 西塞罗传. 北京：商务印书馆，2015

［意］弗朗切斯科·德·马尔蒂诺. 罗马政制史：第1—2卷. 北京：北京大学出版社，2009—2014

［德］特奥多尔·蒙森. 罗马史. 第1—5卷. 北京：商务印书馆，1994—2014

［英］H. F. 乔洛维茨，巴里·尼古拉斯. 罗马法研究历史导论. 北京：商务印书馆，2013

［意］马里奥·塔拉曼卡. 罗马法史纲（第二版）：上卷，下卷. 北京：北京大学出版社，2019

［美］J. W. 汤普森. 历史著作史：上卷第1分册. 北京：商务印书馆，1996

［苏联］谢·勒·乌特琴柯. 恺撒评传. 北京：中国社会科学出版社，1986

第十章 帝国时代

公元前后的几个世纪堪称世界上古史上的帝国时代。随着历史的发展，在亚欧大陆上，从东到西先后崛起了中国的秦汉，中亚和南亚北部的贵霜，伊朗高原上的帕提亚（安息），以及西方的罗马四大帝国。公元前后，它们都进入了鼎盛时期。秦汉王朝统治着包括黄河流域到珠江流域在内的广大地区，而且不断西进，开拓西域，与贵霜甚至安息帝国建立了直接联系。贵霜帝国强盛之时，统治着中亚以及印度的北部，东与秦汉王朝，南与印度，西与帕提亚（安息）保持着直接联系。帕提亚的统治中心为伊朗高原，它东边通过贵霜与秦汉王朝保持着联系，西与罗马直接接触，两者之间政治和文化交往密切。西端的罗马帝国把地中海变成了内海，统治着从不列颠到幼发拉底河、从多瑙河到撒哈拉沙漠的地区。四大帝国的崛起和发展，将亚欧大陆上的农耕文明区连接成为东西不间断的整体，形成辽阔的农耕文明地带。

第一节　秦汉王朝的崛起与扩张

一、秦朝中央集权国家的建立

1. 专制统治的确立

公元前 221 年，秦朝大体完成了对中原的统一，建立了以君主为核心的专制主义的中央集权。

标志着秦朝统一中原的第一件大事，就是最高统治者名称的选定。公元前221年，秦王嬴政下令让臣下讨论最高统治者的称谓问题。他觉得自己一统中原，“今名号不更，无以称成功，传后世。其议帝号”。李斯等建议采用“泰皇”。但嬴政认为，他统一中国，功过三皇，德盖五帝，因此将两者结合起来的“皇帝”更能体现他的成就和威严，决定采用皇帝的名号。从此皇帝变成了中国最高统治者的专用称呼。与皇帝称号相联系的，还有一系列其他称呼。皇帝自称为“朕”；“命为‘制’，令为‘诏’”；所使用的印章为“玺”；文书中遇到皇帝等字眼，必须抬头顶格书写。嬴政废止了臣下和后代给前朝皇帝上谥号的做法，认为那等于让“子议父，臣议君”，有损权威，规定以后只以数字计算世系，于是他成了始皇帝，后世以二世、三世计，这样可以传之万世。所有这些称号，都强调了皇帝独一无二的地位。

比皇帝称号更加重要的，是建立中央集权的专制主义统治体系。秦中央政权承袭秦的旧制，以三公九卿为核心。三公是丞相、太尉和御史大夫。丞相为百官之首，协助皇帝处理政事。丞相有两人，分别为左右丞相，目的是让两人相互牵制。太尉掌军事。但秦统一后，并无任何人出任过太尉，意味着兵权一直由皇帝亲自掌握。御史大夫负责监察百官，“掌图籍秘书”，“受公卿奏事，举劾按章”，承转皇帝诏令等。三公之下，有分管各项具体事务的九卿。所有这些官员的任免，都是皇帝做主，甚至他们的性命都掌握在皇帝手中。

地方实行郡县制。秦统一之初，丞相王绾等主张封子弟为王，秦始皇认为，“天下共苦战斗不休，以有侯王。赖宗庙，天下初定，又复立国，是树兵也，而求其宁息，岂不难哉”。于是分天下为三十六郡，置郡守、郡尉等。郡守负责民政事务，有郡丞协助；郡尉掌管军事。郡下设县，县设县令或县长，并有县丞和县尉等，分管民事和军事。从郡到县的所有重要官吏，都由中央任免。为加强控制，朝廷会派出御史到各郡视察，考察结果由御史向皇帝上报。另外，每年地方官必须将当年的赋税等定期上报。县下有乡，乡有啬夫、三老和游徼。啬夫有征税和听取诉讼之权，三老掌教化，游徼管治安。乡下有里，里有里正。里下是按照什、伍编制起来的居民，居民行什伍连坐制度。

秦朝建立了统一的税收体系，其税收包括田租、口赋和杂赋。田租为实物。口赋是人头税，收取货币，大概每人每年120钱。杂赋是对土特产之类征收的税收。

军队由步兵、骑兵和水兵组成，总数应有数十万。士兵主要来自征调，当兵打仗是每个臣民的义务。服兵役的年龄可能为17～60岁。服役的时间一般是两年，一年在本郡参加军事训练或维持治安，一年守卫首都或戍守边境。此外每个壮丁可能还需要在自己的郡县服役一个月。但秦朝战争频繁，一个人一生中可能需要多次服役。

秦的法律在商鞅时已相当完备，到秦始皇时经过多次补充修订，更加完备。就刑律论，一是法网严密，条目繁杂，涉及社会和政治生活的方方面面；二是轻罪重刑。在秦朝，违法的罪名简直不可胜数。任何行为和言论，都有可能被定罪。说话不恰当甚至仅仅心中不满都会成为罪名。对罪犯的惩治方法多种多样。同样是处死，因为方法和地点不同，会有不同的称呼，据学者统计，有诛、杀、戮、坑、弃市、腰斩、车裂、磔、具五刑等。秦律的另一可怕之处，是一人犯罪，会株连全家甚至全族。

虽然所有这些制度都不是全新的，但将其推行到全国，还是中国历史上第一次。经过这样的改造，终于确立了以皇帝为核心的专制主义的中央集权体系。它稍经修改后，成为此后至20世纪初期中国的基本制度。

2. 加强统一的措施

秦以僻处西陲之国，遽然征服了面积庞大，风俗、文化迥异，某些方面比自己更为发达的山东诸侯，除了废分封、行郡县、创建从中央到地方的官僚机构，秦始皇及其大臣们还采取了一系列措施。

销毁兵器和移民，是秦始皇最重要的措施之一。六国被灭之时，民间遗留了不少武器。秦始皇下令将天下兵器全部收缴，运往咸阳，将其熔铸为铜人。诸侯国的豪富之民，其中不少是旧贵族，被迁移到咸阳。据说一共有12万户被迁移。迁移的目的，一是便于控制，二是充实京畿人口，形成内重外轻的局面。六国留下的城防设施和要塞等，一律平毁。

文化上，秦始皇最重要的举措是统一全国文字。战国时期，各诸侯国都有自己的文字，相互之间差距很大。一个“马”字，在齐国就有三种写法，在楚、燕、三晋各有两种写法，加上秦的一种写法，共有10种。这对于政令统一显然不利，秦统一后，立刻下令统一文字。新文字是以秦国通行的文字为基础，经过简化和修改后的小篆。汉字的统一是秦对中国历史最大的贡献之一，后世所有的汉字，几乎都是在秦文字的基础上发展起来的，而中国政治与文化的统一，也与汉字有密切关系。

铸币与度量衡也被统一起来。诸侯国原来使用的货币，一律被秦国的圆形方孔钱取代。各种衡器和量器，也都在商鞅量的基础上统一起来。这样的统一，当然是为了国家征税的方便，同时也有利于不同地区间的经济交流。

修建道路是帝国加强统一的重要手段。秦统一中原后，在原来道路的基础上，对帝国内的道路进行全面整修，形成以咸阳为中心，向东、南、北发散的道路系统。征服河套地区后，又修建了长800千米的直道。据说这些道路“东穷燕齐，南极吴楚，江湖之上，濒海之观毕至。道广五十步，三丈而树，厚筑其外，隐以金椎，树以青松”。据学者们估计，秦帝国道路总长约6 800千米，可能超过了公元2世纪罗马帝国极盛时期官方修筑的道路的长度。征服百越后，秦曾修筑数条道路，将道路延伸到华南。在西南，修建了从今四川宜宾到云南曲靖附近的道路。发达的道路系统，将地方与秦帝国的中心——咸阳联系起来。

与修建道路相联系的，是秦始皇的巡行。为了显示皇帝的声威，同时督促地方官，检查边防，秦始皇称帝后的10年中先后5次巡行全国，其足迹东到大海，南到今湖南，北到陇西，几乎踏遍所有郡县。

在秦强化统治的措施中，不能不提到焚书坑儒。公元前213年，两名博士为了秦统治的策略问题发生争论。时任丞相的李斯借题发挥，认为儒生喜欢以古非今，为便于统治，应当禁私学、焚诗书，以律令治国。这样的建议很合专制自为的秦始皇的胃口，立刻在全国实行开来。对于中国文化典籍来说，它无疑是一场灾难。更严重的是，它给后世统治者树立了一个恶劣的先例——用行政手段钳制人们的思想。次年，由于一些儒生在求长生不老药的问题上欺骗了秦始皇，发生了一起更加骇人听闻的事件：为报复儒生，秦始皇下令将其中的460余人坑杀。

李斯有关焚书的建议

今天下已定，法令出一，百姓当家则力农工，士则学习法令辟禁。今诸生不师今而学古，以非当世，惑乱黔首。……今皇帝并有天下，别黑白而定一尊。私学而相与非法教，人闻令下，则各以其学议之，入则心非，出则巷议，夸主以为名，异取以为高，率群下以造谤。如此弗禁，则主势降乎上，党与成乎下。禁之便。臣请史官非秦记皆烧之。非博士官所职，天下敢有藏《诗》、《书》、百家语者，悉诣守、尉杂烧之。有敢偶语《诗》《书》者弃市。以古非今者族。吏见而不举者与同罪。令下三十日不烧，黥为城旦。所不去者，医药卜筮种树之书。若欲有学法令，以吏为师。

——司马迁. 史记：秦始皇本纪.

秦朝所创立的制度，对于巩固当时刚刚统一的国家发挥了积极作用，并且在中国延续了 2 000 多年。因所有居民都是皇帝的臣民，政治与法律地位大体平等，也有利于疆域的继续扩展和文化的传播。另一方面，秦朝的专制统治，也造成了官僚机构庞大、人民负担沉重、言路堵塞、法治不张和最高统治者的专制自为，不仅使秦朝未能如秦始皇期待的那样传之万世，也给中国历史的发展造成了一定的负面影响。

3. 秦的扩张及其灭亡

秦初统一中国之时，疆域限于中原地区，其南方边界从四川成都经重庆，贵州的思南、黎平，湖南的靖州、郴州，江西的南昌，安徽的宁国到浙江的绍兴一线，大致以长江流域为限。北方的边界相当于今内蒙古大青山以南，黄旗海，岱海，乌审旗，甘肃洮河中游，宁夏贺兰山、青铜峡、山水河以东一线。在秦帝国之外，散布着越、胡、夷、戎等少数民族部落。秦灭六国后，立刻对这些地区用兵。在南方，经过近 10 年的征战，秦将疆域伸展到今广东、广西和福建等地，最远达到今越南北部。设置南海、桂林、象郡等，并向这些地区大规模移民。在北方，秦始皇派蒙恬击败匈奴，夺得河套以北、阴山以南和大青山以西的广大地区，置九原郡，并移民 3 万户实边。为防御匈奴等的袭击，蒙恬将兵 30 余万，并征发大量劳力，修建了西起临洮、东到辽东的万里长城。

秦王朝自统一以后，几乎没有停止过用兵。灭楚后，秦立刻开始了对百越的战争。战争从公元前 219 年开始，到公元前 214 年末才结束，其间还开凿了灵渠。公元前 215 年，秦大举对匈奴用兵，随后是修建直道、移民和修建万里长城。两次战争和修建道路所动员的人力，都有几十万人。问题是这不过是秦朝征用的人力的一小部分，其他还有修建骊山陵墓、阿房宫等，所征用的人员更多。大规模征发，加上苛捐杂税繁重，造成了社会的动荡，社会矛盾迅速激化。秦始皇在位时，就多次遭遇所谓盗贼的袭击，民间舆论中也不断有关于秦将灭亡的预言。秦二世（前 209—前 206）通过阴谋手段登基，与宦官赵高沆瀣一气，逼死了自己的哥哥和皇位继承人扶苏，杀大将蒙恬，将自己的兄弟姐妹 10 余人诛杀。他生活荒淫奢侈，文过饰非，不理政事，法律空前严酷，“繁刑严诛，吏治刻深”，“赭衣塞路，囹圄成市”，“劓鼻盈蔂，断足盈车”，“道路死者以沟量”，这些概念化的描写多出自后人之手，不免有夸张之嫌，但可以反映秦朝统治的严酷。据说秦二世和赵高时期，“宗室振恐。群臣谏者以为诽谤，大吏持禄取容，黔首振恐”。

公元前209年，陈胜和吴广起义于大泽乡，随后引发了全国性的起义。陈胜的军队很快占领了秦在东方重要的统治中心陈，并在那里建立了张楚政权，随后以吴广进军荥阳，以周文进军关中。虽然周文和吴广先后失败，陈胜本人也被杀害，但他们点燃的起义烈火却越来越旺，原来六国的新旧势力也乘机起兵。项梁和项羽（前232—前202）起兵于会稽；刘邦（前202—前195）起兵于沛；齐国、魏国、赵国、燕国等也纷纷复国。秦王朝能够控制的，不过关中地区而已。

在反秦起义中，项羽和刘邦发挥了关键作用。项羽在巨鹿大战中消灭了秦军的主力，刘邦则长驱直入关中，攻占了秦都城咸阳。秦二世此前已经在与赵高的冲突中被杀，赵高又被继位的秦王子婴杀死。当刘邦进抵咸阳时，秦王子婴无力抵抗，只能出城投降。强大的秦王朝仅仅存在了十几年后，就于公元前206年灭亡。

二、西汉王朝

1. 楚汉战争与西汉王朝的建立

秦朝灭亡后，天下并未立即安定。灭秦后实力最为强大的项羽，偏偏是个缺乏政治远见的人。在进入秦都咸阳后，他放过自己后来最强大的对手刘邦，却无故杀掉秦王子婴，劫掠了秦的宫殿后又一把大火将其烧毁，疏于收拾残局，关中民众对他非常失望。对于此后的政治安排，他显然缺乏清醒的头脑，分封了18个王，自立为西楚霸王。可是在分封之时，他又没有充分考虑各路军阀的实力和愿望，只关照自己的亲信，特别是把刘邦赶到汉中，封原来的秦降将章邯、司马欣、董翳为关中三王，不仅对刘邦来说不公平，更与关中人的期望相去甚远。因此，当项羽完成分封回到彭城，想享受他的霸主美梦时，新一轮的混战却开始了。田荣起兵于齐，彭越起兵于梁，陈馀起兵于赵。刘邦乘机从汉中杀出，迅速占领了函谷关以西的广大地区。

刘邦的目标是一统天下，并非当关中王。公元前205年，他率军出函谷关与项羽大战。尽管项羽多次打败刘邦，甚至俘虏过刘邦的父亲和妻子，但刘邦善于用人。萧何（？—前193）在后方源源不断地为他输送给养和兵员，大将韩信（？—前196）先后占领赵、齐等地，张良（？—前186）不断为他出谋划策。原本是项羽部下的英布等人，也被他争取过来。公元前202年的垓下之战中，项羽陷入刘邦军的重围，最后不得不自杀身亡。刘邦取得了最后的胜利。

刘邦取胜后，立刻开始确立自己的统治。公元前202年，刘邦正式称帝，建立中国历史上的汉朝，史称西汉。考虑到关中地形险要，受战争的直接破坏较少，交通便利，物产丰富，生产比较发达，可凭此控制东方诸侯，因此定都长安。在制度建设上，由萧何根据秦的法律制定《九章律》，韩信定军法，张仓制定历法，叔孙通定朝仪。值得一提的是《九章律》和朝仪。前者虽然用的是秦法，但相对宽缓简明，受到经历了秦朝苛政的人民欢迎。朝仪针对的是朝臣，等于树立了皇帝的权威，因此朝仪完毕后，刘邦感慨地说："吾乃今日知为皇帝之贵也。"

刘敬劝汉高祖定都关中

且夫秦地被山带河，四塞以为固，卒然有急，百万之众可具也。因秦之故，资甚美膏腴之地，此所谓天府者也。陛下入关而都之，山东虽乱，秦之故地可全而有也。夫与人斗，不搤其亢，拊其背，未能全其胜也。今陛下入关而都，案秦之故地，此亦搤天下之亢而拊其背也。

——司马迁．史记：刘敬叔孙通列传．

中央政府大体继承了秦朝的制度，设立了丞相、太尉、御史大夫等职务。其他如廷尉、宗正、治粟内史、少府等也基本承袭秦朝。但在地方上，汉朝有重大变化。以长安为中心的地区，以及长安北部和南部，基本实行郡县制，由中央直接统治。但在所谓的山东地区，即原来六国所在的地区，汉朝实行分封，大多数是异姓王，王之下设有几乎与中央相同的机构。王不仅享有征税权，而且掌握着民政和军事等各方面的权力。这些诸侯国无疑是对中央政权的威胁。对于这些强有力的异姓王，后来刘邦逐步加以剪除。到公元前 195 年刘邦去世时，异姓王基本被刘姓皇室子弟取代，帝国的江山暂时稳定下来。

2．西汉初年的与民休息政策

由于秦末的暴政以及楚汉之争的影响，汉朝初年的社会经济形势相当严峻。人口数量严重下降，据研究，汉初人口不过秦朝的 20%～30%，许多名都大邑人丁稀少；物价高得离谱，米一石需 5 000 钱（一说万钱，似乎过于夸张），马一匹值百金，将相只能乘坐牛车。为稳定统治，刘邦采取了一系列措施。从总体上说，主张清静无为，尽量不兴办任何大规模的工程，也不进行大规模的战争。诸侯王尽可能以和平手段消灭，只有在他们公开叛变时才出兵；对匈奴采取和亲政策；在都城，尽量不兴建新宫殿。轻徭薄赋，初定的赋税是十五税一，接近 7%，远低于秦的税率。文帝（前 179—前 157）和景帝（前 156—前 141）时进一步降低赋税，一度三十税一，甚至停收 10 余年。对于中国古代的农民来说，这是少有的不用承担田租的年头。另外，刘邦遣散部分军队，对其进行安置，并解放奴隶，鼓励生育。也难怪在此后很长的历史时期，汉初成为历史上最让人向往的时代之一。

刘邦死后，继位的惠帝（前 194—前 188）懦弱无能，大权为刘邦的妻子吕后所掌握。吕后延续与民休息的政策，丞相萧何、曹参、陈平和王陵等人，都力主清静无为、与民休息。对匈奴，在不影响汉朝根本利益的前提下，继续采取退让政策。文帝和景帝时代，一方面削弱诸侯王的势力，平定了吴王刘濞等发动的叛乱，并乘胜剥夺了诸侯王的统治权，使他们只食租税，不插手民政和军事。另一方面，继续实行鼓励农桑、减轻赋税的政策。在对外政策上，汉朝放弃了秦朝连续开疆拓土的政策，对南粤的赵佗，只派陆贾出使，让其承认汉朝天子的地位。对于匈奴，继续刘邦的和亲政策。经过人民的辛勤劳作，社会经济开始繁荣。作为当代人的司马迁这样描述武帝（前 140—前 87）继位初年的情景：

> 至今上（即汉武帝）即位数岁，汉兴七十余年之间，国家无事，非遇水旱之灾，民则家给人足，都鄙廪庾皆满，而府库余货财。京师之钱累巨万，贯朽而不可校。太仓之粟陈陈相因，充溢露积于外，至腐败不可食。众庶街巷有马，阡陌之间成群，而乘字牝者傧而不得聚会。守闾阎者食粱肉，为吏者长子孙，居官者以为姓号。故人人自爱而重犯法，先行义而后绌耻辱焉。

司马迁这段描述，固然有些笼统，但至少表明，汉朝初年的与民休息政策取得了实效。

3. 汉武帝时代的强盛与对西域的经营

汉武帝继位后发布的第一道诏令，就显示了与汉初不同的政策特征。他下令征集贤良方正之士，要求各级官员向皇帝推荐能力出众、品行端正之人。同年，皇帝还打算修山川祠，建名堂，征召儒生申公。一切都似乎表明，新皇帝的政策会有所转向，儒家将取代其他各家，成为主流意识形态。公元前136年设置的五经博士，只有儒家经典《诗》《书》《礼》《易》《春秋》，宣布儒家的独尊地位从此确立。公元前134年，汉武帝采纳董仲舒（前179—前104）的建议，明确规定“诸不在六艺之科孔子之术者，皆绝其道，勿使并进”，史称“罢黜百家，独尊儒术”。

地方行政也发生了重要变化，通过所谓的推恩令，诸侯国的地盘进一步缩小，辖地不过数县，成功地消除了它们对中央政权的威胁。公元前106年，武帝将全国划分为13个州，每州设刺史一人。刺史每年8月巡视辖区，重点是监察官员及地方豪强。对于地方豪侠，武帝将那些势力最为强大的置于首都附近，以便监视。对那些在地方上的豪侠，任用酷吏进行打击。对商人征收重税，乘机打击申报不实者，导致大量商人破产。实行盐铁官营和均输，企图由国家垄断盐铁行业，并接管一部分商业活动。

武帝时期最大、最引人注目的行动，是疆域的开拓和对西域的经营。在西南方向，汉朝在秦朝基础上进一步向今四川南部、贵州、云南等地扩展势力，先后建立牂柯、越嶲、沈黎、文山、武都等郡，将今中国西南的大部分地区纳入汉朝版图。在东南方向，汉朝势力在福建、广东等地都有扩展，先后设立儋耳、珠厓、南海、苍梧、交趾、九真、日南等郡，将包括越南北部和海南在内的广大地区纳入汉朝治下。在东北方向，汉朝势力稳步推进，击败匈奴后，占领辽河流域和今朝鲜半岛北部，设置了真番等郡。

武帝对匈奴的战争影响巨大。匈奴自战国时期强大起来后，一直是中原王朝最大的威胁。汉朝初年实力不足，只得与匈奴和亲。武帝继位后决心反击。在经过充分准备后，自公元前133年起，汉朝连续派出大军出击匈奴。先后数次大败匈奴，造成匈奴内乱，匈奴浑邪王杀休屠王，并以其众4万余人降汉，不久，匈奴被迫向西逃遁。汉朝势力向西域急剧伸展，先后在河西地区设酒泉、张掖、敦煌、武威四郡，并移民近百万人到河西以及周边郡县定居。移民及军队的屯垦，既开发了河西走廊，又有效地阻击了匈奴的入侵。

汉代西域指玉门关、阳关以西，包括今新疆及其以西的地区。汉朝与西域交通的最初目的是，希望联络大月氏夹击匈奴。匈奴西逃，汉与西域建立了直接联系。公元前

119年，武帝派以张骞（？—前114）为首的300余人出使西域。公元前108年，汉朝击败楼兰和姑师；公元前105年，汉朝与乌孙结为同盟；公元前101年，汉朝击败地处今阿姆河和锡尔河上游的大宛，让西域各国大为震动，纷纷遣使与汉修好。公元前90年，汉朝控制了最为重要的吐鲁番地区。公元前72年以后，匈奴因受到丁零、乌孙、乌桓等的夹击，势力进一步被削弱。公元前67年，汉朝再度控制吐鲁番。公元前60年或前59年，匈奴日逐王降汉，汉朝开始设立西域都护，以郑吉为首任都护，治乌垒城。都护官阶相当于郡守，不仅可以指挥军队，而且有处理汉与西域诸国关系的权力。为供应驻扎在那里的汉朝军队的粮饷，以士兵屯田。西汉末年，虽然政治日益乖乱，汉在西域的影响并未消失，甚至在西汉灭亡后，其影响仍继续存在。汉对西域的经营，有助于丝绸之路的畅通，加强了中国西北与内地的联系。

4. 西汉后期政治的演变与王莽夺权

武帝时期大规模的征伐活动，大大消耗了王朝的军事和经济实力。尤其是连年征战匈奴，汉虽胜多负少，但也付出了沉重代价，每次征发的士兵都在几万甚至几十万，因后勤供应以及气候、环境等问题，常有大批士兵死亡，马匹死亡更多。在国内所执行的算缗、告缗、盐铁官营、迁徙豪富等政策，破坏了经济的正常发展。移民实边虽然有利于边疆地区的开发，可是大范围的移民，无论是对于移民迁入地，还是移民迁出地，都有相当大的影响。同时，武帝还大肆营建宫室。于是到公元前1世纪初期，府库空虚，财政紧张，社会出现动荡，“盗贼并起，亡命者众”，“守尉不能禁，城邑不能止”。好在武帝及时醒悟，于公元前89年发布《轮台诏》，重新实行与民休息政策，使社会生产逐步恢复。武帝晚年，妥善解决了皇位继承问题，让西汉的政治在昭帝和宣帝时期重新走上正轨，出现了中兴局面。

昭、宣之后，西汉逐渐衰落，主要是因为皇帝个人的能力和权威下降，宣帝（前73—前49）之后连续几任皇帝，或昏庸懦弱，或年少登基，只能大规模任用外戚为官，导致外戚专权。宦官有时甚至与外戚勾结，一同把持朝政。最后，外戚中的高官王莽执政（9—23），打击政敌，扶植本族人士，势力急剧上升。依靠高明的手腕，王莽青云直上。公元6年，经过一番鼓噪，王莽做了假皇帝，年号居摄。公元9年，王莽在得到更多符瑞支持后，正式登基，改国号为新，西汉灭亡。

5. 王莽改制与新莽的灭亡

王莽登基后，立刻进行了所谓的改革。首先是按照《周礼》对所有的官职重新命名，并根据《周礼》划分地方行政区划，给地方命名。在经济上，恢复井田制，规定一家只能占地百亩，多余者一律分给乡邻。对于手工业和商业，通过行政手段规定商品价格，商人出卖商品时不得高于规定的价格，否则严惩。给需要的农民提供必要的贷款，只收取10%的利息。盐铁全部官营。汉朝的币制被废除，代之以新的币制。在对外政策上，收回原来汉朝颁发给少数民族首领的印绶，另行颁给侯印，将其变为王莽的臣下。

王莽希望在他的统治下，能恢复西周的所谓盛世。可是这种完全不顾经济和社会发展规律的做法，在非常短暂的时间内连续推出，造成了难以想象的困难和混乱。井田制无法推行，地主和官僚们占有大片土地，让他们把自己的土地分给乡邻，无异于与虎谋皮。盐铁全部官营，扼杀了经济的活力；币制数次变动，时常贬值，导致经济生活彻底崩溃。将周边少数民族首领一律降格为侯，更是不智之举。其结果，王莽统治不到10年，便已天下大乱。

与此同时，天灾不断。由于社会混乱，气候变迁，黄河连续决口，各地连年大旱，迫使无以为生的农民发动起义，绿林军、赤眉军是影响最大的两支。一些对王莽不满的地主也乘机造反，其中比较引人注目的是南阳的刘縯、刘玄、刘秀等。他们打着恢复汉室江山的口号，加入了反对王莽的行列。正是在刘秀等人的组织下，王莽军主力在昆阳之战中被消灭。随后，起义军进军洛阳和长安。王莽无力抵抗，居然求助于鬼神。公元23年长安沦陷，王莽被杀，新莽灭亡。

三、东汉王朝

1. 东汉王朝的建立与统治政策

像秦末农民起义一样，农民起义成为地主阶级改朝换代的工具。在农民起义过程中，地方豪强乘机崛起，或自称皇帝，或自保一方，将中国分割成相互独立的10余个区域。公元25年，刘秀称帝（25—57），随后收罗部分农民军，进入洛阳，并与其他势力争夺统治权。刘秀的优势，不在于他自称是刘姓皇室后裔，而在于他聚集了一批文臣武将，得到南阳、颍川等地上层势力的支持，而且采取了比较正确的扩张路线。他首先消灭了江淮之间的对手，接着出兵今山东、河北、湖北等地，将这些地区尽数收入囊中。在窦融支持下，刘秀开始进军西北和西南。公元33年，刘秀领有西北。公元35年，刘秀兵分两路讨伐益州，次年11月彻底消灭公孙述，基本完成了对中国的统一，定都洛阳，史称东汉。

东汉政治上最大的变化，是皇帝集权程度的强化。考虑到西汉亡于外戚篡权，东汉对外戚严加防范。对功臣大将以及外戚，朝廷给以很高的爵位，赏赐大量田产，但不让他们掌握实际权力。对于宗室只封给很小的地盘，并禁止他们私养宾客。在行政制度上，将实权集中于尚书台。尚书台初设于西汉武帝时，后来权力逐渐加强。到东汉时期，尚书台的长官为尚书令，并有尚书仆射一人为副手，下有六曹，曹有尚书，分别掌管中央与地方官员任免、司法、行政等事务。但尚书台官员的地位不高，尚书令原来不过秩六百石，提升后也才秩一千石。尚书为秩六百石，其副手为秩四百石，按照级别，他们不过是中级官员。以较低级官员掌握朝廷实权，是为了便于皇帝控制。

地方行政制度在东汉初年也有一系列变化，其中最为重要的，一是废除内地郡的地方兵，改由中央征召农民和刑徒组成中央军，将军权直接集中于皇帝和中央。一是在郡之上另置州一级，州设刺史，对郡县不合格的官吏，刺史可以将其就地免职。这样，地方由原来的郡县两级，变成了州、郡、县三级体制。

东汉政权的一个重要变化，是对士族大地主的依赖。经过西汉两百年的发展，地主的势力膨胀起来，尤其是西汉末期，地主与官僚的结合，形成了雄霸一方的大地主。西汉末年社会动荡之时，这些地主纷纷建立坞堡、组建军队以自保，成为有自己的军队、宗族、宾客和子弟的豪族地主。东汉政权的建立，与豪族地主的支持不无关系。光武帝刘秀统一全国后，希望控制全国土地和人口，以强化皇权的统治，但遭遇豪族地主的顽强抵抗。迫于压力，中央政府只能迁就豪族地主。到东汉中后期，豪族地主的影响进一步扩大，并利用皇权扩展实力。

2. 对匈奴与西域的政策

东汉在完成对中国的初步统一后，出于恢复社会经济的需要，除对今越南北部用兵，以恢复西汉时代的疆界外，在北方基本采取守势。匈奴乘机扩展势力，控制了西域，并不断骚扰东汉北部边疆。公元 48 年，匈奴分裂为南北两部，南匈奴在呼韩邪单于率领下内附汉朝，表示愿意为汉朝防守北部边疆。汉朝正苦于匈奴连年入侵，此时欣然接受，将南匈奴安置在朔方、五原、云中一带。南匈奴的内附，大大削弱了匈奴的力量，并且让汉朝获得了一支对付北匈奴的生力军。南匈奴正式承认自己臣属于汉朝，每年向汉朝缴纳贡品，送交人质。汉朝则在南匈奴有困难时给予物资和粮食援助。为处理与匈奴的关系，汉朝设置了使匈奴中郎将一职。

南匈奴内附后，北匈奴势力大衰，由于无法与汉朝正常互市，经济生活受到严重影响。因此，北匈奴曾多次遣使汉朝，希望与汉朝和亲、互市，甚至为此不惜发动对边境的袭击。公元 73 年，东汉大举出击北匈奴。公元 74 年，汉军再度出击，兵至天山，将匈奴势力逐出西域，并在西域设置都护，重开屯田。同时，使者班超（32—102）努力争取西域各国支持，凭借区区 36 人，加上高超的政治和军事手腕，首先赢得了鄯善的支持，接着把于阗拉到汉朝一边，最后使疏勒王被废黜。这样，汉朝与西域的联系得以恢复，北匈奴势力暂时退出西域。

班超在西域取得胜利的同时，北匈奴更加衰落，原因是匈奴连续发生饥荒，又不断内讧，导致大批匈奴人降汉。北方其他游牧民族乘机攻击北匈奴，“南部攻其前，丁零寇其后，鲜卑击其左，西域侵其右”。东汉政府利用有利时机，于公元 89—91 年连续出击，一直打到阿尔泰山，北匈奴大部分人马投降，其余被迫西迁，彻底退出漠北。北匈奴的失败，以及公元 91 年班超对大月氏之战的胜利，让汉朝在西域的势力巩固下来。公元 91 年，汉再置西域都护，以班超为都护。公元 94 年，在击败焉耆等国后，西域 50 余国被置于汉朝控制之下。班超之子班勇为都护期间，汉朝继续经营西域。此后虽有反复，但一直坚持到公元 2 世纪中后期。

东汉对西域和南方的开拓，让东汉与外部世界的联系空前加强。西域与内地的关系日益密切。部分西域统治者将自己的儿子送往东汉为人质，长期居住在洛阳等地，接受东汉的教育，有些人后来回国成为统治者，有些人接受了东汉的封号。商人经常以贡纳名义进入内地从事贸易，形成著名的丝绸之路的东段。

3. 丝绸之路与亚欧大陆的经济和文化交流

人类社会始终是一个相互联系的整体，亚欧大陆的不同文明之间也一直以多种不同的方式进行着经济和文化交流。早在青铜时代，西亚和埃及之间就已经建立了相当密切的联系；埃及曾统治巴勒斯坦，希克索斯人曾统治埃及；克里特文明深受埃及和西亚影响；西亚的神话和埃及的艺术，曾给希腊和罗马世界的文化发展以重大影响。印度河流域文明与西亚地区的联系，可能自青铜时代已经开始；公元前 6 世纪末，波斯完成了对印度河流域的征服；中国和印度之间的联系，也许在中国的西周时期已经存在。佛教可能在公元前 3 世纪已传入中国。在亚欧大陆北部，印欧人曾经迁移到阿尔泰地区；匈奴人则把势力伸入中亚。他们的活动，让处在亚欧大陆东西两端的两大文明建立了初步联系。

在东西方经济和文化交流中，波斯扮演过重要角色。为巩固对帝国的统治，波斯统治者承亚述之余绪，大力修建道路。从小亚细亚的以弗所到帝国行政中心苏撒的道路长约2 400千米。从巴比伦到帝国东部的中亚和印度等地，也有大道相连。波斯人可能已经通过匈奴等活动于北方的游牧民族获得过中国的丝绸。在《圣经·旧约全书》的《以西结书》和《以赛亚书》中，都曾出现有关丝绸的描写。欧洲人获得丝绸的时间，至少不晚于波斯人。有人怀疑，《奥德赛》中所描写的奥德修斯所穿的一件衣服，颇似中国的丝绸。亚历山大东侵后，从印度河流域到马其顿的广大地区首次被置于一个强大国王的统治之下。亚历山大的帝国虽然在他死后即告瓦解，但大大密切了东西方之间的联系，丝绸之路的西段至少已经贯通。后来，塞琉古和兴起于中亚的大夏（巴克特里亚）扮演了居间人的角色。西汉中期，伴随着对西域的开拓，汉帝国的势力远及中亚，贵霜、帕提亚分别占据从中亚到两河流域并与罗马帝国建立了直接联系，丝绸之路终于全线贯通。

一般认为丝绸之路共有三条，其中陆路两条，海路一条。陆路中的北路系最初的东西交通线，中国北方的游牧民族在获得丝绸后，经西徐亚人等部落转运到西亚和欧洲。这条交通线的交流是否畅通，取决于游牧民族首领的兴趣的大小，由于不够稳定，后逐渐废弃。陆路的南路即通常所说的丝绸之路，出玉门关，穿过白龙堆到楼兰（鄯善），由此分南北两道，穿过天山南北后，两道在疏勒汇合。由此越葱岭，商道再度分两线，一线经阿富汗过印度到波斯湾，最后到地中海东部；一线向北经大宛、康居等到地中海东岸。在南方，随着汉朝对华南地区统治的确立，汉朝与东南亚以及印度的海上联系开始建立，出现海上丝绸之路。当时通向印度的线路有两条，一是从番禺（今广州）出发，沿海岸航行，再经陆路和海路到印度；另一条线路是从中国的西南出发，经过缅甸到达印度。这样，汉朝从西、南两面与西方建立了商业联系。

丝绸之路的开通，对中国和罗马历史的发展都产生了一定影响。中国输出的除丝绸外，还有铸铁技术、粮食及其他奢侈品等。丝绸在罗马帝国的上流社会风靡一时，据说奥古斯都时代，考虑到丝绸的影响，元老院以有损元老名誉为借口，禁止男性穿戴丝绸，并对女性的穿着做了限制。普林尼声称，罗马为其从东方获得的丝绸、各种香料，以及其他生活必需品和奢侈品，需要每年支付1亿塞斯退斯。不过罗马输往印度和中国的绝不仅仅是贵金属，还有琥珀、夜光璧、明月珠之类。罗马人接受中国的丝绸后，将其加工后返销到东方，据说获利10倍。中国也从丝绸之路获益，经西域输入内地的，有各种牲畜，尤其是马匹，还有葡萄、苜蓿、胡桃、胡豆等各种农作物。只是汉武帝从大宛得到的所谓汗血宝马，据近人研究，似乎不过是当地马匹得了传染病之后的症状，并非天生。佛教、基督教等都曾通过丝绸之路传入中国；希腊和罗马的艺术，特别是雕塑风格，也通过西亚和印度佛像艺术一起传入中国。

当时东西两端的两大帝国即汉朝与罗马之间是否建立了官方的直接联系？答案似乎是否定的。中国史书中的“大秦”可能指罗马，罗马人文献中的“赛里斯”也许就是中国。在历史文献中，也有关于两大强国直接交流的零星记载。中国方面曾试图与大秦建立联系，最著名的例证，是公元97年的班超遣甘英使大秦。甘英到达条支，本欲渡海西去，为安息人所阻。罗马帝国官方似乎从未正式遣使到中国，但一些商人确曾到过中国。据地理学家托勒密记载，马其顿商人梅斯的代表曾在公元100年到过中国。《后汉书》碰巧也对此有记载，永元十二年（100），“冬十一月，西域蒙奇、兜勒二国遣使内附，赐其王金印紫绶”。这里的蒙奇、兜勒很可能是马其顿。《后汉书》所记的另一次直接交往在公元166年，“至桓帝延熹九年，大秦王安敦遣使自日南徼外献象牙、犀角、玳瑁，始乃一通焉”。这里的安敦应是罗马皇帝马可·奥勒留。但罗马文献对此没有任何反映，因此人们一般认为，这些朝觐的所谓大秦人，乃是罗马商人。

由于两大帝国之间缺乏密切的直接往来，双方有关对方的记载也大多语焉不详。在罗马文献中，有关赛里斯的记载模糊而荒诞，只知道马其顿亚历山大从没有征服那里，欧洲人无人涉足该地。时至今日，学者们对赛里斯的地望仍无法达成一致意见。罗马作家所记载的赛里斯的人民与物产，也不完全与中国相合。老普林尼说赛里斯人长着红头发、蓝眼睛、声音粗犷，显然不是蒙古人的特征，倒有些像印欧人。对养蚕技术的记录，与事实更是相去甚远。不止一个作家说丝绸是用树上的羊毛纺成的；有些作家虽隐约知道丝绸用蚕丝制造、蚕由人工养殖，但却认为蚕需要5年才能吐丝。对蚕吃的桑叶，也没有任何概念。中国文献对罗马的记载，虽有某些内容似乎符合罗马的特征，但也异常模糊。《后汉书》所记载的大秦国，“地方数千里，有四百余城。小国役属者数十。以石为城郭”，“其人民长大平正，有类中国”，多种田养蚕等，传闻和猜测居多。关于罗马帝国制度的记载，与实际也相去甚远。

4. 宦官、外戚交替专权与东汉的衰亡

东汉皇权达到前所未有的高度，高级官员和外戚受到严格限制。但这种制度是否能够正常运转，完全依赖皇帝个人的能力。正是在这个问题上，暴露了专制统治的基本弱点。东汉初年的皇帝如明帝、章帝等，年富力强时继位，尚能控制形势，政局比较稳定。此后东汉的皇帝，要么幼年继位，要么荒淫无道，让接近皇帝的外戚和宦官成了政治舞台上的主角。皇帝幼年继位，无力处理政事，太后乘机临朝。可按照当时的制度，太后不得直接处理政事，于是太后的亲属成为摄政，让朝廷几乎为外戚控制。皇帝年长后，希望自己掌权，只能依靠自己亲近的宦官向外戚争权，宦官权势借此成长。宦官与外戚交替专权，到桓帝（147—167）时利用宦官清除了外戚势力，从此以后，宦官把持朝政，政局只能依靠少数正直官员勉强维持。

宦官、外戚交替专政的结果，是双方都在斗争中竭力扩展自己的势力，任人唯亲，东汉政治迅速腐败。东汉末年的党锢之祸发生在宦官权势最盛之时。他们大量任用亲属为官，“兄弟姻戚皆宰州临郡，辜较百姓，与盗贼无异”。东汉政权在党锢之祸中开罪于地主阶级中的开明人士后，又对人民横征暴敛，加上边境上与羌族之间的战争迁延不绝，东汉政权岌岌可危。公元184年爆发的黄巾大起义，虽然不曾彻底摧毁东汉的统治，但是世家大族乘机割据自立，天下大乱。

四、秦汉文化

1. 思想发展的一般趋势

秦汉政治上的大一统，在思想上的反映就是统一的意识形态。秦自商鞅变法以来一直重视法家，但其他学派并未根绝。秦始皇统一中国后，法家成为主流意识形态。但秦朝的迅速灭亡，让单纯依靠法家思想进行统治的做法受到质疑。西汉初年，刘邦因应形势实行清静无为政策，道家和黄老之术一度时兴，但并未取得垄断地位，其他学派仍得到相当程度的重视。汉武帝时期，虽然儒家的影响在上升，但法家、道家的主张也不乏支持者。汉武帝之前，先秦各家的理论，在汉朝都有一定影响。

西汉思想的重大转变是汉武帝时期。如前所述，公元前134年汉武帝接受儒生董仲舒的建议，"罢黜百家，独尊儒术"。独尊儒术的理由，按照董仲舒的说法，是为了适应大一统的需要，以免法制多变、邪说并行，不利于巩固统治。独尊儒术在制度上的表现，就是设立五经博士，并让他们招收弟子传授儒家学问。从此以后，欲为官者必须治儒学，儒学与个人仕途联系了起来，其他学派的升迁之路被断绝，儒家才一家独大起来。儒学日益发展，其他各派逐渐式微。东汉建立后，以研究儒家经典为主要内容的经学几乎成了唯一的学问，出现了贾逵、郑玄等大师。郑玄影响尤大，他旁通六艺，兼得诸家，博采谶纬，遍注各经，将经学推到了顶峰。

汉代思想中的一大潮流是谶纬神学。谶，本来是古代的一种所谓预言，多与政治有关，产生于先秦时期。所谓纬，是相对于经而言，乃对儒家经典的解释，实际是方士将各种方术附会到儒家经典中的结果。谶与纬的结合，形成了谶纬神学，其主要内容是符命和预言。西汉末年谶纬开始流行，王莽利用谶纬夺取西汉政权，刘秀则利用谶纬宣布自己是中兴汉朝的人。公元79年，章帝主持召开了白虎观会议，讨论谶纬神学与经学问题，因此次会议产生的《白虎通》，将谶纬和经学融合起来，把经学神学化，用阴阳五行来解释世界上所有的事物和现象，并企图以它来统一所有的思想。这种违背学术发展规律的做法，虽因统治阶级的支持一度获得某种程度的成功，但也让它很快就陷入停滞和破产。

东汉末年，由于社会现实的需要，产生了王符、仲长统、崔寔等批判谶纬神学的思想家。他们也谈阴阳，尊崇六经，认为这才是人生根本，但对当时的谶纬符命，他们多有讥刺，强调为政以民为本，任用好的大臣。这些人多数是平民，对于当时腐败的政治，他们也拿不出从制度上根治的妙方，只能寄希望于君贤臣忠。

2. 文学与史学

汉代在文学和史学上都取得了相当显著的成就。司马迁的《史记》和班固（32—92）的《汉书》，既是中国有开创性的史学著作，也是非常优美的散文。《史记》为通史性纪传体著作，始自五帝，终于汉武帝，实为当时中国人所知的世界的通史。全书的中心是人，关心的是政治，但也涉及经济和文化。《汉书》为中国第一部纪传体断代史，记录西汉一朝重要大事和人物。《汉书》的一个重大变化，是将世家合并于传，增加了志，以记录音乐、文学、经济的发展。《汉书》所开创的体例，经历代损益，成为中国断代史书的标准本。一些政论也是非常优秀的散文。贾谊的《过秦论》文笔犀利流畅，对秦国的兴亡做了鞭辟入里的分析。陆贾的《新语》说理透彻，深得刘邦赏识。晁错的某些奏疏，对当时的形势有深刻的分析。

汉赋是汉代文学上的一个重要成就。赋是从楚辞发展来的文体，文辞华丽，手法夸张，代表作有贾谊的《吊屈原赋》，枚乘的《七发》，司马相如（前179—前117）的

《子虚赋》等。司马相如是成都人，少时好读书，学击剑，以蔺相如自许，故改名司马相如。景帝时曾入朝，未得重用。汉武帝继位后，对司马相如的作品大为欣赏，召入朝廷。马司相如为汉武帝作《子虚赋》，借子虚之口谈论春秋战国之事。后作《上林赋》《大人赋》向汉武帝进谏，据说汉武帝读后“大说，飘飘有凌云气游天地之间意”。司马相如的赋不仅文字优美，而且政治上有积极意义。

3. 科学与技术

汉代在科学的诸多领域取得了进展。张衡（78—139）的地动仪据说灵验无比，能够测知地震方位。这是一个酒樽状的青铜仪器，中有立柱，樽外有8个龙头，分指8个方向。每龙口衔铜丸一只。龙头下置铜蟾蜍一只。若某一地方发生地震，则该方向上龙头口中的铜丸会落入蟾蜍口中。可惜如此先进的设施，历史上竟未留下关于其原理的记载，以致后来失传。

汉代医学也有很大进步。张仲景的《伤寒杂病论》描述了伤寒等病的症状与发病机理，提出了诊断和治疗方法。华佗已经发明了麻药，在外科手术上造诣精深，能进行脑科手术。《后汉书》说他治病时一般用针灸，如果针灸无效，则用手术，“若疾发结于内，针药所不能及者，乃令先以酒服麻沸散，既醉无知觉，因刳破腹背，抽割积聚。若在肠胃，则断截湔洗，除去疾秽，既而缝合，傅以神膏，四五日创愈，一月之间皆平复”。医术实在神奇。传说他还模仿动物的动作，创造了五禽戏这一健身功法。

除上述外，汉代在地理学等领域也取得了不少成就。汉代已能绘制地图，标出河流、山脉、道路等，并有统一的图例。

第二节　贵霜与帕提亚

一、从大夏到贵霜

1. 大夏王国

马其顿亚历山大帝国瓦解后，中亚落入塞琉古王国之手。可是，塞琉古王国的统治中心在两河流域和叙利亚，其对外政策的主要目标是与埃及和马其顿争夺东地中海的霸权，在中亚和印度北部的统治力量相对薄弱。公元前4世纪末，塞琉古王国已经失去对南亚北部地区的控制。公元前3世纪中期，中亚地区的希腊人在塞琉古王国衰弱时宣布独立，建立巴克特里亚王国，其国王迪奥多图斯（？—约前248）发行了钱币。它的中心是巴克特里亚，包括索格底亚那、马尔吉亚那和阿里亚等地区，并向东扩张到锡尔河地区，中国史书称之为大夏。公元前2世纪，大夏在成功击退了塞琉古王国的进攻后，进一步向南扩张，一度推进到印度河流域，把旁遮普的大部分纳入其统治范围。

巴克特里亚的强大源自繁荣的经济。它灌溉农业发达，其中心地区阿里亚和马尔吉亚那“土地辽阔，除去橄榄油之外，各种产品应有尽有”。葡萄生产尤其发达，葡萄藤根部粗至两人才能合抱，1米长的葡萄串很常见。用这种葡萄酿制的葡萄酒，如果放在脱醇容器中保存，可以长期不坏。工商业也有发展。考古资料表明，大夏国家的钱币，分布在西到叙利亚、东南至恒河流域的广大地区。司马迁称，大夏人“善贾市”，“大夏民多，可百余万。其都曰蓝市城，有市贩贾诸物”。城市也颇兴旺，古代作家说那里是千城之地，城市内的建筑，既有统治者的宫殿，也有希腊式体育场。

从公元前2世纪后期开始，大夏逐渐衰落。随着国家领土的扩张，中央对地方的控制随之削弱，一些地方总督或自立为王，或公开向中央权威挑战，争夺最高统治权，导致国家的分裂。司马迁已经发现，大夏“无大［君］长，往往城邑置小长”。大夏国家最高统治者的频繁更迭，大约也与此有关。从公元前2世纪中期到公元前后，至少先后有30多个国王，平均每个国王在位时间不到10年。统治阶级的内讧无疑削弱了国家的力量。导致大夏衰落的另一原因是游牧民族的入侵。安条克三世攻打大夏时，大夏王提出的和谈条件就有，“大量的游牧部族聚集在边界上，对我们双方都构成威胁，如果蛮族越过边界，无疑将征服这块土地”。自公元前2世纪后期起，大夏不断遭遇外来入侵。帕提亚崛起于里海东南，夺取了大夏的部分领土，来自中国境内的大月氏西进，逐渐占领大夏东部地区。此后大夏国家的残余势力仍在中亚和南亚北部活动，公元前后彻底灭亡。

2. 大月氏人的迁移与贵霜帝国的建立

贵霜帝国到底是谁创立的，目前学术界仍存在一定的争议。或说其为斯基泰人，或说其为吐火罗人，目前多数学者倾向于接受司马迁等的观点，认为是大月氏人。据司马迁记载，大月氏人最初居住在敦煌到祁连山一带，为一强大的游牧部落集团。匈奴冒顿单于继位后，攻破大月氏；大月氏后与老上单于战，再败，国王被杀。大月氏被迫西迁，攻击巴克特里亚。这些在匈奴人面前屡战屡败的大月氏人，在与大夏人战斗时，却英勇善战起来，司马迁说他们“西击大夏而臣之，遂都妫水北，为王庭”。当张骞作为汉武帝的使节到达大月氏时，大月氏人似乎已习惯过定居生活，无意再与匈奴作战。但当时的贵霜也许并没有统一，《汉书·西域传》说，大月氏人由五翎侯统治，还列出了五翎侯的都城，只说他们都属大月氏，没有提相互之间的关系，很可能他们是几个平等的部落集团，连名义上的国王都没有。100多年后，也就是公元前后，贵霜翎侯丘就却把贵霜统一起来。贵霜之名，就来自五部之一的贵霜翎侯。贵霜的领土，除占有了原来大夏国家的地区外，还侵占了帕提亚和南亚北部的部分地区，只是在第二代国王阎膏珍（？—约75）时，才灭了天竺。这里的天竺，大概不会是印度全境，主要应是印度河流域，可能包括今天的旁遮普一带。既然那里只是由一个部将监领，则贵霜国家的核心地区显然仍在中亚一带。贵霜最为强盛之时，北为索格底亚那，与康居相邻；东与塔里木盆地及东汉王朝有直接接触；西可能深入到伊朗高原，与帕提亚为邻，成为中亚地区最为强大的国家。迦腻色迦在位时，可能是贵霜最为强大的时代，他向西吞并了花剌子模和布哈拉，与罗马帝国建立了联系；向南扩张到信德与马土拉，并且把首都迁到白沙瓦。在东方，贵霜可能对塔里木盆地行使着某种程度的统治权，经常干预西域诸国的王位继承。东汉势力退出西域后，西域诸国遇到问题，也经常向贵霜求助。

3. 贵霜的政治与经济

关于贵霜帝国政治制度的记载相当少。现有记载表明，贵霜帝国可能接受了王权神授观念，并借鉴了波斯和印度的统治手段。它实行君主专制制度，国王自称“神之子”，死后还被神化。有些国王号称“大王，诸王之王”，在贵霜晚期的君主中，甚至有称“恺撒”的。地方大概设立省区，由总督和大总督治理。考虑到贵霜国家幅员广大，中央对地方的控制程度，恐怕难以一概而论。贵霜国王所使用的那些称号，也许不过是表明贵霜国王相对于其他统治者的特殊地位，诸王之王的称号，说明可能有不少小国王存在。如今流传下来的文献中，关于专职官员的称呼虽不是没有，但这些称号，例如“挥舞棍棒者”（可能是主管司法的）、“执枷锁者”，更像是国王的随从。贵霜国王的宗教信仰，似乎也随着时代的不同有所变化，他们有时信奉希腊人和中亚的神灵，有时信印度教的湿婆神，迦腻色迦时才转向佛教，并大力支持其传播。

贵霜的经济，因各地的民族成分、风土人情、社会经济发展水平和宗教信仰差异而颇为不同，中亚和印度河谷地有相当发达的灌溉农业。贵霜时期，在中亚的大河流域出现了集中开垦的农田，灌溉网络普遍得到发展，有些灌溉渠长达100千米以上。在费尔干纳盆地，形成了扇形灌溉系统。修建水渠的技术此时也有改进，原来宽而浅的水渠被深而窄的水渠代替，甚至在陡峭的山坡上也能开凿水渠。在一些缺乏灌溉条件的地区，人们修建小型蓄水池。在种植大麦、葡萄、苜蓿之外，甚至可以种植稻谷。在那些不适宜种植农作物的地区，人们饲养牛、绵羊、山羊、马和骆驼。当地的马尤其著名，汉武帝为获得大宛的汗血宝马，不惜劳师动众，派贰师将军李广利两次远征。在一个贵霜时期的遗址中，马骨占了动物骨殖总量的26％。

贵霜的手工业和商业因中转站的地理位置尤其发达。手工业主要有制陶、金属加工、纺织和珠宝加工。金属加工中以武器为大宗。货币铸造相当发达，其铸造方法和风格既有希腊人的遗风，也有印度和中亚的特色。贵霜铸币一般正面为国王半身像，反面为神像，且有一段铭文。贵霜的贸易相当发达。一方面，贵霜国内各个农耕文明区以及游牧地区之间存在着活跃的贸易，谷物、水果、手工艺品和武器等被运往游牧地区，毛皮、牲畜、纺织原料、肉类和乳品等则销往农耕文明区。在国际上，因丝绸之路穿越贵霜，贵霜商人扮演了中间商的角色。他们南下南亚，东进中原，西经安息入罗马帝国，把东方的丝绸、香料和各种奢侈品运到印度和罗马，把罗马人的武器运到东方，中国则从中亚获得了葡萄、苜蓿、蚕豆、石榴、番红花、核桃等。由于商人的富有和他们身份的重要，在贵霜，商人的地位排在自由农民之上，仅次于贵族。

贵霜国王和王后

4. 贵霜的宗教与文化

贵霜征服大夏之前，可能有自己的宗教信仰。征服大夏后，贵霜的宗教受到希腊宗教的影响。在卡尔查扬的发掘表明，贵霜的国王头戴王冠，与妻子及希腊的胜利女神尼凯一起出现在雕刻中。但除尼凯外，出现在雕刻中的可能还有伊朗大神阿胡拉马兹达。丘就却的钱币上出现了赫尔麦斯的名字和赫拉克勒斯的形象，但其反面的铭文却宣扬丘就却信奉佛教或印度教。此后的贵霜宗教，始终保留着某种程度的混合特色，兼采希腊、伊朗和印度的宗教信仰。阎膏珍崇拜湿婆，迦腻色迦更倾向于佛教，据说他主持了佛教历史上的第四次结集，兴建了大量佛塔和佛教寺庙，鼓励佛教艺术的发展，并创造了独具特色的犍陀罗佛教艺术。但佛教并未独占贵霜人的精神世界，至少在国王的钱币上，除佛陀之外，还有伊朗的神祇。

贵霜的雅典娜

由于贵霜并未留下系统文献，对贵霜文化的了解主要基于考古发掘的建筑和艺术作品。贵霜的城镇一般呈长方形，周围有城墙和护城河，并有要塞和塔楼防护。城内房屋密集，有王宫、寺庙和民居。王宫和寺庙都有某种程度的希腊色彩，有中央大厅和前厅，四周环以走廊，主门前有柱廊。寺庙等建筑有壁画和雕刻装饰，其中的雕刻融合了希腊、印度和波斯的风格，虽然人物的外表和装饰一般具有亚洲人的特点，主题多与佛教有直接关系，有些则为印度教的神灵和神话，但它们那柔和的面貌与浅浅的笑容，让人想起希腊艺术家普拉西特列斯的雕刻。佛教雕刻表现尤其明显。佛祖像一般站立或盘腿而坐，始终穿着内衣和僧袍，一般都有肉髻、眉毛和法轮，但面容是典型的阿波罗式的，衣褶是古典希腊式的。

二、帕提亚的兴衰

1. 帕提亚的兴起

在塞琉古王国故地兴起的另一个重要国家是帕提亚帝国，在中国史书中又称安息。帕提亚地处里海东南，主要居民可能是西徐亚人。据说该地非常贫穷，历代统治者途经该地时，无不匆匆而过。可能正因如此，在塞琉古王国的混战中，该地不曾遭到破坏。据罗马作家查士丁记载，帕提亚利用塞琉古王国爆发内战的机会，在第一次布匿战争期间就尝试独立，与巴克特里亚脱离塞琉古大体同时。查士丁的《历史概要》称：

> （帕提亚王朝的创建者阿尔萨息是个）来历不明、勇敢非凡的人。他平常靠抢劫、掠夺为生。但他听到塞琉古在亚洲遭到失败的消息后，便不再害怕国王，带领一帮盗匪进攻帕提亚人，击败他们的统治者安德拉戈拉斯，并将其杀死，夺取了统治帕提亚人的权力。过了不久，阿尔萨息成了两个国家的统治者。由于害怕塞琉古和巴克特里亚王狄奥多图斯，他召集了一支庞大的军队。但狄奥多图斯不久就死了，阿尔萨息消除了（对他的）恐惧，同他的儿子（也叫狄奥多图斯）签订了和平条约。不久，塞琉古王前来惩罚独立的帕提亚人。阿尔萨息和他进行了坚决的战斗，并成了胜利者。……此后，塞琉古由于突然发生的内乱被迫回到亚洲。阿尔萨息得到一个喘息的机会，使帕提亚王国走上了正轨。……阿尔萨息不仅取得了王

权，而且建立了自己的王国。因此，他对帕提亚人而言，不啻是波斯的居鲁士、马其顿的亚历山大、罗马的罗慕路斯。

查士丁这里似乎把多年的事情混在了一起。首先是帕提亚人利用塞琉古内乱的机会，在安德拉戈拉斯的领导下独立。后来阿尔萨息击败了安德拉戈拉斯，成为帕提亚国王。此事大概发生于公元前238年，当时阿尔萨息攻占了帕提亚全境。公元前235年，他占领里海南部的赫卡尼亚，国家初具规模。公元前232—前231年，塞琉古二世（前246—前225）亲统大军镇压帕提亚起义，但阿尔萨息以骑兵的机动性与塞琉古周旋。后来塞琉古听说其弟叛乱，匆忙与阿尔萨息签订了条约，返回叙利亚争夺王位，并承认了阿尔萨息对帕提亚和赫卡尼亚的统治权。此后阿尔萨息建立都城达拉，组建了军队，成为帕提亚王朝的奠基者。据说后世的国王出于对他的尊敬，无论自己姓什么，都称自己为阿尔萨息。不过塞琉古王国并没有马上放弃收复帕提亚的企图，多次入侵该地，但都无功而返。公元前2世纪初，帕提亚正式宣布独立，并占领米底部分地区。公元前148年，帕提亚基本占领米底，派出总督统治该地。公元前141年，底格里斯河畔的塞琉西亚城落入帕提亚之手，两河流域基本为其控制。到公元前139年，帕提亚几乎占领了整个伊朗和两河流域，成为西亚地区最强大的国家之一。

米特拉达梯二世（前124—前90）在帕提亚进行了重大改革。对内，他迫使各地总督放弃独立，承认国王的最高权威；进行军事改革，依靠贵族组建强大的骑兵，兴建要塞。对外，他与游牧的塞人部落作战，迫使其承认了帕提亚的宗主权；在西部，他收复了波斯和埃里迈达，并出兵攻击塞琉古。不过，帕提亚始终未能消灭地方割据势力。到米特拉达梯二世晚年，帝国内部再度出现动荡。其子戈塔佐斯（前90—?）统治时期，许多附属国发起挑战。只是因为此时塞琉古早已筋疲力尽，而罗马还忙于处置小亚细亚和叙利亚等地的问题，帕提亚才得以继续发展。到公元前1世纪前期，它的领土“北与康居，东与乌弋山离、西与条支”接，包括帕提亚、马尔吉安那、赫卡尼亚、米底、两河流域、波斯和埃里迈达等地，并在公元前1世纪中期定都泰西封，成为西亚地区唯一能与罗马对抗的国家。帕提亚的崛起，引起了中国的注意。汉武帝时，张骞等多次派出使者到安息。东汉时，班超的代表甘英可能到达了波斯湾，因安息人的劝阻未能进一步西行到达条支。中国的史书常列有安息的专条，称其在当地“最为大国”。

2. 帕提亚的政治与经济

对于帕提亚的政治制度，我们了解很少。王权属于阿尔萨息家族，国王的称号继承了古代西亚传统，号称“众王之王、恩人、义人、明君”，好像拥有无限权威，但国王到底如何产生，具体拥有哪些权力，并无明确记载。当时也许还没有十分完善的王位继承制度。国王经贵族选举产生，一旦国王让贵族感到不可容忍，有可能被废黜。国王的儿子、侄儿和兄弟都有可能继承王位，争夺王位的战争经常发生。贵族享有相当大的权威，有些贵族如苏林家族等享有特殊的地位。在帕提亚历史上，还有国王任命贵族为共治者的现象。大约为了争取贵族的支持，国王的王后不止一个，在阿弗罗曼发现的文书中，一份提到国王的三个王后，另一份提到四个王后，而且王后之间似乎并无明显的高下之分。至于军队，帕提亚一直缺乏由中央控制的常备军。一旦爆发战争，常由国王临时征集。军队的主力是由贵族充任的所谓铁骑兵，并由贵族统帅。轻骑兵和步兵估计多由自由农民充当，在战场上的作用相对次要。为强化王权，帕提亚后期的国王尽量任命自己的宗族为藩王，以提高本宗族的地位。但这些宗室藩王不但未能巩固王权，反而将领地变成独立王国，导致帕提亚的分裂和衰落。

国王之下，可能有一系列的官吏协助国王。从官职的名称看，这些官员更像国王个人的随员，而非处理政事的官员，管理的也许更多是宫廷事务。只是由于国王是最大的地主和军队统帅，使其下属官吏具有了某些管理国家的职能。

对于帕提亚的地方行政机构，我们了解不多。有些边远地区仍由附属国的国王统治，只要承认帕提亚中央的权威、缴纳贡赋即可。有些地区可能由藩王统治。部分地区被划分为行省，行省官员可能由中央任命。由于贵族享有巨大权威，省长或总督的任命很可能会考虑到贵族的偏好。

帕提亚铸币

关于帕提亚的经济，古代作家的记载大同小异。司马迁的记载表明，那里的居民定居，从事农业和工商业，有众多城市。那里生产葡萄酒，每个国王都会发行自己的铸币，并且在铸币上铸上自己的图像。这些记载多少都得到了考古资料的证实。在属于帕提亚时期的土地出让文书中，有些就是出让葡萄园的。由于帕提亚幅员辽阔，其疆域从中亚一直延伸到两河流域，风土人情和地理环境差距都比较明显，中亚和两河流域地区的灌溉农业比较发达，土地早已成为私有财产，可以转让和买卖。部分地区如两河流域的手工业和商业都有一定程度的发展，城市也已有数千年的历史。底格里斯河上的塞琉西亚城据说有60万人口，在地位和贸易方面都是帕提亚第一大城市，甚至在帕提亚国王另建一城与之抗衡后，它仍维持了某种程度的繁荣，在公元2世纪时尚有30万人。这些希腊人城市内政一般实行自治，只需向国王交纳赋税。东方的希腊人城市比较少，主要居民是当地人，不少城市也是重要的商业和贸易中心。木鹿城面积约4平方千米，城内有武器和盔甲作坊，是丝绸之路上最为重要的中转站，相当繁荣，可能没有民选官吏，由国王的总督治理。不过帕提亚全境并非都是这种农业发达、城市繁荣的地区，在某些比较偏远的地区如伊朗西部的山区，游牧经济仍占主导地位。

3. 帕提亚的对外关系及其衰落

帕提亚自建国以来，巩固稳定就成了头等大事。它东有强大的游牧民族和贵霜的威胁，西有咄咄逼人的罗马。当帕提亚内部稳定时，它无疑是罗马和贵霜最为强大的敌人。公元前 2 世纪，帕提亚东征中亚，夺取了布哈拉和木鹿城，势力深入到阿姆河一带。在西线，帕提亚数次击败罗马，公元前 53 年大败克拉苏，消灭罗马七个军团；公元前 36 年，击溃安敦尼的入侵，成功地阻止了罗马的进一步东进。但是，帕提亚并不稳定，国王与贵族之间的矛盾严重困扰帕提亚。有时贵族会废黜国王，或把国王赶出都城，另立新王。国王也会向贵族痛下杀手，公元前 53 年打败克拉苏的大将苏林就被国王处死。王室内部为争夺王位也会产生内讧。从公元前 30 年起，帕提亚的国王就像走马灯一般不断更换。公元前 31 年，弗拉阿特斯四世被推翻，提里达特斯二世继位。但弗拉阿特斯四世在苏林家族支持下，将提里达特斯二世赶到了叙利亚。可是弗拉阿特斯四世的地位仍不稳固，公元前 10 年再度被赶下台，虽然他两年后再度夺回王位，却又在公元前 2 年被杀，弗拉阿特斯五世登基。公元前 31 年—公元 12 年，而且是在西有罗马、东有贵霜威胁的情况下，40 年左右居然前后有九个国王（包括被推翻后复位者），平均一个国王在位时间不到五年。

为争夺王位，帕提亚统治者或乞援于宿敌罗马，请求罗马出面干预；或求助于地方贵族，授予贵族特权。其结果是，贵族日益僭取本应属于中央政府的权力，加剧了地方割据的趋势，使帕提亚陷入分裂状态，成为罗马和贵霜的蚕食对象。公元 1 世纪后期，贵霜已经夺取帕提亚在东方的部分领土；公元 2 世纪初，罗马皇帝图拉真（98—117）出兵两河流域，杜拉等重要城市先后失陷，首都泰西封沦入敌手。虽然帕提亚得以复国，但实力已今非昔比。公元 3 世纪初，帕提亚再遭罗马入侵，都城泰西封再度失陷，历代王陵被掘，尸体被锉骨扬灰。帕提亚彻底没落，不久亡于萨珊波斯。

第三节　早期罗马帝国

一、君主专制的加强

1. 朱利亚-克劳狄王朝

公元 14 年，奥古斯都去世，共和国却未能恢复。奥古斯都 40 多年的统治，早已让罗马人习惯了专制统治。那些经历过罗马内战的人，对共和国末年的动荡记忆犹新，害怕会因废除君主制引起内战；那些在奥古斯都时代成长起来的新一代，对共和国并无多少感情。何况奥古斯都在世之日，早有精心安排，将各种重要权力集于一身，并且让罗马人认可由他的后代出任继承人，因此，君主制成为当时罗马人的共识。公元 14 年奥古斯都去世，他的养子提比略（14—37）继位。

塔西佗有关帝位更迭时罗马人反应的记述

布鲁图和喀西约横死以后，共和国已丧失了武装力量；庞培在西西里已被击败，雷必达已被排除，安敦尼已被杀死，到了这时，甚至朱利亚的一派，除恺撒（即屋大维。——中译者）本人外，再也没有别的领导者了。屋大维放弃了三头之一的头衔，声称自己只不过是一个普通的执政官，只要有保护普通人民的保民官的权力便感到满足。他首先用慷慨的赏赐笼络军队，用廉价的粮食讨好民众，用和平安乐的生活猎取世人对他的好感。然后再逐步地提高自己的地位，把元老院、高级长官乃至立法的职权都集于一身。反对他的力量已经荡然无存：公然反抗的人或在战场上或在罗马公敌宣告名单的法律制裁下被消灭了；剩下来的贵族则觉得心甘情愿的奴颜婢膝才是升官发财的最便捷的道路；他们既然从革命得到好处，也就宁愿在当前的新秩序下苟且偷安，不去留恋那会带来危险的旧制度了。新秩序在各行省也颇受欢迎。元老院和人民在那里的统治却由于权贵之间的倾轧和官吏们的贪得无厌而得不到信任；法制对于这些弊端也拿不出什么有效的办法，因为暴力、徇私和作为最后手段的金钱早已把法制搅得一塌糊涂了。

……国内是平静无事的。官吏的称号仍旧一如既往地保持着。年轻一代的人都是在阿克兴战役战胜后出生的。甚至老一辈的人大部分也都是在内战时期诞生的；剩下来的人又有谁是真正看见过共和国的呢？

……（奥古斯都去世、提比略登基后）但这时在罗马，执政官、元老和骑士都在争先恐后地想当奴才。一个人的地位越高，越是急不可待地想当奴才；他需要控制自己的表情：既不能为皇帝的去世表示欣慰，又不能为一位皇子的登基表示不当的忧郁。他流泪时要带着欢乐，哀悼时要带着谄媚。执政官塞克斯图斯·彭佩乌斯和塞克斯图斯·阿普列乌斯二人首先向提比略宣誓效忠。然后在这两位执政官的面前，由近卫军长官塞乌斯·斯特拉波和粮务长官盖乌斯·图尔拉尼乌斯宣誓效忠。再后是元老、士兵和普通人民。

——［古罗马］塔西佗. 编年史：上册. 北京：商务印书馆，1983：2-7. 译文略有改动。

提比略几经周折才登上帝位，约50岁方掌权，在任20余年间，虽然政治上没有太大失误，政局大体平稳，但他为维护统治，鼓励告密，常引用大逆法处死元老和贵族，引起他们强烈的不满。他死后，并未明确由谁继任。据塔西佗记载，人们出于对被提比略害死的日耳曼尼库斯（前24—19）的怀念，拥戴后者的儿子卡里古拉（37—41）登基。卡里古拉上台之初，宣布大赦，召回被流放者，禁止告密。一时之间，罗马上下额手相庆，以为发现了一个善良的好君主。可是，绝对的权力，容易造成绝对的专制。不久卡里古拉就开始大肆迫害元老，任意处死贵族及宫廷显贵，而且自称朱庇特，要人们像崇拜神灵一样地崇拜他。由于没有任何手段可以制约他，人们只好采用阴谋手段，于公元41年将他暗杀。克劳狄（41—54）即位。克劳狄是日耳曼尼库斯的弟弟，喜欢研究历史，看起来似乎有些痴呆。当发动政变的元首近卫军找到他时，他竟然吓得哆嗦。但在执政之后，克劳狄表现出了杰出的行政才能。他大力加强元首顾问会的权力，原本属元首个人的办事机构逐渐转变成罗马实际的权力机关，承担起管理国家的职责。他还将公民权授予高卢等行省的居民，扩大了罗马统治的社会基础。遗憾的是，他经常受到他妻子的摆布，最后被妻子毒死。接着，尼禄（54—68）登上了元首宝座。

尼禄执政初期，因为有他的老师辛尼加（前 4—65）和近卫军长官布鲁斯（？—62）辅助，朝政基本正常。但尼禄专权的欲望立刻表现出来。不久辛尼加被处死，布鲁斯也病死。尼禄从此无法无天。他喜好表演，亲自到希腊去参加戏剧表演比赛，借机掠夺财富。他动辄引用大逆法，控告那些毫无罪过但家资丰厚之人，以夺取他们的财产。对于那些他不喜欢的人，尼禄从不放过，连母亲阿格里庇娜（15—59）也被他害死。整个罗马人心惶惶。公元 64 年罗马发生大火，烧掉了全城大部分房屋。尼禄为推卸责任，残酷地处死基督教徒，将他们裹上布后点火焚烧，惨叫声终日不绝。他本人则借机修建豪华无比的黄金屋，加剧了罗马人对他的厌恶。忍无可忍之下，罗马人发动起义，近卫军也抛弃了尼禄。公元 68 年，尼禄被迫自杀。朱利亚-克劳狄王朝告终。

2. 弗拉维王朝

尼禄死后，罗马立刻爆发了内战。最后，东方军团拥戴的韦帕芗（69—79）取得胜利，建立弗拉维王朝。韦帕芗镇压犹太起义后，为缓和财政危机，开始大量征税，据说连坟地、污水池和厕所都收税。同时，他厉行节约，节省开支，很快扭转了因大规模内战造成的财政亏损。在此基础上，韦帕芗开始整顿罗马行政。在强迫元老院赋予他广泛的权力后，他改组了元老院，将大量行省上层分子塞进元老院，使罗马帝国的政府不再仅仅代表意大利，也代表帝国各地统治阶级的利益，扩大了罗马统治的社会基础。对于行省居民，他大量赠予罗马公民权。经过他的改造，罗马政府具有更广泛的代表性，更能体现帝国的地中海特色。但在他的儿子图密善（81—96）时代，元首与元老院的关系再度紧张。图密善以主人和神自居，引起罗马上下的不满。公元 96 年，图密善遇刺身亡，涅尔瓦（96—98）即位，罗马进入安敦尼王朝时期。

提图斯凯旋门

3. 安敦尼王朝

安敦尼王朝六个元首中，除涅尔瓦外，都出身行省贵族。他们执政期间，广泛授予行省居民以罗马公民权，征召行省居民参加罗马军团，提高了行省的地位。在中央，虽然元首和元老院之间的关系一直比较融洽，但元首的地位得到进一步提升。正是在此期间，皇帝的意志就是法律的观念开始产生。官僚机构的势力日益膨胀，元首顾问会成为常设机构，元首金库律师、邮政督办等新官职先后设立。与帝国初期不同的是，帝国管理机构中被释奴隶的数量大为减少，主要官职均以骑士充任，官僚等级制日渐定型。对外政策上，除公元 2 世纪初尚能采取攻势、征服达西亚和亚美尼亚等地外，此后罗马基本采取守势，哈德良（117—138）时代修筑的“长城”更说明罗马的对外扩张基本停止。由于历代皇帝都相当注意处理自己与元老院的关系，两者之间相对和谐。更重要的是，自公元 1 世纪末到 2 世纪末，罗马除图拉真（98—117）时代进行了大规模的对外扩张战争外，基本保持了和平局面，社会经济繁荣，政局相当平稳，人们得以安居乐业，因此被视为罗马历史上的白银时代（仅次于奥古斯都统治下的黄金时代）。从马可·奥勒留（161—180）开始，罗马边境的压力日益增大，号称哲学家皇帝的奥勒留，其一生的相当一部分时间是在马背上度过的。如今流传下来的他最著名的雕像，也是一尊骑马的武士像，也许并非偶然。

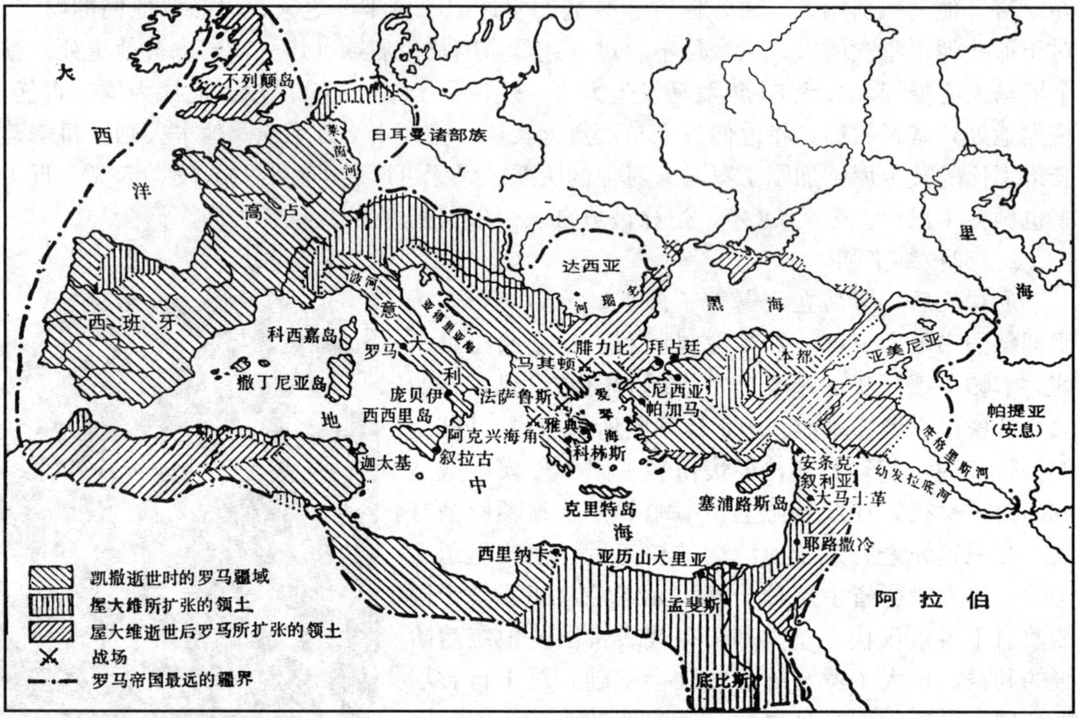

极盛时期的罗马帝国

二、社会经济的变化

1. 帝国初期社会经济的发展

罗马帝国初期，由于内战基本停止，内部联系加强，特别是广大劳动者辛勤劳动，社会经济一度有所发展。在意大利，除谷物需要进口外，葡萄酒和橄榄油都有剩余，曾大量输往高卢等地。手工业生产中，为适应农业生产的需要，陶器生产达到新的高度。从庞贝城看，城内有专门的市场、旅馆、酒馆等专门为客商服务的设施。在行省，高卢、西班牙、北非和埃及成为新的经济增长中心。高卢的葡萄酒和手工业生产在竞争中逐渐发展起来，大约在公元2世纪后期取代了进口的意大利产品。北非和埃及的农业发达，把大量的谷物输送到罗马和意大利。在地中海上，海盗基本被肃清，商船往来安全快捷。在此基础上，罗马的城市化水平达到前所未有的规模。帝国时代，此前已经存在的大城市如亚历山大里亚、罗马等继续发展，人口持续增长，有些城市的人口可能超过百万。一些在罗马扩张中被摧毁的城市如科林斯、迦太基等，帝国时代先后复兴。在行省，出现了一些新的城市，如高卢的卢格敦、布耳狄加拉、利摩南，不列颠的伦敦姆、林地姆，西班牙的加得斯等，都是当时相当有名的城市。

演说家阿里斯提德关于罗马城的繁荣的描述

地中海周边是遥远而宽广的大陆，它们将无尽的商品流向你处。每一块陆地，每一片海洋，无论有何出产，都会在各个季节给你送来；每块土地，每条河流，希腊人的、外国的手工产品，都不例外。因此，任何希望看到所有这些产品的人，要么旅行世界去观看这些产品，否则就到这座城市来。因为每个民族种植和生产的东西，在这里肯定总是充盈有余的，带着世界各地在各个季节出产的各种产品到这里来的商人如此之多，让这里好像是世界共同的仓库一般。人们可以看到来自印度的众多产品，如果他愿意，还可以看到来自阿拉伯-费尼克斯的商品，其数量之大，会让他猜测那里的树上可能早就光秃秃了，无论那里的人们需要什么，都得到这里来求购他们自己的产品。巴比伦的服装以及蛮族国家的奢侈品被运到这里的数量要大得多，而且比人们从那克索斯或库特诺斯航行到雅典运输他们的任何商品都要更加容易。埃及、西西里和阿非利加的文明地区是你的农场，船只的进出从来不会停止。因此，大海，更不用说港口了，居然能容纳如此之多的商船，真是让人吃惊。……所有的货物，所有现存的和曾经存在的东西，贸易、航海、农业、金属加工，任何曾经创造出来或生长出来的东西，都在这里汇合。这里看不到的东西，肯定不存在于这个世界上。

——Naphtali Lewis and Meyer Reinhold. Roman Civilization：Vol. Ⅱ. New York：Columbia University Press，1955：208-209.

但在这一片繁荣景象中，也出现了衰落的迹象。首先，大地产的发展导致小农被排挤。大地产是帝国时代罗马农业主要的经营方式。地主们或使用奴隶劳动，或把土地分成小块出租以收取地租。大批小农失去土地，导致了社会矛盾的尖锐化。其次，元首宫廷穷奢极欲，官僚机构的发展和军队待遇的不断提高，意味着必须向直接生产者征收更多的赋税。当时一般的罗马元老家里，往往都有几十甚至上百的奴隶充当仆人，元首更是仆人成群。非生产者数量的大量增加，导致直接生产者负担加重。韦帕芗对厕所收税，连他的儿子都觉得过分，但非此不足以养活大量官僚和士兵。可是，罗马社会的生产力并没有得到实质性的提高，人们使用的还是以前的那些生产工具，种植的还是以前的那些作物，手工业者生产的不过是日常生活用品，产品数量和质量都没有明显的飞跃。直接劳动者负担的加重，不免影响他们的生产积极性。最后，在对外贸易中，虽然罗马和意大利能够凭借政治特权，从行省免费得到部分谷物和商品，但随着行省地位的提高，意大利所享有的这种优惠逐渐消失。而相对于行省来说，意大利的经济并不具有领先地位，因此逐渐衰落。与此同时，罗马的对外贸易也是入超，大量财富尤其是贵金属为购买奢侈品被输出到东方，也影响了罗马经济的发展。

2. 奴隶制的衰落和隶农制的发展

共和国后期，罗马的奴隶制之所以发展迅速，关键是罗马成功的对外战争提供了比较充足的奴隶来源。战争造成的社会动荡，海盗、陆上盗匪的猖獗，使拐卖人口成为家常便饭。因此，奴隶价格低廉，货源充足，不仅可以满足意大利生产的需要，还可提供大量奴隶在家庭中服务，或用于角斗，给达官贵人和罗马公民提供血腥的娱乐。随着罗马和平的来临、对外战争的终止，奴隶来源受到严重影响。奴隶劳动的条件相当艰苦，他们不停地劳动所换来的都被奴隶主拿走，所以劳动的积极性不高，效率低下。在农业生产中，奴隶制的弊端表现得更为明显，因为农业生产具有明显的季节性。如在农业中大量使用奴隶，农闲时奴隶照样要吃饭，对奴隶主来说显然不合算。于是隶农制发展起来。隶农出现于共和国后期的意大利，最初他们是拥有公民权和其他法律权利的自由农，通过契约从土地所有者那里租得土地，并向地主交纳一定收成作为地租，不少人还拥有自己的土地和生产工具。帝国时期，由于奴隶来源减少，奴隶价格上涨，大地产不再有利可图，地主们或把土地出租，或把土地分成小块，交给自由民或奴隶耕种。但后来，因为地主、官府的压榨以及军队抢劫等原因，隶农处境日益恶化，地位逐渐下降。公元3世纪以后，隶农的人身自由也被剥夺，成了土地的附属物，地位与中世纪的农奴颇为相似。隶农制的兴起和发展，意味着新的生产关系出现。

3. 基督教的产生与发展

基督教产生于公元1世纪巴勒斯坦的犹太人中间。作为历史上灾难深重的弱小民族，犹太人在罗马帝国时代的处境并无好转。因对待罗马态度的不同，当时的犹太人内部分化成撒都该派、法利赛派、艾赛尼派和奋锐党四大派别。撒都该派是犹太教的上层，主张服从罗马统治。法利赛派主张不与罗马人合作，但也不赞成武装反抗。艾赛尼派人数不多，住在死海附近，实行原始共产主义，消极地等待着救世主的降临。奋锐党主要由社会下层人士组成，主张武装反抗罗马统治。基督教最初大概是犹太教下层中的一个小派，其创始人据说是耶稣基督。他号召人们起来反抗罗马统治，宣称罗马不久将灭亡，千年王国即将出现，获得大批信徒，引起犹太上层和罗马当局的恐慌。他被处死后，门徒们继续传播他的主张。公元1世纪中后期，保罗对基督教的理论进行改造，宣称上帝的福音不仅应传给犹太人，还要传给世界上所有的人，把狭隘的犹太教改变成普世性的基督教。对于犹太教一些排他性的教义和教规，如割礼和食物禁忌，或废除，或改造，以适应希腊罗马世界的需要。公元1世纪后期，基督教开始向巴勒斯坦以外的地区传播，并得到广泛支持，罗马城大概也有了不少基督教徒，皇帝尼禄曾经让他们充当公元64年罗马大火的替罪羊。公元2世纪初，基督教已传遍罗马帝国，在小亚细亚、希腊等地尤其兴盛。公元3世纪，基督教获得进一步发展。虽然罗马政府多次迫害，但是基督教徒人数却越来越多，活动也逐渐公开，成为一股强大的社会力量。与此同时，上层阶级开始控制教会，主教制产生，基督教开始向罗马帝国靠拢。公元2—3世纪的教父作家们努力证明，基督徒并不反对罗马的统治，反而是为皇帝的健康向上帝祈祷。罗马本是多神教，官方最初对基督教并未在意，个别皇帝如尼禄等曾下令迫害基督徒，但时间和地域都有限，并未从根本上限制和阻止基督教的发展。

三、帝国前期罗马的文化

1. 帝国前期的文学

帝国时代罗马的文学继续发展。在诗歌方面，产生了不少对后世颇有影响的诗人。卢坎（39—65）出生于西班牙的科尔多巴，是塞涅卡的侄子，早年进入尼禄的宫廷，21

岁时以《尼禄颂》崭露头角，后撰史诗《法萨利亚》，叙述恺撒与庞培之间的内战。虽然他生活在尼禄的宫廷中，却从庞培和元老院的立场来解释内战，但他的才气没有让他长寿，因卷入反对尼禄的阴谋，年仅26岁就被处死。佩特洛尼乌斯是卢坎的同时代人，也是宫廷中的红人，同样因宫廷阴谋被尼禄处死。他的《萨提里孔》是一部讽刺诗歌集，故事的叙述者恩科尔庇乌斯是个骗子和小偷，吃喝嫖赌无所不作，借其在意大利的周游，作者描绘了意大利形形色色的人物，其中被释奴隶特里马奇奥的经历，把帝国时代富人穷奢极侈的生活和奴隶的心理生动再现出来，成为意大利当时社会风俗的一面镜子。阿普列伊乌斯（约123—?）的《金驴》的风格与《萨提里孔》相近，借一个人在无意中被变成驴子后到帝国各地游荡的经历，将罗马帝国各色人物一一形诸笔下。马提雅尔（约40—约104）以讽刺诗歌知名，但他的生活经常穷困潦倒，有时甚至只能卖诗度日。他的诗歌都是非常短小的讽刺诗，其中不乏奉承保护人提图斯（79—81）的内容，兼有猥亵的色情描写。尽管如此，他的诗歌据说在当时颇受欢迎。公元1世纪末的讽刺诗人尤维纳利斯讽刺的对象，上至皇帝和元老，下到普通平民和奴隶，语言辛辣而幽默。普罗波提乌斯（约前50—约16）的《哀歌集》以对情人卿提亚的思念为主要内容。为赞颂想象中的这位情人，其诗歌中包含着大量古典世界的典故，犹如当时的典故百科全书。斯塔提乌斯（45—96）著有《底比斯记》，模仿荷马和维吉尔，叙述古代希腊七雄攻打底比斯的故事，但语言艺术与情节都远逊于维吉尔。

帝国时代的散文写作颇有成就。塞涅卡、普林尼（61—111/113）、昆体良（约35—约100）等都是知名的散文作家。塞涅卡用散文阐述哲学主张，留下了大量作品，比较著名的如《哲学的安慰》《论仁慈》《论恩惠》《论愤怒》等，在西方哲学史上颇有影响。他的文学作品中，最著名的可能是《变瓜记》，讽刺了罗马皇帝克劳狄。作为皇帝尼禄的老师，而且尼禄是在毒死其继父克劳狄后登基的，由塞涅卡来完成这样的作品，倒也符合他的身份。但他的帝师身份并没有能让他善终，后被他那残暴的学生处死。普林尼与罗马皇帝图拉真关系密切，曾任比提尼亚总督，就如何处置基督教徒问题与图拉真有多封书信往返。他的书信语言高雅，用词考究，是拉丁文学的典范作品，就其对文学的影响来说，他的地位仅次于西塞罗。他的演说赞颂了图拉真的所谓美德，并阐述了自己的政治理想，勾画出理想统治者的形象。与书信一样，他的演说风格宏大，叙事流畅。能够用数千字赞颂皇帝的美德，而且做到不重复，着实体现了他的才气，但总觉得有点浪费。昆体良的《修辞学教程》共12卷，对修辞学的理论和实践进行了全面的总结，甚至提出了胎教的概念，认为训练最好的演说家应该从婴儿出生前就开始。演说家应出生于良好的家庭，这样才能从潜移默化中养成优雅的言谈举止。在他看来，演说家应该学习音乐、舞蹈、哲学、科学，还要有虔敬的品格。只有文武全才、修养深厚的人，才能成为演说家。卢西安是公元2世纪罗马最重要的作家之一，出生于叙利亚，母语为叙利亚语，但他接受了良好的希腊文学教育，有一系列作品如《如何写作历史》等。他的对话录共7卷，包括诸神对话、海神对话、妓女对话、死人对话等，讽刺了当时的各种社会现象。皇帝马可·奥勒留的《沉思录》据说是他闲暇之时写成的随想，对自己的斯多葛派主张多有阐发，也是不错的文学作品。

2. 史学

帝国时代罗马最伟大的史学家是塔西佗（约56—约117）。他的主要著作包括《历史》、《编年史》、《阿古利可拉传》和《日耳曼尼亚志》。《编年史》据称有18卷，叙述从奥古斯都之死到公元68年尼禄死时的历史。《历史》有12卷，叙述从公元68年加尔巴（68—69）开始执政到公元96年图密善死时的历史。两书合璧，是公元1世纪罗马历史的完整叙述。塔西佗叙事流畅，常有惊人之笔，长于心理描写和铺陈叙事，对罗马政治的黑暗尤其是皇帝的专制妄为有深刻而全面的揭露。由于政治观点以及见闻的局限，塔西佗的叙述实际上局限于宫廷。他对君主政治持严厉的批判态度，把罗马政治描写得一团漆黑，对罗马显贵们极尽鞭挞之能事。应当承认，塔西佗所写的都是历史的实际，不过那只是罗马城，特别是罗马的宫廷，而非整个帝国的实际。他没有看到，或者说不大愿意看到共和国时代罗马行省所受的压迫和帝国时代行省地位的提高，以及帝国时代行省和意大利的经济发展。《阿古利可拉传》是他岳父的传记，对罗马人在不列颠的经略活动多有阐述。《日耳曼尼亚志》记录了公元1—2世纪初日耳曼部落的情况，是研究早期日耳曼人历史最重要的资料。但他的兴趣并不纯粹在日耳曼人的风俗，而是借描写日耳曼人的淳朴和善战，反衬罗马的腐败和无能。

与塔西佗比较，维雷乌斯·帕特克鲁斯（约公元前20—30年以后）的《罗马史大全》似乎有点愧对书名。他出身于一个军人世家，曾在提比略麾下服役8年。该书可能系从部队退役后写成，意在向自己的朋友当选执政官献礼。全书共两卷，第一卷价值不大，从特洛伊陷落一直写到迦太基陷落，基本失传；第二卷基本完整保存下来。虽然无论是篇幅上还是见识上，他既无法与李维相比，更没有资格与塔西佗并提，但他的著作恰好填补了从李维著作失传到公元30年之间的历史，保存了较多珍贵的资料，也是我们有关该时期古代唯一连续的叙述。

苏维托尼乌斯的《罗马十二帝王传》是自恺撒到提图斯的罗马12个皇帝的传记。虽然作者的写作手法并不高明，往往首先叙述皇帝的生平和政治作为，然后从为人处世、宗教信仰、家庭生活等各个方面展示人物性格，最后写传主之死及人们的评价，但作为帝国时代的著作，它仍保存了不少很有价值的史料，特别是有关传主性格的史料，不同程度地揭示了当时的政治制度和社会风气。

瓦列利乌斯·马克西穆斯也生活在提比略为帝时代，我们对他几乎一无所知。他5卷的《名人言行录》系从古代的著述中摘录，虽然道德说教意图明显——以历史上贤哲的例证提示后人应当追随和避免的言行，且政治保守，但保留了较多失传的资料。奥鲁斯·格利乌斯的《阿提卡之夜》属于读书笔记。据作者自述，那是他在阿提卡读书期间所做的各种笔记，内容包罗万象，举凡语言、历史、法律和社会的各种掌故，都在该书中有所反映。用他自己的话说，“我在手捧希腊文和拉丁文的书籍之际，或是听到什么值得一记的事情之时，我会信手记录下各种各样能让我着迷的东西，就像建立一座文学的宝库那样，以供我回忆之用”。所以，该书并不讲究规则，重在简明易读，因而搜罗了不少名人轶事和古代掌故，于研究希腊罗马历史颇有助益。

阿庇安（约95—约160）是罗马时代希腊的历史学家，他的主要著作是《罗马史》。阿庇安采用的是近似于中国古代纪事本末体的体例。他的《罗马史》分为24卷，但有关罗马征服埃及以及与达西亚、阿拉伯等地战争的18～24卷已经散失，1～5卷和8～9卷仅存残篇，其余的基本保存下来，尤其是关于罗马内战的部分完整保存下来，叙述了从格拉古兄弟改革到奥古斯都打败小庞培、剥夺雷比达的军权为止的历史。作为一名历史学家，阿庇安比较重视经济在历史中的作用，对共和国末期罗马内战的经济背景有独到的分析，对共和国后期罗马统治者的残暴与屠杀，也有相当程度的揭露。

阿里安（约95—约175）也是罗马统治下的希腊人，曾出任罗马高官。他最著名的著作是《亚历山大远征记》，比较系统地叙述了马其顿亚历山大远征波斯和印度河流域的历史。全书共8卷，其中前7卷专述亚历山大的文治武功，末卷记印度的情况。据他自称，他写作的主要依据是亚历山大的重要将领托勒密·索特的作品，而托勒密·索特的作品又是根据亚历山大的起居注写成的，资料来源比较可靠。他大概还参考了其他一些古典作家的著作，对托勒密·索特的说法有所辨正。因为崇拜亚历山大的缘故，他不免忽视了一些重要的史实，把亚历山大对波斯的入侵写得犹如凯歌行进，对亚历山大的错误和波斯抵抗的坚决程度估计不足。约瑟弗斯（约37/38—100）参与过1世纪中期犹太人的起义，投靠罗马后转向历史写作，写有《犹太战争》和《犹太古事记》。其中前者23卷，后者20卷。据他自称，他最初用希伯来语写《犹太战争》，后痛感前人关于犹太人起义的那场战争多有失实，他“为了帝王臣民的利益，我决定将自己之前用母语写的书翻译成希腊语，以便在中东发行”。他在书中极力宣扬罗马的强大，要求犹太人放弃反抗罗马的企图。《犹太古事记》写的是希伯来人从创世到公元66年反罗马起义之前的历史。尽管作者不免站在罗马人的立场上，但作为研究古代犹太与罗马历史的著述，两者都具有重要史料价值。

普鲁塔克为中希腊地区喀罗尼亚人。到公元2世纪，由于罗马的统治，希腊的地位逐渐下降，不少城市逐渐衰败，人们逐渐淡忘希腊过去政治上的伟大。普鲁塔克有感于此，乃写作《平行列传》。他将一个希腊名人与一个罗马名人并列作传，后附简短的论赞，其目的是告诉人们，希腊不仅在文化上伟大，在政治和军事上也产生过很多彪炳史册的人物，其光辉丝毫不亚于罗马。虽然他常把写作当成传播道德观念的工具，但他的传记时常征引古代作家的言论，而且交代出处，保留了许多已经失传的史料。他的《道德论集》也包含大量有趣的史实，对研究希腊罗马史具有重要意义。

3. 科学

帝国时代罗马的科学有所发展，特别是在罗马统治地中海地区的情况下，地中海文明的资料汇集在一起，形成了罗马文化博大和兼容的气度。普林尼（23—79）是罗马历史上最伟大的科学家之一，曾出任罗马高官，一生勤于读书，注重实地考察，乐于著述。公元79年，维苏威火山爆发，他率领舰队前往救援，因吸入火山喷出的含硫气体而中毒身亡，年仅56岁。他的《自然史》共37卷，汇集了古代大量的科学研究成果，举凡农业、手工业、交通、语言，人文科学和自然科学无所不包，几乎是古代世界的百科全书。据说他在写作中先后参考过146个罗马作家、327个非罗马作家的著作，从2 000部论著中摘引材料。许多希腊罗马艺术家的生平和作品，端赖他的记载流传至今。大概是时代风气的熏染，他的语言也颇多尖刻和讥讽，对于某些现象提出了尖锐的批评，例如，“金钱的发明是对人类幸福的致命打击，它的存在有了利润的产生，靠了它，有人能坐吃闲饭，有的人却要靠劳力工作”。动物之所以比人类生活得更好些，是因为“它们从不妄想荣耀、金钱、野心或死亡”。尤其值得注意的是，普林尼在书中还提到了中国的情况，可惜因为缺少第一手材料，他的记载包含不少道听途说的成分。他所记录的罗马人的各种错误观念和迷信思想，还让他的《自然史》成了罗马人愚昧的永久纪念碑。

地理学在帝国时代有所发展，最著名者当推斯特拉波（约前 64—约 21）。他曾游历小亚细亚、罗马、埃及等地，其《地理学》广泛而全面地描述了罗马帝国时代西方世界的地理情况。全书 17 卷，1～2 卷为序言，讨论地理学的理论问题，然后分地区讨论了地中海周边的情况，也涉及印度地理。在描述各地地理情况时，他提到当地发生的大量历史事件，保留了不少已经失传的资料。他详细讨论了地理学的定义，交代了各地区的自然边界线，强调空间分布的重要性，注意到自然条件和人类活动的相互作用，是地理学的一大进步。他的世界构造无疑以罗马为中心，反映了帝国时代希腊人的观感。

罗马的医学最初借鉴自希腊，共和国时代的罗马人对希腊医生很不信任，如果说某人是希腊医生，即意味着你得小心提防他暗算你。但医学终归是人类最重要的科学之一，罗马人也必须掌握一些最基本的治疗技术，而这些技术仍然要从希腊人那里学习。帝国时代开办的医学学堂，教学语言就是希腊语。帝国还设立了国家医生制度。公元 100 年以后，据说每个罗马军团都会配备 24 名外科医生，每个重要的营区设立战地医院。医学的分工也有一定发展，有专门从事妇科、产科、眼科、耳科等方面的专家。公元 2 世纪的盖伦（约 129—约 199）成为古代世界影响最大的医生。他出生于帕加马，是希波克拉底的狂热崇拜者。公元 161 年，他到罗马行医，出入马可·奥勒留的宫廷，进行过活体解剖，提出人类的健康有赖于四种体液的平衡，区分了动脉和静脉。他的著作通过阿拉伯人的译本，成为中世纪西方医学的范本。

4. 罗马法

罗马法是罗马人最重要的遗产之一，今天科学与哲学的术语多来自希腊语，法学术语大半则出自拉丁语。按照性质区分，罗马法分公法和私法，“公法是关系到罗马公共事务之状况的法律；私法是关系到个人利益的法律”。私法又可以进一步划分为 3 个部分：自然法、市民法和万民法。“自然法是自然教授给所有动物的法律。事实上，这一法律不是人类专有的，而是所有诞生在天空、陆地或海洋的动物的。”即适合世界上所有生物的基本法则。根据查士丁尼（527—565）时代《法学阶梯》的定义，市民法的产生，是因为人类分为不同部落和城邦的结果，“所有由法律和习俗统治的市民，部分地使用他们自己的法；部分地使用为所有的人共有的法。事实上，每个民族为自己制定的法，是他们的城邦专有的，并被称作市民法，与他们自己城邦的法统一”。万民法不同于市民法，万民法首要地在于它符合自然理性，适合所有民族的需要。“自然理性在所有的人中制定的法，它被完全一致地保留在所有的人中，并被称作万民法。”

在平民反对贵族斗争期间，罗马就颁布过大量法律。随着罗马对地中海世界的征服，出现了公民法和万民法的区分。大体说来，罗马法有三大源泉：第一是人民大会和元老院颁布的法律；第二是执政官尤其是副执政官等高级官员颁布的法律原则，帝国时代皇帝颁布的法令、诏书和训示等；第三是法学家的解释。人民大会的法律多与市民法有关，主要触及罗马公民，因而一般属于市民法；万民法是罗马统治被征服地区过程中逐渐完善和发展的。一方面，罗马征服意大利后，设立了专门审理罗马人与外国人或者外国人相互之间案件的副执政官。在审理相关案件时，他创立了一系列的规则或惯例。另一方面，当罗马人设置行省或派总督去统治被征服地区，在当地无法照搬罗马法，于是总督们结合罗马的法律和被征服地区的习惯，颁布新的命令，这些法律实际上是罗马人与其他所有民族共有的法，表现为少量的基本原则。有时，高级官员根据各地实际，做出司法判决，这些判例后来也成了法律的一部分。据此创立的判例需要照顾到罗马人和非罗马人的习惯、法律，所以，万民法是“罗马人与古代文明民族共有的或在同他们的关系中逐渐创立的规范总和”。在这个意义上，万民法几乎与自然法重合。但在某些时候，自然法不同于万民法，因为自然法应当符合自然法则，它“总是保持稳定和不变”，但万民法仍属于人定法，有时需要而且可以改变。如自然确定所有人都应当是自由的，但万民法仍承认奴隶制，并且把人区分为自由人和不自由人。帝国时代，随着罗马统一的加强，各地区的法律逐渐融合，到查士丁尼时代编订了统一的法典。虽然如此，不成文法即“经使用者的同意所确认的持久的习惯”，仍在罗马社会中扮演着一定角色。罗马法曾经影响过中世纪的教会法，启迪了文艺复兴时代的思想家，并成为意大利、法国、西班牙、南非等国的基本法。

5. 帝国时代的建筑与艺术

帝国时代是罗马建筑的辉煌时代。恺撒曾对罗马广场进行扩建和改建，奥古斯都把砖石构筑的罗马变成了大理石构筑的罗马。帝国时代的历代元首，也都把在罗马修建大量公共建筑作为他们的首要任务。虽然这些建筑大多已成废墟，但保留下来的少数建筑如罗马的万神殿，仍足以让我们钦佩罗马人的建筑技术之高超。万神殿建造于哈德良时代，主要用于供奉代表天上星宿的神灵，它有一个长方形的门廊，主体建筑是一个大圆顶。圆形神殿的平面直径为43米，圆顶端点离地面的高度也为43米，圆顶中央是一个直径9米的大天窗，而圆顶之下除边墙外没有任何支撑物，所以空间显得特别宽阔。作为罗马完整保存至今的古典建筑，万神殿曾给西方的建筑以巨大影响，文艺复兴以来西方模仿它的建筑难以胜计。

万神殿内景

除此之外，罗马人还建有许多世俗性建筑。将军们打了胜仗后，罗马政府允许他们举行凯旋式，为此修建了临时性的建筑——凯旋门。共和国晚期，出现了永久性的大理石凯旋门。帝国时代，它成了皇帝举行凯旋仪式的专用建筑，变得更加庄严隆重。帝国时代最著名的凯旋门中，有奥古斯都凯旋门、提图斯凯旋门等。凯旋门本身规模宏大，多以雕刻装饰。雕刻继承了希腊人的传统，与该建筑庆祝的事件有直接关系。例如提图斯凯旋门上，就有罗马人攻陷耶路撒冷的场景。会堂是罗马人的独创，为一长方形大厅，厅内由柱子分隔出一个主厅和两个侧厅，在两列柱子上方构筑一层顶阁用于采光，使大厅内部显得宽敞明亮。大厅供人们聚会讨论之用，两旁的侧厅供法庭开会。它们是后世基督教堂的先驱。罗马人的剧场分圆形和半圆形两种，以拱券构筑多层，坚固牢实，观众席一般可容万人。剧场中最著名的乃是韦帕芗始建、提图斯完成的科罗赛姆大剧场。它的舞台位于中心，周围是一排排的观众席。除举行角斗表演外，据说舞台中心还可以灌满水进行海陆战斗的表演。它外墙高48.5米，长155米，中央舞台长86米，宽57米，观众席有30多排，可容纳5万人。底层外圈有80个拱门供观众出入，内圈有50多座大小不一的楼梯，据说数万观众能在不到10分钟的时间里完全退场。

罗马人在艺术上似乎没有太多的创造，很多情况下都是复制希腊人的作品。今天保留下来的罗马艺术作品，也确实有不少是希腊雕刻的复制品。但这并不意味着罗马人在艺术创作上一无是处，他们的浮雕艺术成就至少不在希腊人之下，最著名者有提图斯的凯旋门和图拉真的纪功柱。前者是提图斯为纪念镇压犹太起义胜利而建立的，浮雕位于门道内两边的墙上，一是表现皇帝得胜而归，驾战车入城；一是表现凯旋式中战士和战利品的行列。两幅浮雕表现的车骑和队伍的行进都井然有序，动态鲜明。图拉真纪功柱是为纪念征服达西亚的战争而建，其浮雕精美绝伦，柱高38.7米，柱身29米，环柱满布每层高1.25米的浮雕带，总长达200米，刻画的人物形象超过2 500个，能划分的情节和场面在155个以上。它从罗马军团渡过多瑙河开始，到罗马取得战争胜利为止，其中自然少不了皇帝的高大形象和士兵们胜利后的欢呼场面。因雕刻精细，它成为罗马人雕刻艺术的典范之作。此外，罗马铸有多位皇帝的骑马像，其中马可·奥勒留的骑马武士像，成为近代大量此类雕像的范本。

推荐阅读书目

白寿彝，总主编. 中国通史：第4卷. 上海：上海人民出版社，1995

金春峰. 汉代思想史. 修订增补版. 北京：中国社会科学出版社，1987

林剑鸣. 秦汉史. 上海：上海人民出版社，1989

刘泽华，主编. 中国政治思想史（秦汉魏晋南北朝卷）. 杭州：浙江人民出版社，1996

钱穆. 秦汉史. 北京：生活·读书·新知三联书店，2018

王晓朝，主编. 信仰与理性：古代基督教教父思想家评传. 北京：东方出版社，2001

王治来. 中亚史：第1卷. 北京：中国社会科学出版社，1980

阎步克. 士大夫政治演生史稿. 北京：北京大学出版社，1996

阎步克. 乐师与史官：传统政治文化与政治制度论集. 北京：生活·读书·新知三联书店，2001

杨共乐，等. 古代罗马文明. 北京：北京师范大学出版社，2014

[英] 莱斯莉·阿德金斯，罗伊·阿德金斯. 探寻古罗马文明. 北京：商务印书馆，2008

[英] 佩里·安德森. 从古代到封建主义的道路. 上海：上海人民出版社，2001

[法] 布尔努瓦. 丝绸之路. 济南：山东画报出版社，2001

[英] 崔瑞德，鲁惟一，编. 剑桥中国秦汉史. 北京：中国社会科学出版社，1992

[日] 大庭脩. 秦汉法制史研究. 上海：上海人民出版社，1991

[英] 约翰·德雷恩. 新约概论. 北京：北京大学出版社，2005

[加] 戈登·菲，[美] 道格拉斯·斯图尔特. 圣经导读. 北京：北京大学出版社，2005

[法] 戈岱司，编. 希腊拉丁作家远东古文献辑录. 北京：中华书局，1987

[意] 朱塞佩·格罗索. 罗马法史. 北京：中国政法大学出版社，1994

[美] 安德鲁·菲尔德，格兰特·哈代，主编. 牛津历史著作史：第一卷上册. 上海：上海三联书店，2017

[匈] 雅诺什·哈尔马塔，主编. 中亚文明史：第2卷. 北京：中国对外翻译出版公司，2002

[英] 基思·霍普金斯，玛丽·比尔德. 罗马大角斗场. 北京：商务印书馆，2008

[英] Christopher Kelly. 罗马帝国简史. 北京：外语教学与研究出版社，2008

[法] 让-诺埃尔·罗伯特. 从罗马到中国：恺撒大帝时代的丝绸之路. 桂林：广西师范大学出版社，2005

[美] M. 罗斯托夫采夫. 罗马帝国社会经济史. 北京：商务印书馆，1985

[美] W. M. 麦高文. 中亚古国史. 北京：中华书局，2004

[意] 彼德罗·彭梵得. 罗马法教科书. 北京：中国政法大学出版社，1992

[英] H. F. 乔洛维茨，巴里·尼古拉斯. 罗马法研究历史导论. 北京：商务印书馆，2013

[美] 布鲁斯·雪莱. 基督教会史. 北京：北京大学出版社，2004

[美] 理查德·J. A. 塔尔伯特. 罗马帝国的元老院. 上海：华东师范大学出版社，2018

[意] 马里奥·塔拉曼卡. 罗马法史纲：上下卷. 北京：北京大学出版社，2019

[美] 威利斯顿·沃尔克. 基督教会史. 北京：中国社会科学出版社，1991

[古罗马] 优士丁尼. 法学阶梯. 北京：中国政法大学出版社，1999

[英] 裕尔，撰. [法] 考迪埃，修订. 东域纪程录丛. 昆明：云南人民出版社，2002

[英] 理查德·詹金斯，主编. 罗马的遗产. 上海：上海人民出版社，2002

第十一章

公元3—6世纪的世界形势

公元前后兴盛的农耕世界，在公元3世纪似乎仍很有活力。在中国，西晋完成了统一。在印度，崛起了强大的笈多帝国。在西亚，萨珊波斯兴起。在罗马，塞维鲁王朝正忙着东征西讨。可是突然之间，这些大帝国都不同程度地陷入困境。西晋因八王之乱而瓦解，贵霜帝国灭亡，萨珊波斯和罗马帝国危机重重。农耕世界内部矛盾的爆发，给游牧部族的入侵提供了机会。从公元3世纪后期起，游牧部族陆续冲入农耕世界。在东方，匈奴等入袭使西晋衰亡，笈多帝国瓦解，萨珊波斯政局出现了剧烈的动荡。在西方，罗马帝国承受了来自亚欧大陆游牧世界最大的压力，匈奴人、日耳曼人和斯拉夫人咄咄逼人，埋葬了西罗马，削弱了东罗马。经此打击，东西方农耕文明的生产关系得到不同程度的改造，古代文明的发展进入一个新时代。

第一节　公元3—4世纪的农耕世界

一、西晋的统一与统治

1. 三国鼎立局面的形成

东汉末年的黄巾大起义，在沉重打击东汉统治的同时，也给世家大族的割据创造了机会。一些地方豪强在镇压农民起义的过程中逐渐崛起。袁绍（？—202）占据冀州，后又夺取幽州、青州和并州，实力强大。曹操

（155—220）占据河南。孙吴依靠世家大族的支持，得江南为根据地。张绣在南阳，刘表在荆州，袁术在扬州，张鲁在汉中，刘璋在益州，都是雄踞一方的诸侯，有些还公开称帝。经历两汉数百年的统一后，中国再度陷入了分裂。

春秋战国以来形成的大一统政治与文化传统，经过两汉的强化，在东汉末年继续发挥着作用。众多割据势力大多有一统天下的雄心。在混战中，曹操逐渐崛起。他“挟天子以令诸侯”，自封为大将军，开始了统一北方的征程。公元 200 年，曹操将矛头指向实力最为强大的袁绍。

袁绍家世显赫，四世三公，袁家门生故吏遍于天下。袁绍本人曾勒兵诛杀宦官，讨伐董卓，拥有以河北为中心的四州之地，兵多将广，但他多谋而少断，不识人才，未能利用有利地位进一步扩大势力。等到曹操消灭了强敌后，才决定出击。公元 200 年下半年，双方在官渡决战。曹操先烧毁袁绍军队的粮草，然后回兵攻击袁绍主力。袁绍全军覆没，大将张郃等投降曹操。袁绍死后，诸子相互混战，被曹操各个击破。到公元 207 年，曹操基本统一北方。

在曹操崛起的同时，孙吴在江东稳步扩展自己的势力。孙氏为吴郡大族，开创者孙坚曾任郡司马，以镇压黄巾起义军起家。孙策先投靠袁术，后以会稽、豫章等为中心，逐步扩展势力。孙权（222—252）继位后，在周瑜等帮助下，继续壮大实力，占领长江中下游地区，成为中国南方的霸主。

三国之中，刘备（221—223）势力最弱。他最初甚至没有自己的地盘，先后依附曹操、袁绍、刘表等人，虽然有诸葛亮（181—234）、庞统等杰出的谋士，但实力仍很弱。

公元 208 年，曹操统一北方后，大举南下，企图一举荡平荆州和江东，完成对中国的统一。他先是夺得荆州，威胁刘备。在此紧要关头，诸葛亮出使东吴，与孙权结成联盟共抗曹操。赤壁之战中，曹操大败。此后，孙权占据荆州东部，刘备夺占荆州南部，曹操则得到了以襄阳为中心的荆州北部。以此为基地，刘备先后取得益州和汉中，成为一大势力，三国鼎立局面基本形成。

2. 三国的统治与西晋的统一

曹操统一北方后，为恢复残破的社会经济，采取了一系列措施。政治上，唯才是举，一时人才济济。整饬吏治，打击世家大族。经济上，实行屯田，不仅解决了军粮供应，也恢复了农业经济。不少地方官吏注意招引流民定居，奖励耕织，兴修水利。经过几十年的恢复，北方的社会经济逐渐复苏，给曹操的连续用兵提供了雄厚的基础。

时人诗中所见东汉末年北方的残破

墙垣皆顿擗，荆棘上参天。
不见旧耆老，但睹新少年。
侧足无行径，荒畴不复田。
游子久不归，不识陌与阡。
中野何萧条，千里无人烟。
——曹植. 送应氏诗二首.

出门无所见，白骨蔽平原。
路有饥妇人，抱子弃草间。
顾闻号泣声，挥涕独不还。
“未知身死处，何能两相完。”
——王粲. 七哀诗.

既至家人尽，又复无中外。
城廓为山林，庭宇生荆艾。
白骨不知谁，从横莫复盖。
出门无人声，豺狼号且吠。
——蔡琰. 悲愤诗.

公元220年，曹操去世，其子曹丕（220—226）立刻逼汉献帝下诏禅位，登上帝位，建国号为魏。曹丕登基后，政治上有两个重要变化，一是任用世家大族为官，实行九品中正制。州郡设立中正，专管选举，所选人物，定为九品。朝廷选拔官员时，以中正所定等级为标准。中正往往由地方上的世家大族担任，评定时所依据的首先是品行，然后是才学。品行又是根据门第和儒学，才气在其次。在这种制度下，官职自然为世家大族垄断，他们在朝廷中的势力迅速上升。其次，鉴于东汉后期的宦官外戚专政，曹丕对亲属和外戚的权力严加限制，诸侯王除了享受部分租税外，实际毫无权力，他们必须居住于自己的封地，不得辅政，不得相互交往，甚至不得与他人私自交往。曹植赴封国就任时，只有士兵150人，都是50～60岁的老兵，部曲不过数十人，而且也都已经年迈。可以说，曹魏政权的统治基础较为薄弱。

曹丕以后，以司马懿为代表的司马氏势力逐渐上升。公元249年春，司马懿（179—251）发动政变，夺取曹魏大权。此后其子司马师（208—255）和司马昭（211—265）先后掌权，皇帝成为傀儡。公元265年，禅让在曹魏再度上演，司马炎（265—290）成为皇帝，建立晋朝，史称西晋。

三国之中，蜀国的根基最不牢固。蜀初本据有荆、益两州，保有汉中。但是镇守荆州的关羽犯了严重错误。他先是与吴国交恶，接着大举兴兵伐魏，结果前方为魏所败，后方被东吴偷袭，兵败身亡。刘备为夺回荆州，尽起大军攻吴，惨败，主力损失殆尽。刘备死后，其子刘禅（223—263）继位，诸葛亮辅政，努力整顿残局。对内，他注意集思广益，听取不同意见，任用贤才，厉行法治；利用益州的有利条件，积极发展经济；打击豪强大族，尽力扶植自耕农。对外，他果断放弃荆州，采取联吴抗魏的策略。对于强大的曹魏，他以攻为守，多次进攻魏国。其后继者基本继承了他的政策。但刘禅昏庸无能，宠信宦官，连大将姜维等都受到猜忌，蜀国很快衰落。

孙吴的政策基本是划江而治，不思进取。赤壁之战后，孙权得到荆州东部，后又夺取刘备所占据的荆州西部与南部，控制了长江中下游地区，对曹魏基本处于守势，似乎从未考虑北伐中原以争取统一。孙吴的主要精力，一是征服山越和蛮夷，把他们的领土划为郡县，掠取更多的土地和人口；一是开发江南，注意兴修水利和屯田。吴国初期政治相对稳定。公元252年孙权去世，皇室陷入无休止的内讧，其末代统治者孙皓（264—280）荒淫好色而且残暴，统治日趋腐败，人人自危，也迅速走向衰落。

司马氏稳定统治后，开始对蜀、吴用兵，进行统一战争。考虑到蜀国力量最弱，而且占领蜀国后，会对长江中下游的吴国形成威胁，因此首先攻打蜀国。公元263年，魏兵以邓艾的西路军拖住姜维统帅的蜀军主力，以诸葛绪断姜维归路。东路以钟会军为主力，经关中直指成都。在魏兵的夹击之下，蜀后主刘禅出城投降，蜀亡。公元279年，西晋六军齐出，水师从蜀中顺长江而下，直捣吴都建康。公元280年，孙皓投降，吴亡，中国重新统一。

3. 西晋的统治

西晋王朝是在世家大族的支持下建立的，其政策也倾向于士族。经济上，实行占田和课田制，规定“男子一人占田七十亩，女子三十亩。其外丁男课田五十亩，丁女二十亩，次丁男半之，女则不课。男年十六已上至六十为正丁，十五已下至十三、六十一已上至六十五为次丁，十二已下、六十六已上为老小，不事”。这样的规定是为政府计算租税方便，并不表示当时每个家庭都相应有这么多田地。至于课田则是农民应负担租税的田地数。具体说来，“凡民丁课田，夫五十亩，收租四斛，绢三匹，绵三斤”。不过并不是所有人都要纳税。西晋朝廷还规定了品官占田荫客制，即官员按照品级高低，可以占有一定数量的土地，并且荫庇一定数量的亲属，其中一品可占田 50 顷，荫九族；最低的九品可占田 10 顷，荫及三族。这些士族官僚还可以获得一定数量的佃户，被荫庇的亲属和佃户不用向政府承担课役。

在任官和选举制度上，西晋仍实行九品中正制，而且将门第作为第一因素，高级职位多被士族垄断，“上品无寒门，下品无势族”，“世胄蹑高位，英俊沉下僚”。为保证士族有官可做，西晋机构多，官属多，兼职多，但办事的人很少。晋武帝即位时，太宰、太傅、太保、太尉、司徒、司空、大司马、大将军八公同时设置。而且每个机构下面，还设有众多职务，上述八公，下都有长史、祭酒、曹掾等属官，每个曹掾之下还有属官若干人。这些担任高级职务的士族，其最高理想，是任官取俸禄而不用理事。“进仕者以苟得为贵，而鄙居正；当官者以望空为高，而笑勤恪”，“其倚仗虚旷，依阿无心者，皆名重海内”，“选者为人择官，官者为身择利”，“悠悠风尘，皆奔竞之士，列官千百，无让贤之举”。整个政局陷入混乱，官僚机器运转不灵，西晋的统治岌岌可危。

二、萨珊波斯的兴起

1. 萨珊波斯的兴起

公元 2—3 世纪，伊朗高原的安息和中亚地区的贵霜先后衰落。在伊朗高原西南原阿契美尼德王朝旧地的波斯境内，兴起了萨珊王朝。当时那里小国林立，每个国家的统治范围多为一个城市或村庄及其周边地区。公元 3 世纪初，萨珊家族的阿达希尔（224—240）逐渐击败其他统治者，统一波斯地区。在巩固对波斯地区的统治后，阿达希尔征服了波斯以西的克尔曼和杰叶，并与帕提亚帝国进行战争。公元 224 年，阿达希尔大败帕提亚军队，杀死帕提亚王阿尔塔巴努斯（213—224），将原属帕提亚帝国的大部分地区征服，定都泰西封。到阿达希尔统治末期，萨珊波斯领土东到阿姆河河口，西与罗马帝国为邻。沙普尔一世（240—270）继续与罗马战争，多次获胜。公元 244 年，波斯击败入侵的罗马军队，杀死罗马皇帝戈尔狄安（238—244）。公元 255 年，波斯再次大败罗马军队，一度攻入叙利亚，占领安条克等重要城市。小亚细亚受到严重威胁。公元 260 年，罗马皇帝瓦列里安（253—260）亲自率兵侵入波斯，但再次被击败，瓦列里安成了俘虏，被发配到胡泽斯坦的卡隆河上修筑水坝。罗马战败后，丧失了对亚美尼亚和格鲁吉亚的控制权，萨珊波斯则巩固了自己在西亚的地位。

2. 萨珊波斯的统治

萨珊波斯实行君主政治，国王可以指定继承人，但实际上波斯贵族势力雄厚，在王位继承上有重大影响。国王大多是在贵族集团的影响之下选出，偶尔也会因为贵族的内讧被废黜。就此而言，萨珊波斯是安息的继续。

国王之下，全体国民分成四个等级，前三个等级分别是军人、僧侣和官吏，第四等级为纳税人，即波斯的主要生产者。军队最高首脑为总司令，有时以国王为统帅，但军

沙普尔一世

队并不完全听命于国王，因为军队的主力是重装骑兵，士兵主要是部落民，而他们的直接统帅是部落首领。僧侣为波斯国教祆教的祭司，负责举行各种宗教仪式。祆教的神庙占有大量土地，并利用举行法事从信徒那里获得大量收入。官吏的首脑是大司事，主要负责军队和征税。地方行政由地方王公或总督负责，最重要的行省的总督由王室成员充任，控制相对严格。那些由部落王公统治的地区，控制则相对松弛。第四等级包括各种不同的劳动者，其中有奴隶，但更多的是相对独立的农民。他们要向国家缴纳赋税，还要服徭役。税率可能相当沉重，公元5世纪后期国王曾豁免农民的部分土地税、人头税、公共劳役和徭役等。波斯帝国的等级制度相当稳定，不同等级之间的流动受到严格限制，与古代印度的种姓制度有类似之处。

波斯帝国以祆教为国教。据说在第一代君主阿达希尔时，祆教就被定为国教。实则祆教的历史比萨珊波斯久远得多，它的主要学说和仪式在阿契美尼德时期就已经形成。祆教认为，世界上存在光明与黑暗的斗争，代表光明的是奥尔穆兹德，代表黑暗的是阿里曼。人类应当信奉并帮助光明，自觉远离黑暗。凡生前虔诚信奉祆教者，死后灵魂会脱离躯体并升入天堂，到阿胡拉马兹达那里，反之灵魂将被罚入地狱。灵魂升入天堂的主要途径，是所谓的三戒：善思、善言和善行，所谓善行，是信奉祆教教义并认真举行各种仪式。祆教的世界观比较乐观，认为光明终将战胜黑暗，世界会重现和平，死者也会复活。

萨珊波斯时期，摩尼创立了摩尼教并开始传教。据说摩尼约生于公元215年或公元216年，从公元241年开始传教。他认为，由光明与黑暗的混合而产生的物质世界本质上是罪恶的，人类斗争的目的就是要解放光明的部分，为此，人们不得杀害同类，不得肉食，而要过道德的生活，矛头明显指向占统治地位的祆教僧侣及其后台萨珊波斯王朝。公元3世纪后期，摩尼教受到波斯迫害，摩尼本人被杀，不少信徒流亡埃及和亚美尼亚等地。但摩尼教并没有被消灭，而是在巴比伦、中亚的撒马尔罕及游牧部落中广泛传播。它还向西传播到罗马，获得大量信徒。此外，产生于罗马帝国的基督教也曾传入波斯。基督教徒在波斯的命运与他们在罗马的命运往往相反。当基督教徒在罗马遭到迫害时，在波斯帝国会得到庇护，目的是利用他们反对罗马；但当基督教于公元4世纪初取得合法地位，特别是公元4世纪末成为罗马国教后，基督教徒反而在萨珊波斯遭到严厉镇压。

三、笈多帝国的兴起与统治

1. 南亚次大陆的分裂与外族入侵

孔雀帝国分裂后，南亚次大陆进入多国分立的时期。羯陵伽可能在阿育王死后不久重新独立。国王卡罗毗拉统治时，羯陵伽一度强大，据说向南曾征服哥达瓦里河以南的地区，向北曾两度远征，逼迫摩揭陀的统治者向他称臣。另一强国安度罗崛起于今海德拉巴邦，公元 1—2 世纪曾经辉煌一时，击败过来自北方的塞种人入侵者。该国的统治者比较重视婆罗门，一个国王自称“粉碎了刹帝利的骄傲自大，增进了再生者以及最下等的人的利益，制止了四个种姓的混合”。公元 3 世纪中叶以后，安度罗衰落。在次大陆最南端，先后兴起了朱罗、潘迪亚和鸡罗国。朱罗国位于今坦焦尔县，大概并不信仰佛教，公元前 2 世纪，该国曾征服斯里兰卡并给那里的佛教以沉重打击。潘迪亚位于今马图腊县等地区，立国颇早，公元前 4 世纪的文献中就提到过该国。公元前 20 年，潘迪亚统治者曾晋见罗马皇帝奥古斯都。鸡罗位于今马拉巴尔县等地区，曾作为独立民族出现在阿育王的诏书中，是一个繁荣的经济贸易中心。

次大陆的分裂为外族的入侵提供了机会。希腊人的大夏王国即巴克特里亚曾征服喀布尔河流域、犍陀罗和旁遮普等地。代之而起的贵霜帝国也曾将势力伸入南亚北部，旁遮普、克什米尔、犍陀罗等可能都曾被贵霜帝国征服。贵霜帝国瓦解后，在北印度还兴起了贵霜人的一些小国。

当时印度文化上的一个重要变化，是大乘佛教的兴起。佛教在佛祖去世百余年后开始分裂，先是分裂为上座部和大众部，两部再进一步分裂，先后形成 18 个部派，史称部派佛教。部派佛教的一个重大特征，是强调个人的出家修行和成道，成道的标志是成为不再轮回的阿罗汉。一个不出家修行的人，几乎没有摆脱轮回的希望。大乘佛教于公元前后兴起于南印度，之所以称之为大乘，是因为他们认为以前的佛教教义和方法有局限，只讲个人成道，不讲普度众生，犹如一条只能装载少数人的小船，所以是小乘。而只要按照他们指引的方法修行，任何人，不管他是否出家，都有可能摆脱轮回，变成菩萨。大乘还强调，佛有不同的形式和特征，如代表智慧的是文殊师利菩萨，代表慈悲的是观世音菩萨，代表神通力的是金刚手菩萨。释迦牟尼是这众多菩萨中的一个。大乘的另一个重要特征是崇拜佛像。佛像崇拜的发展，为犍陀罗艺术的繁荣奠定了基础。为阐释自己的主张，大乘在原来的佛教经典之外，创造了自己的经典，其中最早的是般若类经典。

2. 笈多帝国的兴起

公元 4 世纪初，在今西孟加拉邦和比哈尔邦地区崛起了笈多帝国。帝国第一个伟大君主为旃陀罗笈多一世（320—?），自称摩诃罗阇（大王），其强大可能得益于婚姻，他娶了梨契察毗族的女继承人，可能将两个国家合二为一。其子沙摩陀笈多以武功著称，在近 50 年的统治生涯中，先后征服孟加拉、阿萨姆、北方邦，将势力伸展到南印度，占领了北起喜马拉雅山、南到纳巴达河、东至布拉马普特拉河、西抵朱木拿河的广大地区，

笈多帝国佛像

基本上把以恒河流域为中心的地区统一起来。在帝国之内，国王通过官吏治理，周围有一些朝贡的土邦及若干贵霜人的小国。

笈多帝国在旃陀罗笈多二世（超日王）（约380—约412）时期达到极盛。他通过联姻与纳伽人和伐卡塔卡结成同盟，将势力扩展到阿拉伯海。那时也是印度文化的繁荣时期，据说他的宫廷中有所谓的“九宝”，其中之一是著名诗人迦梨陀娑。中国僧人法显访问过超日王时代的印度，据他说，当地“人民殷乐，无户籍官法，唯耕王地者乃输地利，欲去便去，欲住便住。王治不用刑罔，有罪者但罚其钱，随事轻重，虽复谋为恶逆，不过截右手而已。王之侍卫、左右皆有供禄”。这样的描写不免有理想化的成分，而且有些内容显然是为了与中国对照，不一定符合当地实际，但多少也反映了当时印度的稳定和繁荣。对于佛教和印度教，笈多统治者似乎一律支持，但更倾向于印度教。从法显的记载看，佛教已经开始衰落，印度教在某些地区已经成为最重要的宗教。

四、罗马帝国的危机

1. 公元3世纪的危机

安敦尼王朝末年，罗马政治和经济开始出现危机。意大利农业无可挽回地衰落了，其产品先后被从高卢、北非等地排挤出去。行省的经济特别是东部的经济虽保持某种程度的繁荣，但不足以补偿帝国中心地区的衰落，反而给这些地区的统治者提供了争夺中央政权的资本。在罗马，政治日趋腐败，军队的作用越来越突出。近卫军任意废立元首。元首为取得军队支持，只好向他们让步，提高将领与士兵的待遇，结果军队更加骄横。更为重要的是，随着官僚体系的发展，帝国对劳动者的剥削越来越沉重。隶农制的广泛发展，意味着普通劳动者逐渐丧失人身自由，成为大地主的依附农民。基督教的发展和传播，对缓解帝国的矛盾作用不大，反而增加了一批不事生产的神职人员，间接加重了直接生产者的负担。公元3世纪初，帝国各种矛盾全面爆发，演变成一场整个帝国范围内的大危机。

危机首先表现为政局动荡和中央权威的丧失。公元192年，元首康茂德被杀。经过五年内战，塞普提米乌斯·塞维鲁（193—211）夺取了政权，建立塞维鲁王朝。塞维鲁把军队的薪饷提高一倍，承认士兵在服役期间有结婚及与家人生活的权利，授予边防士兵份地，致使军纪更加败坏。据说他曾对儿子说：“要厚待士兵，让他们发财致富，其他的人可以不管。”这样的政策使士兵更加跋扈。他本人虽得善终，但后代却为此付出了惨重的代价。他的儿子卡拉卡拉（212—217）为了敛财，于公元212年发布敕令，授予帝国全体自由民以罗马公民权。敕令发布之时，可能得到了相当多的拥护和支持，在某种程度上也增强了帝国的凝聚力。塞维鲁的孙子亚历山大·塞维鲁（222—235）因财政状况恶化，只得降低士兵工资。近卫军立刻借此发动政变，杀死亚历山大，帝国从此陷入内战之中。内战使罗马部分行省如高卢、不列颠等乘机脱离罗马统治，在东方出现了帕尔米拉王国，叙利亚、小亚细亚、埃及、两河流域、阿拉伯半岛北部不复为罗马所有。边境上，罗马军队因忙于争夺中央政权，使蛮族和外敌步步紧逼。在与新兴的萨珊波斯的战争中，罗马数次败北，两河流域和叙利亚一度不复为罗马所有。

连年的战乱，给罗马脆弱的经济以沉重打击。公元3世纪危机爆发后，人民流离失所，一些人为了寻求保护，只好把自己的土地"奉献"给大土地所有者。新登基的元首，不管是近卫军拥立的，还是在行省军团支持下登基的，为寻求军队的支持，都加紧搜刮普通劳动者，加剧了社会危机。

2. 戴克里先的改革

公元3世纪末，帝国的混战终于告一段落，戴克里先（284—305）掌握了政权。为加强统治，他废止元首制，改行更具专制色彩的多米那特制。鉴于帝国各地之间的联系十分薄弱，而帝国的疆域又过于辽阔，戴克里先实行四帝共治制，将罗马帝国划分成四个部分，分别由他本人和另外一个奥古斯都及两个恺撒统治。为防止地方割据，他将全国划分为100个行省，大大缩小了行省规模，实行军政分离。为保证财政收入，帝国政府在铸造新货币的同时，也征收实物地租，并将农民固定在土地上，不允许他们随意迁移。农民处境的恶化，使社会矛盾更加尖锐，也让他们对罗马帝国丧失信心，其中一些人逃出帝国，迁移到了日耳曼人居住区；那些没有逃亡的，也希望早日更换统治者。在宗教上，戴克里先对新兴的基督教实行打击，试图借此提高皇帝的威信。但无论是在他的家庭中，还是在军队和行政机关中，其反基督教政策都未得到彻底贯彻。他的继任者君士坦丁（306—337）对后期罗马的发展具有重要意义。正是在他统治时期，基督教的合法地位得到了正式承认。公元4世纪末，基督教取代其他宗教成为罗马国教。也正是他决定把都城从罗马迁往君士坦丁堡，为帝国的分裂埋下伏笔。公元395年，罗马帝国正式分裂为东、西两个部分，东部罗马以拜占庭为都城，西部罗马仍以罗马为都城，后分别演变为东、西罗马帝国。但政治的腐败，经济的衰退没有任何改观，甚至元老们都成为帝国牺牲品，社会状况进一步恶化。在外部，波斯、边境上的蛮族自3世纪起步步紧逼，罗马帝国陷入飘摇之中。

君士坦丁大帝

佐西莫斯记载的罗马帝国后期的状况

诬告之人现在得到了前所未有的权势，并始终伴随那些朝廷宦官的左右。如果有哪位富人去世，他们就会摸清他的地产，就好像对方没有孩子与亲人一样，随后圣旨颁了下来，命令某某人的地产转交于某某人……总之，万事都融合在了一起，城市充满悲伤，所有市民都被引入了惨重的毁灭之中。皇帝愚不可及，他的妻子是那么的任性……他宠幸那些对其有巨大影响力的人：一帮贪得无厌而又无处不在的宦官和她的侍女。这让每一个人的生活都陷入难以忍受的地步，以致普通民众除求一死以外别无他愿了。

——佐西莫斯. 罗马新史. 谢品巍，译. 上海：上海人民出版社，2013：155-156.

第二节　游牧世界的迁移及其对农耕世界的冲击

一、公元前后活动于北方的蛮族

在农耕世界之外，当时的亚欧大陆上还存在为数众多的游牧部族，在不同地区，游牧部族的状况存在相当大的差异。

1. 中国北方的游牧民

在古代中国的北方以及长城内外，居住着大量游牧和半游牧部族。公元前后，势力最为强大的是匈奴。西汉末年，匈奴分裂为南北两部。公元89年前后，北匈奴因连遭东汉及周围其他游牧部族的攻击，难以在漠北立足，在单于率领下西迁。公元4世纪后期，匈奴①逼近顿河，击败阿兰人的抵抗后进入欧洲。公元5世纪初，匈奴人占领了今俄罗斯南部的广大地区，并进入多瑙河流域，与罗马人产生直接关系。日耳曼人中的哥特人等无力抵抗，纷纷请求进入罗马帝国，由此开始了日耳曼人的迁移浪潮。

留在漠北的匈奴余部，或与南匈奴和鲜卑融合，或内附汉朝，逐渐内徙。南匈奴内迁之后，大致居住在从今甘肃庆阳、内蒙古河套、秦长城以北至晋北、冀北一带，多与汉人杂居。东汉末年，匈奴人进一步内迁，上层分子逐渐汉化。西晋时期，因塞外发生天灾，匈奴大批内迁，分布于平阳、西河、上党、太原、新兴等地。

与匈奴同时内迁的，还有氐、羌、羯等少数民族。氐族故地可能在今甘肃一带，西汉时已有农业，并从那时开始徙居内地，与汉人杂居，多数会说汉语。羌族最初也生活在西北地区，后逐渐内迁。三国时期，蜀国为对付魏国，曾借助羌人的力量。西晋时期，他们移居关中，成为关中居民的重要组成部分。羯人可能是西域的大月氏人后裔，为匈奴人裹挟内迁，西晋时期居住在河北一带。值得注意的是，内迁少数民族中的许多人已经放弃游牧生活而从事农业，或耕种自己的土地，或充任雇工，为他人耕种土地。

少数民族内迁本来自西汉以来一直存在，而且其统治阶级的上层倾慕汉族文化，积极采用中原的风俗，学习中原文化，不少人汉化程度已很深。后来起兵的匈奴将领刘渊（？—310）曾饱读诗书，居然看不起西汉的著名大臣萧何、陆贾、周勃和灌婴等人，认为只有自己才是文武全才。他的儿子对汉文化的了解也极深入。但这些内徙少数民族不同程度地受到汉族地主的歧视和压迫，多数人给地主当佃户，有的还被卖为奴隶，西晋统治者却拼命维护士族地主的利益，引起了他们对西晋统治者的强烈仇恨，据称他们"怨恨之气，毒于骨髓"。

鲜卑是继匈奴之后兴起于大漠南北的另一强大游牧部族，因其起源于大兴安岭北段的大鲜卑山而得名。它最初隶属东胡，东胡衰落后，又归属匈奴。公元前119年，西汉大将霍去病击败匈奴，迁匈奴左地的乌桓到今辽宁的老哈河、滦河上游一带。鲜卑人乘

① 学术界也有人认为，马尔凯林努斯等作家记载的罗马帝国后期的匈奴人并非从中国北方迁移到欧洲的匈奴人后裔，而可能是阿兰人或某个文化和社会发展更落后的部族，与匈奴无关。

机南下，到达乌桓故地西拉木伦河流域。此时鲜卑仍未摆脱匈奴的统治，常随匈奴侵掠中原。匈奴分裂后，鲜卑人逐渐占领乌桓旧地，并采取与中原王朝交好的政策。公元54年，鲜卑大人于仇贲、满头等到洛阳朝见东汉皇帝，请求归附。东汉封于仇贲为王。四年后，敦煌、酒泉以东的鲜卑人也先后归附东汉，并联合其他部族共同打击北匈奴，迫其西迁。鲜卑人乘机占领北匈奴故地，收编其余众，从此强大起来。公元2世纪中叶，鲜卑各部在檀石槐（？—181）领导下统一起来，形成一个东起兴安岭、西到准噶尔盆地的庞大联盟，不断攻掠汉朝边境各郡。檀石槐死后，他靠武力征服建立起来的庞大联盟随之瓦解，鲜卑人也陷入分裂。

鲜卑人以游牧为生，逐水草而居，马、牛、羊是主要牲畜，骑射是其特长，狩猎在经济生活中占有重要地位。进入中原之前，鲜卑人已经有了私有制与贫富分化，牲畜已成私有财产，社会上出现了偷盗现象。奴婢的出现，说明鲜卑人内部已有阶级分化。

鲜卑南徙之后，与中原王朝建立了密切的联系，逐渐汉化。拓跋力微时，鲜卑与曹魏和亲，其长子沙漠汗还亲自到洛阳考察风土人情，学习中原的典章制度与文化。归国后，沙漠汗的服饰与习惯处处模仿汉人。公元294年，鲜卑人移居今辽宁义县一带，“教以农桑，法制同于上国”，开始了定居的农业生活，汉文化对鲜卑人的影响进一步扩大。

2. 嚈哒人

公元4—5世纪中亚地区的游牧民主要是嚈哒人，他们起源于何地至今尚不清楚，其族性也难以确定。有人认为是古代车师别种，或认为属于大月氏人一系，希腊罗马文献一般称他们为匈奴人，印度文献也把他们视为匈奴，因此也可能是匈奴人与大月氏人的混种，其语言属东伊朗语。拜占庭作家说嚈哒人与匈奴人的一个重要区别是，“只有他们的皮肤是白色的，也只有他们的体态是正常的”，也就是说，他们的体态可能更接近印欧人，肤色较白。

如果嚈哒人与车师人有关，则可能早在公元2世纪已出现在历史文献中了。公元126年协助班勇作战的车师人也许就是嚈哒人的祖先。公元4世纪，嚈哒人还是一个小部落，游牧于阿尔泰山以南、天山以东地区。嚈哒的最高统治者也可能像匈奴或柔然一样，称为汗，实行一妻多夫制。约公元5世纪初，因受到柔然人攻击，嚈哒人向西迁移，进入中亚的索格底亚那，利用自己强大的骑兵和当地的分裂，攻击贵霜的残余势力，迫使贵霜王朝西迁，然后进入南亚次大陆北部。嚈哒人遂拥有包括巴克特里亚在内的中亚大片土地，以拔底延为都城。此时的嚈哒人仍以游牧为生，主要财产是牲畜，尚未使用文字。以此为基础，嚈哒人逐渐征服邻近地区，势力日益强大。它东击柔然，西侵波斯，南掠印度，成为中亚的一大强国。

3. 日耳曼人

公元前后，罗马帝国北部最强大的力量是日耳曼人。日耳曼人是印欧人的一支，最初大概在今斯堪的纳维亚南部。约公元前6世纪，他们开始南迁，后分别沿奥德河和维斯瓦河南下，先后进入高卢和黑海北部。公元前3世纪末，日耳曼人出现在多瑙河流域，与正在向外扩张的罗马人发生冲突。在西部，日耳曼人越过莱茵河进入高卢，与凯尔特人混居，并逐渐被同化。但莱茵河以东，多瑙河、黑海以北的广大地区，即今天的东欧和中欧广大地区，仍是日耳曼人的天下。他们内部分成许多部落集团。势力比较强大的有居住在黑海北岸及多瑙河以北的哥特人，奥德河流域的伦巴德人，波罗的海以南的汪达尔人，图林根的勃艮第人，莱茵河中下游的法兰克人，丹麦的盎格鲁-撒克逊人等。恺撒征服高卢后，日耳曼人成了罗马的近邻。公元2世纪以后，罗马帝国感到兵力不足，常招募日耳曼人为雇佣兵，或把他们安置在帝国边境，给予土地，让他们帮助罗马帝国抵抗其他日耳曼人部落。公元3世纪的危机中，日耳曼人大批进入帝国境内，罗马军队中的蛮族成分急剧上升，公元4世纪时已达罗马军队的半数左右，其他日耳曼人作为奴隶和隶农散布于帝国各地。

公元前1世纪中期，日耳曼人似乎还处在氏族社会阶段，狩猎和战争是他们的主要职业，农业虽已产生，但并不重要；手工业和交换尚未萌芽；着兽皮，吃肉、奶和干酪。战争期间选举统帅，掌握生杀大权；和平时期由长老裁决纠纷，并无共同的领袖。到公元2世纪初，日耳曼人分成众多不同的集团，互相之间常发生战争，战败者只能迁往别处。农业地位日趋重要，但畜牧业仍占主要地位。手工业和交换已经出现，但仍无铸币。

公元1世纪，日耳曼人中出现了阶级分化。贵族占有比普通氏族成员较多较好的土地。奴隶已经出现，但处境类似于罗马的隶农。他们被给予一小块土地，每年得向主人交纳一定数量的谷物和牲畜，平时和自由民差别不大，这为他们以后与罗马隶农的融合创造了条件。同时，军事首领的地位有所上升，在他周围聚集了一批不事生产、专以战争为业的青年人。平时首领供养亲兵，战时亲兵保护首领，互相之间有隶属关系。这种隶属关系对后来日耳曼人实行封土制有一定的影响。

公元前后，活动在亚欧大陆北部草原上的游牧部族，除了上述几个外，还有其他一些较小的部族。他们构成了与农耕世界并立的游牧世界。从公元3世纪起，他们先后侵入各农耕文明区，对农耕世界发起新一轮的冲击。位于亚欧大陆东端的中国西晋王朝首当其冲。

二、五胡进入中原与南北朝时期

1. 八王之乱

西晋统治的社会基础本非常薄弱，政治是否能够正常运行，很大程度上仰赖于皇帝个人的能力与品格。公元290年晋武帝司马炎死，司马衷（290—306）继位，是为惠帝。司马衷是一个典型的昏庸无能的皇帝，著名的“何不食肉糜”即出自他的金口，辅政大臣也不堪大任，皇后贾氏相当强势，却完全缺乏治国能力，只知道揽权，将权力集中于贾家之手，先是废掉太子，随后将其杀害，并大规模诛杀大臣和宗室，由此引发了晋王朝内部的自相残杀。最终，公元305年，东海王司马越再度兴兵，打败了河间王司马颙，掌控朝政。西晋这次争夺政权的斗争，先后有八个王参加，史称八王之乱。

八王之乱严重削弱了晋朝的统治力量，破坏了本就十分脆弱的社会经济，在天灾人祸的打击下，大批农民被迫沦为流民。关中人口10余万流入汉川；河东等郡数万家流入南阳等地；益州数万家流入荆、湘。这些流民一方面受到流入地居民的欺凌，同时还受到腐败的西晋官吏的欺压，被迫起义。公元301年，李特在益州领导流民起义，其侄子李雄在成都建立成汉政权。各地流民先后起义，固然没有推翻晋朝的统治，但在反对晋朝的斗争中，他们始终是一支重要的力量，严重威胁着晋朝的统治。

2. 五胡进入中原与北方的混乱

八王之乱和流民起义，让西晋统治的腐败与软弱暴露无遗。一些移居内地的少数民族首领利用汉族与少数民族的矛盾，乘机起兵反晋。首先起兵的是匈奴贵族刘渊。公元304年，刘渊在左国城即汉王位，与西晋争夺对中原的统治权。其他反晋势力纷纷归附刘渊，使其实力迅速壮大。公元308年，刘渊自称皇帝，仿东汉制度建立政权机构。公元309年，刘渊进军洛阳，虽未能攻占洛阳，但占领了河南、山东和河北大片土地。公元310年刘渊死，刘和继位，次年为刘聪（？—318）所杀。刘聪攻陷洛阳，晋朝皇帝被掳。公元316年，西晋灭亡，匈奴政权大体上统一了中原。

但是，匈奴的统治十分不稳定。一方面，西晋末年以来，政治动荡，地方割据势力乘机发展。另一方面，匈奴统治阶级迅速腐化，对其他部族的压迫较西晋尤有过之，引起了其他部族的反抗。公元329年，羯人石勒（274—333）击败匈奴，乘势统一北方。石勒注意起用汉族士大夫为官，军纪较好，且注意发展生产。但公元334年石勒去世，石虎夺取政权。他荒淫无度，大兴土木，导致人民起义不断发生。公元349年石虎去世，诸子为争夺政权发生内战，为冉闵所灭。冉闵利用胡汉矛盾，大肆屠杀少数民族。但冉闵统治的时间和地域都有限，北方彻底陷入混乱状态。地方割据势力和少数民族首领纷纷建立政权，先后存在的全国性与地方性政权共有16个，史称十六国。

十六国中，有些始终是地方性政权，如前凉、后凉、南凉、北凉、西凉等，有些曾短期统一北方，如氐族人建立的前秦。五胡进入中原之时，大多已经接触中原文化，其上层分子中不少人已经汉化，建立政权后，为他们出谋划策的有不少汉人，执行的政策，总体上说还算开明。以前秦为例，这个氐族人的政权建都于长安，公元376年实现了对北方的统一。苻坚（357—385）统治时期，重用汉人王猛，整饬吏治，打击豪强，任用贤才，兴修水利，史称当时“关陇清晏，百姓丰乐”，“田畴修辟，仓库充实”。鲜卑人建立的前燕地处关外的辽东，趁西晋末年大乱，它招引关内流民，给他们土地和耕牛，让他们从事农业。从经济形态上看，当时的北方仍是传统的农业社会，并没有发生根本性的变革。

与北方混乱同时，南方的东晋政权却经历了一系列的动荡。东晋由西晋皇室的远支司马睿（317—322）建立。公元317年，西晋晋愍帝被杀，司马睿于建康称帝，史称东晋。东晋以世家大族为社会基础。但在皇帝专制与士族掌权之间，往往难以调和。东晋建立不久，就发生了王敦之乱。公元327年，苏峻再度起兵进攻建康，后虽被打败，皇室与士族之间的矛盾却仍未得到根本解决。公元383年，前秦大举进攻东晋。依靠谢安的谋划和东晋将士的英勇奋战，东晋取得了胜利。但淝水之战的胜利，固然让强大的前秦灰飞烟灭，使北方重新陷入分裂，却未能稳定东晋的政局，公元397年以后，东晋连续爆发内战，门阀士族争权夺利，政治腐败不堪。公元420年，大将刘裕（420—423）夺取政权，建立宋，东晋灭亡。

3. 南北朝时期的中国

从公元5世纪初刘宋建立到公元589年隋朝统一中国，为中国的南北朝时期。这一时期，北方多年混战之后，为鲜卑拓跋氏统一，加强了民族融合。南方历经宋、齐、梁、陈四朝，促进了江南地区的开发。

鲜卑拓跋氏兴起于公元3世纪，原居今内蒙古一带。西晋末年，拓跋氏趁机进入山西、河北一带，公元4世纪中期开始建国，设立官职并颁布法律。但此时前秦强大起来，拓跋氏的国家被灭。淝水之战后，前秦瓦解，拓跋氏在拓跋珪（386—409）领导下再度崛起，击败匈奴残余，伐灭后燕。公元399年，拓跋珪正式在平城称帝，国号魏，史称北魏。

北魏建立后，继续其扩张步伐。公元402—439年，消灭或击溃不少割据政权，最终大体统一了中国北部。

北魏统一北方后，面临的问题主要有两个，一是作为中原的统治者，原为游牧民的鲜卑人该如何自处。一是与南朝的关系。第一个问题以鲜卑人的汉化告终。由于鲜卑人进入中原前已经与汉族有经济和文化上的接触，而鲜卑人所统治的又是汉文化的核心区域，维持鲜卑旧俗、坚持游牧习惯显然不合时宜。公元493年，北魏孝文帝（471—499）迁都洛阳，开始进行改革。改革的核心是汉化，鲜卑人一律改汉姓，穿汉服，说汉语，与汉族通婚。改革取得了成功，特别是鲜卑人的上层迅速汉化。不过那些留在北方的鲜卑士兵仍保留了鲜卑习俗，而且被堵塞了升迁之途，后来驻守北方六镇的军队暴动，迁延多年，直接造成了北魏的灭亡。

公元6世纪中前期，北魏分裂为东魏和西魏，后分别被北齐和北周取代。在此过程中，西魏及其后继者北周逐渐强大起来。西魏经济上继续实行北魏的均田制，力求赋役均平，以缓和社会矛盾；军事上建立府兵制；政治上，实行汉人制度，并大量起用汉人。北周武帝（561—578）登基后继续改革，将大批奴婢放免为良人，削弱豪强势力；禁止佛教，拆除佛教寺院，僧尼皆还俗为民，进一步增强国力。在此基础上，北周开始了统一中国的战争。公元550—553年，西魏利用南朝梁的内乱，夺取蜀中和汉水流域。公元575年，北周伐北齐，于公元577年灭北齐，统一北方。

北方民族融合稳步推进之时，南方却经历了多次战乱。必须承认，南朝时期江南的经济得到了发展，原本比较落后的会稽郡，到刘宋时成为“带海傍湖，良畴亦数十万顷，膏腴上地，亩值一金”的地区；临海、晋陵、丹阳、宣城等郡，土地面积和人口都有明显增加。可是，世家大族对政治的控制依然如故，导致皇室与地方的矛盾尖锐化。尽管皇帝采取各种手段，例如以寒门人士掌握大权，创设典签一职，以控制宗室和世家大族，但整个南朝时期，因皇室内部矛盾或皇帝与世家大族的矛盾所引发的内战，史不绝书。刘宋和萧齐的灭亡，都与宗室内部的自相残杀有密切关系。其结果是南朝政权严重削弱，疆土日益缩小。本来东晋尚控制着从河南到四川一线以南的广大地区，到南朝最后一个王朝陈朝时，只能控制以建康为中心的三吴地区了。在南方与北方的冲突中，南朝多以失败告终。公元588年，北方的隋朝大举南伐，南朝的陈后主（582—589）却依然歌舞升平。公元589年，隋军攻入建康，陈后主投降，陈亡。在经历了东汉末年以来约400年的动荡后，中国再度实现了统一，进入隋唐大帝国的兴盛时代。

4. 佛教的传入与发展

从东汉到南北朝时期中国文化和宗教上的一大变化，是佛教的传入和兴盛。佛教起源于印度，阿育王时向印度以外的地区传播。大约公元前后经贵霜帝国进入西域，两汉之际传入内地。传播者可能有来自西域的商人，也可能有到那里游历后归来的内地人士。西汉哀帝元寿元年，“博士弟子景卢受大月氏王使伊存口授浮图经”。这里的浮图经，可能就是佛经。中国人最初对佛教的认识并不准确，觉得它与黄老之术差不多。公元65年东汉明帝（58—75）有关楚王刘英的诏书提到，刘英学的是“黄老之微言”，崇尚的是“浮屠之仁祠”，并说他在官邸中招待“伊普塞”和“桑门”。这里所说的伊普塞显然是佛教的俗家弟子优婆塞，桑门即沙门，为出家的和尚。据说东汉明帝曾派使团前往西域了解佛教，后在洛阳建立白马寺，翻译了佛教经典《四十二章经》。东汉末年，佛教获得一定发展。桓帝可能崇奉过佛教。约公元193年，彭城修建了佛寺。

公元3—4世纪是中国佛教大发展的时期，高僧辈出，在传播和改造佛教、阐释佛法方面，有道安和慧远等。道安（314—385）撰写《经录》，注释佛经，确立僧规，在佛教发展的众多领域有开创之功。慧远（334—416）是道安的徒弟，于儒、道两家皆造诣颇深，在翻译佛经，传播佛教，调整佛教与社会、王权的关系方面，多有建树。法显（约337—约422）曾亲自前往印度求法，搜求各种佛教经典和戒律，回国时携带了不少佛教经典，对中国佛教理论及其戒律的发展都有贡献。

佛教的发展，离不开统治阶级的支持和民众的信奉。南北朝的统治者一般都支持佛教。据说仅东晋一朝就建佛寺1 768座。梁武帝（502—548）给佛教寺院大量赏赐，自己还希望出家。一般贫苦百姓信佛，可能是希望在混乱的世道中为来世寻求一个相对较好的“出路”；统治者信佛，固然有其信仰佛法的因素，但更多的是希望借助佛教强化统治，把佛教、道教和儒家结合起来。佛教也自觉寻求与道教、儒家等中国传统文化及宗教结合，积极融入中国文化。统治阶级的支持和大众的信奉，让佛教在南北朝时期异常兴盛，佛教寺院遍布南北。佛教的传入，对中国的思想、艺术和文学都产生了重大影响，云冈石窟、莫高窟、龙门石窟是中国著名的三大石窟，大多开凿于南北朝时期。但大批僧尼出家也造成了一定社会问题，如寺院占有大量土地，社会下层借助佛教异端发动起义等。北朝后期发生过灭佛运动。但佛教作为一种信仰，已经在中国扎下根来。

三、笈多帝国的衰亡与萨珊波斯的动荡

1. 笈多帝国的衰亡与嚈哒人的入侵

公元5世纪中叶，嚈哒人在南方和西方同时展开行动，笈多帝国和波斯帝国都受到不同程度的影响。约公元465年，嚈哒人入侵印度西北部，消灭了贵霜的残余势力，贵霜灭亡。

嚈哒人崛起之时，印度的笈多王朝正逐渐瓦解。笈多帝国本是靠婚姻和武力征服相结合建立起来的，基础并不牢固。超日王的后继者鸠摩罗笈多（约411—455）晚年遇到了来自南方的入侵。塞建陀笈多（约455—约467）击退了来自南方的入侵，却不得不面对来自北方的嚈哒人更大规模的入侵。笈多王朝最初尚能击败它，但公元5世纪中期以后，王室内部不断发生斗争，从公元473年以后，王位更迭频繁，有些国王在位不足一年，很少有连续统治10年以上者，说明笈多帝国政治相当不稳定。公元5世纪后期，帝国西部的某些地区独立，嚈哒人乘机步步进逼，笈多帝国的统治开始瓦解。

公元6世纪初，嚈哒王蛮希拉古拉以旁遮普的奢羯罗为都城，建立国家，北印度成为嚈哒国家的一省，西域诸国也落入其统治之下。据说嚈哒人此时“受诸国贡献，南至牒罗（今印度之特耳胡特），东被于阗，西及波斯，四十余国皆来朝贺。王张大毡帐，

周四十步，周回以氍毹为壁。王著锦衣，坐金床，以四金凤凰为床脚”。这段史料说明嚈哒势力非常强大，但同时也表明嚈哒人并未从根本上摧毁北印度小国，也未能建立中央集权的政治体制，仅限于让各小国承认其霸主地位。嚈哒人打击佛教，诛戮大批僧徒，统治相当残暴。一份拜占庭文献说，蛮希拉古拉是“印度之共主，他向印度人民勒索赋税，并有2 000头战象和一大队骑兵，助他为所欲为”。中国的文献也说他“立性暴凶，多行杀戮”。他的统治激起被统治者的反抗。公元528年印度北部王公以马尔瓦王公耶输达尔曼为首发动起义，打败嚈哒人，嚈哒王逃往克什米尔。在中亚，嚈哒人遭到突厥人和萨珊波斯的联合攻击，突厥人占领索格底亚那，波斯夺取巴克特里亚和阿富汗，嚈哒势力彻底被消灭。

但印度反对嚈哒人斗争的胜利并未带来强盛和统一。耶输达尔曼利用自己的胜利在北印度建立了霸权，恒河流域的穆克里人和孟加拉的高达人也乘机摆脱笈多的统治而独立，笈多帝国只能控制摩揭陀及其东南一隅。虽然笈多王朝的王统还继续维持到公元7世纪，但只能在恒河下游一隅苟延性命，印度再次进入分裂时期。

笈多帝国时代文化上的一个重要变化，是佛教的逐渐衰落和由婆罗门教演化过来的印度教的逐渐兴起。像婆罗门教一样，印度教仍是多神教，其主要神灵包括毗湿奴、湿婆等。它保留了婆罗门教的基本教义，也吸收了佛教的某些主张，并且根据需要，在《往世书》中创造了新的神话。笈多王朝的历代国王多是印度教徒，也有助于印度教的发展。佛教僧侣多集中在寺院里研习经文，日益脱离社会，影响逐渐下降。

2. 萨珊波斯的动荡

在南下印度之前，嚈哒人已经开始对萨珊波斯进攻。公元427年，嚈哒人进犯萨珊波斯，此时的国王巴赫兰五世（420—438）据说喜好狩猎和微服出巡。当嚈哒人逼近今德黑兰附近时，巴赫兰五世和萨珊波斯军队的主力竟然不知所踪。萨珊波斯的大臣们被迫献出大笔金钱给嚈哒人，换得后者撤兵。但在嚈哒人携带大批珍宝返回东方时，巴赫兰五世及其军队突然出现，大败嚈哒人，杀嚈哒王。此后10余年间，嚈哒人不复进犯。耶斯底吉特（438—457）时，萨珊波斯多次侵犯嚈哒，初期曾取得一些胜利，但公元454年，萨珊波斯国王及其军队中了埋伏，惨败而归。耶斯底吉特死后，萨珊波斯发生内讧，嚈哒人乘机干涉，将傀儡卑路斯（459—484）扶上王位。卑路斯先是向嚈哒纳贡称臣，后又联合拜占庭向嚈哒人发动进攻，但屡遭失败，于公元484年阵亡。此后嚈哒人多次利用萨珊波斯内讧干涉波斯的王位继承，国王库巴德两次登基（第一次在公元488年，第二次在公元500年），都是借助嚈哒国王的支持。此时的萨珊波斯，很可能对嚈哒处于从属地位。公元513年以后，嚈哒的注意力转向印度，萨珊波斯乘机摆脱了对嚈哒的依附关系。公元6世纪中期，萨珊波斯国王库思老（531—579）决心消灭嚈哒人势力，与突厥联合进攻嚈哒，瓜分了嚈哒人的国家，嚈哒灭亡。

长期的对外战争，使萨珊波斯民穷财尽，阶级矛盾十分尖锐。由于萨珊波斯奉祆教为国教，祆教僧侣不仅享有政治特权，而且垄断文化，直接占有大量土地，剥削人民，因此人民的不满也以宗教运动的形式表现出来。

公元5世纪后期，正当萨珊波斯与嚈哒激战之时，发生了马资达克运动。马资达克（？—529）原是祆教异端派的领导人，宣传私有制是人类灾祸之源，鼓吹财产及奴隶的共有制。他的主张显然是对祆教僧侣占有大量土地、享有特权的批判，赢得了广泛的拥护。公元491年，马资达克发动起义，迅速波及全国。在首都，起义者捣毁国王与富人的谷仓；地方上发生了同样的情况。由于运动声势浩大，王室无力镇压，转而利用马资达克运动打击王室的敌对势力。公元6世纪上半期，王室认为目的已经达到，转而对马资达克运动进行镇压，马资达克遇难，被杀的起义者据称达8万之众。萨珊波斯的统治得以稳定下来。

四、西罗马帝国的灭亡

1. 蛮族入侵与西罗马帝国的灭亡

公元3—5世纪，位于亚欧大陆西端的罗马帝国，像其他农耕文明区一样，受到游牧世界的冲击。这次冲击是由匈奴西迁引起的民族大迁徙的结果。

约公元374年，匈奴人离开里海附近的草原西进，首先打败顿河以西的东哥特人，迫其西逃。匈奴人跟踪追击，在德涅斯特河畔击败西哥特人。西哥特人弃地西去，渡过多瑙河，进入罗马帝国境内，揭开了日耳曼人大迁徙的序幕。进入帝国境内的西哥特人，因受到罗马政府非人的虐待，于公元376年发动起义。公元378年的亚德里亚堡战役，西哥特人大败罗马军队，杀死罗马皇帝瓦伦斯，摧毁了罗马人的抵抗力量，给其他部族的入侵开辟了道路。西哥特人最初企图定居于希腊，后利用罗马帝国的分裂，西向横扫意大利，于公元410年攻陷罗马城，大掠六天。此时意大利的农业生产因受到严重破坏，粮食歉收，西哥特人给养困难，又值军事领袖阿拉里克（？—410）病故，乃越过阿尔卑斯山，夺取西班牙。公元419年，西哥特人以土鲁斯为中心，建立西哥特王国，其领土包括西班牙和高卢西南部。

在西哥特人之后进入罗马帝国的是匈奴人。匈奴人在占领西哥特人故地后，随即征服北边的一些日耳曼人部落，夺取匈牙利平原，建立起一个庞大的部落联盟国家。公元445年，人称“上帝之鞭”的匈奴首领阿提拉（434—453）率军进攻君士坦丁堡，迫使东罗马皇帝纳贡求和。公元450年，他大举进攻西罗马帝国，但在高卢卡塔罗尼安平原的决战中失败。次年，阿提拉卷土重来，兵锋直指罗马城。不料兵临城下之际，军中突然暴发瘟疫，加上补给困难，阿提拉只好接受议和，返回匈牙利草原。公元453年，阿提拉在新婚之夜暴死，他所建立的部落联盟随之瓦解。然而西罗马经此重创，再也难以抵御其他日耳曼部落的攻击。

公元5世纪初，原住在潘诺尼亚的汪达尔人利用莱茵河和多瑙河流域防务空虚之机，进入高卢。公元409年，汪达尔人侵入西班牙。公元429年，他们渡直布罗陀海峡进入北非，公元439年占领迦太基，建立汪达尔王国。公元455年，汪达尔人渡海攻入意大利，继西哥特人之后再次洗劫罗马城。

与此同时，其他日耳曼人部落纷纷进入罗马帝国境内定居。原来在奥德河一带的勃艮第人进入高卢东南部，在罗讷河流域定居，建立勃艮第王国。盎格鲁-撒克逊人于公元5世纪中叶进入不列颠，征服土著凯尔特人，在不列颠东南建立起众多的小王国。法兰克人以其在莱茵河的居住地为基础，蚕食罗马的高卢行省。西罗马帝国灭亡后10年，法兰克人在苏瓦松战役中击败罗马残余势力，占领高卢，建立法兰克王国。

到公元5世纪后期，高卢、不列颠、西班牙及北非均落入日耳曼人之手。西罗马帝国的皇帝所统治的地区，只有意大利中部及拉温那地区。就是在这一小块地盘里，行使统治权力的也是日耳曼人雇佣兵将领而非罗马皇帝。公元476年，雇佣兵将领奥多亚克废西罗马末帝罗慕洛（475—476），正式宣告了西罗马帝国的灭亡。

西罗马帝国灭亡后，以君士坦丁堡为都城的东罗马帝国仍然控制着两河流域、埃及、叙利亚、巴勒斯坦以及巴尔干半岛、小亚细亚等地。东罗马境内仍保有数量较多的自由农民，并且有相当数量的繁荣城市，皇帝也相对成熟能干，因而能够顶住匈奴人和日耳曼人的冲击。公元6世纪中前期，东罗马帝国皇帝查士丁尼试图重建昔日的罗马帝国，不惜以重金同萨珊波斯媾和，从公元534年开始，大举进攻西方日耳曼人诸王国，先后占领北非、意大利、西西里和西班牙东南部，灭汪达尔王国和东哥特王国。然而正在此时，由中国北部西迁的柔然人出现于匈牙利，引起新一轮的民族迁徙浪潮。公元568年，日耳曼人的一支伦巴德人进入意大利，摧毁了东罗马帝国在意大利北部的统治，建立伦巴德王国。与此同时，斯拉夫人纷纷渡过多瑙河，进入巴尔干半岛，占领马其顿等地，并不断深入，东部的萨珊波斯不断入侵叙利亚和两河流域地区，东罗马帝国皇帝查士丁尼疲于应付，恢复昔日罗马帝国的希望化为泡影。世界上古史晚期的民族大迁徙至此也告一段落。

2. 民族大迁徙的影响

公元3—6世纪游牧世界横跨亚欧大陆的大迁徙对农耕世界的冲击，摧毁了西晋、笈多和西罗马三大帝国，严重削弱了萨珊波斯和东罗马帝国，使亚欧大陆的政治版图完全改观，给世界历史的发展带来了深远的影响。

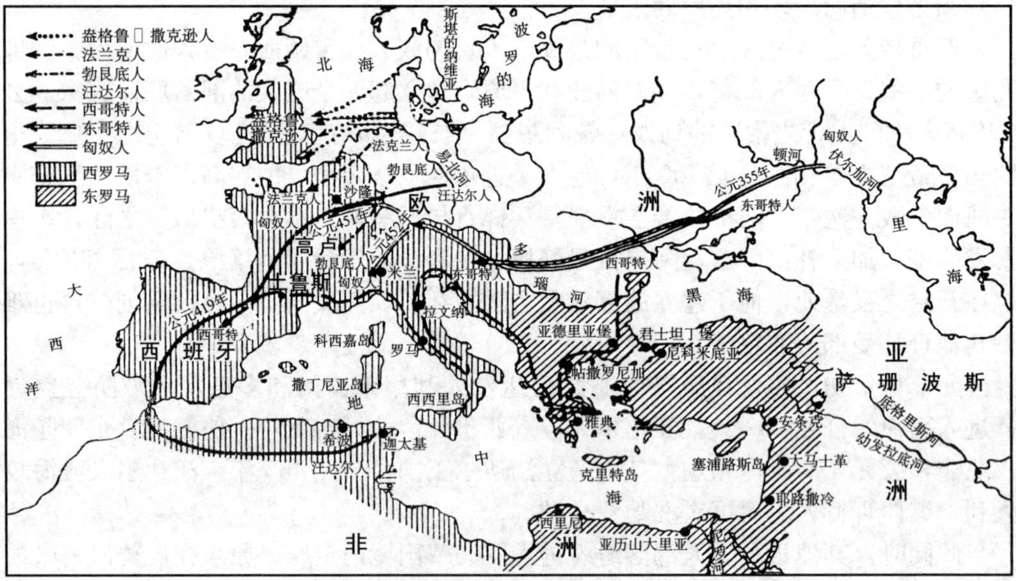

日耳曼诸部与匈奴人的大迁徙

对于世界历史来说，经过这次游牧世界的冲击，各农耕文明区都出现了不同程度的社会经济衰退、政局动荡不安、思想文化衰落的现象。中世纪初期的西欧，公元4—5

世纪的西亚地区，公元 3—6 世纪中国的北方，无论是在物质、文化上，还是在政治稳定、社会经济水平上，都难与公元 1—2 世纪的繁荣时期并提。但是，正是这些部族的冲击，使亚欧大陆农耕文明区的范围进一步扩大。在中国，江南地区得到进一步开发，进入中原的周边各族，也先后转入农耕和定居，成为农耕世界的一部分。印度、伊朗也分别同化了进入其地域的游牧部族。在欧洲，农耕文明区也从南欧、西欧扩展到中欧、北欧和东欧，整个欧洲都成了农耕文明区。在军事上处于劣势的农耕世界，终于显示出其经济和文化上的优越性，显示出吸收、融合发起攻击的游牧部族及趋向于农耕文明的各部族的能力。游牧世界对农耕世界的冲击，恰恰缩小了游牧部族的活动范围，扩大了农耕文明区。

与此同时，游牧世界发动的冲击，扫荡了已经衰落或者僵化的旧的上层建筑，在某种程度上改变了农耕世界的生产关系，加速了历史的变革。在欧洲，奴隶制逐渐退出了历史舞台，日耳曼因素和罗马因素的结合，创造了西欧的封建社会。在中国，世家大族的力量受到沉重打击。南北朝时期确立的新制度，成为隋唐大帝国的制度基础。在波斯，嚈哒人的冲击促使波斯国王库斯老进行改革，助推了萨珊波斯的复兴。当然，由于各农耕文明区的具体情况不同，进入农耕文明区的游牧部族的数量和文明程度差异也很大，在不同地区就出现了不同的结果。中国、印度、伊朗和东罗马不仅经受住了周边各族的袭扰与占领，而且逐渐将进入农耕文明区的游牧部族同化。尤其是中国地域广阔，汉族人口众多，历史悠久，周边各族在西晋大乱之前，有些已进入中原，其上层统治者已在各方面向汉族靠拢。有些虽未进入中原，与中原也有比较密切的经济和文化交流，或多或少受到汉族的影响，因而周边各族进入中原之后，不仅先后转入农耕，而且在各方面都逐渐同化于汉族，逐渐消除了周边各族与汉族之间的隔阂，从而在中国北部形成了民族交融的形势，为此后隋唐大帝国的统一与强盛奠定了基础。

与中国的情形相反，在以地中海为中心的罗马帝国瓦解以后，欧洲再也未能统一起来。东罗马帝国恢复统一的目标没有实现，自己却因长期战争耗尽国力而无力抵抗斯拉夫人和后来阿拉伯人的入侵，先后失去了叙利亚和北非等广大地区，成为以小亚细亚和巴尔干为中心的国家。后来法兰克王国的查理大帝（768—814）虽然号称罗马人的皇帝，但他东征西讨所建立的帝国也仅限于西欧，转瞬之间便分崩离析。日耳曼人的入侵，不仅瓦解了罗马帝国，而且毁灭了罗马人的文明，欧洲从此进入了社会经济衰退、政局动荡不安、思想文化衰落的早期中世纪。日耳曼人的到来，打碎了罗马帝国腐朽的躯壳，埋葬了这个垂死的帝国，也消灭了其官僚制度，为欧洲文明的发展提供了新的起点。

推荐阅读书目

白寿彝，总主编．中国通史：第 5 卷．上海：上海人民出版社，1995

梁作檊．罗马帝国与汉晋帝国衰亡史．广州：广东高等教育出版社，1997

刘榕榕．古代晚期地中海地区自然灾害研究．北京：中国社会科学出版社，2018

刘欣如．印度古代社会史．北京：中国社会科学出版社，1990

马克垚．西欧封建经济形态研究．北京：人民出版社，1985

马克垚．困学苦思集．北京：首都师范大学出版社，2016

唐长孺．魏晋南北朝史论丛．北京：生活·读书·新知三联书店，1955

唐长孺．魏晋南北朝史论拾遗．北京：中华书局，1983

项英杰，等．中亚：马背上的文化．杭州：浙江人民出版社，1993

万绳楠．魏晋南北朝史论稿．合肥：安徽教育出版社，1983

王焕生．古罗马文学史．北京：中央编译出版社，2008

吴于廑．吴于廑学术论著自选集．北京：首都师范大学出版社，1995

余太山．贵霜史研究．北京：商务印书馆，2015

余太山．嚈哒史研究．北京：商务印书馆，2012

［美］詹姆斯·奥唐奈．新罗马帝国衰亡史．北京：中信出版社，2013

［美］约翰·巴克勒，等．西方社会史：第1卷．桂林：广西师范大学出版社，2005

［美］杰里·本特利，赫伯特·齐格勒．新全球史（第三版）：上．北京：北京大学出版社，2007

［瑞士］雅各布·布克哈特．君士坦丁大帝时代．上海：上海三联书店，2006

［美］威尔·杜兰．恺撒与基督．北京：东方出版社，2003

［英］迈克尔·格兰特．罗马史．上海：上海人民出版社，2008

［匈］雅诺什·哈尔马塔，主编．中亚文明史：第2卷．北京：中国对外翻译出版公司，2002

［英］爱德华·吉本．罗马帝国衰亡史．全译本．吉林：吉林出版集团有限责任公司，2008

［美］罗伊·C. 克雷文．印度艺术简史．北京：中国人民大学出版社，2004

［美］罗伯特·E. 勒纳，等．西方文明史Ⅰ．北京：中国青年出版社，2003

［法］菲迪南·罗特．古代世界的终结．上海：上海三联书店，2008

［美］W. M. 麦高文．中亚古国史．北京：中华书局，2004

［印度］R. C. 马宗达，等编．高级印度史．北京：商务印书馆，1986

［美］斯塔夫里阿诺斯．全球通史——1500年以前的世界．上海：上海社会科学院出版社，1995

［美］克里斯·威克姆．罗马帝国的遗产：400—1000．北京：中信出版集团，2019

后记

三年前，笔者曾与李隆庆教授合作，在华中师范大学出版社出版了《世界通史》（古代中世纪卷），其中古代部分为笔者完成。尽管出版时增补了部分参考书目，内容上也有少许修改，但那本书的框架和初稿，实际在2002年已基本完成，所代表的也是那个时期的认识水平。自那时以来，笔者一直从事世界上古史的教学和研究工作，在教学实践和进一步研读前人著述的基础上，对世界上古史的体系和一些基本问题，都有了程度不同的新认识。更重要的是，近年来随着学术研究的进展，不少问题或出现了新资料，或有了新的解释，并引起了人们对整个世界上古史总体框架的思考。因此，当中国人民大学出版社约请我撰写“21世纪史学系列教材”的《世界上古史》时，我接受了任务。出版社给我的要求相当宽松：体例和风格都由我个人确定，最好能表现出一定程度的个人风格。经过与策划编辑的多次交流，我们确定了本书的基本体例、框架和行文风格，最终形成了摆在读者面前的这本教材。

编写教材最大的麻烦，是如何确定框架，主要是如何认识古代世界的发展，并在此基础上安排有关内容。20世纪80年代以来，国内已经出版过多种世界上古史教材，刘家和先生主编的《世界上古史》，吴于廑先生和齐世荣先生总主编、刘家和先生和王敦书先生主编的《世界史》古代史编的上卷，以及最近由齐世荣先生总主编、杨共乐和彭小瑜主编的《世界史》古代卷等，多由国内知名学者执笔，无论是体系，还是具体内容，都很有特色，而且已经在学界确立了良好的声誉。在国外学者撰写的通史类教材中，斯塔夫里阿诺斯的《全球通史》、杰里·本特利等的《新全球史》

等，也有可圈可点之处。如何在继承已有成果的基础上推陈出新，是摆在笔者面前最为重大的任务。笔者更多的希望能在体例和编写方法上有所变化。根据古代历史发展的实际，把人类历史按照生产工具发展划分为四个阶段；把古代中国的历史纳入本书；给游牧世界一定的篇幅；以文本框补充部分原始资料；增列地图和推荐阅读书目等。有关理由已经在“前言”中交代，不再赘述。这里只对将游牧世界和古代中国的历史纳入本书做点说明。对于游牧世界在将古代史联结成为世界史过程中的作用，雷海宗先生、吴于廑先生早已有精彩阐述，在吴于廑和齐世荣先生总主编的六卷本的《世界史》中，吴先生又做了进一步的发挥和论证。本书的相关看法，大多是重申吴先生之前的论述，一小部分是对吴先生论述的补充。至于将中国古代相关部分纳入世界上古史，需要略微多说两句。在现行的教学体系下，中国史的内容一般不会出现在“世界通史”的教学实践中。但考虑到中国在世界上古史上的重要地位，以及国际学术界的通例（苏联科学院编写的《世界通史》，以及欧美其他国家的大学世界史教材，都会给本国的历史以突出的地位），反复考虑，觉得还是将它放进来更为合适，一是希望借此体现世界上古史的“世界”特征。中国文明是世界文明发展进程的一部分，如完全略而不论，不免让上古史的“世界”性大打折扣。二是不自量力，希望能在世界史的框架中，透视中国先秦至南北朝时期历史发展的线索和特征。具体效果如何，还有待读者和专家们的评判。

编写教材涉及许多不同地区的历史，就世界上古史来说，人类的起源，古代埃及、西亚、印度的研究，早已成为独立的学科和研究领域。我个人的主要兴趣在希腊罗马史尤其是古典世界的政治史，对古代西亚、埃及、南亚和中国的历史，所知甚少，因此，在具体问题的看法上，我更多地遵从目前比较流行的看法，利用国内学者现有的研究成果，只是在可能的情况下，偶尔发表一些自己不成熟的意见。每章后所开列的书目（分中、外排列，按作者姓氏音序排序），既希望给读者提供进一步阅读的指南，也期望多少能反映中国学者在相关领域所取得的进展。所列书目注重代表性和覆盖的领域，肯定无法全面，作者写作过程中对有关成果多有借鉴。有兴趣的读者，可以查阅所列推荐阅读书目，以及每年出版的《中国历史学年鉴》的世界古代史部分。

本书的地图主要参考了郭圣铭先生的《世界文明史纲要（古代部分）》，然后加以改绘，谨此致谢。人名和地名一般遵从国内最通行的译名。重要人物第一次出现时，会括注年代。一般历史人物括注生卒年代，国君一般标注在位时间。有些年代只能是大致的，不能确定，例如埃及新王国的纪年，不同系统之间相差18～20年。不少人物根本无法确认其生卒年代，或者所知有限。此时或用问号代替，或提供大概时间。至于哪些人物的年代应当提供，恐怕见仁见智。本书的标准是：国君在位的时间大多提供，一般历史人物则视重要程度而定。外国历史人物的年代比较难于查找，只要出现在本书中，都尽量提供。中国历史人物则只提供了一部分，标准也许有些主观：或在文中出现两次以上，或在文中占有一定篇幅。如果只是在文中顺便提到，则不再括注年代。

晏绍祥

2009年7月于北京

第 2 版后记

本书出版后，承蒙同人和师长不弃，被中国人民大学、南京大学和湖南师范大学等多所大学采用为本科生教材，一些同行还指出了使用中发现的问题，使笔者受益良多，借此机会向关心本书的各位同行和读者表达诚挚的谢意。承中国人民大学出版社王琬莹、符爱霞两位厚意，嘱对该书做适当修订，以便再版。借修订重印之机，笔者改正了一些明显的错误，有些不够恰当的地方，也做了必要的修改，书目也略有补充，主要是近年来出版的新书。就我目前的认识而论，原书的基本框架大体能够反映世界上古史发展的趋势，故未做调整。

晏绍祥

2019 年 12 月于北京

图书在版编目（CIP）数据

世界上古史/晏绍祥著. --2版. --北京：中国人民大学出版社，2020.7
新编21世纪史学系列教材
ISBN 978-7-300-28245-9

Ⅰ. ①世… Ⅱ. ①晏… Ⅲ. ①世界史-上古史-高等学校-教材 Ⅳ. ①K11

中国版本图书馆CIP数据核字（2020）第103748号

新编21世纪史学系列教材
世界上古史（第2版）
晏绍祥 著
Shijie Shanggu Shi

出版发行	中国人民大学出版社		
社　　址	北京中关村大街31号	**邮政编码**	100080
电　　话	010－62511242（总编室）		010－62511770（质管部）
	010－82501766（邮购部）		010－62514148（门市部）
	010－62515195（发行公司）		010－62515275（盗版举报）
网　　址	http://www.crup.com.cn		
经　　销	新华书店		
印　　刷	北京昌联印刷有限公司	**版　　次**	2009年8月第1版
规　　格	185 mm×260 mm　16开本		2020年7月第2版
印　　张	19.5	**印　　次**	2020年7月第1次印刷
字　　数	443 000	**定　　价**	49.00元
